TOEIC® L&Rテスト
精選模試【総合】

加藤 優/Bradley Towle/Paul McConnell ［著］

協力：エッセンス イングリッシュ スクール

Listening+Reading

200×2
questions   sets

ESSENCE
エッセンス マテリアル
エッセンスイングリッシュスクールの教材を使用しています

the japan times出版

本質的な英語力を養い、確実にスコアアップにつなげる総合模試——まえがきに代えて

　2017 年 3 月に刊行が始まった「TOEIC® (L&R) テスト 精選模試」シリーズは実に多くの方に
ご支持いただき、30 万部 (2021 年 11 月時点) を超えるベストセラーとなりました。

　一般に「模試」というと、本番を模した問題を解き、テストの内容や形式に慣れたり実力を
測ったりするために受けることが多いでしょう。しかし、「精選模試」シリーズはたんに実力を確
認するための模試ではありません。弱点を克服し、スコアアップに直結する本質的な英語力を養
うための対策書です。本シリーズの既刊 6 冊は、リスニング編とリーディング編に分かれたセク
ション別の編成でしたが、今回は、本番同様にリスニング+リーディングの 200 問に一気に取り
組みたいという方のご要望にお応えして、総合模試を 2 回分 (200 問×2 セット) 収録していま
す。もちろん、「真の実力を身につけるための模試」という基本コンセプトのもと、問題の質と解
説に対するこだわりは揺るがない信念であり、執筆方針です。

　問題を解くこと自体は、スコアアップへの「きっかけ」にすぎません。そこで得た気づきを大切
に、現在地点と目標地点のギャップを埋めるための学習とトレーニングを積み重ねてこそ本番で
の結果に結びつきます。その際、リスニングとリーディングの両スキルをともに鍛えていくことで、
大きな相乗効果が期待できます。そのためにどのような問題を収録し、どのように解説すれば読
者にとって最も効果的か、私たち講師陣が熟慮と議論を重ねて本書が生まれました。テスト問題
には、世の流れとともに変化していく TOEIC の最新の出題傾向がふんだんに盛り込まれていま
す。また、解説と 2 つのコラム「990 点講師の目」「これがエッセンス」には、実践に役立つ豊富
な情報とアドバイスが詰まっています。

　そして、とくに総合対策用の模試という観点から、学習をサポートするページも充実させまし
た。巻頭の「精選模試」活用法では、本書を使った効果的な学習法・手順を紹介しています。ま
た、パートごとにおすすめのトレーニングを掲載し、基本の解答ステップと注意点もまとめまし
た。

　ダウンロード特典には、Part 6 & 7 の文書読み上げ音声をはじめ、おすすめトレーニングに利
用できる音声や PDF を準備しました。特別付録の「直前エッセンスリスト」は、日ごろの学習に
役立つだけでなく、試験直前の見直しに最適です。

　今回初めて精選模試を手にとってくださった方も、すでに既刊に取り組んでくださったことが
ある方も、この模試をフル活用し、ぜひ目標を達成してください。

2021 年 11 月

エッセンス イングリッシュ スクール

加藤 優

本書の構成と使い方

この問題集は、問題編と解答・解説編に分かれています。

問題編

■ 別冊の問題編には、模試 (200 問) が 2 回分収録されています。リスニングセクションは音声を再生してテストに取り組んでください。音声のダウンロード・再生については vii ページをお読みください。

■ 解答用紙 (Answer Sheet) は巻末についています。切り離してお使いください。

解答・解説編

■ 本冊が解答・解説編です。解答・解説は以下の要素で構成されています。

① 問題英文・スクリプトと選択肢、訳	音声で流れるものを含む問題英文・選択肢とその全訳です。
② ナレーターの発音の区別	スクリプトの左にある国旗のマークは、ナレーターの発音の区別を表しています。 ■ アメリカ発音　■ カナダ発音 ■ イギリス発音　■ オーストラリア発音
③ 音声トラック番号	リスニングセクションの音声トラック番号です。
④ 語注	TOEIC テストで頻出する語句を中心に選んでいます。語彙力増強にお役立てください。
⑤ 正解	正解の選択肢の記号です。正解一覧は、各テストの最後に掲載しています。
⑥ 正答率	すべての設問に、本書用に実施したプレテスト受験者のデータをもとにした「正答率」が記してあります。この数値が低ければ低いほど、受験者が間違えやすい難易度の高い問題だと言えます。
⑦ 出題パターン分類	本書では、Part 5 と Part 6 の問題を 19 の出題パターンに分類しています。詳細は xviii ～ xix ページをお読みください。
⑧ 解き方	すべての設問について、正解を導くために聞き取る部分や正解を導くための手順、考え方を説明しています。
⑨ コラム1「990点 講師の目」	とくに注意すべきポイントがある設問についてのアドバイスです。
⑩ コラム2「これがエッセンス」	パート全体に関する戦略や学習のポイントを伝授します。

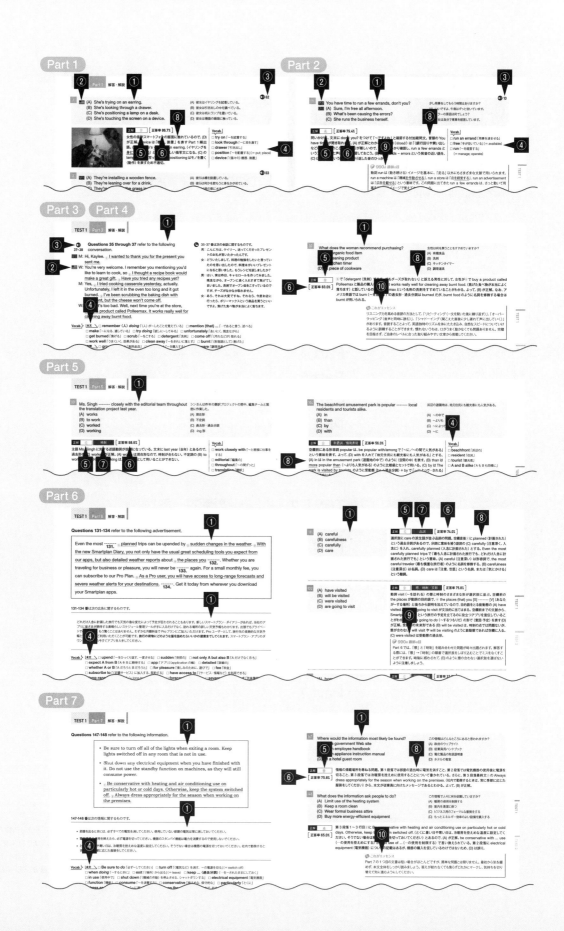

v

編集協力：大塚智美／千田智美／硲允／渡邉真理子　スコアデータ分析協力：神崎正哉
装丁：竹内雄二　本文デザイン・DTP 組み版：清水裕久 (PescoPaint)
ナレーター：Jack Merluzzi (米) ／ Brendan Stallings (米) ／ Rachel Walzer (米) ／ Neil Demaere (加) ／ Emma Howard (英) ／ Kelvin Barnes (豪)
録音：ELEC 録音スタジオ

音声のダウンロードと再生の仕方

本書の音声は MP3 形式でダウンロードすることができます。

■ スマートフォン

1. ジャパンタイムズ出版の音声アプリ「OTO Navi」をインストール

2. OTO Navi で本書を検索

3. OTO Navi で音声をダウンロードし、再生

※ 以下①②の設定を行うと、その模試の音声が途切れずに流れます。
　① 音声再生画面の左下を「⇄ セクション」に設定
　② アプリのメニューから、バックグラウンド再生できる最大数を 90 に設定

■ パソコン

1. ブラウザからジャパンタイムズ出版のサイト「BOOK CLUB」にアクセス

　https://bookclub.japantimes.co.jp/book/b590294.html

2. 「ダウンロード」ボタンをクリック

3. 音声をダウンロードし、iTunes などに取り込んで再生

＊ 音声は zip ファイルを展開（解凍）してご利用ください。

特別付録「直前エッセンスリスト」について

巻末に別冊付録として、TOEIC 頻出の重要キーフレーズや多義語、接続副詞などのリストをまとめています。試験前の見直しや学習の仕上げにご利用ください。

無料ダウンロード特典について

本書には、より効果的な学習をサポートする以下の特典教材がついています。

　① **Part 2 設問と正解の応答音声**
　② **Part 5 正解入り問題英文の音声＋ PDF**
　③ **Part 6 ＆ 7 の文書読み上げ音声**
　④ **Part 6 ＆ 7 スラッシュリーディング用テキスト**
　⑤ **本番形式マークシート**

いずれも BOOK CLUB の本書の内容紹介ページよりダウンロードしてください。

「精選模試」活用法

「精選模試」シリーズとは

最新の TOEIC 出題傾向と「学習者がどこでつまずくか」を熟知した TOEIC 指導専門校の講師陣が、出題者と学習者両方の視点で執筆。学習者の弱点を突くオリジナルの良問と、誤答選択肢のフォローを含む丁寧な解説で、どんな問題にも太刀打ちできる真の実力を養います。

　本書には模試 2 回分（別冊）と全問の解説が掲載されています。一度解いて答え合わせをして終わりではなく、ぜひ以下の手順で復習してください。知識と経験値が少しずつ蓄積され、本番の厳しい制限時間の中で速く正確に解答できる力がついていきます。

模試を解く際の注意事項

☐ 本試験の環境に近づけるため、解答はマークシートに記入する。

☐ リスニングテストの音声は、できればイヤホンを使わず、パソコン・音楽プレーヤーなどのスピーカーから直接流して聞く。

☐ リーディングテストは 75 分を計って解く。その際、各パート（Part 7 はシングル・ダブル・トリプルパッセージごと）を解答するのにかかった時間をメモしておく。制限時間内にどこまで解けたかを確認したら、残りの問題をあらためて最後まで解く。

本書を使った効果的な学習法

① 模試を解く
上記の注意事項に沿って模試を解く。

↓

② 答え合わせ
後で復習しやすいように、「間違えた問題」に〇、「正解したが迷った問題」に△など、問題用紙の番号に印をつける。正答した問題も含めて解説を読み、正解の根拠や言い換え表現などを確認する。
※リスニングは、解説・スクリプトを見る前に音声を何度か聞き返し、どこが聞き取れないか把握しておこう。

↓

③ 本文・スクリプトの確認
和訳と語注を参考に、本文・スクリプト全体の内容を確認し、意味のわからない部分がないようにする。

↓

④ 音声の確認（リスニング）
スクリプトを見ながら音声を聞き、「文字」と「音」の情報を一致させる。単語同士の音のつながり、語尾の音の脱落など、実際にどのように発音されるかに注意。

↓

⑤ 音読トレーニング
音声をお手本に、スクリプトを声に出して読み、英語のリズムを体に染み込ませる。慣れてきたら、リーディングの問題文の音読にも挑戦する。音声と同じスピードでスムーズに読めるようになるまで何度も繰り返す。

↓

⑥ 解き直し
一度解いた問題を、「1 週間後 → 1 カ月後 → 試験直前」など、日を空けて何度も解き直す。どの問題も迷わず正解できるようになるまで繰り返すことが大切。答えを覚えてしまっている場合は、なぜ正解になるのかを頭の中で解説する。

パート別おすすめトレーニング

リスニング

▶Part 1

□ スクリプトを見ながら各選択肢の音声を1文ずつ聞き、リピートする

□ 問題の写真だけを見て、正しい描写文を言えるようにする

▶Part 2

□ スクリプトを見ながら質問文と各選択肢の音声を1文ずつ聞き、リピートする

□ スクリプトを見ずに質問文を聞き、同じ文をリピートできるようにする

□ スクリプトを見ずに質問文を聞き、正しい応答を言えるようにする

▶Part 3 & 4

□ スクリプトを見ながら会話・トークの音声を1文ずつ聞き、リピートする

□ スクリプトを見ながら、音声と同時に声に出す（オーバーラッピング）

□ スクリプトを見ながら、音声が聞こえた直後に少し遅れて声に出す（シャドーイング）

　　　→ 何も見ずにすべてシャドーイングできるようになるまで練習
　　　※ 電車内などで声が出せない場合は、ロパク（音声に合わせて口を動かす）だけでも効果がある。

□ 設問文と選択肢を素早く理解できるように何度も読み返す

リーディング

「*」マークがついたものは、ダウンロード特典（vii 参照）をご利用ください。

▶Part 5

□ *問題文の音声を1文ずつ聞き、リピートする

□ 身につけたい表現を含む問題文を選び、声に出しながら10回書き写す（音読筆写）

□ 選択肢を隠して問題文だけを読み、空欄に入る語を言えるようにする

▶Part 6 & 7

□ *スラッシュリーディング用テキストを使い、英語の語順のまま理解できるように練習する

□ *各文書の読み上げ音声と同時に、本文を音読する（オーバーラッピング）

□ *各文書の読み上げ音声に合わせて目を動かしながら、本文を黙読する

TOEIC のパート別攻略法

TOEIC® L&R テストの問題構成と時間配分

	パート	問題内容	問題数	解答時間の目安
リスニング	Part 1	写真描写問題	6 問	約 46 分
	Part 2	応答問題	25 問	
	Part 3	会話問題	39 問（3 問× 13）	
	Part 4	説明文問題	30 問（3 問× 10）	
リーディング	Part 5	短文穴埋め問題	30 問	10 分
	Part 6	長文穴埋め問題	16 問（4 問× 4）	8 分
	Part 7	読解問題 1 つの文書 2 つの文書 3 つの文書	29 問（10 文書） 10 問（5 問× 2） 15 問（5 問× 3）	57 分

〈リスニングセクション〉

　発話スピードは全体的に速く、テンポよく問題が進んでいきます。よって、1 つの問題が終わったら、すぐに気持ちを切り替えて、次の問題に臨む姿勢が大切です。

　なお、リスニングの最中にリーディングの問題を見ることは禁止されています。リスニング各パートの最初に Directions（指示文）が放送されますが、その間は目の前の問題に集中するようにしましょう。

〈リーディングセクション〉

　リーディング全体の制限時間は 75 分間です。時間内にすべて解き終えるためには、Part 5 を 10 分（1 問 20 秒）、Part 6 を 8 分（1 文書 2 分）、Part 7 を 57 分（1 問約 1 分）で解く必要があります。

　ただし、速く解くことばかりに意識が向き、取りこぼしが増えてしまっては本末転倒です。たとえ最後の数問を解き残しても、それまでの正答数が高ければハイスコアを狙えます。「スピード」と「精度」の両方を保つように心がけましょう。

Part 1 攻略法

　読み上げられる (A) ～ (D) の選択肢の中から、写真の内容を最も適切に表現しているものを 1 つ選びます。

Part 1 の解答ステップ

STEP 1 写真の種類と内容を確認
① 1 人の写真 (1 人の動作や状態をチェック)
② グループの写真 (全員に共通する動作や状態、グループの 1 人の動作をチェック)
③ 人のいない写真 (モノの状態や位置、景色の様子をチェック)

↓

STEP 2 音声に合わせて解答用紙の選択肢を鉛筆でたどる

↓

STEP 3 正解だと思う選択肢のところで鉛筆を止める

↓

STEP 4 (D) の選択肢を聞き終えたらすぐに選択肢を塗りつぶす

Part 1 を解く際の注意点

・写真の中心に人が写っていても、周辺にあるモノを描写した文が正解になることがある。Directions の間に写真を細部まで見ておく。

・working と walking のような発音が似ている単語や、has/have been ＋過去分詞 (～された状態) と is/are being ＋過去分詞 (～されている最中) の聞き分けに注意。

・比較的シンプルな描写文が多いものの、一般学習者になじみのない単語や言い回しが出てくることもある。問題演習で Part 1 特有の表現に慣れておく (特別付録の「Part 1 に頻出する名詞」も参照)。

人の動作・状態を表す表現の例

☐ examining「～を調べている」　☐ operating「～を操作している」
☐ distributing「～を配っている」　☐ handing「～を手渡している」
☐ reaching for「～に手を伸ばしている」　☐ strolling along「～沿いを歩いている」
☐ staffing「～で働いている」　☐ looking over *one's* shoulder「肩越しに見ている」
☐ have *one's* back to「～に背を向けている」　☐ facing each other「向かい合っている」

モノの状態や景色を表す表現の例

☐ arranged「並べられている」　☐ on display「陳列されている」　☐ stacked「積み重なっている」
☐ lead to「～ (入り口など) に通じている」　☐ overlook「～を見渡せる場所にある」
☐ surrounded by「～に囲まれている」　☐ occupied「(席などが) 使用中の」
☐ propped up against「～に立てかけられている」　☐ mounted on「～の上に取り付けられている」
☐ reflected in「～に反射して映っている」

Part 2 攻略法

　問いかけ、または発言に対する応答として最も適切なものを、読み上げられる (A) ～ (C) の選択肢の中から1つ選びます。

Part 2 の解答ステップ

STEP 1　Directions の間は Part 3 & 4 を先読みせず、深呼吸して心を落ち着かせる
　↓
STEP 2　問いかけの最初の数語を聞き逃さないように集中する
　　　　　 ＊ Who、What、When、Where などの疑問詞で始まる問いかけが 4 ～ 5 割を占める
　↓
STEP 3　(C) の選択肢を聞き終えたら即塗りつぶして次の問題に備える

▌Part 2 を解く際の注意点

・問いかけに対して、必ずしも直接的に答えるとは限らない。会話の場面をイメージしながら、自然な応答になっているものを選ぶ。

・問いかけの文と同じ語や発音の似た語 (tired と retired など) が含まれる選択肢はひっかけの可能性大。ただし、あくまでやりとりが成立するかどうかで判断する。

・Part 2 は質問 (発言) と応答のみが淡々と繰り返されるため、最も集中力が必要。(A) を聞いて正解だと思ったら残りは聞き流す、答えに迷ってもすぐ次の問題に意識を移すなどメリハリをつけるのがコツ。

Part 2 に登場する疑問文

(1) Wh- 疑問文
　疑問詞で始まり、時や場所など具体的な情報を尋ねる

(2) Yes/No 疑問文
　Are we ...? や Do you ...? など、「はい」か「いいえ」で答えられるもの

(3) 否定疑問文
　Aren't you や Didn't we など否定形で始まる Yes/No 疑問文で、「～ではないですか」という驚きやいら立ちを表す

(4) 付加疑問文
　文末に isn't it や don't you などを付けて、「～ですよね」と確認をとる言い方

(5) 選択疑問文
　A or B? の形で、2 つのうちどちらかを尋ねる

(6) 慣用的な疑問文
　How about ...? や Could you ...? のように、提案や依頼などを表す慣用的な問いかけ

　2人または3人の会話を聞き、問題用紙に印刷されている設問と (A) ～ (D) の選択肢を読んで、答えを選びます。設問は会話1つにつき3問あり、音声も流れます。

Part 3 の解答ステップ

STEP 1　会話が流れる前にできるだけ設問を読み、聞き取るべきポイントを頭に入れる
＊「意図問題」と「図表問題」は選択肢にも目を通しておく
↓

STEP 2　冒頭の読み上げ (Questions XX through YY ...) が聞こえたら先読みをやめ、会話の中に出てくるヒントを待ち構えるようにして場面を想像しながら聞く
↓

STEP 3　ヒントをキャッチできたら正解の選択肢 (問題用紙) を指で押さえ、会話を聞き終えてから一気に塗りつぶす

Part 3 を解く際の注意点

・多くの場合、3つの設問のうち1つは、トピックや話し手の職業など、全体の内容に関する問題。そのほかは、依頼の内容や次の行動といった「細かい情報」を問うもの。

・場面を想像しながら会話を聞くことで、内容が記憶に残りやすくなる。たとえ設問の先読みができなくても焦らず、音声に集中！

・話し手の発言の意図を問う問題が2～3問登場する。このタイプの問題は、キーワードを拾うように聞くのではなく、前後の話の流れを意識することが大事。

・最後2～3題は、図表 (リスト・スケジュール・地図など) を見て答える問題。会話が始まる前に Look at the graphic. で始まる設問と選択肢、図表の情報を照らし合わせ、何を聞き取るべきかを予測する。ある程度「正解のパターン」が決まっているので、対策しておけば恐れる必要はない。

Part 3 の主な設問パターン

《トピックを問うもの》

☐ What are the speakers talking about?　　「話し手たちは何について話していますか?」
☐ What are the speakers discussing?　　「話し手たちは何について話していますか?」
☐ What is the topic of the conversation?　　「会話の話題は何ですか?」

《目的を問うもの》

☐ Why is the woman calling?　　「女性はなぜ電話をしていますか?」
☐ What is the purpose of the man's call?　　「男性の電話の目的は何ですか?」

《場所を問うもの》

☐ Where are the speakers?　　「話し手たちはどこにいますか?」
☐ Where does the conversation take place?　　「この会話はどこで行われていますか?」

《職業を問うもの》

☐ Who most likely is the man? 「男性はだれ（どういう人）だと思われますか？」

☐ Where does the woman work? 「女性はどこで働いていますか？」

☐ What type of business do the speakers work for? 「話し手たちはどんな業種で働いていますか？」

☐ What is the man's job/occupation/profession? 「男性の職業は何ですか？」

《問題を問うもの》

☐ What is the problem? 「問題は何ですか？」

☐ What is the man's concern? 「男性の心配事は何ですか？」

☐ What is the woman worried/concerned about? 「女性は何について心配していますか？」

《依頼・要求の内容を問うもの》

☐ What does the man ask the woman to do? 「男性は女性に何をするよう頼んでいますか？」

☐ What does the woman request? 「女性は何を求めていますか？」

☐ What does the man ask for? 「男性は何を求めていますか？」

《申し出の内容を問うもの》

☐ What does the woman offer to do? 「女性は何をすると申し出ていますか？」

《提案の内容を問うもの》

☐ What does the man suggest the woman do? 「男性は女性に何をするよう提案していますか？」

☐ What does the woman recommend/suggest/propose? 「女性は何をすすめていますか？」

《次の行動を問うもの》

☐ What will the man probably do next? 「男性はおそらく次に何をしますか？」

☐ What does the woman say she will do? 「女性は何をすると言っていますか？」

《発言の意図を問うもの》

☐ Why does the woman say, "..."? 「女性はなぜ『…』と言っていますか？」

☐ What does the man mean when he says, "..."? 「男性が『…』と言っているのはどういう意味ですか？」

☐ What does the man imply when he says, "..."? 「男性の『…』という発言にはどういう意味の含みがありますか？」

Part 4 攻略法

　40 ～ 50 秒程度のトーク（電話メッセージやアナウンスなど）を聞き、問題用紙に印刷されている設問と (A) ～ (D) の選択肢を読んで、答えを選びます。1 つのトークにつき、3 つの設問が出題され、音声も流れます。

Part 4 の解答ステップ

STEP 1　トークが流れる前にできるだけ設問を読み、聞き取るべきポイントを頭に入れる
＊「意図問題」と「図表問題」は選択肢にも目を通しておく
↓

STEP 2　冒頭の読み上げ（Questions XX through YY ...）が聞こえたら先読みをやめ、続いて流れるトークの種類を確認

《トークの主な種類》
telephone message（電話メッセージ）、recorded message（録音メッセージ）、announcement（アナウンス）、advertisement（広告）、introduction（紹介）、speech（スピーチ）、talk（話）、excerpt from a meeting（会議の抜粋／一部）、radio broadcast（ラジオ放送）、news report（ニュース報道）
↓

STEP 3　トーク中に出てくるヒントを待ち構えるようにして場面を想像しながら聞く
↓

STEP 4　ヒントをキャッチできたら正解の選択肢（問題用紙）を指で押さえ、トークを聞き終えてから一気に塗りつぶす

Part 4 を解く際の注意点

・Part 3 同様、「話し手の発言の意図を問う問題」と「図表を見て答える問題」が、Part 4 全体でそれぞれ 2 ～ 3 問登場する。この手の問題が苦手な場合は、ほかの設問を確実に正解するよう意識を切り替える。

・正解の選択肢は、トークと同じ語がそのまま使われる場合と、言い換え表現（パラフレーズ）が用いられる場合がある。
　言い換え例：トークでは projector（プロジェクタ）→ 選択肢では equipment（機材）

・一部、長い設問や選択肢が登場する。よく出題される設問パターンを押さえ、限られた時間の中で設問や選択肢を速読するリーディング力を磨いておこう。

Part 4 の主な設問パターン

《トピックを問うもの》
☐ What is the speaker calling about?　　　　「話し手は何について電話をしていますか?」
☐ What is the speaker announcing?　　　　 「話し手は何をアナウンスしていますか?」
☐ What is being announced?　　　　　　　　「何がアナウンスされていますか?」
☐ What is the message about?　　　　　　　「このメッセージは何に関するものですか?」

《目的を問うもの》
☐ What is the purpose of the talk?　　　　　「トークの目的は何ですか?」
☐ Why is the speaker calling?　　　　　　　「話し手はなぜ電話をしていますか?」

《場面を問うもの》

- ☐ Where is the announcement being made? 「アナウンスはどこで行われていますか?」
- ☐ Where does the talk most likely take place? 「この話はどこで行われていると思われますか?」

《話し手の会社・職業を問うもの》

- ☐ Who is the speaker? 「この話し手はだれですか?」
- ☐ Where does the caller work? 「電話をかけている人はどこで働いていますか?」
- ☐ What kind of business is being advertised? 「どのような業種が宣伝されていますか?」

《聞き手・対象者を問うもの》

- ☐ Who are the listeners? 「聞き手はだれですか?」
- ☐ Who is the caller contacting? 「電話をかけている人はだれに連絡をしていますか?」
- ☐ Who is the speaker addressing? 「話し手はだれに向けて話していますか?」
- ☐ Who is the intended audience for the talk? 「この話の対象者はだれですか?」
- ☐ Who is the advertisement most likely for? 「広告はだれに向けたものだと思われますか?」

《依頼・要求の内容を問うもの》

- ☐ What does the speaker ask listeners to do? 「話し手は聞き手に何をするよう頼んでいますか?」
- ☐ What are listeners asked to do? 「聞き手は何をするように頼まれていますか?」

《提案・指示の内容を問うもの》

- ☐ What does the speaker suggest the listeners do? 「話し手は聞き手に何をするよう提案していますか?」
- ☐ What does the speaker recommend? 「話し手は何をすすめていますか?」
- ☐ What are listeners advised to do? 「聞き手は何をするよう助言されていますか?」
- ☐ What are listeners encouraged to do? 「聞き手は何をするよう促されていますか?」
- ☐ What are listeners reminded to do? 「聞き手は何をするよう念を押されていますか?」
- ☐ What are listeners instructed to do? 「聞き手は何をするよう指示されていますか?」

《次の行動を問うもの》

- ☐ What will listeners probably do next? 「聞き手はおそらく次に何をしますか?」
- ☐ What does the woman say she will do? 「女性は何をすると言っていますか?」

《具体的な情報を問うもの》

- ☐ What does the speaker say about ...? 「話し手は…について何と言っていますか?」
- ☐ What is mentioned about ...? 「…について何が述べられていますか?」

《話し手の発言の意図を問うもの》

- ☐ Why does the speaker say, "..."? 「話し手はなぜ『…』と言っていますか?」
- ☐ What does the speaker mean when he says, "..."? 「話し手が『…』と言っているのはどういう意味ですか?」
- ☐ What does the speaker imply when he says, "..."? 「話し手の『…』という発言にはどういう意味の含みがありますか?」

Part 5 攻略法

　空欄を含む1文があり、空欄を埋めるのに適切な語句を (A) 〜 (D) から選びます。ビジネスや日常的なコミュニケーションに必要となる「文法力」と「語彙力」が問われます。

Part 5 の解答ステップ

STEP 1　選択肢をチェックし、問題パターン（xviii 〜 xix ページ参照）を把握する

↓

STEP 2　問題文を見る

　　　　　語彙の問題 → 文脈やコロケーション（語句の相性）に注意

↓

　　　　　文法の問題 → 文の構造（S＋V）や語順（空欄前後）に注意

STEP 3　30 秒以内に答えを決める

　　　　　＊1問あたり平均 20 秒、全体で 10 分に抑えることを目標とする

Part 5 を解く際の注意点

・空欄前後を見るだけで答えがわかる場合もあるが、問題文の一部だけを見て判断すると、ケアレスミスの可能性も高くなる。とくにハイスコアを目指す人は、文頭から空欄まで一気に目を通すようにしよう。

・迷う問題に時間をかけるのは禁物。最大 30 秒を肝に銘じ、直感でどれかにマークをして次に進む。

Part 6 攻略法

　4つの空欄を含む文書があり、空欄を埋めるのに適切な語句や文を (A) ～ (D) から選びます。文書は4つ出題され、メール、ビジネスレター、記事、広告など題材はさまざまです。

Part 6 の解答ステップ

STEP 1	本文冒頭から1問目の空欄まで読む

↓

STEP 2	1問目の選択肢をチェックし、1文や前後の文章をもとに解答

空欄を含む文だけで解答できるもの → 品詞、態、前置詞、関係詞など

↓

前後の文脈の理解が必要なもの → 語彙、時制、接続副詞、指示語、一文選択

STEP 3	2～4問目も同じ手順で解いていく

Part 6 を解く際の注意点

・Part 6 は、Part 5 とは似て非なるパート。個々の設問に答えながら本文全体の文脈を追う必要があるが、1文書2分を目安に、解答に時間をかけすぎないよう注意。

・語彙、時制、接続副詞など、前後の文脈理解が必要な問題が大半を占める。解答の手がかりを見逃さないために、飛ばし読みをしないことが大切。

・空欄に適切な1文を入れる「一文選択問題」が各文書に1問ずつ含まれている。空欄前後の文脈を踏まえながら、自然な流れになるものを判断。Part 7 にあてる時間を確保するため、本文と選択肢をひととおり確認しても答えがわからなければ、いずれかを選んで先に進む。

Part 5 と Part 6 の問題パターン

　本書の Part 5 と Part 6 の問題にはすべて、解答・解説編に、該当するパターン名が記載されています。

(1) 語彙	同じ品詞の語が並び、語彙力を試すもの。give up や take over といった「句動詞」を問うものもある。
(2) 品詞	ある語が品詞を変えて並んでおり、空欄前後の語順や文の構造から、正しい形を選ぶもの。文意の考慮が必要となることもある。
(3) 前置詞	選択肢には前置詞が並んでいる。その中から、文意が成立するものや、フレーズが完成するものを選ぶ。
(4) 前置詞 vs 接続詞	意味の似た前置詞と接続詞が並び、どちらかを選ぶもの。空欄の後ろが名詞句になっていれば前置詞、節〈主語＋動詞〉になっていれば接続詞が入る。
(5) 格	代名詞の3つの格（主格・所有格・目的格）や、所有代名詞・再帰代名詞から、正しいものを選ぶ。

(6) 態	2つの態（能動態・受動態）のどちらかを選ぶもの。多くの場合、空欄の後ろに目的語があれば能動態、なければ受動態と見なすことができる。
(7) 時制	動詞の適切な時制を問うもの。Part 6 では、空欄を含む文の外にヒントがある「文脈時制」の問題が出題される。
(8) 主述の一致	主語と動詞の関係で動詞の形を決めるもの。主語の単複に動詞の形を合わせるというのが典型的な出題。
(9) 準動詞	準動詞とは「動詞をほかの品詞（名詞・形容詞・副詞）に変えたもの」で、不定詞と動名詞と分詞の3つがある。それらの正しい使い分けを問うもの。
(10) 他動詞 vs 自動詞	目的語をとる動詞（他動詞）と、目的語をとらない動詞（自動詞）の使い分けを問うもの。
(11) 慣用表現	英語の「決まった言い回し」を問う。"Please help yourself to ..." など、特定の場面で使われる表現もあり、英語環境に日ごろから親しんでいることが重要。
(12) 修飾	修飾される語との語法的な関係が正しい、形容詞や副詞などを選ぶもの。
(13) 構文	文構造の理解が正解を導くのに必要なもの。either A or B や so ～ that など、定型構文を問うものもある。
(14) 語法	ある語の独特の用法を問うもの。assure〈人〉that ...や、encourage〈人〉to *do* など、動詞に続く形を問うのが典型的な例。
(15) 比較	形容詞と副詞には「原級・比較級・最上級」の3つの「級」がある。その中から、文脈または前後の語句に合う正しい「級」を選ぶもの。
(16) 関係詞	さまざまな関係代名詞や関係副詞から正しい選択肢を選ぶもの。直前の名詞（先行詞）と、後ろの構文に着目することで正解が得られる。
(17) 指示語	空欄部分が何（だれ）を指しているかを文脈から見極めて、正しい指示語を選ぶもの。
(18) 文脈	自然な文脈になる語を正解とするもの。Part 5 では文意が通る接続詞を選ぶ問題、Part 6 では前後の文脈をつなぐ接続副詞（therefore や however など）を選ぶ問題がその典型。
(19) 一文選択	ある一文が空欄になっており、文脈上ふさわしいものを選ぶ。

　はじめの 29 問は、1 つの文書（シングルパッセージ）を読み、それぞれの文書について 2 ～ 4 つの設問に答えます。その後、2 つの文書（ダブルパッセージ）について 5 つの設問に答えるものが 2 セット、3 つの文書（トリプルパッセージ）について 5 つの設問に答えるものが 3 セット出題されます。

　題材となる文書は、メールやウェブページ、オンラインチャットなど、日常的なビジネスの現場を再現したものが多くあります。

Part 7 の解答ステップ

| STEP 0 | 本文の上に書かれている Questions XXX-YYY ... から文書のタイプを確認 |

《主な文書タイプ》
e-mail（メール）、memo（社内連絡）、letter（ビジネスレター）、notice（通知）、
information（情報）、advertisement（広告）、Web page（ウェブページ）、
text-message chain（テキストメッセージのやりとり）、
online chat discussion（オンラインチャットの話し合い）、
press release（プレスリリース）、article（記事）

［解き方 1］設問ファースト（下から上へ）

STEP 1	設問を先に読む
STEP 2	本文を冒頭から読んで関連情報を探す
STEP 3	選択肢の内容と照合して解答

［解き方 2］本文ファースト（上から下へ）

STEP 1	本文全体を一気に読む
STEP 2	設問文と選択肢を読んで解答
STEP 3	必要に応じて本文を再確認

▌Part 7 を解く際の注意点

・本文は無理に速く読もうとせず、内容を追えるスピードで落ち着いて読む。

・言い換え表現（パラフレーズ）が、Part 7 を攻略する最大のカギ。一方、本文と同じ語句を使っている選択肢は、ひっかけであることも多いので注意。
　言い換え例：本文では breakfast（朝食）→ 選択肢では meal（食事）

・本文の適所に文を入れる「一文挿入問題」が、シングルパッセージに 2 問登場する。
　① 挿入する文の「代名詞（this, those, he など）」「文脈をつなぐ副詞（also, therefore など）」「時・場所を表す副詞（then, here など）」をヒントに、直前の文と内容が結びつく箇所を特定。
　② 空欄が段落冒頭にある場合は、直後の文とのつながりを確認。

・本文の中にある語（またはフレーズ）の意味に最も近いものを選ぶ「同義語問題」が、2〜5問出題される。

① 1文の文脈に注意しながら、問われている語の本文内での意味を確認。

② 選択肢の語と入れ替えて、近い意味になるものを判断。

・複数の文書の情報をつなぎ合わせて解く「クロスレファレンス問題」が、ダブルパッセージに1〜2問、トリプルパッセージに2問ずつ含まれている。共通の話題に注意しながら、本文の流れに逆らわずにそれぞれの文書全体を読むようにしよう。

Part 7 の主な設問タイプ

《目的・主旨を問うもの》

☐ What is the purpose of the e-mail? 「このメールの目的は何ですか?」

☐ Why was the letter written? 「この手紙はなぜ書かれましたか?」

☐ Why did Mr. Gupta contact Ms. Patel? 「グプタさんはなぜパテルさんに連絡しましたか?」

☐ What is the topic of the article? 「この記事のトピックは何ですか?」

《読み手・対象者を問うもの》

☐ For whom is the notice most likely intended? 「この通知はどんな人を対象にしていると思われますか?」

《掲載場所を問うもの》

☐ Where would the information most likely be found? 「この情報はどこで見つかると思われますか?」

☐ Where would the article most likely appear? 「この記事はどこに掲載されていると思われますか?」

《人物・役職を問うもの》

☐ Who most likely is Tom Fowler? 「トム・ファウラーはどういう人だと思われますか?」

《依頼内容を問うもの》

☐ What does Mr. Green ask Ms. Chang to do? 「グリーンさんはチャンさんに何をするよう頼んでいますか?」

☐ What is Ms. Chang asked to do? 「チャンさんは何をするよう頼まれていますか?」

《添付物・同封物を問うもの》

☐ What is attached to the e-mail? 「メールに添付されているものは何ですか?」

☐ What is included with the letter? 「レターに同封されているものは何ですか?」

☐ What has been sent along with the letter? 「レターとともに送付されたものは何ですか?」

《本文の内容を選択肢と照合するもの》

☐ What is stated/mentioned about ...? 「…に関して何が述べられていますか?」

☐ What is indicated about ...? 「…に関して何が述べられて（示されて）いますか?」

☐ What is suggested/implied about ...? 「…に関して何が示唆されていますか?」

☐ What is true about ...? 「…に関して正しい記述はどれですか?」

☐ What can be concluded about ... ? 「…に関して何が結論づけられますか」

《NOT 問題》

☐ What is NOT indicated about the park? 「公園について述べられていないことは何ですか?」

《書き手の意図を問うもの》

☐ At 10:03 A.M., what does Mr. Jones mean when he writes, "..."? 「午前 10 時 3 分にジョーンズさんが『…』と書いているのはどういう意味ですか?」

《一文挿入問題》

☐ In which of the positions marked [1], [2], [3] and [4] does the following sentence best belong? 「[1]、[2]、[3]、[4] のうち、次の文が入る最もふさわしい箇所はどこですか?」

《同義語問題》

☐ The word "..." in paragraph X, line Y is closest in meaning to 「第 X 段落 Y 行目の『…』に最も意味の近い語は」

🔊 02

1 🇺🇸 (A) She's trying on an earring.
(B) She's looking through a drawer.
(C) She's positioning a lamp on a desk.
(D) She's touching the screen on a device.

(A) 彼女はイヤリングを試着している。
(B) 彼女は引き出しの中を調べている。
(C) 彼女は机にランプを置いている。
(D) 彼女は機器の画面に触っている。

正解　**D**　［正答率 86.7%］

女性の指がスマートフォンの画面に触れているので、(D)
が正解。device は「機器、装置」を表す Part 1 頻出
語。(A) は、She's <u>wearing</u> an earring. (イヤリングを
身につけている) とすれば正しい描写文になる。(C) の
lamp は写真に写っているが、positioning はモノを置く
〈動作〉を表すため不適切。

Vocab.
□ **try on**「～を試着する」
□ **look through**「～に目を通す」
□ **drawer**「引き出し」
□ **position**「～を配置する」(= put; place)
□ **device**「(個々の) 機器、装置」

🔊 03

2 🇦🇺 (A) They're installing a wooden fence.
(B) They're leaning over for a drink.
(C) They're watering the grass in a garden.
(D) They're carving a piece of stone.

(A) 彼らは柵を設置している。
(B) 彼らは何かを飲もうと身をかがめている。
(C) 彼らは庭の草に水をやっている。
(D) 彼らは石を彫っている。

正解　**B**　［正答率 88.5%］

2 人が身をかがめて水を飲んでいる様子を、(B) が的確
に描写している。lean over は「上に身をのり出す、身
をかがめる」(= bend over) という意味。(A) は、A
wooden fence <u>has been installed</u>. (柵が設置されて
いる) とすれば写真に合う。

Vocab.
□ **install**「～を取り付ける、設置する」
□ **lean over**「身をかがめる」
□ **water**「～に水をやる」
□ **grass**「草、芝生」
□ **carve**「～を彫る」

🌐 **990点 講師の目**

lean は上体を傾けることを表す Part 1 頻出動詞です。lean over のほか、lean on/against (～
に寄りかかる) を覚えておきましょう。人が壁に寄りかかっている写真では、They're <u>leaning
against</u> the wall.という描写文がよく出てきます。また、A ladder is leaning against the wall. (ハ
シゴが壁に立てかけられている) のようにモノに対しても用いられます。

🔊 04

3 🇬🇧 (A) One of the men is cutting vegetables.
(B) One of the men is bagging groceries.
(C) A woman is carrying a crate.
(D) A woman is pushing a shopping cart.

(A) 男性の 1 人が野菜を切っている。
(B) 男性の 1 人が食料品を袋に入れている。
(C) 女性がケースを運んでいる。
(D) 女性がショッピングカートを押している。

正解　**C**　［正答率 63.2%］

複数の人物が写真に写っている場合は、一人ひとりの動
作や状態を事前にしっかりチェックしておこう。この問
題では、中央にいる女性の〈動作〉を (C) が正しく描写
している。crate は商品などを運ぶ際に用いる木やプ
ラスチックのケースのこと。(A) は One of the men is
<u>selecting</u> vegetables. (男性の 1 人が野菜を<u>選んでい</u>
<u>る</u>) であれば正解。

Vocab.
□ **bag**「～を袋に詰める」
□ **groceries**「食料品」
□ **crate**「(運搬用の) ケース」

4 🇨🇦 (A) A cupboard door has been opened.
(B) Plates have been set out for a meal.
(C) There's a microwave oven on top of a refrigerator.
(D) There's silverware lying on a counter.

(A) 食器棚の扉が開いている。
(B) 平皿が食事のために並べられている。
(C) 冷蔵庫の上に電子レンジがある。
(D) カウンターの上に食卓食器類が置かれている。

🔊 05

正解 **A** [正答率 75.8%]

cupboard（食器棚）の扉が開いているので、(A) が正解。cupboard は /kʌbərd/（カバード）と発音される。音声をお手本に音読し、聞き取れるようにしておこう。(C) の microwave oven（電子レンジ）と refrigerator（冷蔵庫）は写真に写っているが、位置関係が合わない。(D) の silverware は「ナイフ・フォーク・スプーンなどの食卓食器類」(= cutlery) を指す。

Vocab.
□ **cupboard**「食器棚、戸棚」
□ **set out**「〜を並べて置く」
□ **there's (= there is)** ...「…がある」
□ **on top of**「〜の上に」
□ **lying**「lie（置かれている）の ing 形」

5 🇦🇺 (A) Some customers are lined up at a food stand.
(B) Some diners are receiving a menu from a server.
(C) None of the tables is occupied.
(D) A seating area has been arranged in a courtyard.

(A) 何人かの客が屋台に並んでいる。
(B) 何人かの食事客が接客係からメニューを受け取っている。
(C) どのテーブルにも人が座っていない。
(D) 座席が中庭に用意されている。

🔊 06

正解 **D** [正答率 72.2%]

中庭のような屋外の場所に席があることを (D) が正しく言い表している。courtyard（中庭）と patio（テラス、中庭）を合わせて覚えておこう。(C) は Most of the tables are occupied. であれば写真に合致するので、文頭の None（何も〜でない）を聞き落とさないように注意。

Vocab.
□ **diner**「食事客」
□ **server**「給仕係」
□ **occupied**「（部屋・席などが）使用中の」
□ **courtyard**「中庭」

6 🇺🇸 (A) Cords are plugged into some equipment.
(B) A potted plant is hanging from a ceiling.
(C) A machine is being inspected inside a room.
(D) Floor tiles are being polished.

(A) 機器にコードが差し込まれている。
(B) 鉢植えの植物が天井からぶら下がっている。
(C) 機械が室内で点検されているところだ。
(D) 床のタイルが磨かれているところだ。

🔊 07

正解 **A** [正答率 83.0%]

equipment（機器）にコードが差し込まれた〈状態〉を表す (A) が正解。(B) の potted plant（鉢植えの植物）は写真右側に写っているが、床の上にあるため不適切。(C) と (D) の is/are being ＋〈過去分詞〉は「〜されているところだ」という進行中の作業を表すので、点検や床磨きをする人が写っている必要がある。

Vocab.
□ **be plugged into**「（プラグが）〜に差し込まれる」
□ **equipment**「（集合的に）機器、設備」
□ **hang from**「〜からぶら下がる」
□ **inspect**「〜を点検する」
□ **polish**「〜を磨く」

🔊 09

7 🇺🇸 Who supports the policy change?

🇨🇦 (A) Nearly everyone.
(B) I felt the same way.
(C) As of May first.

方針の変更に賛成しているのはだれですか？

(A) ほぼ全員です。
(B) 私も同じように感じました。
(C) 5月1日からです。

| 正解 | A | [正答率 74.0%] |

問いかけが Who (だれ) で始まり、方針変更を支持しているのはだれかを尋ねている。よって、「ほぼ全員」と答える (A) が正解。(B) は I really enjoyed the party. (パーティが本当に楽しかった) のように感想を述べる相手に共感する表現。(C) は When will the new policy take effect? (新しい方針はいつ実施されますか) のように〈時〉を聞かれた場合の応答。

Vocab.
□ **support**「(考えなど) を支持する、〜に賛成する」
□ **policy**「方針、規則」
□ **nearly**「ほぼ、あと少しで」(= almost)
□ **as of**「(日付) の時点で、〜から」(= starting from)

🔊 10

8 🇨🇦 Where's the real estate agency?

🇬🇧 (A) Right down this street.
(B) Yes, it's really nice.
(C) A property for sale.

不動産屋はどこですか？

(A) この通りのすぐ先にあります。
(B) はい、それはとてもいいです。
(C) 売り物件です。

| 正解 | A | [正答率 88.5%] |

Where's は Where is (〜はどこにあるか) の短縮形。不動産会社の〈場所〉を、(A) が適切に伝えている。down には「遠ざかっていくイメージ」があり、down the street (通りを進んだ先) や down the hall (廊下を進んだ先) といったフレーズでよく用いられる。Wh 疑問文に対して、(B) のように Yes/No で返すことはできない。

Vocab.
□ **real estate agency**「不動産会社」
□ **right**「(位置などが) ちょうど、すぐ」
□ **property**「不動産物件」

🔊 11

9 🇬🇧 When will you make reservations?

🇺🇸 (A) A hotel close to the venue.
(B) The week before my stay.
(C) On their Web site.

いつ予約をしますか？

(A) 会場に近いホテルです。
(B) 宿泊の前の週に。
(C) そこのウェブサイトで。

| 正解 | B | [正答率 72.2%] |

When (いつ) で予約する〈タイミング〉を尋ねる相手に対し、「宿泊の前の週」と答える (B) が正解。(A) は Where will you stay? (どこに宿泊するのか) のように〈場所〉を、(C) は How will you make reservations? (どのように予約するのか) のように〈方法〉を聞かれた場合の答え方。

Vocab.
□ **make a reservation**「予約する」
□ **close to**「〜の近くにある」(= near)
□ **venue**「会場」

🔊 12

10 🇦🇺 Would you consider enrolling in our membership program?

🇨🇦 (A) One of the registration forms.
(B) Maybe, but not today.
(C) No, I don't remember them.

当社の会員プログラムへの入会をご検討いただけますか？

(A) 登録用紙の1枚です。
(B) そうですね、でも今日はしません。
(C) いいえ、彼らのことは覚えていません。

| 正解 | B | [正答率 75.8%] |

Would you consider *doing*? は「〜することを検討しませんか」と勧誘する表現。入会の誘いに対し、Maybe (するかもしれない) とにごしたうえで、「今日はしない」と断る (B) が自然な応答。(C) は membership – remember という同じ発音を繰り返したひっかけの選択肢。

Vocab.
□ **consider *doing***「〜することを検討する」
□ **enroll in**「〜に登録する、入会する」(= sign up for; register for)
□ **registration**「登録」

> 🎯 **990点 講師の目**
> maybe を「たぶん」と覚えていませんか？ maybe/perhaps は「かもしれない」という〈半々の可能性〉を表し、Yes か No かを判断できない場合や、断言を避けたい場合に使います。誘いに対して maybe と返すと、実際はあまり乗り気でない印象を与えます。一方、「たぶん、おそらく」という意味で〈可能性の高さ〉を表すのが probably です。

11 🇬🇧 You have time to run a few errands, don't you?

🇦🇺 (A) Sure, I'm free all afternoon.

(B) What's been causing the errors?

(C) She runs the business herself.

少し用事をしてもらう時間はありますか？

(A) いいですよ、午後はずっと空いています。

(B) エラーの原因は何でしょう？

(C) 彼女は自分で事業を経営しています。

正解　A ［正答率 79.4%］

問いかけは、文末に don't you? をつけて「〜ですよね」と確認する付加疑問文。冒頭の You have time が聞き取れれば、(A) が正解とわかる。errand (/érənd/) は「（銀行回りや買い出しなどの）用事」のこと。聞き取りが難しいので、音声をしっかり確認し、run a few errands というフレーズごと声に出して練習しておこう。(B) は errands – errors という発音の近い語を、(C) は run(s) という同じ語を繰り返した音のひっかけ。

Vocab.

□ **run an errand**「用事を済ませる」

□ **free**「手が空いている」(= available)

□ **run**「〜を経営する」
　(= manage; operate)

🔵 **990点 講師の目**

動詞 run は〈動き続ける〉イメージを基本に、「走る」以外にもさまざまな文脈で用いられます。run a machine は「機械を作動させる」、run a store は「店を経営する」、run an advertisement は「広告を載せる」という意味です。この問題に出てきた run a few errands は、さっと動いて用事を済ませるイメージで覚えておきましょう。

12 🇨🇦 How much is that clock on the top shelf?

🇺🇸 (A) By five o'clock tomorrow.

(B) Just under forty dollars.

(C) We have some more in the storeroom.

一番上の棚にあるあの時計はいくらですか？

(A) 明日の5時までに。

(B) 40ドル弱です。

(C) 倉庫にもう少しあります。

正解　B ［正答率 88.5%］

How much is ...? (…はいくらですか) で時計の〈値段〉を尋ねているので、(B) が正解。just は「わずかに、ほんの少しだけ」という意味で、just under (〜足らず、〜弱) や just over (〜あまり、〜強) の形でよく用いられる。問いかけのclockと同じ音を含むo'clockにつられて(A) を選ばないように注意しよう。

Vocab.

□ **by**「〜までには」（期限を表す）

□ **just under**「〜足らず、〜弱」

□ **storeroom**「保管場所、倉庫」
　(= stockroom)

13 🇬🇧 Did you receive a copy of the latest accounting figures?

🇦🇺 (A) I'd be glad to take another count.

(B) They're major financial firms.

(C) I got it this morning.

最新の会計数値の資料を1部受け取りましたか？

(A) 喜んでまた数えますよ。

(B) 大手金融会社です。

(C) 今朝もらいました。

正解　C ［正答率 84.9%］

Did you receive (〜を受け取ったか) と尋ねる相手に対し、今朝もらったと伝える(C) が正解。(A) の I'd (= I would) be glad to do は「喜んで〜します」と申し出る言い方。accounting (会計) と発音・意味の似た count (数えること) を使っているが、質問とかみ合わない。

Vocab.

□ **latest**「最新の」

□ **figure**「数値」(= number)

□ **major**「主要な」

□ **financial firm**「金融会社」

14 🇺🇸 When will Dr. Kenner fly in from London?

🇬🇧 (A) I've already returned it.

(B) Within the next few days.

(C) To the international terminal.

ケナー博士はいつロンドンから到着しますか？

(A) それはもう返しました。

(B) あと数日以内に。

(C) 国際ターミナルへ。

正解　B ［正答率 86.7%］

問いかけが When で始まり、Dr. Kenner が到着する〈時〉を聞いているので、(B) が適切。Later this week. (今週これから) や Not until Friday. (金曜まではしない) でも正解になる。(C) は Where で〈行き先〉を尋ねられた場合の返答。

Vocab.

□ **fly in**「飛行機で到着する」

□ **within**「〜以内に」

🔊 17

15 🇦🇺 Should we take a taxi to the restaurant, or can we walk from here?

🇬🇧 (A) We're doing well so far.
(B) Let's ask for a menu.
(C) It's only a few blocks away.

レストランまでタクシーに乗ったほうがいいでしょうか、それともここから歩いて行けますか?

(A) 私たちはこれまでよくやっています。
(B) メニューを頼みましょう。
(C) ほんの数ブロック先ですよ。

正解　C　[正答率 79.4%]

問いかけは A or B? の形で、タクシーに乗るか歩いて行くかを尋ねる選択疑問文。(C) は only a few blocks away (ほんの数ブロック先だ) と答え、歩いて行けることを示唆している。ほかに、It's starting to rain. (雨が降ってきた→タクシーで行くべき) といった答え方も正解になる。

Vocab.
□ **take a taxi** 「タクシーに乗る」
□ **so far** 「今のところ」
□ **ask for** 「~を求める、頼む」

🔊 18

16 🇨🇦 How are we stocked on printer paper?

🇺🇸 (A) There should be plenty.
(B) Please make extra copies.
(C) I called a technician.

プリンタ用紙の在庫はどうなっていますか?

(A) たくさんあるはずです。
(B) 余分にコピーしてください。
(C) 技術者を呼びました。

正解　A　[正答率 16.2%]

be stocked on は「~の在庫・蓄えがある」という意味。How are we stocked on ...? の形で在庫がどのような状態かを尋ねている。これに対し、plenty (たくさんある) と答える (A) が正解。(C) は、The printer is broken. (プリンタが故障しています) のように機器の不具合を訴える相手への返答。

Vocab.
□ **there should be** 「~があるはずだ」
□ **make a copy** 「コピーをとる」
□ **technician** 「技術者」

🔊 19

17 🇨🇦 I can't believe we haven't heard back from the clients.

🇬🇧 (A) I didn't go either.
(B) Yes, according to several customers.
(C) They said it might take a while.

クライアントから返事がないなんて信じられません。

(A) 私も行きませんでした。
(B) はい、複数のお客様によると。
(C) しばらくかかるかもしれないと言っていましたよ。

正解　C　[正答率 32.5%]

I can't believe (~なんて信じられない) は〈強い驚き〉や〈いら立ち〉を示す表現。顧客から返事がないことについて、しばらく時間がかかることを伝える (C) が適切。They は the clients を指している。said it が「セディッ」、take a が「テイカ」のように〈子音+母音〉がつながって発音されることも確認しておこう。(A) の either には、/íːðər/ (イーザー) と /áɪðə(r)/ (アイザ) の 2 通りの発音があり、ここでは後者の発音になっている。

Vocab.
□ **hear back from** 「~から返事が来る」
□ **either** (否定文で)「~も…でない」
□ **according to** 「~によれば」
□ **take a while** 「しばらく時間がかかる」

🔊 20

18 🇦🇺 Who's participating in the computer workshop?

🇺🇸 (A) In Conference Room A.
(B) I'd prefer a laptop computer.
(C) Here's the sign-up list.

コンピュータのワークショップに参加するのはだれですか?

(A) 会議室 A です。
(B) ノートパソコンのほうがいいです。
(C) これが申込リストです。

正解　C　[正答率 81.2%]

Who's (= Who is) participating で「だれが参加するのか」と尋ねる相手に対し、登録者のリストを見せる (C) が適切に対応している。(A) は Where will the workshop be held? のように〈場所〉を聞かれた場合の返答。

Vocab.
□ **participate in** 「~に参加する」
□ **I'd (= I would) prefer** 「~のほうがよい」
□ **laptop computer** 「ノートパソコン、ラップトップ」
□ **sign-up** 「登録、申込」(= registration)

🎯 **990点 講師の目**
質問に直接答えるのではなく、情報のありかを示す返答が Part 2 に頻出します。場所を聞かれて The map is over there. (地図が向こうにあります)、日時を聞かれて The schedule is on the Web site. (日程はサイトに掲載されています)、費用を聞かれて Here's the invoice. (これが請求書です) と返すパターンを覚えておきましょう。

19 🇺🇸 Why were you speaking with the travel department?　なぜ出張担当部署と話していたのですか？

　🇦🇺 **(A) Because I need to revise my itinerary.**　(A) 旅程を見直す必要があるからです。

　(B) That's probably a good idea.　(B) それはきっといいアイデアですね。

　(C) During the upcoming holiday.　(C) 今度の休みの間です。

正解　A　[正答率 81.2%]

Why（なぜ）で出張担当部署に話をしていた〈理由〉を尋ねているので、(A) が正解。Part 2では、Why に対して Because（～なので）と返すシンプルなやりとりが毎回出題される。(B) は <u>Why don't you</u> speak with the travel department?（出張担当部署に話してみてはどうですか）のような〈提案〉に賛同する答え方。(C) は <u>When</u> are you traveling overseas?（いつ海外に旅行するのですか）と〈時〉を聞かれた場合の返答。

Vocab.
- □ **department**「部、課」
- □ **revise**「～を修正する、見直す」（= change; modify）
- □ **itinerary**「旅程」（= travel schedule）
- □ **during**「（特定の期間）の間」

20 🇬🇧 Your company is opening a new downtown branch soon, right?　御社はもうすぐ中心街の新支店をオープンするんですね。

　🇨🇦 (A) No, we close at seven.　(A) いいえ、当社は7時に閉まります。

　(B) They arrived later than expected.　(B) 彼らは予想していたよりも遅く到着しました。

　(C) Yes, I've already requested a transfer.　(C) はい、すでに異動を願い出ています。

正解　C　[正答率 72.2%]

問いかけの文末にある right? は「～ですよね」と確認する言い方で、isn't it? と同じ働きをする。支店のオープンについて Yes と肯定し、「transfer（異動）を申請した」と伝える (C) が正解。(A) は No の後ろが質問とかみ合わない。Yes/No を聞くだけで気を緩めず、その後に続く内容に集中しよう。(B) は They arrived（彼らが到着した）が問いかけの内容と結びつかない。

Vocab.
- □ **branch**「支社、支店」
- □ **arrive**「到着する」
- □ **transfer**「転勤、異動」

21 🇬🇧 Could you book us a room for the committee meeting?　委員会のために1部屋予約をお願いできますか？

　🇦🇺 (A) I could recommend a book on the topic.　(A) その話題に関する本をおすすめできます。

　(B) Due to a prior commitment.　(B) 先約があるためです。

　(C) Ms. Kopenski is in charge of that.　(C) それはコペンスキさんが担当しています。

正解　C　[正答率 75.8%]

Could you *do*?（～していただけますか）は丁寧な〈依頼〉を表す。部屋の予約を求める相手に対し、(C) が担当者の名前を伝えることで、その人に連絡するよう間接的に促している。be in charge of は「～の責任者だ」（= be responsible for）という意味の頻出フレーズ。(B) は、<u>Why</u> can't you attend the meeting?（どうして会議に出られないですか）のように都合がつかない〈理由〉を聞かれた際の答え方。

Vocab.
- □ **book**〈人〉〈モノ〉「〈人〉のために〈モノ〉を予約する」
- □ **committee**「委員会」
- □ **due to**「～が原因で」（= because of）
- □ **prior commitment**「先約」（commitment は「約束」のこと）

🌐 **990点 講師の目**

相手の質問や依頼に応じるのではなく、その仕事の担当者に聞くよう促す応答がよく正解になります。選択肢 (C) のほかに、動詞 handle（～に対応する）を使った Ms. Kopenski usually handles that.（いつもコペンスキさんが対応しています）を覚えておくと解答に役立ちます。

22 🇦🇺 Should I place the order, or will someone else do it?　私が注文したほうがいいですか、それともだれかほかの方がするでしょうか？

　🇺🇸 (A) Various office supplies.　(A) さまざまな事務用品です。

　(B) Go ahead and place it yourself.　(B) ご自身で注文を進めてください。

　(C) Mr. Duval informed me.　(C) デュバルさんが私に知らせてくれました。

正解　B　[正答率 74.0%]

問いかけは A or B? の形で、自分が注文すべきかどうかを確認する選択疑問文。(B) の Go ahead and *do* は「どうぞ～してください」という意味で、自分で注文するよう適切に促している。place it の it は the order を指す。(C) は、Mr. Duval said he would do it.（デュバルさんがすると言っていました）であれば正しい応答になる。

Vocab.
- □ **place an order**「注文する」
- □ **various**「さまざまな」
- □ **office supplies**「オフィス用品」
- □ **inform**「（人）に知らせる」（= notify）

🔊 25

23　🇺🇸 Excuse me, where can I find the sports editor's office?

🇬🇧 (A) **This is my first day working here.**
　　(B) He's apparently a big baseball fan.
　　(C) That's what I've been told.

すみません、スポーツ担当編集者のオフィスはどこにあります
か？

(A) 私は今日が勤務初日なんです。

(B) 彼は野球の大ファンのようです。

(C) 私はそのように聞いています。

正解　**A**　［ 正答率 77.6% ］

Where can I find ...?（…はどこで見つかりますか）は、〈場所〉を聞く表現。これに対して「今
日が勤務初日だ」と返し、オフィスの場所がわからないことを示唆する (A) が正解。ほかに、入
社したばかりであることを伝える I've just joined the company. や I'm new here. でも会
話が成り立つ。(C) は、The meeting is scheduled for Friday, isn't it?（会議は金曜日の予
定ですよね）のように確認を求められた際の答え方。

Vocab.
□ **editor**「編集者」
□ **apparently**「どうやら～のようだ」

🔊 26

24　🇺🇸 Aren't you going to take the expressway to the
auditorium?

🇨🇦 (A) They guarantee the fastest shipping.
　　(B) **Traffic is reported to be heavy right now.**
　　(C) The largest concert hall in town.

公会堂まで高速道路に乗るつもりではないのですか？

(A) 彼らは最速の発送を保証しています。

(B) ニュースによると、ちょうど今渋滞しているようです。

(C) 町で最大のコンサートホールです。

正解　**B**　［ 正答率 75.8% ］

Aren't you going to *do*? は「～するつもりではないのか」と予想外の〈驚き〉を示す否定疑
問文。(B) は「渋滞している」と返し、expressway（高速道路）に乗るつもりがないことを適
切に伝えている。be reported to be は「～であると伝えられている」、right now は「ちょう
ど今」という意味。

Vocab.
□ **auditorium**「公会堂、ホール」
□ **guarantee**「～を保証する」
□ **shipping**「発送」
□ **heavy**「(交通量が) 多い、激しい」

🔊 27

25　🇬🇧 How do you like the new furniture arrangement?

🇦🇺 (A) Directly from the manufacturer.
　　(B) I'd like you to, if you don't mind.
　　(C) **Well, we do have more free space.**

新しい家具の配置はどうですか？

(A) 製造元から直接です。

(B) もし構わなければ、そうしてもらえますか。

(C) うーん、空きスペースが増えましたね。

正解　**C**　［ 正答率 68.6% ］

How do you like ...? は「…をどのように気に入っていますか、…はどうですか」と〈感想〉を
尋ねる表現。(C) は「free space が増えた」と答え、家具の配置について満足していることを
ほのめかしている。(B) の I'd like you to は I'd like you to do it（あなたにそうしてほしい）
の do it を省略した形。

Vocab.
□ **furniture**「(集合的に) 家具」
□ **arrangement**「配置、並び」
□ **manufacturer**「製造会社、メーカー」
□ **mind**「構う、気にする」

🔊 **990点 講師の目**

How do you like ...? は TOEIC だけでなく、日常会話でも非常によく使われます。How do you
like your new apartment?（新しいアパートはどうですか）や How do you like your new job?
（新しい仕事はどうですか）という文をまるごと覚え、この表現をマスターしておきましょう。

🔊 28

26　🇺🇸 When is the next phase of the research set to begin?

🇦🇺 (A) Probably here at the laboratory.
　　(B) From the responses to the survey.
　　(C) **We haven't secured our funding.**

研究の次の段階はいつ始まることになっていますか？

(A) おそらく、ここの研究室で。

(B) アンケート調査の回答から。

(C) 資金が確保できていません。

正解　**C**　［ 正答率 48.7% ］

問いかけは When で始まり、the next phase of the research（研究の次の段階）が始ま
る〈タイミング〉を聞いている。これに対し、「funding（資金）が確保できていない」と返し
てそもそも開始が困難であることを示唆する (C) が正解。ほかに、It hasn't been decided/
announced yet.（まだ決まっていない／発表されていない）でも正解になる。

Vocab.
□ **phase**「段階」(= stage)
□ **be set to *do***「～することになっている」
　(= be scheduled to *do*)
□ **survey**「アンケート調査」
□ **secure**「～を確保する、獲得する」

27 🇨🇦 Didn't Ms. Riviera show up for the appointment? 　🔊 29

🇬🇧 **(A) I was at a seminar all day.**
(B) No, by sending an e-mail.
(C) She was appointed office manager.

リビエラさんは予約の時間に来ませんでしたか？
(A) 私は終日セミナーに出ていました。
(B) いいえ、メールを送ることによってです。
(C) 彼女はオフィスマネジャーに任命されました。

正解　A　［ 正答率 **56.0%** ］

Didn't ...? は「…しなかったのか」と驚く否定疑問文。Ms. Riviera が来たかどうかについて、(A) は「終日セミナーに出ていた」と答え、その場にいなかったためわからないことを遠回しに伝えている。(B) は、Didn't Ms. Riviera make an appointment by phone? (リビエラさんは電話で予約したのではないのですか) などに対する応答。(C) は、問いかけの appointment の派生語である appointed を使った音のひっかけ。

Vocab.
□ **show up**「姿を現す、やって来る」
　（= appear; arrive）
□ **appointment**「(面会などの) 約束、予約」
□ **be appointed (as)**「～に任命される」

🔵 **990点 講師の目**

Part 2 の遠回しな答えに対処するコツは、「消去法を駆使すること」と「定番の返しを覚えること」です。この問題のようにその日の出来事を尋ねる質問に対しては、I've only just arrived. (たった今出勤したばかりです) や I just got back from a meeting. (会議から戻ってきたばかりです) もよく正解になります。もちろん、日頃から自然な英語のやりとりに触れるのが大事であることは言うまでもありません。

---

28 🇺🇸 I thought construction work would be finished this month. 　🔊 30

🇨🇦 (A) To work overtime in December.
(B) They've had some unexpected issues.
(C) It's going to be a retail complex.

建設工事は今月終わると思っていました。
(A) 12 月に残業するためです。
(B) 想定外の問題がいくつかあったようです。
(C) 複合商業施設になる予定です。

正解　B　［ 正答率 **72.2%** ］

「工事が今月終わると思っていた」という発言の裏にある、工事がまだ終わっていない状況をつかめるかがポイント。unexpected issues (想定外の問題) があった、と工事が遅れた原因を述べる (B) が自然なやりとりになる。They've (= They have) の They は「工事に関わる人たち」を指している。(A) のように To do (～するため) の形で始まる選択肢は、Why (なぜ) に対する答え。

Vocab.
□ **construction work**「建設工事」
□ **work overtime**「残業する」
□ **issue**「問題」(= matter; problem)
□ **complex**「複合施設」

---

29 🇦🇺 What location was chosen for the company retreat? 　🔊 31

🇺🇸 (A) He lives on the corner of this street.
(B) I've been looking forward to it.
(C) Didn't you read the memo this morning?

社員旅行にはどの場所が選ばれましたか？
(A) 彼はこの通りの角に住んでいます。
(B) それを楽しみにしています。
(C) 今朝の社内通知を読まなかったのですか？

正解　C　［ 正答率 **74.0%** ］

What location was chosen ...? (どの場所が選ばれたのか) と尋ねる相手に対し、「memo (社内通知) を読まなかったのか」と驚き、すでに場所が通知されていることを示唆する (C) が正解。company retreat は「社員旅行」のことで、retreat は日常生活から離れて静養することを表す。

Vocab.
□ **company retreat**「社員旅行」
□ **look forward to**「～を楽しみに待つ」
□ **memo**「社内通知」(memorandum の略)

---

30 🇦🇺 Why don't you join me for coffee in the break room? 　🔊 32

🇬🇧 (A) Don't tell me it's broken again.
(B) The deadline for my assignment is today.
(C) At the café around the corner.

休憩室で一緒にコーヒーでもいかがですか？
(A) また壊れたなんて言わないでくださいよ。
(B) 仕事の締切が今日なんです。
(C) 角を曲がったところのカフェで。

正解　B　［ 正答率 **74.0%** ］

Why don't you do? は「～するのはどうですか」と相手に提案したり相手を誘ったりする慣用表現。コーヒー休憩に誘う相手に対し、「締切が今日だ」と忙しいことを伝え、誘いを断っている (B) が正解。(C) は、Where で〈場所〉を聞かれた場合の応答。

Vocab.
□ **break room**「休憩室」
□ **deadline**「締切、期限」
□ **assignment**「(割り当てられた) 仕事、課題」

🔊 33

31 🇨🇦 Are you planning to buy tickets for the skating competition?

🇺🇸 (A) They're expected to win first place.

(B) The arena is too far away from here.

(C) About twenty dollars each.

スケート大会のチケットを買う予定ですか？

(A) 彼らは 1 位になると予想されています。

(B) 競技場はここから遠すぎますよ。

(C) それぞれ 20 ドルほどです。

正解	B	正答率 34.3%

問いかけは Are you planning to *do*（～する予定ですか）で始まり、skating competition（スケート大会）のチケットを買うかどうかを聞いている。これに対し、(B) は arena（競技場）が遠すぎることを挙げ、チケットの購入に否定的な態度を示している。(C) は How much are the tickets? と〈金額〉を尋ねられた場合の応答。

Vocab.

☐ **plan to** *do*「～する予定だ」

☐ **competition**「競技会、コンテスト」

☐ **win first place**「1 位になる、優勝する」

☐ **far away from**「～から遠く離れた」

🔊 **35~36**

Questions 32 through 34 refer to the following conversation.

🇦🇺 M: ① North Valley Towing & Auto Transport. Gerald speaking.

🇬🇧 W: Hello, ② I'm having a problem with my car. The motor starts but stops running after just a few seconds. ③ I'd like to arrange for it to be towed to Mike's Auto Garage on the corner of Pleasant Avenue and Cooper Street.

M: We can do that. ④ Where is the vehicle and when would you like us to pick it up?

W: ⑤ It's parked in my driveway at 21 Glendale Lane and you could come anytime. I'll be here all day.

M: All right. ⑥ I'll dispatch one of my drivers. He should get to you no later than two o'clock.

🔊 32-34 番は次の会話に関するものです。

男：ノース・バレー・トーイング&オート・トランスポートです。ジェラルドが承ります。

女：こんにちは、車のことで困っています。モーターは起動しますが、たった数秒で止まってしまいます。プレザント大通りとクーパー通りの角にあるマイクス・オート・ガレージまで車をけん引してもらう手配をしたいのですが。

男：当店で承ることができます。車はどちらにあって、いつの引き取りをご希望ですか？

女：グレンデール通り 21 番地の自宅の私道に停車しています。いつ来ていただいても大丈夫です。一日中ここにおりますので。

男：承知いたしました。当店の運転手を 1 人派遣します。2 時までには到着するはずです。

Vocab.
| 本文 | □ **tow**「〜をけん引する、レッカー移動する」　□ **have a problem with**「〜に問題がある」　□ **run**「（機械などが）動く」
□ **arrange for ... to do**「…が〜するよう手配する」　□ **vehicle**「乗り物、車両」　□ **pick up**「〜を取りにいく」　□ **driveway**「私道」
□ **dispatch**「〜を派遣する、送る」　□ **get to**「〜に着く」　□ **no later than**「遅くとも〜までに」
| 設問 | □ **manufacturer**「製造会社、メーカー」　□ **instruction**「指示、説明」　□ **waive a fee**「料金を免除する、無料にする」

---

32 What type of business does the man work for?
(A) A car dealership
(B) A shipping company
(C) A rental car agency
(D) A towing service

男性が働いている業種は何ですか？
(A) 自動車販売店
(B) 運送会社
(C) レンタカー取扱店
(D) けん引サービス

正解　D
[正答率 63.2%]

男性が最初に① North Valley Towing & Auto Transport と名乗っているのが大きなヒント。さらに、女性が② I'm having a problem with my car. と車のトラブルを訴え、③ I'd like to arrange for it to be towed（けん引してもらう手配をしたいのですが）と依頼しているので、(D) が正解とわかる。tow は「（自動車など）をけん引する、レッカー移動する」という意味。なお、女性の発言にある Mike's Auto Garage の auto garage は「自動車修理工場」（= car repair shop）のこと。

---

33 What does the man ask about?
(A) The type of a vehicle
(B) A confirmation code
(C) A pickup location
(D) The name of a manufacturer

男性は何について尋ねていますか？
(A) 車種
(B) 確認コード
(C) 引き取りの場所
(D) メーカーの名前

正解　C
[正答率 84.9%]

車のレッカー移動を依頼する女性に対し、男性が④ Where is the vehicle and when would you like us to pick it up? と尋ね、車を引き取る場所と希望時間を確認している。よって、(C) が正解。女性がその後、⑤ で駐車している場所を伝えていることもヒントになる。

---

34 What does the man say he will do?
(A) Send out a driver
(B) Check a schedule
(C) Provide some instructions
(D) Waive a fee

男性は何をすると言っていますか？
(A) 運転手を派遣する
(B) 予定を確認する
(C) 指示する
(D) 料金を免除する

正解　A
[正答率 74.0%]

男性が最後に⑥ I'll dispatch one of my drivers.（運転手を1人派遣します）と言っているので、dispatch（〜を派遣する）を send out と言い換えた (A) が正解。dispatch はほかに、「（商品など）を発送する」（= ship）という意味でもよく用いられる。

🕐 **990点 講師の目**
選択肢 (D) の waive は「（権利など）を放棄する、（料金・条件など）を免除する」という意味の TOEIC 頻出語です。Part 3 では、注文品の配送が遅れたおわびとして送料を無料にする、という会話の流れで waive a fee がよく正解になります。

Questions 35 through 37 refer to the following conversation.

🔊 37~38

M: Hi, Kaylee. ① I wanted to thank you for the present you sent me.

W: You're very welcome. I remember you mentioning you'd like to learn to cook, so ② I thought a recipe book would make a great gift. ③ Have you tried any recipes yet?

M: Yes, ④ I tried cooking casserole yesterday, actually. Unfortunately, I left it in the oven too long and it got burned. ⑤ I've been scrubbing the baking dish with detergent, but the cheese won't come off.

W: Oh, that's too bad. Well, next time you're at the store, ⑥ buy a product called Polleemax. It works really well for cleaning away burnt food.

🔊 35-37 番は次の会話に関するものです。

男: こんにちは、ケイリー。送ってくださったプレゼントのお礼が言いたかったんです。

女: どういたしまして。料理の勉強をしたいと言っていたのを思い出したので、料理本がいいプレゼントになると思いました。もうレシピを試しましたか?

男: はい、実は昨日、キャセロールを作ってみました。残念ながら、オーブンに長く入れすぎて焦げてしまいました。洗剤でオーブン皿をこすっているのですが、チーズがなかなか取れません。

女: あら、それは大変ですね。それなら、今度お店に行ったら、ポリーマックスという商品を買うといいですよ。焦げた食べ物が本当によく落ちます。

Vocab.
本文 □ remember〈人〉doing「〈人〉が~したことを覚えている」 □ mention (that) ...「…であると言う、述べる」
□ make「~になる、適している」 □ try doing「試しに~してみる」 □ unfortunately「あいにく、残念ながら」
□ get burned「焦げる」 □ scrub「~をこする」 □ detergent「洗剤」 □ come off「(汚れなどが)取れる」
□ work well「うまくいく、効果がある」 □ clean away「~をきれいに落とす」 □ burnt「(形容詞として)焦げた」
設問 □ grocery store「食料品店」 □ purchase「~を購入する」 □ cookware「調理用具」

35

What did the woman do for the man?
(A) She sent him a link to a Web site.
(B) She prepared some food.
(C) She gave him a book.
(D) She recommended an instructor.

女性は男性のために何をしましたか?
(A) 彼女は彼にウェブサイトのリンクを送った。
(B) 彼女は食べ物を用意した。
(C) 彼女は彼に本をあげた。
(D) 彼女はインストラクターを推薦した。

正解 C [正答率 74.0%]
男性が①でプレゼントのお礼を伝え、女性が② I thought a recipe book would make a great gift.(料理本がいいプレゼントになると思いました)と返しているので、男性に a recipe book をあげたことがわかる。よって、(C) が正解。この make は「~になる、適している」という意味で、You're going to make a great doctor.(君は素晴らしい医者になるよ)のように人に対しても用いられる。

36

What does the man say he did yesterday?
(A) Attended a class
(B) Searched online
(C) Shopped at a grocery store
(D) Tried out a recipe

男性は昨日何をしたと言っていますか?
(A) 授業に出席した
(B) インターネットで調べた
(C) 食料品店で買い物をした
(D) レシピを試してみた

正解 D [正答率 84.9%]
男性の発言の yesterday が聞き取りのキーワード。女性に③ Have you tried any recipes yet?(もうレシピを試しましたか)と聞かれた男性が Yes と肯定し、④ I tried cooking casserole yesterday と昨日料理したことを伝えているので、(D) が正解。try (out) は「~を試してみる」という意味。casserole (キャセロール) は「蓋付きの厚手鍋、またはその鍋で煮込んだりオーブンで焼いたりした料理」のこと。

37 What does the woman recommend purchasing?

(A) An organic food item
(B) A cleaning product
(C) A kitchen timer
(D) A piece of cookware

女性は何を買うことをすすめていますか？

(A) 有機食品
(B) 洗剤
(C) キッチンタイマー
(D) 調理道具

正解　**B**

[正答率 **83.0%**]

⑤で「detergent（洗剤）でこすってもチーズが取れない」と訴える男性に対して、女性が⑥で buy a product called Polleemax と製品の購入をすすめ、It works really well for cleaning away burnt food.（焦げた食べ物が本当によく落ちます）と話しているので、Polleemax という名称の洗剤をすすめていることがわかる。よって、(B) が正解。なお、アメリカ英語では burn（〜を焦がす）の過去形・過去分詞は burned だが、burnt food のように名詞を修飾する場合は burnt が用いられる。

🔁 これがエッセンス

リスニング力を高める音読の方法として、「リピーティング（一文を聞いた後に繰り返す）」、「オーバーラッピング（音声と同時に読む）」、「シャドーイング（聞こえた直後に少し遅れて声に出していく）」があります。音読することによって、英語独特のリズムを体にたたき込み、自然なスピードについていけるように訓練することができます。慣れないうちは、口がうまく動かなくても問題ありません。完璧を目指さず、ご自身のレベルに合った取り組みやすい文章から挑戦してください。

🔊 **Questions 38 through 40** refer to the following
39~40　conversation with three speakers.

🇨🇦 **M1:** Hello, Ms. Watts? ① This is Ed Ballard from Escher Electronics. I'll be your supervisor once you begin assembling devices in our factory.

🇬🇧 **W:** Thank you, Mr. Ballard. I look forward to meeting you in person and getting started on the job.

M1: Great. ② You'll need to undergo an orientation before assuming your regular duties. ③ I'm going to connect you to our training manager right now so he can discuss that with you.

W: All right. Sounds good.

🇦🇺 **M2:** Hello, Ms. Watts. My name is Herschel Cantor. ④ We want you to start by coming in for an orientation session on Monday. ⑤ There's one scheduled for the morning and one in the afternoon. You can take your pick.

🌀 38-40 番は次の3人の会話に関するものです。

男1：こんにちは、ワッツさんですか？ エッシャー・エレクトロニクスのエド・バラードです。当社の工場で機器の組み立て作業を始めたら、私があなたの上司になります。

女：よろしくお願いします、バラードさん。直接お会いして、仕事を始めるのを楽しみにしています。

男1：よろしく。日常業務を始める前にオリエンテーションを受けていただく必要があります。それについてあなたとお話しできるよう、今から研修マネジャーにおつなぎします。

女：わかりました。お願いします。

男2：こんにちは、ワッツさん。私はハーシェル・カンターと申します。月曜日のオリエンテーションのセッションに来ていただくことから始めてもらえたらと思います。午前中に1回、午後に1回、予定されているセッションがあります。お好きなほうをお選びいただけます。

Vocab. |本文|　□ **supervisor**「監督者、上司」　□ **once**「いったん〜したら」　□ **begin** *doing*「〜し始める」　□ **assemble**「〜を組み立てる」　□ **look forward to** *doing*「〜することを楽しみに待つ」　□ **in person**「対面で、直接」　□ **get started on**「〜に取りかかる」　□ **undergo**「〜を受ける、経験する」　□ **assume**「〜を引き受ける、担う」　□ **duty**「職務、業務」　□ **connect**〈人〉**to ...**「(電話で)〈人〉を…につなぐ」　□ **right now**「今すぐ、ちょうど今」　□ **so (that) ...**「…できるように」　□ **want**〈人〉**to** *do*「〈人〉に〜してほしいと思う」　□ **start by** *doing*「〜することから始める、まず〜する」　□ **come in for**「〜を受けに来る」　□ **take your pick**「好きなほうを選ぶ」　|設問|　□ **institution**「(教育・医療などの)機関、施設」　□ **postpone**「〜を延期する」　□ **appointment**「面会の約束、予約」　□ **package**「小包、荷物」　□ **submit**「〜を提出する」

38 Where do the men work?
(A) At a retail store
(B) At an employment agency
(C) At a manufacturing firm
(D) At an educational institution

男性たちはどこで働いていますか？
(A) 小売店で
(B) 人材紹介会社で
(C) 製造会社で
(D) 教育機関で

正解 C　[正答率 66.8%]　男性1の最初の発言①にある Escher Electronics という社名と、once you begin assembling devices in our factory (工場で機器の組み立て作業を始めたら) が業種を示すヒント。さらに、会話の中盤③でもう1人の男性に電話を代わろうとしていることから、2人がともに (C) の「製造会社」で働いているとわかる。

39 What is the purpose of the telephone call?
(A) To postpone an appointment
(B) To confirm a delivery time
(C) To report a problem
(D) To discuss an orientation

この電話の目的は何ですか？
(A) 約束を延期すること
(B) 配送時間を確認すること
(C) 問題を報告すること
(D) オリエンテーションについて話し合うこと

正解 D　[正答率 86.7%]　男性1が② You'll need to undergo an orientation とオリエンテーションについて触れ、③ I'm going to connect you to our training manager right now so he can discuss that with you. (それについてあなたとお話しできるよう、今から研修マネジャーにおつなぎします) と伝えているので、(D) が正解。この so は、so (that) S can *do* の形で「Sが〜できるように、そうすればSが〜できるので」という〈目的〉を表す接続詞で、会話では that がよく省略される。

What is the woman asked to do?

(A) Choose a time option
(B) Pick up a package
(C) Update contact information
(D) Submit a document

女性は何をするように頼まれていますか?

(A) 時間を選ぶ
(B) 小包を取りにいく
(C) 連絡先の情報を更新する
(D) 文書を提出する

正解	A

[正答率 54.2%]

男性2の発言④にある We want you to do（あなたに～してほしい）が依頼の表現。月曜のオリエンテーションに来てもらうよう女性に伝えたうえで、⑤で午前と午後に1回ずつセッションがあると続け、You can take your pick. とどちらかを選ぶよう促しているので、(A) が正解。take your pick は「好きなほうを選ぶ」という意味の慣用表現で、選択肢で choose に言い換えられている。

🌀 これがエッセンス

設問に men があれば「男性2人と女性1人」、women があれば「女性2人と男性1人」の会話です。やりとりのパターンには、この問題のように途中で話し相手が切り替わる場合と、3人が交互に話す場合があります。どちらにしても特別難しいわけではないので、落ち着いて解答しましょう。

🔊 **Questions 41 through 43** refer to the following
41~42 conversation.

🇨🇦 M: Hello, I'm calling on behalf of the Pinedale City Council. ①We're contacting city residents today to get feedback about Pinedale's public services. Would you mind answering a few survey questions?

🇺🇸 W: Well, I definitely have opinions to share, but I was getting ready to step out the door. I will say ②my recycling wasn't picked up on the scheduled day this week. And this wasn't the first time.

M: Oh, I'm sorry to hear that. ③Maybe you should fill out the form online by accessing the council's Web site. ④There's a space to write comments about issues that aren't covered on the questionnaire.

🔊 41-43 番は次の会話に関するものです。

男: もしもし、パインデール市議会の者です。本日は、パインデール市の公共サービスについてご意見をいただくため、市の住民の方々にご連絡しております。いくつかのアンケートにお答えいただいても構いませんか？

女: あの、お伝えしたい意見は確かにあるのですが、今外出の準備をしているところでした。お伝えしたいのは、今週、予定された日にリサイクルゴミの回収がありませんでした。それに、これが初めてではありません。

男: そうでしたか、それは申し訳ございません。市議会のウェブサイトにアクセスし、オンラインフォームにご記入いただくのがよさそうです。アンケートでは取り上げていないことについてコメントをお書きいただく欄がございます。

Vocab. > |本文 \ □ **on behalf of**「(組織など) を代表して」 □ **city council**「市議会」 □ **contact**「~に連絡する」 □ **resident**「住民」 □ **feedback**「意見、反応」 □ **Would you mind** *doing*?「~していただいても構いませんか」 □ **survey**「アンケート調査」 □ **definitely**「絶対に、確かに」 □ **opinion**「意見」 □ **get ready to** *do*「~する準備をする」 □ **step out the door**「外出する」 □ **I will say ...**「私に言わせれば…だ」 □ **pick up**「~を収集する」 □ **fill out**「~に記入する」 □ **issue**「問題、話題」 □ **cover**「~を対象とする、扱う」 □ **questionnaire**「アンケート用紙、質問票」 |設問 \ □ **promote**「~を宣伝する」 □ **conduct**「~を行う」 □ **publicize**「~を公表する」 □ **initiative**「新たな取り組み、計画」 □ **recruit**「~を勧誘する、募集する」 □ **inconvenient**「不便な、都合が悪い」 □ **public transportation**「公共交通機関」

---

41 What type of work is the man doing today?
(A) Promoting a new facility
(B) Conducting an opinion survey
(C) Publicizing a government initiative
(D) Recruiting volunteers

男性は今日、どのような仕事をしていますか？
(A) 新しい施設の宣伝
(B) 意見調査の実施
(C) 政府の取り組みの広報
(D) ボランティアの募集

正解 B
[正答率 84.9%]

男性が最初に① We're contacting city residents today to get feedback about Pinedale's public services. (本日は、パインデール市の公共サービスについてご意見をいただくため、市の住民の方々にご連絡しております) と話し、Would you mind answering a few survey questions? (いくつかのアンケートにお答えいただいても構いませんか) と依頼しているので、(B) が正解。feedback (意見、反応) と opinion (意見) が同義語。

🎯 **990点 講師の目**
survey は「アンケート調査」と「アンケート用紙、調査票」(= survey form; questionnaire) のどちらの意味でも用いられる。conduct / carry out / administer / run a survey (アンケートを実施する)、participate in / take a survey (アンケートに参加する)、complete / fill out a survey (アンケートに記入する) といったフレーズで覚えておきましょう。

---

42 What problem does the woman mention?
(A) The date of a meeting is inconvenient.
(B) Public transportation is limited.
(C) There are too many options to choose from.
(D) The recycling service is unreliable.

女性が話している問題は何ですか？
(A) 会合の日は都合が悪い。
(B) 公共交通機関が限られている。
(C) 選べないほどたくさん選択肢がある。
(D) リサイクルのサービスが当てにならない。

正解 D
[正答率 66.8%]

女性が②でリサイクルゴミの回収が行われなかったという問題を伝え、And this wasn't the first time. (それに、これが初めてではありません) と付け加えているので、同じ問題がたびたび起きているとわかる。このことを unreliable (信頼できない、当てにならない) と言い表した (D) が正解。recycling は「リサイクルゴミ」と「リサイクル業務」のどちらの意味もある。

43

What does the man say about the online form?
(A) It was sent as an e-mail attachment.
(B) It is several pages long.
(C) It has a space for comments.
(D) It must be completed today.

男性はオンラインフォームについて何と言っていますか？
(A) メールに添付して送付された。
(B) 数ページの長さだ。
(C) コメント欄がある。
(D) 今日すべて記入されなければならない。

正解	C

[正答率 **79.4%**]

男性が最後に③でオンラインフォームに触れ、④ There's a space to write comments（コメントをお書きいただく欄がございます）と言っているので、(C) が正解。このように、会話の語句がそのまま正解の選択肢にある問題は、確実に正解できるようにしよう。選択肢 (D) の complete は「(項目) をすべて埋める、記入する」(= fill out) という意味。

Questions 44 through 46 refer to the following conversation.
🔊 43~44

M: Hi, Donna. What's that you're looking at?

W: A Web site called Second Wind. It's for people who want to sell used items. ① I might buy this desk. Here, take a look.

M　Hmm. Not bad at all. And... ② wow... That seems like a very reasonable asking price. **Just look at the condition**.

W: I know. Don't you think it would look good in my office?

M: Sure. ③ It's a lot larger than the desk you have now... and more functional too.

W: I agree. ④ I think I'll go ahead and make an offer. It'll save a lot of money compared to buying the same thing new.

🔊 44-46 番は次の会話に関するものです。

男：やあ、ドナ。それは何を見ているんですか？

女：セカンド・ウィンドというウェブサイトです。中古品を売りたい人向けのサイトです。この机を買ってもいいかなと思っていて。これ、見てみてください。

男：へえ。かなりいいですね。それに……わあ……とても手ごろな値段に思えます。**状態を見てみてください。**

女：そうなんです。私のオフィスによさそうじゃないですか？

男：そうですね。今あなたが持っている机よりもかなり大きいし、もっと機能的でもありますね。

女：そう思います。思い切って、購入を申し出てみようと思います。新品で同じものを買うのに比べたら、かなりお金の節約になります。

Vocab. ▷ |本文 ＼ □ **used**「中古の、使用済みの」 □ **take a look**「見てみる」 □ **not bad at all**「全然悪くない、かなりいい」
□ **seem like**「〜であるようだ」 □ **reasonable**「(価格が) 手ごろな」 □ **asking price**「提示価格、言い値」
□ **functional**「機能的な、実用的な」 □ **go ahead and** *do*「思い切って〜する」 □ **save**「〜を節約する」
□ **compared to**「〜に比べて」 |設問 ＼ □ **warn about**「〜について警告する」 □ **correct**「〜を正す」
□ **emphasize**「〜を強調する」 □ **compliment**「〜をほめる」 □ **register for**「〜に登録する」 □ **make a purchase**「購入する」

---

44 What item are the speakers discussing?

(A) A desk
(B) A computer
(C) A bookshelf
(D) A file cabinet

話し手たちはどの品物について話していますか？

(A) 机
(B) コンピュータ
(C) 本棚
(D) 書類整理棚

正解	**A**
[正答率 84.9%]	

ウェブサイトを見ている女性が① I might buy this desk. (この机を買ってもいいかなと思っています) と言っているので、(A) が正解。この部分を聞き逃しても、後半の男性の発言③ It's a lot larger than the desk you have now (今あなたが持っている机よりもかなり大きい) から正解を選べる。Part 3 や Part 4 ではこのように、正解のキーワードが何度か繰り返されることもよくある。

---

45 Why does the man say, "**Just look at the condition**"?

(A) To warn about a problem
(B) To correct a misunderstanding
(C) To emphasize a bargain
(D) To compliment an office

男性が「状態を見てみてください」と言っているのはなぜですか？

(A) 問題について警告するため
(B) 誤解を正すため
(C) お買い得であることを強調するため
(D) オフィスをほめるため

正解	**C**
[正答率 54.2%]	

中古の机に興味を示す女性に対し、男性は②で wow ... That seems like a very reasonable asking price. (わあ……とても手ごろな値段に思えます) と驚いたうえで、Just look at the condition. と続けているので、状態の割に値段が安いことを強調しているとわかる。よって (C) が正解。asking price は「(売り手の) 提示価格、言い値」、bargain は「お買い得 (品)」のこと。

🔊 **これがエッセンス**
発言の意図や理由を問う問題では、その発言前後の話の流れをつかみながら、「話者の気持ち」をくみ取ることが大切です。このタイプの問題が苦手なら深入りはせず、ほかの 2 問の聞き取りを優先しましょう。ハイスコアを目指す方は、キーワードだけを拾うような聞き方ではなく、会話の状況を思い浮かべながら聞くように心がけてください。

What does the woman say she will do?
(A) Read online reviews
(B) Keep using her original item
(C) Register for membership
(D) Offer to make a purchase

女性は何をすると言っていますか?
(A) オンラインレビューを読む
(B) もともと持っているものを使い続ける
(C) メンバー登録する
(D) 購入を申し出る

正解 D

[正答率 86.7%]

机について、女性が最後に④ I think I'll go ahead and make an offer.（思い切って、購入を申し出てみようと思います）と言っているので、(D) が正解。go ahead and *do* は「思い切って～する」という意味。make an offer は、ここでは売り手に購入を申し出ることを表す。

Questions 47 through 49 refer to the following conversation.

🔊 45~46

M: Good morning. ① I'm sorry I'm late. The roadwork on Palmer Lane really slowed down traffic. Did I miss any calls?

W: One, actually. ② A woman from the Glennbrook Apartments left a message. Apparently, ③ we're scheduled to plant flowerbeds and shrubbery on the grounds this Thursday?

M: Oh, yes. ④ That was probably Luanna Dunn, the apartment manager. What did the message say?

W: She wanted to see if we could also cut the grass while we're there.

🔊 47-49 番は次の会話に関するものです。

男：おはようございます。遅れてすみません。パーマー通りの道路工事で車が本当にゆっくりしか進まなくて。いない間に私に電話はありましたか？

女：実は 1 件ありました。グレンブルック・アパートの女性から伝言があります。どうやら、私たちは今週の木曜日、そこの敷地に花壇と生け垣を植える予定になっているのですね？

男：ああ、そうです。それはたぶん、アパートの管理者のルアンナ・ダンさんだと思います。伝言は何でしたか？

女：私たちがそこに行ったときに草刈りもしてもらえるかどうか知りたかったようです。

Vocab. ▷ ｜本文＼ □ roadwork「道路工事」 □ slow down「～の進行を遅らせる」 □ miss「（その場にいなくて）～を逃す」
□ leave a message「伝言を残す」 □ apparently「どうやら～らしい」 □ be scheduled to *do*「～する予定だ」
□ plant「～を植える」 □ flowerbed「花壇」 □ shrubbery「生け垣」 □ on the grounds「敷地に」
□ see if ...「…かどうか確かめる」 ｜設問＼ □ misunderstand「～を誤解する」（過去形 misunderstood）
□ heavy traffic「交通渋滞」 □ renovate「～を改装する」 □ install「～を取り付ける、設置する」

47

Why did the man arrive late?
(A) He misunderstood a message.
(B) He drove to the wrong location.
(C) He spoke too long on the telephone.
(D) He encountered heavy traffic.

男性が遅れて到着したのはなぜですか？
(A) メッセージを誤解していた。
(B) 間違った場所に車で向かっていた。
(C) 長電話しすぎた。
(D) 渋滞に遭った。

正解	D

[正答率 88.5%]

男性が ① で謝った後、The roadwork on Palmer Lane really slowed down traffic.（パーマー通りの道路工事で車が本当にゆっくりしか進まなくて）と遅れた理由を説明しているので、(D) が正解。encounter は「（問題など）に出くわす、遭遇する」（＝ experience）という意味。

🎧 **990点 講師の目**

「渋滞による出社の遅れ」は TOEIC 頻出トピックの一つです。heavy traffic / a traffic jam / traffic congestion（交通渋滞）、I got stuck in traffic.（渋滞にはまりました）、Traffic was backed up for miles.（車が何マイルも渋滞していました）という表現を覚えておくと解答に役立ちます。

48

What will the speakers most likely do on Thursday?
(A) Landscape an area
(B) Renovate a building
(C) Install a fence
(D) Repair a vehicle

話し手たちは木曜日に何をすると思われますか？
(A) ある場所で造園作業をする
(B) 建物の改装をする
(C) フェンスを取り付ける
(D) 車を修理する

正解	A

[正答率 75.8%]

女性が ③ we're scheduled to plant flowerbeds and shrubbery on the grounds this Thursday?（私たちは今週の木曜日、そこの敷地に花壇と生け垣を植える予定になっているのですね）と木曜日の予定を確認し、男性が Oh, yes. と肯定しているので、(A) が正解。選択肢にある動詞 landscape は「（庭・公園など）の景観を整える、造園作業をする」という意味で、会話中の plant flowerbeds and shrubbery on the grounds を landscape an area と言い換えている。

49

Who is Luanna Dunn?
(A) A store owner
(B) A government official
(C) An apartment manager
(D) An auto mechanic

ルアンナ・ダンはどういう人物ですか？
(A) 店のオーナー
(B) 政府職員
(C) アパートの管理者
(D) 自動車整備士

正解	C

[正答率 77.6%]

Luanna Dunn という名前をあらかじめチェックしておくと解答しやすい。② A woman from the Glennbrook Apartments left a message.（グレンブルック・アパートの女性から伝言があります）という発言を受け、男性が ④ That was probably Luanna Dunn, the apartment manager. と名前の直後で肩書を伝えているので、(C) が正解。

🔊 **Questions 50 through 52** refer to the following
47~48 conversation.

🇬🇧 W: Have you spoken to Kenji Morita lately? He said ①he's
leaving the company.

🇨🇦 M: What? **That's the fourth driver this month**.

W: We shouldn't be short-staffed for long. ②I already posted
listings on an employment Web site as well as our own.

M: Well, that's good. Did Kenji say why he's going?

W: ③He's moving overseas, actually. He has relatives in
Spain, and he wants to help them start a new business
there.

🔊 50-52 番は次の会話に関するものです。
女: 最近ケンジ・モリタさんと話しましたか? 会社を
辞めると言っていました。

男: え? **それで今月 4 人目の運転手ですよ。**

女: 長い間、人員不足を続けないほうがいいですね。
会社のサイトだけでなく求人サイトにもすでに採
用情報を掲載しました。

男: そう、それはよかったです。ケンジさんは辞める理
由を言っていましたか?

女: 実は海外に引っ越すそうです。彼にはスペインに
身内がいて、そこで彼らが新規事業を始めるのを
手伝いたいのだそうです。

Vocab.⟩ |本文| □ **lately**「最近、近ごろ」 □ **short-staffed**「人手不足の」 □ **for long**「(否定文・疑問文で) 長い間」 □ **post**「~を掲載する」
□ **listing**「(掲載情報の) 一覧」 □ **employment site**「求人サイト」 □ **as well as**「~だけでなく」 □ **one's own**「自分自身の (もの)」
□ **overseas**「海外に」 □ **relative**「身内、親族」 □ **help ... (to) do**「…が~するのを手伝う」
|設問| □ **resign**「辞職する、辞任する」 □ **process**「~を処理する」 □ **properly**「適切に、正しく」 □ **complaint**「苦情、クレーム」
□ **issue**「問題」 □ **supervisor**「監督者、上司」

50 What does the man imply when he says, "**That's the fourth
driver this month**"?
(A) Deliveries have been arriving late.
(B) **Several employees have resigned recently.**
(C) Orders have not been processed properly.
(D) Some vehicles need to be repaired.

男性の「それで今月 4 人目の運転手ですよ」という発言には、
どういう意味の含みがありますか?
(A) 配達が遅れて届いている。
(B) 数人の従業員が最近離職した。
(C) 注文が正確に処理されていなかった。
(D) いくつかの車に修理が必要だ。

正解 **B**
[正答率 **84.9%**] 女性が Kenji Morita について① he's leaving the company (会社を辞めるようです) と話したのを受け、男性が That's
the fourth driver this month. と返しているので、今月辞める運転手が Kenji で 4 人目になることに驚いてこの発言をし
ているとわかる。よって (B) が正解。leave the company (会社を辞める) を resign (辞職する) で言い換えている。

51 What does the woman say she has already done?
(A) Written a letter of complaint
(B) Contacted customer service
(C) Discussed an issue with a supervisor
(D) **Posted information on Web sites**

女性はすでに何をしたと言っていますか?
(A) 苦情の手紙を書いた
(B) カスタマーサービスに連絡した
(C) 上司とある問題について話し合った
(D) 複数のウェブサイトに情報を掲載した

正解 **D**
[正答率 **75.8%**] 女性の発言に注意して会話を聞くと、② I already posted listings on an employment Web site as well as our
own. (会社のサイトだけでなく求人サイトにもすでに採用情報を掲載しました) と言っているので、(D) が正解。listings
は、ここでは「求人情報」(= job listings) のこと。our own は our own Web site (自社のサイト) を指している。

52 Why does the woman mention Spain?
(A) She will attend a conference there.
(B) She will take a vacation there.
(C) Her company will conduct research there.
(D) **Her coworker has family there.**

女性がスペインについて言及しているのはなぜですか?
(A) 彼女はそこで会議に出席する。
(B) 彼女はそこで休暇を過ごす。
(C) 彼女の会社がそこで調査を実施する。
(D) 彼女の同僚はそこに身内がいる。

正解 **D**
[正答率 **72.2%**] 同僚の Kenji が辞職する理由について、女性が③で「海外に引っ越すそうです」と言った後で He has relatives in Spain
(スペインに身内がいて) と続けているので、(D) が正解。relatives は「(親子・兄弟姉妹・親戚を含めた) 身内、親族」を
幅広く指す語で、family と言い換えられる。

🔊
49~50

Questions 53 through 55 refer to the following conversation with three speakers.

🇦🇺 M: ① <u>I should probably walk to the station now. I'm meeting people for dinner, and I have to catch the express train to get to the restaurant on time.</u>

🇬🇧 W1: The station's pretty far, Steve. Why don't you call a taxi?

M: Well, ② <u>I've already done my assignment,</u> so I have time. There's no sense paying for a cab ride.

W1: Charlene, ③ <u>don't you pass by the station on your drive home?</u>

🇺🇸 W2: I do. ④ <u>I'd be happy to give you a ride,</u> Steve, if you can wait about fifteen minutes. I need to finish writing this progress report. After that I can leave.

M: Thanks, Charlene. That would be great.

🔊 53-55 番は次の 3 人の会話に関するものです。

男： そろそろ歩いて駅に向かったほうがよさそうです。夕食で人と会うのですが、時間どおりにレストランに着くには急行電車に乗らないといけないので。

女1： 駅はかなり遠いですよ、スティーブ。タクシーを呼んだらどうですか？

男： ええと、もう仕事は済ませたので、時間があります。タクシーに運賃を支払う意味がありません。

女1： シャーリーン、家まで車で帰る途中で駅は通りませんか？

女2： 通りますよ。15 分くらい待てるなら、喜んで車で送りますよ、スティーブ。この進捗報告を書き終えないといけないんです。その後なら出られます。

男： ありがとう、シャーリーン。それは助かります。

Vocab.> |本文 ＼ □ **have to** *do*「～しなくてはいけない」 □ **catch**「（乗り物）に間に合う、乗る」 □ **express train**「急行列車」
□ **get to**「～に着く」 □ **on time**「時間どおりに」 □ **pretty**「かなり、とても」
□ **Why don't you** *do*?「～してはどうですか」（提案表現） □ **call a taxi**「（電話で）タクシーを呼ぶ」
□ **assignment**「割り当てられた仕事、任務」 □ **There's no sense** *doing*「～する意味がない」 □ **cab**「タクシー」(= taxi)
□ **pass by**「～を通り過ぎる」 □ **on** *one's* **drive home**「車で帰宅する途中で」（この home は「家まで」という意味の副詞）
□ **give〈人〉a ride**「〈人〉を車で送る」 □ **progress report**「進捗報告書」 |設問 ＼ □ **pick up**「～を取りにくる」
□ **reserve**「～を予約する」 □ **venue**「会場」 □ **accomplish**「～を成し遂げる、達成する」 □ **across town**「町の向こう側に」
□ **result in**「～の結果につながる」 □ **expense**「費用」 □ **drive〈人〉to ...**「車で〈人〉を…へ連れていく」

53 What does the man plan to do today?
(A) Pick up his car
(B) Meet clients at their office
(C) Reserve an event venue
(D) Join a group for a meal

男性は今日何をする予定ですか？
(A) 車を取りにいく
(B) 顧客に相手の会社で会う
(C) イベント会場を予約する
(D) 複数の人と一緒に食事をする

正解　**D**
[正答率 **72.2%**]
男性が冒頭①で「そろそろ歩いて駅に向かったほうがよさそうです」と言った後、I'm meeting people for dinner（夕食で人と会います）と予定を伝えているので、(D) が正解。meet people を join a group（集まりに加わる）、dinner を meal（食事）と言い換えている。その後の発言 to get to the restaurant on time（時間どおりにレストランに着くために）も解答のヒント。meeting という語につられて (B) を選ばないように注意。

54 What does the man say about his assignment?
(A) It will take a long time to accomplish.
(B) It requires a trip across town.
(C) It has already been completed.
(D) It will result in a pay increase.

男性は自分の仕事について何と言っていますか？
(A) 達成するのに長い時間がかかる。
(B) 町の向こう側まで移動する必要がある。
(C) すでに終わっている。
(D) 昇給につながる。

正解　**C**
[正答率 **52.4%**]
設問文の assignment（[割り当てられた] 仕事、任務）が聞き取りのキーワード。男性が会話の中盤②で I've already done my assignment（もう仕事を済ませた）と話しているので、(C) が正解。done と completed が同義語になる。

55 What does Charlene offer to do for the man?

(A) Pay for an expense
(B) Drive him to a location
(C) Assist him with a project
(D) Bring an item from home

シャーリーンは男性に何をすると申し出ていますか？

(A) 費用を支払う
(B) ある場所まで彼を車で連れていく
(C) あるプロジェクトで彼を手伝う
(D) 家からある品物を持ってくる

正解	B

[正答率 84.9%]

女性１から③ don't you pass by the station on your drive home?（家まで車で帰る途中で駅は通りませんか）と聞かれた Charlene が I do と肯定し、④ I'd be happy to give you a ride（喜んで車で送りますよ）と男性に伝えているので、(B) が正解。I'd be happy to do（喜んで〜しますよ）が〈申し出〉を表すキーフレーズ。give 〈人〉a ride は「〈人〉を車で送る」という意味。

🔑 これがエッセンス

設問文の主語にファーストネームがある場合は、３人の会話であることが普通です。正解につながる発言の直前に名前（ここでは Charlene）を呼びかけることが多いので、その後に続く本人の発言内容に注意しましょう。

TEST 1

TEST 2

🔊 **Questions 56 through 58** refer to the following
51~52 conversation.

🇨🇦 M: Thank you for all the information about the app. ①You must have an incredible amount of patience to answer technical questions from inexperienced users like me.

🇺🇸 W: It's my pleasure. ②I didn't have much technical knowledge either until I started working in the support center. ③I had to go through extensive training before I got started.

M: Well, I certainly appreciate your help. I feel a lot more confident about using the app now.

W: I'm glad to hear it. ④Making sure our customers are satisfied with the software we develop is the company's highest priority.

🔊 56-58 番は次の会話に関するものです。
男: アプリについて、情報をありがとうございます。あなたは私のような不慣れなユーザーからの技術的な質問に答える、とてつもない忍耐力をお持ちに違いありません。

女: いえ、喜んで。サポートセンターで働き始めるまでは、私もあまり専門知識はありませんでした。仕事を始める前に、いろいろなトレーニングを受けなければなりませんでした。

男: そうですか、助けていただいて、本当にありがとうございます。今ではこのアプリを使うのに、前よりずっと自信がつきました。

女: それを聞いてうれしいです。お客様に、当社の開発したソフトウェアに確実にご満足いただけるようにすることは、当社の最優先事項です。

Vocab. |本文＼| □ **app**「アプリ」(application の略)　□ **incredible**「信じられないほど多くの」　□ **patience**「忍耐、我慢」　□ **technical**「専門的な、技術的な」　□ **inexperienced**「経験の浅い」　□ **like**「〜のような」　□ **go through**「〜を経験する、受ける」　□ **extensive**「広範囲に及ぶ」　□ **get started**「始める」　□ **certainly**「確かに、確実に」　□ **appreciate**「〜に感謝する」　□ **confident**「自信がある」　□ **make sure (that)** ...「…を確実にする」　□ **be satisfied with**「〜に満足する」　□ **priority**「優先事項」　|設問＼| □ **flexible**「柔軟な、融通が利く」　□ **frequent**「頻繁な」　□ **competitive**「競争力のある、他社に負けない」　□ **benefits**「福利厚生」

56 In what department does the woman probably work?
(A) Product Development
(B) Technical Support
(C) Market Research
(D) Sales

女性はおそらくどの部署で働いていますか?
(A) 商品開発
(B) テクニカルサポート
(C) 市場調査
(D) 販売

正解　B
[正答率 90.3%]
男性の発言① You must have ... patience to answer technical questions from inexperienced users like me. (あなたは私のような不慣れなユーザーからの技術的な質問に答える忍耐力をお持ちに違いありません) と、その後の女性の発言② I didn't have much technical knowledge either until I started working in the support center. (サポートセンターで働き始めるまでは、私もあまり専門知識はありませんでした) から、女性が (B) の Technical Support で働いていることがわかる。

57 What does the woman say about her job?
(A) It is well paid.
(B) It offers flexible work hours.
(C) It involves frequent travel.
(D) It requires a lot of training.

女性は自分の仕事について何と言っていますか?
(A) 賃金がよい。
(B) 柔軟な勤務時間になっている。
(C) 頻繁に出張がある。
(D) たくさんのトレーニングを必要とする。

正解　D
[正答率 86.7%]
設問文に What does the woman say とあるので、女性の発言に注意。女性が③ I had to go through extensive training (いろいろなトレーニングを受けなければなりませんでした) と話しているので、(D) が正解。go through は「(試練・困難など) を経験する、受ける」(= undergo) という意味。

58 What does the woman say is her company's highest priority?
(A) Competitive pricing
(B) Product quality
(C) Customer satisfaction
(D) Employee benefits

女性は自分の会社の最優先事項は何であると言っていますか？
(A) 競争力のある価格
(B) 商品の品質
(C) 顧客満足
(D) 従業員の福利厚生

正解　C

[正答率 83.0%]

女性の最後の発言④が解答のカギ。この文の Making sure our customers are satisfied（お客様に確実に満足いただけるようにすること）を customer satisfaction（顧客満足）と言い換えた (C) が正解。

990点 講師の目

この最後の文を一度聞くだけで理解するには、リスニング力だけでなく、確かな文法力が必要です。Making sure ... we develop が大きな主語のカタマリで、Making sure (that) our customers [S] are [V] satisfied [C] with the software が「確実に顧客がソフトウェアに満足するようにすること」、the software (that) we [S] develop [V] が「当社が開発するソフトウェア」となり、それぞれ that が省略されています。構文をとらえたうえで、一文まるごと音読してみてください。

TEST 1

TEST 2

25

Questions 59 through 61 refer to the following conversation.
53~54

W: Hi, Nathan. This is Kendall at the office. ①There's a file folder I've been using to keep receipts for the renovation work at Gail's Bistro. ②I thought I left it in the cubicle near the back window, but it isn't there. Do you know where it is? It's a blue folder.

M: Hi, Kendall. No, I don't remember seeing it. Have you checked the main file cabinet? Maybe someone found it and tried to put it away.

W: I looked. It's not there.

M: Well, ③you might try looking inside the empty office where Paul Warren used to work. ④I know the cleaning crew came last night, and they sometimes put things in there.

59-61番は次の会話に関するものです。
女: こんにちは、ネイサン。職場のケンダルです。ゲイルズ・ビストロの改装作業の領収書を保管するのに使っているファイルフォルダがあります。後ろの窓の近くのパーティションスペースに置いたと思っていたのですが、そこにはありませんでした。どこにあるかわかりますか? 青いフォルダです。
男: こんにちは、ケンダル。いえ、それを見た覚えがありません。メインの書類整理棚は見ましたか? もしかしたら、だれかが見つけて、片づけようとしたかもしれません。
女: 見ました。そこにはありませんでした。
男: それでは、ポール・ワレンさんが前に仕事をしていた空き部屋の中を確認してみてはどうでしょうか。昨夜、清掃員の人たちが来たのですが、彼らは時々、その部屋に物を置きます。

Vocab. 本文 □ renovation work「改装工事」 □ leave「(モノ) を置いていく」(過去形 left)
□ cubicle「(パーティションなどで仕切った) 個人の作業スペース」 □ remember *doing*「~したことを覚えている」
□ file cabinet「書類整理棚」 □ put away「~を片づける」 □ empty「空いている、からの」 □ used to *do*「以前~していた」
設問 □ misplace「~を置き忘れる、(一時的に) なくす」 □ behind schedule「予定より遅れて」 □ vacant「空いている」
□ reorganize「~を整理し直す」 □ pass through「~を通過する」

59 What is the woman's problem?
(A) Some records have been misplaced.
(B) A project is behind schedule.
(C) Some windows need to be washed.
(D) A working space is too small.

女性の問題は何ですか?
(A) 記録が見当たらなくなった。
(B) プロジェクトが予定より遅れている。
(C) 窓を洗う必要がある。
(D) 作業スペースがせますぎる。

正解 A [正答率 79.4%]
女性が①There's a file folder ... to keep receipts for the renovation work (改装作業の領収書を保管しているファイルフォルダがあります) と話した後、②I thought I left it in ... but it isn't there. (…に置いたと思っていたのですが、そこにはありませんでした) と訴えているので、領収書を入れたフォルダが見つからないことがわかる。よって (A) が正解。選択肢の records は「(参照用に保存しておく) 記録文書」のことで、ここでは receipts for the renovation work を指している。misplace は「~を置き忘れる、(一時的に) なくす」(= lose) という意味。

60 What does the man suggest?
(A) Checking a vacant room
(B) Purchasing additional supplies
(C) Trying a different product
(D) Contacting a coworker

男性は何を提案していますか?
(A) 空いている部屋を確認すること
(B) 追加の資材を購入すること
(C) 違う商品を試してみること
(D) 同僚に連絡をとること

正解 A [正答率 68.6%]
男性の最後の発言にある③ you might try *doing* (~してみてもいいかもしれません) が〈提案〉を表す。ここでは you might try looking inside the empty office (空き部屋の中を確認してみてはどうでしょうか) と促しているので、(A) が正解。empty (空いている) が vacant で言い換えられている。Paul Warren という人の名前は出てくるが、彼が以前その部屋で仕事をしていたというだけなので、(D) は不適切。

990点 講師の目
提案表現として、ほかに I think you should *do* (~したほうがいいと思います)、I'd suggest/recommend *doing* (~することをおすすめします)、You might want to *do* (~してもいいかもしれません)、Why don't you *do*? や How/What about *doing*? (~するのはどうですか) を押さえておくと解答しやすくなります。

61 What does the man say happened last night?
(A) A lock was changed.
(B) A work crew visited.
(C) A cabinet was reorganized.
(D) A storm passed through the area.

男性は昨夜何があったと言っていますか?
(A) 鍵が変えられた。
(B) 作業員が訪れた。
(C) 棚が整理し直された。
(D) 嵐がこの一帯を通過した。

正解	B

[正答率 65.0%]

男性が最後④で I know the cleaning crew came last night(昨夜、清掃員の人たちが来たのを知っています)と伝えている。この文の came を visited と言い換えた (B) が正解。なお、a work crew は作業員1人ではなく集団(= a team of workers)を指す。

TEST 1

TEST 2

🔊
55~56

Questions 62 through 64 refer to the following conversation and directory.

🇨🇦 M: ① Good afternoon. Morison Accounting. How may I direct your call?

🇬🇧 W: Hello, I'm Katarina Olsson calling from Solace Salon. ② Your firm has handled our bookkeeping and taxes for the past three years. We've always paid a fixed monthly fee, but the total on our latest bill is higher than usual. We don't understand why we're being charged more this month.

M: I see. ③ Could you tell me the client ID code on the invoice?

W: Sure. The number is 1-1-3-7-4. I think that's the same as always.

M: OK. ④ One moment and I'll put you through to the manager of our accounts receivable section.

🔊 62-64 番は次の会話と名簿に関するものです。
男：こんにちは。モリソン会計事務所です。どちらにおつなぎいたしますか？
女：こんにちは、ソレース・サロンのカタリーナ・オールソンです。御社にここ3年間、当店の帳簿と税務を処理していただいています。いつも定額の月額費用を支払っていますが、直近のご請求がいつもよりも高額です。なぜ今月はいつもよりも高い請求になったのかわからないのですが。
男：かしこまりました。請求書の顧客 ID コードをお知らせいただけますか？
女：はい。番号は 1-1-3-7-4 です。これはいつもと同じだと思います。
男：はい。少々お待ちください、売掛金管理課の責任者におつなぎいたします。

Morison Accounting
Section Managers

Accounts Receivable	Su Li Kim
Accounts Payable	Carlton Wells
Tax & Legal Compliance	Stanley Oliver
Financial Statements	Raquel Menendez

モリソン会計事務所
課長

売掛金	スー・リー・キム
買掛金	カールトン・ウェルズ
税務&法令順守	スタンリー・オリバー
財務報告	ラクエル・メネンデス

Vocab. |本文| □ **How may I direct your call?**「どちらにおつなぎしますか」（direct は「～を向ける」という意味） □ **firm**「会社、事務所」 □ **handle**「（業務）を処理する、担当する」 □ **bookkeeping**「簿記」 □ **fixed**「固定の」 □ **latest**「最新の」 □ **bill**「請求書、勘定書」 □ **be charged**「請求される」 □ **invoice**「請求書」 □ **put〈人〉through to ...**「〈人〉の電話を…につなぐ」 □ **accounts receivable**「売掛金、受取勘定」 □ **accounts payable**「買掛金、支払勘定」 □ **compliance**「（法律などの）順守」 □ **financial statements**「財務諸表、決算報告書」 |設問| □ **issue**「発行」

62
How long has the woman's company been doing business with Morison Accounting?
(A) For a few days
(B) For a few weeks
(C) For a few months
(D) For a few years

女性の会社はどのくらいの期間、モリソン会計事務所と取引をしていますか？
(A) 数日間
(B) 数週間
(C) 数カ月間
(D) 数年間

正解 **D**
[正答率 72.2%]

男性が最初に① Good afternoon. Morison Accounting. と電話を受けていることから、Morison Accounting が男性の会社であるとわかる。その後、女性が② Your firm has handled our bookkeeping and taxes for the past three years.（御社にここ3年間、当店の帳簿と税務を処理していただいています）と話しているので、(D) が正解。for the past/last ... years は「ここ…年間」という意味で、過去から今までの〈継続期間〉を表す。

What does the man ask the woman to provide? | 男性は女性に何を知らせるように頼んでいますか？
(A) A date of issue | (A) 発行日
(B) A customer identification number | (B) 顧客 ID 番号
(C) A mailing address | (C) 郵送先住所
(D) A telephone number | (D) 電話番号

正解 B
[正答率 86.7%]

男性の発言にある③ Could you *do*?（〜していただけますか）が〈依頼〉を表す。請求金額について問い合わせる女性に対し、男性が Could you tell me the client ID code on the invoice?（請求書の顧客 ID コードをお知らせいただけますか）と頼んでいるので、(B) が正解。ID は <u>id</u>entification の略で、client ID code が customer identification number と言い換えられている。

🌀 **990点 講師の目**

「請求書」を表す語に、invoice と bill があります。invoice は主に「納品や作業の完了に対して発行する請求書」、または「輸出貨物の送り状」のことを指します。一方、bill は公共料金や携帯金料金の請求書、飲食店の勘定書（アメリカ英語では check）など、日常的な支払いに対して幅広く用いられます。この会話のように、支払う側（顧客）は送られてきた invoice を bill と呼ぶこともよくあります。

Look at the graphic. Who will the woman probably speak with next? | 図表を見てください。女性はおそらく次にだれと話しますか？
(A) Su Li Kim | (A) スー・リー・キム
(B) Carlton Wells | (B) カールトン・ウェルズ
(C) Stanley Oliver | (C) スタンリー・オリバー
(D) Raquel Menendez | (D) ラクエル・メネンデス

正解 A
[正答率 79.4%]

表の問題は、選択肢に並ぶ語と対になる情報（この問題では表の左側）の聞き取りがカギ。まず、男性の最後の発言④から、女性がこれから話をするのは the manager of our accounts receivable section（売掛金管理課の責任者）であるとわかる。表を見ると、1列目にある Accounts Receivable の右側に Su Li Kim と記載されているので、(A) が正解。I'll put you through to ... は「…におつなぎします」（＝ I'll connect you to ...）という電話の表現。

🔊 **Questions 65 through 67** refer to the following
57~58　conversation and illustration.

🏴 W: Hello. You've reached Fashion Front. My name is Jan. How may I help you?

🇦🇺 M: Hi, Jan. ①I received your company's catalog in the mail this morning, and I've been looking through it. ②I'm interested in the sweatshirts made by Ace Sportswear. My understanding is that they're all priced the same.

W: That's correct. They each cost $38, regardless of style, size, or color.

M: OK. I'd like to order a medium-sized sweatshirt. ③I want the hooded one with a pocket in front.

W: All right. ④There are a number of color options available. Which would you like?

🔊 65-67 番は次の会話とイラストに関するものです。

女：こんにちは。ファッション・フロントです。ジャンが承ります。どういったご用件でしょうか？

男：もしもし、ジャンさん。今朝、郵便で御社のカタログを受け取りまして、目を通しています。エース・スポーツウェアのトレーナーに興味があります。私の理解では、これらはすべて同じ値段ですね。

女：そのとおりです。スタイル、サイズ、色にかかわらず、それぞれ 38 ドルです。

男：わかりました。M サイズのトレーナーを注文したいのですが。前に１つポケットがあるフード付きのものがほしいです。

女：かしこまりました。お選びいただける色がいくつかございます。どちらをご希望でしょうか？

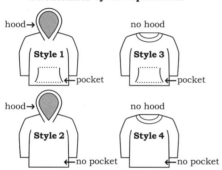

Sweatshirts by Ace Sportswear

エース・スポーツウェア製トレーナー

Vocab. ▷ | 本文 ＼ □ **You've reached**「(電話で) こちらは～です」 □ **in the mail**「郵便で」 □ **look through**「～に目を通す」
□ **sweatshirt**「スウェットシャツ、トレーナー」 □ **be priced the same**「同じ価格である」 □ **That's correct.**「そのとおりです」
□ **regardless of**「～に関係なく」 □ **hooded**「フード付きの」 □ **a number of**「いくつかの、数々の」 □ **option**「選択肢」
□ **available**「入手可能な、購入できる」 | 設問 ＼ □ **merchandise**「(集合的に) 商品」 □ **vary**「異なる、さまざまである」
□ **according to**「～に応じて、～次第で」 □ **come in**「(特定の色・サイズ) で売られている」 □ **fabric**「(衣服などの) 生地」
□ **be subject to change**「変更になる場合がある」

---

65 Where did the man see Ace Sportswear's merchandise advertised?
(A) In a print catalog
(B) On a Web site
(C) In a window display
(D) On a television commercial

男性はエース・スポーツウェアの商品が宣伝されているのをどこで見ましたか？
(A) 印刷されたカタログで
(B) ウェブサイトで
(C) ショーウィンドウの陳列で
(D) テレビのコマーシャルで

正解	A
正答率 83.0%	

男性の① I received your company's catalog in the mail this morning (今朝、郵便で御社のカタログを受け取りました) と② I'm interested in the sweatshirts made by Ace Sportswear. (エース・スポーツウェアのトレーナーに興味があります) という発言から、Ace Sportswear の商品をカタログで見たことがわかる。よって、(A) が正解。catalog は「キャタログ」/kǽtəlɔ̀ːg/ と発音される。

66 Look at the graphic. Which style of sweatshirt does the man decide to order?

   (A) Style 1
   (B) Style 2
   (C) Style 3
   (D) Style 4

図表を見てください。男性が注文することにしたのはどのスタイルのトレーナーですか?

   (A) スタイル1
   (B) スタイル2
   (C) スタイル3
   (D) スタイル4

正解　A
[正答率 83.0%]

図に描かれた4つのデザインを事前にチェックすれば、「フード」と「ポケット」の有無が解答のカギであるとわかる。sweatshirt について、男性は ③ I want the hooded one with a pocket in front. (前に1つポケットがあるフード付きのものがほしいです) と注文しているので、この特徴に合う (A) が正解。hooded の「フディドゥ」/húdɪd/ という発音を音声で確認しておこう。

🔊 **990点 講師の目**

hood の "oo" (/ʊ/) は「(口を「オ」の形にして力を抜いて) ウ」と短く発音し、「フドゥ」となります。good や book と同じ発音です。一方、food や room の "oo" (/uː/) は「(口をすぼめて) ウー」と長くなります。正しい発音で声に出して練習することで、リスニング力が強化されますよ。

67 What does the woman say about the sweatshirts by Ace Sportswear?

   (A) Their cost varies according to size.
   (B) They come in several colors.
   (C) They are made of natural fabric.
   (D) Their prices are subject to change.

エース・スポーツウェアのトレーナーについて女性は何と言っていますか?

   (A) 値段はサイズによって異なる。
   (B) 色がいくつかある。
   (C) 天然素材の生地でできている。
   (D) 価格は変更されることがある。

正解　B
[正答率 84.9%]

sweatshirt を注文する男性に対し、女性が ④ There are a number of color options available. (お選びいただける色がいくつかございます) と伝えているので、(B) が正解。a number of (いくつかの) が several で言い換えられている。come in は「(特定の色・サイズ) で売られている」という意味。

🔊 **Questions 68 through 70** refer to the following
59~60　conversation and layout.

🇺🇸 W: Hello. ①I've noticed kiosks displaying merchandise in the mall's corridors. I'm calling to ask whether any of those spaces are available for lease.

🇨🇦 M: ②May I ask what you plan to sell? We have rules preventing kiosks from competing directly with stores.

W: ③I sell a range of sunglasses and reading glasses. ④I didn't see a kiosk by the mall entrance. I thought that might be a good spot.

M: Well, your merchandise isn't a problem, but ⑤kiosks aren't allowed anywhere near there. There's a space available on the opposite side of the food court, though. ⑥You'd be between a shoe store and a bookstore. That seems like a good fit.

📞 68-70 番は次の会話と配置図に関するものです。
女: こんにちは。ショッピングモールの通路に売店が商品を並べているのに気がつきました。そのスペースのどこかをリース可能かどうか、おうかがいしたくてお電話しています。
男: 何を販売される予定かおうかがいできますか? 店舗間で直接の競争が起こらないようにする規則がございます。
女: さまざまなサングラスと読書用眼鏡を販売します。ショッピングモールの入り口近くには売店を見かけませんでした。そこならいい場所になりそうだと思いました。
男: なるほど、販売商品は問題ありませんが、その付近はどこも出店が許可されていません。ですが、フードコートの反対側にはご利用いただけるスペースがあります。靴屋と書店の間になります。そこがちょうどよさそうですね。

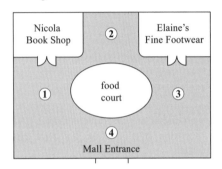

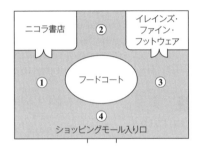

Vocab. ▶ |本文 \ □ **kiosk**「売店」　□ **corridor**「通路、廊下」　□ **ask whether ...**「…かどうか尋ねる」
□ **lease**「(商業スペース・機器などの) 賃貸借契約、リース」　□ **prevent ... from** *doing*「…が~するのを防ぐ」
□ **compete with**「~と競争する」　□ **a range of**「さまざまな」　□ **be allowed**「許可される」
□ **on the opposite side of**「~の反対側に」　□ **seem like**「~であるようだ」　□ **a good fit**「ぴったり合うこと、ちょうどよいこと」
|設問 \ □ **intend to** *do*「~するつもりだ」　□ **a line of**「一連の」　□ **a variety of**「さまざまな」　□ **periodical**「定期刊行物」

68
Who most likely is the man?
(A) A business consultant
(B) A restaurant operator
(C) A leasing agent
(D) A security guard

男性はどのような人物だと思われますか?
(A) ビジネスコンサルタント
(B) レストラン運営者
(C) リース担当者
(D) 警備員

|正解　C |
[正答率 72.2%]
会話の冒頭①で女性が I've noticed kiosks displaying merchandise in the mall's corridors. (ショッピングモールの通路に売店が商品を並べているのに気がつきました) と話した後、男性に I'm calling to ask whether any of those spaces are available for lease. (そのスペースのどこかをリース可能かどうか、おうかがいしたくてお電話しています) と尋ねていることから、男性は出店スペースを貸す立場にあるとわかる。よって、(C) が正解。

69
What does the woman intend to sell?
(A) A line of sandals
(B) A selection of eyewear
(C) A line of greeting cards
(D) A variety of periodicals

女性は何を販売するつもりですか?
(A) いろいろなサンダル
(B) さまざまな眼鏡
(C) いろいろなグリーティングカード
(D) 多様な定期刊行物

|正解　B |
[正答率 86.7%]
男性に② May I ask what you plan to sell? (何を販売する予定かおうかがいできますか) と尋ねられた女性は、③ I sell a range of sunglasses and reading glasses. (さまざまなサングラスと読書用眼鏡を販売します) と答えているので、(B) が正解。a range of (さまざまな) が a selection of (さまざまな品ぞろえの)、sunglass and reading glasses が eyewear (眼鏡類) で言い換えられている。

70 Look at the graphic. According to the man, where is a kiosk space available?
(A) Location 1
(B) Location 2
(C) Location 3
(D) Location 4

図表を見てください。男性によると、利用できる売店スペースはどこですか?
(A) 場所1
(B) 場所2
(C) 場所3
(D) 場所4

正解	B

[正答率 88.5%]

④ I didn't see a kiosk by the mall entrance. (ショッピングモールの入り口近くには売店を見かけませんでした) と話す女性に対し、男性は⑤で入り口付近には出店が許可されていないことを伝え、There's a space available on the opposite side of the food court (フードコートの反対側にはご利用いただけるスペースがあります) と説明しているので、フードコートをはさんで入り口の反対側にある「スペース②」を指していると判断できる。その後の発言⑥からも、(B) が正解とわかる。

🔊 **990点 講師の目**

位置を特定するキーワードとして、by (～のそばに)、beside / next to / adjacent to (～の隣に)、near / close to (～の近くに)、opposite / across from (～の反対側に)、in front of (～の前に)、behind (～の後ろに)、at the corner of A and B (AとBの角に)、between A and B (AとBの間に) を覚えておくと解答に役立ちます。

TEST 1

TEST 2

Questions 71 through 73 refer to the following radio broadcast.

①You're listening to *Money Matters*, and I'm your host Allison Tate. ②Our next guest is the author of a bestselling series of nonfictional books on personal finance. She is also a renowned speaker and lecturer on financial and economic topics. Please join me in welcoming to our studio Dr. Gale Conners. Dr. Conners, ③we understand you'll be presenting a number of lectures, which will be open to the public, at the local university later this month. Why don't you start by telling us a little bit about that?

71-73 番は次のラジオ放送に関するものです。
お聞きになっているのは『マネー・マターズ』、司会のアリソン・テートです。次のゲストは、個人の資産管理に関するノンフィクション本のベストセラーシリーズの著者です。彼女は金融や経済の話題に関する著名な講演者で講師でもあります。ご一緒にゲール・コナーズ博士をスタジオにお迎えしましょう。コナーズ博士、あなたは今月、地元の大学で数々の講義をなさるとのことで、一般の参加を受け付けるとお聞きしています。まずはそちらについて少しお話しいただけますか？

Vocab. ▷ ┃本文＼┃□ **host**「(番組の) 司会者」　□ **author**「著者」　□ **finance**「財務、資金管理」　□ **renowned**「有名な」
□ **lecturer**「講演者、(大学などの) 講師」　□ **financial**「財政の、金融の」　□ **economic**「経済の」
□ **join 〈人〉in** *doing*「〈人〉と一緒に~する」　□ **lecture**「講義、講演」
□ **be open to the public**「一般公開されている、だれでも参加できる」　□ **Why don't you** *do*?「~してはどうですか」
□ **start by** *doing*「~することから始める、まず~する」　┃設問＼┃□ **findings**「調査結果」　□ **publicize**「~を告知する、宣伝する」
□ **feature**「~を特色として含む、目玉とする」

71 Who most likely is Allison Tate?
(A) A financial analyst
(B) A book author
(C) A company president
(D) A talk show host

アリソン・テートはどのような人物だと思われますか？
(A) 金融アナリスト
(B) 本の著者
(C) 企業の社長
(D) トーク番組の司会者

正解　D
[正答率 72.2%]

話し手はトーク冒頭①で You're listening to *Money Matters* と番組名を伝えた後、I'm your host Allison Tate. と名乗っているので、Allison Tate はラジオ番組の司会者であるとわかる。よって (D) が正解。(B) はゲストの Dr. Gale Conners のこと。

72 What is the purpose of the talk?
(A) To present research findings
(B) To introduce a guest
(C) To publicize a new company
(D) To report an economic trend

この話の目的は何ですか？
(A) 研究結果を発表すること
(B) ゲストを紹介すること
(C) 新しい会社について知らせること
(D) 経済の傾向を報道すること

正解　B
[正答率 57.8%]

Our next guest is ... から始まる②で、番組のゲストがベストセラー本の著者で、著名な講演者でもあると紹介しているので、(B) が正解。(A) の research findings は「研究結果」(= research results) という意味。

73 What does the speaker say about lectures at the local university?
(A) They will be free to attend.
(B) They will feature video presentations.
(C) They will be open to the public.
(D) They will begin next year.

地元の大学での講義について話し手は何と言っていますか？
(A) 参加無料だ。
(B) ビデオでのプレゼンテーションがある。
(C) 一般の参加を受け付ける。
(D) 来年始まる。

正解　C
[正答率 81.2%]

ゲストの Gale Conners に対し、③ we understand you'll be presenting a number of lectures ... at the local university later this month (あなたは今月、地元の大学で数々の講義をなさいますね) と話している。この文で、lectures について which will be open to the public (一般の参加を受け付ける) と付け加えているので、(C) が正解。open to the public というだけでは有料か無料かわからないので、(A) は不適切。

🔊 **Questions 74 through 76** refer to the following
64~65 telephone message.

🇬🇧 Hello, Ambrose? It's Rochelle. ① <u>I was supposed to meet a client named Belinda Garrett today to show her properties available for rent</u> in the area where she wants to move. We were going to meet and get started at a home on Juniper Avenue at 10:00 A.M. ② <u>It's 10:30 now and she still hasn't shown up.</u> I'm afraid she might have misplaced my mobile phone number or possibly wrote it down incorrectly. I know she has my office number because she's called it before. ③ <u>Would you mind checking the phone in my office and see if there's a message?</u> Please call me back and let me know either way. Thank you, Ambrose. Bye.

🔊 74-76 番は次の電話メッセージに関するものです。

もしもし、アンブローズさんですか？ ロシェルです。私は今日、ベリンダ・ギャレットさんという顧客に、彼女が引っ越しを希望しているエリアで賃貸可能な物件を案内するために会うことになっていました。午前10時にジュニパー大通りにある家で集合して案内を開始する予定でした。今10時30分なのですが、彼女はまだ来ていません。私の携帯番号がわからなくなったか、間違えてメモしたのではないかと思います。彼女は以前、私のオフィスに電話をかけてきたことがあるので、その電話番号は知っています。私のオフィスの電話をチェックして、メッセージがあるかどうか確認していただけませんか？ どちらの場合でも、折り返し電話をしてお知らせください。ありがとうございます、アンブローズさん。それでは。

Vocab. |本文＼ □ **be supposed to do**「～することになっている」(予定や義務を表す) □ **show** 〈人〉 ...「〈人〉に…を見せる、案内する」
□ **property**「不動産物件」 □ **available for rent**「賃貸可能な」 □ **get started**「開始する、取りかかる」
□ **show up**「現れる、やってくる」 □ **I'm afraid (that) ...**「…ではないかと心配している」 □ **might have done**「～したかもしれない」
□ **misplace**「～を置き忘れる、(一時的に) なくす」 □ **mobile phone**「携帯電話」 □ **write down**「～を書きとめる」
□ **incorrectly**「間違って」 □ **see if ...**「…かどうか確かめる」 □ **either way**「どちらでも」
|設問＼ □ **real estate agency**「不動産会社」 □ **appointment**「面会の約束、予約」 □ **incorrect**「間違った」

---

74 Where does the caller most likely work?
(A) At a moving company
(B) At a rental car agency
(C) At a hair salon
(D) At a real estate agency

電話をした人が勤めているのはどこだと思われますか？
(A) 引っ越し会社
(B) レンタカー代理店
(C) 美容院
(D) 不動産会社

正解 D
[正答率 72.2%]
電話メッセージの話し手である Rochelle は、最初に① I was supposed to meet a client named Belinda Garrett today to show her properties available for rent (私は今日、ベリンダ・ギャレットさんという顧客に、賃貸可能な物件を案内するために会うことになっていました) と伝えているので、(D) が正解。その後の in the area where she wants to move につられて (A) を選ばないように注意。

🎯 **990点 講師の目**

「不動産」関連のキーワードとして、real estate agency (不動産会社)、property (不動産物件)、apartment complex (アパート)、condominium (分譲マンション)、viewing (内見)、walk-through (入居前の状態確認)、rental/lease agreement (賃貸借契約)、landlord (家主)、tenant (賃借人)、deposit (敷金)、rent (家賃) をまとめて覚えておきましょう。

---

75 What is the problem?
(A) A door is locked.
(B) A client is late for an appointment.
(C) There is heavy traffic.
(D) A bill is incorrect.

問題は何ですか？
(A) ドアに鍵がかかっている。
(B) 客が予約の時間に遅れている。
(C) 渋滞している。
(D) 請求書が間違っている。

正解 B
[正答率 79.4%]
物件を案内することになっていた顧客について、話し手は② It's 10:30 now and she still hasn't shown up. (今10時30分なのですが、彼女はまだ来ていません) と伝えている。このことを late for an appointment (予約の時間に遅れている) と言い表した (B) が正解。show up は「(ある場所に) 現れる、やってくる」(= appear; arrive) という意味。

---

76 What does the caller ask the listener to do?
(A) Write down a number
(B) Contact a supplier
(C) Give her advice
(D) Check a telephone

電話をした人は聞き手に何をするよう頼んでいますか？
(A) 番号を書きとめる
(B) 供給業者に連絡する
(C) 彼女に助言する
(D) 電話を確認する

正解 D
[正答率 77.6%]
トーク後半で話し手は③ Would you mind checking the phone in my office and see if there's a message? (私のオフィスの電話をチェックして、メッセージがあるかどうか確認していただけませんか) と頼んでいるので、(D) が正解。Would you mind *doing*? は「～していただいても構いませんか？」と丁寧に依頼する表現。

🔊 66~67

Questions 77 through 79 refer to the following speech.

🔊

🇨🇦 ① Welcome to the Kingston Amateur Ballroom Dance Competition, featuring special performances by some of the industry's top professionals. Before we begin tonight's proceedings, let me remind you... **none of this would be possible without our sponsors**. ② So, please make an effort to support the local businesses listed on Page 11 of your event program. Now, our first couple is Diana McLowsky and Brett Webber. ③ Ms. McLowsky is an aerobics instructor who recently opened her own health club, and Mr. Webber operates a construction contracting firm.

77-79 番は次のスピーチに関するものです。
キングストン・アマチュア社交ダンス大会へようこそ。本大会は業界のトッププロによる特別演技もあります。今夜のイベントを始める前に、皆さまにお知らせがございます……**この大会の開催はひとえにスポンサーの皆さまのおかげです**。ですので、お手元のイベントプログラムの 11 ページに掲載されております地元企業の皆さまをご支援いただきたく、お願い申し上げます。さて、今夜の 1 組目はダイアナ・マクラウスキーさんとブレット・ウェバーさんです。マクラウスキーさんは最近、ご自身のスポーツクラブをオープンしたエアロビクス・インストラクターで、ウェバーさんは建設請負会社を経営しています。

Vocab. ＞ │**本文** ＼│ □ **ballroom dance**「社交ダンス」(ballroom は「舞踏場」のこと)　□ **competition**「競技会、大会」
□ **proceedings**「一連の出来事、進行」　□ **remind**「(人) に思い出させる、忘れないように伝える」
□ **none**「何も (だれも) ～でない」　□ **make an effort to** *do*「～するよう努める」　□ **instructor**「講師、インストラクター」
□ **recently**「最近」　□ **health club**「スポーツクラブ」　□ **operate**「(会社など) を経営する」
□ **construction contracting firm**「建設請負会社」　│**設問** ＼│ □ **trade show**「見本市」　□ **conference**「会議、学会」
□ **decline**「～を断る」　□ **donation**「寄付」　□ **have ... in common**「…の共通点がある」　□ **participate in**「～に参加する」
□ **attend college**「大学に通う」

---

77 What type of event is taking place?

(A) A dance contest
(B) A film festival
(C) A trade show
(D) An industry conference

どんなイベントが行われていますか？

(A) ダンス大会
(B) 映画祭
(C) 見本市
(D) 産業会議

| 正解 | A |
| 正答率 84.9% |

スピーチ冒頭①の Welcome to the Kingston Amateur Ballroom Dance Competition (キングストン・アマチュア社交ダンス大会へようこそ) から、(A) が正解と判断できる。competition (競技会、大会) を contest と言い換えている。

---

78 Why does the speaker say, "**none of this would be possible without our sponsors**"?

(A) To decline a proposal
(B) To ask for donations
(C) To publicize local companies
(D) To introduce a speaker

話し手はなぜ「この大会の開催はひとえにスポンサーの皆さまのおかげです」と言っていますか？

(A) 提案を断るため
(B) 寄付を募るため
(C) 地元の企業について広報するため
(D) 講演者を紹介するため

| 正解 | C |
| 正答率 41.5% |

この発言の直後に② So, please make an effort to support the local businesses listed on Page 11 of your event program. (ですので、イベントプログラムの 11 ページに掲載されております地元企業の皆さまをご支援いただきたく、お願い申し上げます) と続いているので、大会のスポンサーである地元企業を宣伝するためにこの発言をしているとわかる。よって (C) が正解。ここでの support は、スポンサー企業の商品を購入するなど、消費者として応援することを表す。企業にお金を寄付するよう促しているわけではないため、(B) は不適切。none of this would be possible without ... は「…がなければこれは何ひとつ実現できない」、つまり「これが実現できるのは…のおかげだ」という意味。

🌐 **990点 講師の目**

選択肢 (C) にある動詞 publicize は「～を公にする (= announce)、～を宣伝する (= advertise; promote)」という意味で、publicize a store opening (開店を発表する)、publicize a new book (新刊を宣伝する) のように用います。名詞形の publicity (世間の注目、広報) も TOEIC に頻出します。

What do Ms. McLowsky and Mr. Webber have in common?
(A) They have participated in the event before.
(B) They are renowned internationally.
(C) They attended the same college.
(D) They are business operators.

マクラウスキーさんとウェバーさんに共通することは何ですか?
(A) 以前、このイベントに参加したことがある。
(B) 国際的に有名だ。
(C) 同じ大学に通っていた。
(D) 事業を営んでいる。

正解 **D**
[正答率 **75.8%**]

トーク最後の発言③ Ms. McLowsky is an aerobics instructor who recently opened her own health club, and Mr. Webber operates a construction contracting firm. (マクラウスキーさんは最近、ご自身のスポーツクラブをオープンしたエアロビクス・インストラクターで、ウェバーさんは建設請負会社を経営しています) から、2 人とも事業を経営していることがわかるので、(D) が正解。operate は「(会社など) を経営する」(= manage; run)、business operator は「事業経営者」という意味。

🔊 68~69　**Questions 80 through 82** refer to the following news report.

📻 ① This is Kyle McLaughlin reporting live from the Kopeli medical research center. We're about to hear from ② the facility director Dr. Raj Patel. He will be revealing findings from the center's latest study. ③ These recent discoveries are widely believed to have the potential to lead to groundbreaking treatments for a variety of health-related issues. ④ In a few moments, we will be broadcasting Dr. Patel's announcement in its entirety. So stay tuned to KXVC radio, and don't miss out on this important development.

🔊 80-82 番は次のニュース報道に関するものです。
コペリ医療研究センターより、カイル・マクラフリンが生中継でお届けします。これから、施設責任者のラージ・パテル博士からお話をうかがうところです。センターの最新の研究結果をお話しください。この最近の発見は、さまざまな健康上の問題に対して画期的な治療方法につながる可能性があると広く考えられています。まもなく、パテル博士による発表をすべて放送いたします。では、このまま KXVC ラジオをお聞きください。この重要な進展についてお聴き逃しなく。

Vocab. 本文 ＼ □ **report live**「生中継する」 □ **be about to** *do*「まもなく～するところだ」 □ **hear from**「～から話を聞く」
□ **facility**「施設」 □ **reveal**「～を明らかにする、発表する」 □ **latest**「最新の」 □ **discovery**「発見」 □ **widely**「広く一般に」
□ **have the potential to** *do*「～する可能性がある」 □ **lead to**「～ (結果) につながる」 □ **groundbreaking**「画期的な」
□ **treatment**「治療」 □ **a variety of**「さまざまな」 □ **issue**「問題」 □ **in a few moments**「まもなく」
□ **broadcast**「～を放送する」 □ **in** *one's* **entirety**「全部、まるごと」
□ **stay tuned to**「チャンネルを～に合わせたままにする、引き続き～を視聴する」 □ **miss out on**「(機会など) を逃す」
□ **development**「進展、新しい出来事」 設問 ＼ □ **result from**「～によって起こる」 □ **advance**「進歩」
□ **improvement**「改善、向上」 □ **machinery**「(集合的に) 機械類」 □ **conduct**「～を行う」 □ **demonstrate**「～を実演する」

---

80 Where most likely is the speaker?
(A) At a manufacturing plant
(B) At a research facility
(C) At a fitness center
(D) At a construction site

話し手はどこにいると思われますか?
(A) 製造工場
(B) 研究施設
(C) フィットネスセンター
(D) 工事現場

正解　B
[正答率 74.0%]

トーク冒頭①の This is Kyle McLaughlin reporting live from the Kopeli medical research center. (コペリ医療研究センターより、カイル・マクラフリンが生中継でお届けします) から、話し手は (B) の「研究施設」にいるとわかる。その後に続く②の the facility director Dr. Raj Patel (施設責任者のラージ・パテル博士) と He will be revealing findings from the center's latest study. (彼がセンターの最新の研究結果をお話しください) も解答のヒント。

---

81 According to the speaker, what do people believe will result from recent discoveries?
(A) Advances in medical treatments
(B) Increases in the speed of a process
(C) Changes in individuals' lifestyles
(D) Improvements to the design of machinery

話し手によると、最近の発見がどのような結果になると考えられていますか?
(A) 医療の進歩
(B) 工程の加速
(C) 一人ひとりのライフスタイルの変化
(D) 機械設計の改良

正解　A
[正答率 74.0%]

設問文の recent discoveries (最近の発見) が聞き取りのキーワード。話し手はトーク中盤③で These recent discoveries are widely believed to have the potential to lead to groundbreaking treatments for a variety of health-related issues. (この最近の発見は、さまざまな健康上の問題に対して画期的な治療方法につながる可能性があると広く考えられています) と伝えている。この treatments for a variety of health-related issues を medical treatments と言い換えた (A) が正解。

🌐 **990点 講師の目**
groundbreaking は、「(研究などが) 画期的な」(= innovative) という形容詞の用法のほか、「(建設工事の) くわ入れ、着工式」という名詞の意味でも TOEIC に出てきます。groundbreaking ceremony とあれば、工事がこれから開始されることがわかります。

82 What will most likely happen in a few minutes?
(A) An interview will be conducted.
(B) Some equipment will be demonstrated.
(C) A speech will be given.
(D) A tour will begin.

まもなく何が起きると思われますか?
(A) インタビューが行われる。
(B) 機器の実演が行われる。
(C) スピーチが行われる。
(D) ツアーが始まる。

正解　C
[正答率 59.6%]

トーク後半④にIn a few moments, we will be broadcasting Dr. Patel's announcement in its entirety. (まもなく、パテル博士による発表をすべて放送いたします) とあるので、この内容に合う (C) が正解。Dr. Patel's announcement が A speech で言い換えられている。in a few moments/minutes は「まもなく」という意味で、この in は〈時間の経過〉を表す。

70~71 **Questions 83 through 85** refer to the following talk.

Good afternoon. ① My name is Emily Grayson, and I coordinate group activities here at Clearwater Nature Reserve. The reserve has long been a popular destination for bird-watchers, wildlife photographers, and lovers of the great outdoors. ② With the recent addition of this screening room, we can now share information about the reserve and visual images of the wildlife here, day or night, in a comfortable indoor setting. ③ Since today's presentation focuses on the reserve's unique geological features rather than its plant and animal species, some people predicted a low turnout. But... as I look around... **I don't see any empty seats at all**.

83-85 番は次の話に関するものです。
こんにちは。私はエミリー・グレイソンと申します。こちらのクリアウォーター自然保護区でグループ活動のとりまとめをしております。こちらの保護区は長い間、野鳥観察や野生生物の写真撮影をされる方、雄大な自然を愛する方々に人気の旅行先となっております。最近こちらの映写室が加わり、当保護区に関する情報とこちらに生息する野生生物の映像を、昼でも夜でも、快適な屋内の設備でご紹介できるようになりました。本日のプレゼンテーションは、当保護区の動植物の種ではなく、独特な地形的特徴に焦点を当てておりますので、ご覧になる方は少ないだろうと予想する人もいました。ですが、見回してみますと、**空席はまったく見当たりません**。

Vocab. 本文 □ **coordinate**「～を調整する、とりまとめる」 □ **reserve**「(自然・野生生物の) 保護区」 □ **destination**「旅行先、目的地」 □ **wildlife**「野生生物」 □ **the great outdoors**「雄大な自然」 □ **screening**「上映」 □ **visual image**「映像」 □ **comfortable**「快適な、心地よい」 □ **setting**「環境」 □ **focus on**「～に焦点を当てる」 □ **geological**「地形的な」 □ **feature**「特徴」 □ **rather than**「～ではなくて」 □ **plant**「植物」 □ **species**「(生物の) 種」 □ **predict**「～を予想する」 □ **turnout**「来場者数、人出」 □ **not ... at all**「まったく…でない」 設問 □ **fund**「～に資金援助する」 □ **private**「民間の、個人の」 □ **establish**「～を創設する」 □ **expand**「(規模) を拡大する、増やす」 □ **instruction**「説明、指示」 □ **attendance**「出席者数」 □ **for a while**「しばらくの間」

83 Who most likely is the speaker?
(A) A film director
(B) A city official
(C) An activity coordinator
(D) A professor

話し手はどんな人物だと思われますか?
(A) 映画監督
(B) 市の職員
(C) 活動のとりまとめ役
(D) 教授

正解 C
[正答率 79.4%]

話し手は最初に① My name is Emily Grayson と名乗った後、I coordinate group activities here at Clearwater Nature Reserve.(こちらのクリアウォーター自然保護区でグループ活動のとりまとめをしております)と自己紹介しているので、(C) が正解。coordinate は「(活動など) を調整する、とりまとめる」という意味の動詞で、選択肢では coordinator (調整役、とりまとめ役) と名詞形で言い表している。

84 What does the speaker say about the nature reserve?
(A) It is funded by private donations.
(B) It has recently added a new facility.
(C) It was established last year.
(D) It plans to expand its staff.

話し手は自然保護区について何と言っていますか?
(A) 民間の寄付によって資金がまかなわれている。
(B) 最近、新しい施設を追加した。
(C) 昨年、創設された。
(D) スタッフを増員する予定だ。

正解 B
[正答率 70.4%]

the nature reserve (自然保護区) について、話し手が② With the recent addition of this screening room (最近こちらの映写室が加わり) と説明しているので、(B) が正解。選択肢の facility (施設) は、特定の用途に使われる建物や部屋を幅広く指す。

990点 講師の目
名詞 screening は、「(映画の) 上映」と「(適性などの) 審査」という2つの意味で TOEIC に登場します。the screening of the new film は「新作映画の上映」、applicant screenings は「応募者の審査」を意味します。

85

What does the speaker mean when she says, "**I don't see any empty seats at all**"?
(A) Some instructions were not followed.
(B) Attendance is higher than expected.
(C) A different room must be used.
(D) Some people need to wait for a while.

話し手はどういう意味で「空席はまったく見当たりません」と言っていますか?
(A) 守られていない指示がある。
(B) 参加者が予想よりも多い。
(C) 別の部屋を使わなければならない。
(D) 何人かはしばらく待つ必要がある。

正解	B

[正答率 77.6%]

話し手は③で来場者数が少ないだろうと予想する人もいた、と前置きをしたうえで I don't see any empty seats at all. と言っているので、来場者が予想よりも多いことに驚いてこの発言をしているとわかる。よって、(B) が正解。turnout (来場者数、人出) が attendance (出席者数) で言い換えられている。

Questions 86 through 88 refer to the following excerpt
72~73　from a meeting.

①The final item on today's agenda relates to our system
of evaluating how well employees are performing their job
duties. Ms. Ling, who recently took charge of the personnel
department, is of the opinion that our system is outdated.
She already has some specific changes she'd like to
make in mind. ②She wants feedback on her ideas from all
department managers, so she'll be contacting each of you
starting sometime next week. She's interested in receiving
your own input on the matter as well. So, for the rest of the
week, ③I'd suggest putting some thought into what you feel
are both the positive and negative aspects of the current
review process.

86-88 番は次の会議の一部に関するものです。
今日の最後の議題は、従業員が職務をどれほど果たし
ているかを評価する当社のシステムに関するものです。
最近、人事部の責任者になったリンさんは、当社のシ
ステムは時代遅れだというご意見です。彼女には変更
したい具体的なことがすでに頭の中にあるそうです。
自分の考えについて部長全員から意見をもらいたいそ
うなので、来週から皆さん一人ひとりに連絡がありま
す。また、彼女はこの件について皆さんご自身の意見
を聞いてみたいとのことです。そこで週の残りは、現在
の評価プロセスについて感じている良い面と悪い面の
両方について検討してみてください。

Vocab. |本文\ □ agenda「議題」 □ relate to「～に関連する」 □ evaluate「～を評価する」 □ perform duties「職務を果たす」
□ take charge of「～の責任者になる」 □ personnel department「人事部」
□ be of the opinion that ...「…という意見である」 □ outdated「時代遅れの、古い」
□ have ... in mind「…(計画など) が頭にある、…を考えている」 □ specific「具体的な」 □ feedback「意見、反応」
□ sometime「いつか」 □ be interested in *doing*「～することに関心がある、～したいと思っている」 □ input「意見、アイデア」
□ matter「問題、要件」 □ as well「～も、同様に」 □ for the rest of「～の残りの期間」
□ put some thought into「～について検討する」 □ aspect「側面」 □ current「現在の」 □ review「評価」
|設問\ □ performance「働きぶり、業績」 □ companywide「会社全体の」 □ shortage「不足」 □ qualified「適任の、有能な」
□ sales representative「営業担当者」 □ examine「～を調べる、検討する」 □ present「現在の」 □ eliminate「～を排除する」
□ requirement「必要条件」 □ minutes「議事録」

86 What is the speaker mainly discussing?
(A) Changes to a computer program
(B) **Evaluation of worker performance**
(C) Results of a companywide survey
(D) A shortage of qualified personnel

話し手は主に何について話していますか?
(A) コンピュータプログラムの変更
(B) 従業員の業績の評価
(C) 全社調査の結果
(D) 適任の人員の不足

正解 B
[正答率 70.4%] トーク冒頭①で話し手が The final item on today's agenda relates to our system of evaluating how well employees are performing their job duties. (今日の最後の議題は、従業員が職務をどれほど果たしているかを評価する当社のシステムに関するものです) と伝えている。この how well employees are performing their job duties を work performance と言い換えた (B) が正解。

87 Who most likely are the listeners?
(A) Sales representatives
(B) Call center operators
(C) Company recruiters
(D) **Department managers**

聞き手はどんな人物だと思われますか?
(A) 営業担当者
(B) コールセンターのオペレーター
(C) 会社の採用担当者
(D) 部長

正解 D
[正答率 83.0%] 聞き手を指す代名詞 you に注意。人事部の責任者である Ms. Ling について、話し手は② She wants feedback on her ideas from all department managers, so she'll be contacting each of you (彼女は自分の考えについて部長全員から意見をもらいたいそうなので、皆さん一人ひとりに連絡があります) と伝えている。このことから、聞き手は (D) の department managers (部長) であるとわかる。feedback は「(自分の行為などに対する) 意見、反応」のこと。

What does the speaker recommend?
(A) Examining a present system
(B) Eliminating specific requirements
(C) Reviewing the minutes of a meeting
(D) Hiring a consulting firm

話し手は何をすすめていますか？
(A) 現在のシステムについて検討する
(B) 特定の要件を取り除く
(C) 議事録を見直す
(D) コンサルティング会社に依頼する

正解	A

[正答率 56.0%]

トークの最終文で、話し手は③ I'd suggest putting some thought into what you feel are both the positive and negative aspects of the current review process. (現在の評価プロセスについて感じている良い面と悪い面の両方について検討してみてください) とすすめているので、(A) が正解。put some thought into が examine (～を検討する)、current が present (現在の) で言い換えられている。what (you feel) are ... は「…である (とあなたが感じている) こと」という意味で、you feel を省いて考えるとわかりやすい。

🌀 990点 講師の目

I'd suggest *doing* は「～することを提案します、～してみてはいかがでしょうか」という意味で、I'd は I would (私だったら～する) の短縮形です。I suggest ではなく I'd suggest と言うことで、断定を避け、口調を和らげることができるのです。

TEST 1

TEST 2

Questions 89 through 91 refer to the following advertisement.

🔊 74~75

🇨🇦 ① Ready to take on bigger home maintenance and repair projects? **No experience is necessary for success.** Wintech is proud to introduce ② our newest line of cordless handheld saws and drills. ③ We've created an advanced battery that provides all the power you'll need to achieve professional results. The same long-lasting rechargeable battery is used with every Wintech tool. Inside each package, you'll find easy-to-follow instructions for dozens of applications on a wide variety of materials. What's more, ④ you can now get big savings by taking advantage of our limited-time introductory promotional offer. Visit www.wintech.com for complete details.

🔊 89-91 番は次の広告に関するものです。
より大がかりな家のメンテナンスや修理作業に取りかかる準備はできていますか？ **成功に経験は必要ありません。** ウィンテックは自信を持って、コードレスの手持ち型ののこぎりとドリルの新商品シリーズをご紹介します。当社では、プロの仕上がりを得るのに必要な電力をすべて供給する先進的なバッテリーを作り上げました。どのウィンテックの工具にも、長持ちする同じ充電式バッテリーが使われています。各パッケージの中に、幅広い資材に多数対応したわかりやすい説明書が入っています。さらに、期間限定の新発売特別キャンペーンをご利用いただきますと今ならかなりの割引になります。全情報の詳細は www.wintech.com をご覧ください。

Vocab. |本文 \ □ **ready to** *do*「〜する準備ができている」 □ **take on**「(仕事など) を引き受ける、担う」
□ **be proud to** *do*「誇りをもって〜する」 □ **introduce**「〜を紹介する、導入する」 □ **line**「(製品の) シリーズ」
□ **handheld**「手で持てる、持ち運びしやすい」 □ **saw**「のこぎり」 □ **advanced**「高度な、先進的な」 □ **achieve**「〜を達成する」
□ **long-lasting**「長持ちする」 □ **rechargeable**「充電式の」 □ **easy-to-follow**「わかりやすい」 □ **dozens of**「たくさんの」
□ **application**「応用、用途」 □ **a wide variety of**「多種多様な」 □ **material**「資材、材料」 □ **what's more**「さらに、その上」
□ **saving**「節約、割引」 □ **take advantage of**「(機会など) を利用する」 □ **limited-time**「期間限定の」
□ **promotional offer**「販促キャンペーン」 |設問 \ □ **applicant**「応募者」 □ **opening**「職の空き、求人枠」
□ **effectively**「効果的に」 □ **expand into**「(新分野など) に進出する」 □ **serve**「〜に仕える、サービスを提供する」
□ **rating**「格付け、評価」 □ **pursue**「〜を追求する」 □ **temporary**「一時的な」 □ **sign up for**「〜に登録する、申し込む」
□ **upcoming**「近々行われる、今度の」

89 What does the speaker mean when he says, "**No experience is necessary for success**"?
(A) All applicants will be considered for openings.
(B) Professional assistance will be available.
(C) Beginners can do tasks effectively.
(D) A training session will be provided.

話し手はどういう意味で「成功に経験は必要ありません」と言っていますか？
(A) 採用枠にはすべての応募者が検討される。
(B) プロのサポートが得られる。
(C) 初心者でも作業を効果的に行うことができる。
(D) 研修会が提供される。

正解　C ｜正答率 65.0%
この発言前の①で Ready to take on bigger home maintenance and repair projects? (より大がかりな家のメンテナンスや修理作業に取りかかる準備はできていますか) と問いかけ、直後②で our newest line of cordless handheld saws and drills (コードレスの手持ち型ののこぎりとドリルの新商品シリーズ) を紹介しているので、新商品を使えばだれでもうまくメンテナンスや修理が行えるという意味でこの発言をしているとわかる。よって (C) が正解。なお、冒頭文では Are you ready to *do*? (〜する準備ができていますか) の Are you が省略されている。

90 According to the advertisement, what has the company done?
(A) Expanded into a new market
(B) Served the community for a long time
(C) Received high satisfaction ratings
(D) Developed a powerful battery

広告によると、会社は何をしましたか？
(A) 新しい市場に参入した
(B) 地域に長い間貢献してきた
(C) 高い満足度を得た
(D) 強力なバッテリーを開発した

正解　D ｜正答率 77.6%
話し手は③ We've created an advanced battery that provides all the power you'll need (当社では、必要な電力をすべて供給する先進的なバッテリーを作り上げました) と言っているので、(D) が正解。create (〜を作る、生み出す) を develop (〜を開発する) で言い換えている。

91 According to the advertisement, why should listeners visit the Web site?

(A) To view an instructional video
(B) To pursue an employment opportunity
(C) To learn about a temporary discount
(D) To sign up for an upcoming seminar

広告によると、聞き手がウェブサイトを訪れたほうがよいのはなぜですか?

(A) 使用説明動画を見るため
(B) 就職の機会を追求するため
(C) 一時的な値引きについて知るため
(D) 開催間近のセミナーに申し込むため

正解	C

[正答率 65.0%]

④ you can now get big savings by taking advantage of our limited-time introductory promotional offer（期間限定の新発売特別キャンペーンをご利用いただきますと今ならかなりの割引になります）という発言の後で、Visit www.wintech.com for complete details. とウェブサイトのアドレスを伝えている。よって、(C) が正解。savings（節約、割引）が discount（割引）、limited-time（期間限定の）が temporary（一時的な）で言い換えられている。introductory promotional offer とは、新商品の発売時に行う特別キャンペーンのこと。

🔊 **Questions 92 through 94** refer to the following excerpt
76~77 from a meeting.

🇺🇸 ① I'd like to thank everyone here for coming up with such excellent suggestions during our brainstorming session two weeks ago. Your ideas were presented and discussed at the last board meeting. The majority of directors thought the proposal by Ms. Chou would have the strongest impact on occupancy levels at the hotel throughout the year. As you may recall, ② Ms. Chou suggested converting one of our many conference rooms into a fitness facility, which our hotel currently lacks. ③ The marketing team has already devised an initial strategy of targeting potential patrons who want to stay fit despite frequent business travel.

🔊 92-94 番は次の会議の一部に関するものです。
こちらにお集まりの皆さんに、2 週間前のブレインストーミングのセッションであのような優れた提案をしていただき、感謝いたします。皆さんのアイデアは前回の取締役会で提示され、話し合われました。取締役の大半が、チョウさんの提案は一年を通し、ホテルの客室稼働率に最も大きな影響を与えるだろうと考えました。覚えていらっしゃるかと思いますが、チョウさんは、当ホテルにたくさんある会議室の1室を、現在不足しているフィットネス施設に改装することを提案しました。マーケティングチームではすでに、頻繁に出張しながらも健康を保ちたいと思っている潜在顧客を対象とする、最初の戦略を考案しました。

Vocab. ┃**本文**┃ □ **come up with**「～を考え出す」　□ **excellent**「優れた」　□ **brainstorming**「ブレインストーミング」
□ **present**「～を提示する、発表する」　□ **board meeting**「取締役会」　□ **the majority of**「～の大半、過半数」
□ **director**「取締役」　□ **proposal**「提案、企画」　□ **have a strong impact on**「～に大きな影響を及ぼす」
□ **occupancy**「(部屋の) 使用率、稼働率」　□ **recall**「～を思い出す」　□ **convert A into B**「A を B に変える、改造する」
□ **currently**「現在」　□ **lack**「～が欠けている」　□ **devise**「～を考案する」　□ **initial**「最初の」　□ **strategy**「戦略」
□ **target**「～を対象にする」　□ **potential**「可能性のある、潜在的な」　□ **stay fit**「健康を保つ」　□ **despite**「～にもかかわらず」
□ **frequent**「頻繁な」　┃**設問**┃ □ **take part in**「～に参加する」　□ **generate**「～を生み出す」　□ **raise**「～を引き上げる」
□ **compensation**「報酬、給与」　□ **reschedule**「～の予定を変更する」　□ **launch**「～を開始する」
□ **loyalty program**「ポイントプログラム」　□ **vacation**「休暇を過ごす」　□ **limited**「限られた」　□ **from abroad**「国外から」

92 What did the listeners most likely do two weeks ago?
(A) Met with company directors
(B) Took part in a training session
(C) Welcomed a new employee
(D) Generated a number of ideas

話し手たちは 2 週間前に何をしたと思われますか？
(A) 会社の取締役たちに会った
(B) 研修会に参加した
(C) 新入社員を歓迎した
(D) いくつものアイデアを出した

正解　D
[正答率 39.7%]
トークの冒頭①で話し手が I'd like to thank everyone here for coming up with such excellent suggestions during our brainstorming session two weeks ago. (こちらにお集まりの皆さんに、2 週間前のブレインストーミングのセッションであのような優れた提案をしていただき、感謝いたします) と言っているので、(D) が正解。coming up with suggestions (提案すること) を generated ideas (アイデアを出した) と言い換えている。brainstorming は、自由な発想でアイデアを出し合いながら解決策を導いていく手法のこと。

93 What has Ms. Chou proposed?
(A) Changing the purpose of a room
(B) Raising compensation levels for staff
(C) Rescheduling a conference
(D) Launching a loyalty program

チョウさんは何を提案しましたか？
(A) 部屋の用途を変えること
(B) スタッフの報酬レベルを上げること
(C) 会議の予定を組み直すこと
(D) ポイントプログラムを始めること

正解　A
[正答率 61.4%]
② Ms. Chou suggested converting one of our many conference rooms into a fitness facility (チョウさんは、当ホテルにたくさんある会議室の1室をフィットネス施設に改装することを提案しました) という一文が聞き取れれば、(A) が正解とわかる。suggest と設問の propose は「～を提案する」、convert A into B は「A を B に変える、改造する」という意味。(D) の loyalty program は、顧客の利用頻度に応じて報酬を与える「ポイントプログラム」のことで、rewards program とも呼ばれる。

94 Who does the marketing team intend to target?
(A) People who vacation in groups
(B) People who have limited budgets
(C) People who often travel on business
(D) People who plan to visit from abroad

マーケティングチームはどのような人々を対象にするつもりですか?
(A) 団体で休暇を過ごす人々
(B) 予算が限られている人々
(C) よく出張する人々
(D) 国外から訪れる予定の人々

正解	C

[正答率 83.0%]

トークの最後 ③ に The marketing team has already devised an initial strategy of targeting ...（マーケティングチームはすでに…を対象とする最初の戦略を考案した）とある。この targeting に続く potential patrons who want to stay fit despite frequent business travel（頻繁に出張しながらも健康を保ちたいと思っている潜在顧客）と一致する (C) が正解。

🔘 **990点 講師の目**

名詞 patron は「（店・レストラン・ホテルなどの）利用客、ひいき客」を表す語で、customer の言い換えとして TOEIC に頻出します。派生語である名詞の patronage（特定の店をひいきにすること、愛顧）、動詞の patronize（[店など] をひいきにする）を合わせて覚えておきましょう。

TEST 1

TEST 2

🔊 **Questions 95 through 97** refer to the following
78~79 announcement and Web Page.

🇬🇧 May I have your attention, everyone? I have an announcement to make about the itinerary for ①the company retreat in October. We'll be flying to Taos on the first of October and returning to Memphis on the fifth. ②The company wants us to conduct as many team-building activities as possible in order to get the most out of the trip. In light of that, ③I searched a travel site and booked the earliest available departure time on a nonstop flight. ④The tickets were pricey compared to the other flights that day, but the company thinks the added time is worth it.

📞 95-97 番は次のアナウンスとウェブページに関するものです。
皆さん、ちょっとお聞きいただけますか？ 10 月の社員旅行の旅程についてご連絡です。私たちは 10 月 1 日にタオスへ向かい、5 日にメンフィスに戻る予定です。会社側は、旅行を最大限に活用するため、私たちにチームビルディングのアクティビティをできるだけたくさんしてほしいと考えています。それを踏まえて、旅行サイトを検索し、直行便で利用可能な中で出発時間が最も早い便を予約しました。チケットは、その日のほかの便に比べて割高でしたが、会社側はこれで時間が増え、その値打ちがあると考えています。

http://eztravel.com/flights/search/nonstop

Travel Date: Monday, October 1
From: Memphis, TN　**To:** Taos, NM

Airline	Departure
Sun Wing	8:00 A.M.
Jet Stream	11:00 A.M.
Gamma Air	2:00 P.M.
Skyways	6:00 P.M.

http://eztravel.com/flights/search/nonstop

旅行日：10 月 1 日　月曜日
発：テネシー州メンフィス
着：ニューメキシコ州タオス

航空会社	出発
サン・ウィング	午前 8:00
ジェット・ストリーム	午前 11:00
ガンマ・エア	午後 2:00
スカイウェイズ	午後 6:00

Vocab.〉 |本文 ＼ □ **itinerary**「旅程表」 □ **company retreat**「社員旅行」 □ **want 〈人〉 to do**「〈人〉に~してほしいと思う」
□ **conduct**「~を行う」 □ **as many ... as possible**「できるだけ多くの…」 □ **in order to do**「~するために」
□ **get the most out of**「~を最大限に活用する」 □ **in light of**「~を考慮して、踏まえて」
□ **search**「(インターネットで) ~を検索する、調べる」 □ **book**「~を予約する」 □ **departure**「出発」 □ **pricey**「高価な」
□ **compared to**「~と比較して」 □ **worth it**「それだけの価値がある」 |設問 ＼ □ **potential customer**「潜在顧客」
□ **exposition**「展示会、博覧会」 □ **search for**「~を探す」 □ **suitable**「適した」 □ **branch**「支店、支社」
□ **purchase**「~を購入する」 □ **rate**「料金」 □ **refundable**「返金可能な」 □ **for an additional fee**「追加料金で」
□ **relatively**「比較的」

95 What most likely is the purpose of the trip in October?
(A) To visit potential customers
(B) To attend a business exposition
(C) To search for a suitable branch location
(D) To participate in team-building sessions

10 月の旅行の目的は何だと思われますか？
(A) 潜在顧客を訪問すること
(B) ビジネスの展示会に参加すること
(C) 支店に適した場所を探すこと
(D) チームビルディングのセッションに参加すること

正解 **D**
[正答率 **72.2%**]　トーク冒頭で触れている① the company retreat in October (10 月の社員旅行) について、話し手は② The company wants us to conduct as many team-building activities as possible (会社側は、私たちにチームビルディングのアクティビティをできるだけたくさんしてほしいと考えています) と伝えているので、(D) が正解。team-building activities とは「チームの結束力を高めるアクティビティ」のこと。

96 Look at the graphic. What airline's flight did the speaker book?
- (A) Sun Wing
- (B) Jet Stream
- (C) Gamma Air
- (D) Skyways

図表を見てください。話し手はどの航空会社の便を予約しましたか?
- (A) サン・ウィング
- (B) ジェット・ストリーム
- (C) ガンマ・エア
- (D) スカイウェイズ

正解	A
[正答率 86.7%]	

話し手は③で I searched a travel site and booked the earliest available departure time on a nonstop flight (旅行サイトを検索し、直行便で利用可能な中で出発時間が最も早い便を予約しました) と伝えている。ウェブページを見ると、出発時間が最も早いのは (A) の Sun Wing。

🔵 **990点 講師の目**

スケジュールを含む問題では、earliest (最も早い)、latest (最も遅い)、first (最初の)、last (最後の) といったキーワードの聞き取りとともに、表に記載されている時刻が午前 (A.M.) か午後 (P.M.) かにも注意しましょう。たとえば、the earliest flight in the afternoon (午後で最も早い便) であれば Gamma Air が正解になります。

97 What does the speaker say about the tickets?
- (A) They were purchased at a group rate.
- (B) They are fully refundable.
- (C) They can be upgraded for an additional fee.
- (D) They were relatively expensive.

話し手はチケットについて何と言っていますか?
- (A) 団体価格で購入された。
- (B) 全額払い戻し可能だ。
- (C) 追加料金でアップグレードできる。
- (D) 比較的高額だった。

正解	D
[正答率 46.9%]	

チケットについて、トークの最後④で The tickets were pricey compared to the other fights that day (チケットは、その日のほかの便に比べて割高でした) と話しているので、(D) が正解。「高価な」という意味の expensive / pricey / costly、「安い、手ごろな」という意味の cheap / inexpensive / reasonable / affordable、「他社より安い」という意味の competitive をまとめて覚えておこう。

TEST 2

🔊 80~81   **Questions 98 through 100** refer to the following telephone message and instructions.

🇨🇦 Hello, Ms. Gilmore? This is Bernie Franks at Lone Valley Repair Shop. I'm calling about the device you brought in yesterday. ①I'm sorry, but it's going to take a little longer than I initially estimated. ②I opened the casing and removed the old battery without any problems, but then I realized I didn't have the specified type of replacement in stock. I found a supplier who can deliver one to me on Tuesday afternoon. ③I should be able to reassemble the unit and have it ready for you to pick up on Wednesday morning.

🔊 98-100 番は次の電話メッセージと説明書に関するものです。

もしもし、ギルモアさんですか？ ローンバレー修理店のバーニー・フランクスです。昨日お持ちいただきました機器についてお電話を差し上げました。申し訳ございませんが、私が最初に見積もったよりも少し長くかかりそうです。外装を開けて古い電池を取り外すのは問題ありませんでしたが、その後、指定の交換品が在庫にないことに気がつきました。火曜日の午後に、交換用の電池を私のところに届けられる業者を見つけました。機器を組み立て直して、水曜日の午前中にはお引き取りいただける用意ができているはずです。

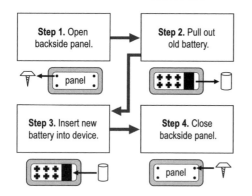

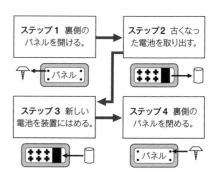

Vocab. ▷ |本文 ＼ □ **device**「機器」 □ **bring in**「～を持ちこむ」 □ **initially**「最初に」 □ **estimate**「～を見積もる」
□ **casing**「(機器などの) 外装」 □ **remove**「～を取り外す」 □ **realize**「～であるとわかる、気づく」
□ **have ... in stock**「…の在庫がある」 □ **specified**「指定された」 □ **replacement**「代わりのもの、交換品」
□ **supplier**「納入業者」 □ **reassemble**「～を組み立て直す」 □ **unit**「機器、装置」
□ **have ... ready for ⟨人⟩ to** *do*「⟨人⟩ が～できるよう…を用意している」 □ **pick up**「～を取りにいく」
□ **pull out**「～を引き抜く、取り出す」 □ **insert A into B**「A を B に差し込む、挿入する」 |設問 ＼ □ **inaccurate**「不正確な」
□ **estimate**「見積もり」 □ **faulty**「欠陥のある」 □ **issue a refund**「返金する」 □ **warranty**「保証」 □ **expire**「期限が切れる」

98 What does the speaker apologize for?
(A) An inaccurate estimate
(B) A computer error
(C) A fee increase
(D) A faulty product

話し手は何について謝っていますか？
(A) 不正確な見積もり
(B) コンピュータのエラー
(C) 料金の値上げ
(D) 欠陥製品

正解 **A**
[正答率 50.0%]

機器の修理について、話し手は①でI'm sorryと謝った後、it's going to take a little longer than I initially estimated (私が最初に見積もったよりも少し長くかかりそうです) と説明しているので、(A) が正解。estimate は動詞で「～を見積もる」、名詞で「見積もり」という意味。

Look at the graphic. What part of the process will the speaker most likely perform next?
(A) Step 1
(B) Step 2
(C) Step 3
(D) Step 4

図表を見てください。話し手は次にどの工程を行うと思われますか?
(A) ステップ1
(B) ステップ2
(C) ステップ3
(D) ステップ4

正解 C
[正答率 63.2%]

② I opened the casing and removed the old battery without any problems, but then I realized I didn't have the specified type of replacement in stock. (外装を開けて古い電池を取り外すのは問題ありませんでしたが、その後、指定の交換品が在庫にないことに気がつきました) という発言内容を、説明書の手順に照らし合わせる。すると、Step 2. Pull out old battery. (古くなった電池を取り出す) は終わっているが、Step 3. Insert new battery into device. (新しい電池を装置にはめる) がまだ行えていないことがわかる。よって、(C) が正解。pull out は「~を引き抜く、取り出す」(= remove) という意味。replacement は「代わりになるもの、交換品」のことで、ここでは新しい電池を指す。

What will happen on Wednesday morning?
(A) A new model will be introduced.
(B) A refund will be issued.
(C) A product warranty will expire.
(D) An item will become available for pickup.

水曜日の午前中に何がありますか?
(A) 新モデルが発表される。
(B) 払い戻しがある。
(C) 製品の保証期限が切れる。
(D) 品物の受け取りが可能になる。

正解 D
[正答率 86.7%]

トークの最後③で話し手が I should be able to reassemble the unit and have it ready for you to pick up on Wednesday morning. (機器を組み立て直して、水曜日の午前中にはお引き取りいただける用意ができているはずです) と伝えているので、(D) が正解。unit は「機器、装置」(= device) のこと。pick up は「~を取りにいく」という意味で、選択肢では pickup (受け取り) という名詞形になっている。

🅔 これがエッセンス

手順が示されている問題では、トークが流れる前に各ステップの内容を頭の中で要約しておくと解答しやすくなります。この問題では、Step 1 パネルを開ける、Step 2 電池を取り出す、Step 3 電池を入れる、Step 4 パネルを閉じる、という流れですね。事前に確認する余裕がなければ無理に解答しようとせず、ほかの2問の聞き取りを優先することも大切です。

101 Ms. Singh ------- closely with the editorial team throughout the translation project last year.

(A) works
(B) to work
(C) worked
(D) working

シンさんは昨年の翻訳プロジェクトの間中、編集チームと緊密に作業した。

(A) 現在形
(B) 不定詞
(C) 過去形・過去分詞
(D) -ing 形

| 正解 | C | 時制 | 正答率 68.6% |

主語 Ms. Singh に対する述語動詞が空欄になっている。文末に last year（去年）とあるので、過去形の (C) worked が正解。(A) works は現在形なので、時制が合わない。不定詞の (B) to work と -ing 形の (D) working は、述語動詞として用いることができない。

Vocab.
□ **work closely with**「〜と密接に仕事をする」
□ **editorial**「編集の」
□ **throughout**「〜の間ずっと」
□ **translation**「翻訳」

102 The new administrative assistant will complete ------- probationary period by the end of the month.

(A) he
(B) his
(C) him
(D) himself

その新しい管理補佐は月末までに試用期間を終える。

(A) 主格（彼は）
(B) 所有格（彼の）・所有代名詞（彼のもの）
(C) 目的格（彼を）
(D) 再帰代名詞（彼自身を）

| 正解 | B | 格 | 正答率 79.4% |

代名詞の正しい格を判断する問題。空欄の後ろに probationary period（試用期間）という名詞句があるので、名詞を修飾して「だれの試用期間か」を示す所有格の (B) his（彼の）が入る。所有格（my / your / his / her / our / their / its）を選ぶ問題は Part 5 にほぼ毎回登場するので、確実に正解できるようにしよう。

Vocab.
□ **administrative assistant**「管理補佐、事務員」
□ **complete**「〜を終える」
□ **probationary period**「試用期間」（= trial period）

103 We ask that patrons ------- leave the theater in the event of an urgent telephone call.

(A) quiet
(B) quietly
(C) quietness
(D) quietest

緊急のお電話の際には、お客様には劇場を静かに退出いただきますようお願いします。

(A) 形容詞（静かな）
(B) 副詞（静かに）
(C) 名詞（静けさ）
(D) 形容詞の最上級（最も静かな）

| 正解 | B | 品詞 | 正答率 86.7% |

選択肢に quiet の派生語が並ぶ品詞の問題。that 以下を見ると、空欄を省いても patrons [S] leave [V] という〈主語＋動詞〉が成り立っている。そこで、空欄直後の動詞 leave を修飾する副詞の (B) quietly（静かに）を選ぶ。patrons [S] leave [V] the theater [O] quietly のように、副詞は〈主語＋動詞＋目的語〉の後ろに置くこともできる。

Vocab.
□ **ask that S + V**「S が V するよう頼む、お願いする」
□ **patron**「（レストラン・劇場などの）客」（= customer）
□ **in the event of**「〜の場合は」
□ **urgent**「緊急の」

104

The beachfront amusement park is popular ------- local residents and tourists alike.

(A) in
(B) than
(C) by
(D) with

浜辺の遊園地は、地元住民にも観光客にも人気がある。

(A) ～の中で
(B) ～よりも
(C) ～によって
(D) ～に

| 正解 | D | 前置詞／慣用表現 | ［正答率 56.0%］ |

空欄前にある形容詞 popular は、be popular with/among で「～に／～の間で人気がある」という意味を表す。よって、(D) with を入れて「地元住民にも観光客にも人気がある」とする。(A) in は in the amusement park (遊園地の中で) のように〈空間の中〉を表す。(B) than は more popular than (～よりも人気がある) のように比較級とセットで用いる。(C) by は The park is visited by tourists. のように受動態〈be ＋過去分詞〉＋ by で「～によって…される」という意味になる。

Vocab.
- □ **beachfront**「浜辺の」
- □ **resident**「住民」
- □ **tourist**「観光客」
- □ **A and B alike**「A も B も同様に」

🔵 **990点 講師の目**

〈be ＋形容詞＋ with〉の形をとるフレーズとして、be popular with のほかに be familiar with (～をよく知っている)、be happy/pleased with (～をうれしく思う)、be satisfied with (～に満足している)、be impressed with (～に感銘を受けている) が重要です。前置詞 with を〈対象と心理的につながっている〉イメージで押さえておくと頭に残りやすいですよ。

105

The ------- of the Kornelli Prize for Literature is scheduled to take place on Saturday, June 3.

(A) presently
(B) presenter
(C) presented
(D) presentation

コルネリ文学賞の贈呈は6月3日土曜日に行われる予定だ。

(A) 副詞 (現在)
(B) 名詞 (贈呈者)
(C) 過去形・過去分詞
(D) 名詞 (贈呈)

| 正解 | D | 品詞 | ［正答率 79.4%］ |

問題文が The ------- of で始まっているので、この文の主語になり、冠詞 The と結びつく名詞が入る。選択肢のうち、(B) presenter (贈呈者) と (D) presentation (贈呈) が名詞だが、is scheduled to take place (～が行われる予定だ) と文意がつながる (D) が正解。presentation にはほかにも「発表、プレゼン」「(証明書などの) 提示」「上演」などさまざまな意味がある。

Vocab.
- □ **be scheduled to do**「～する予定だ」
- □ **take place**「行われる」(= be held)

106

Mr. Yang ------- his stay at the Riverside Inn very enjoyable.

(A) found
(B) paid
(C) visited
(D) requested

ヤンさんはリバーサイド・インでの宿泊をとても楽しいと感じた。

(A) ～と感じた
(B) ～を支払った
(C) ～を訪れた
(D) ～を求めた

| 正解 | A | 語彙／語法 | ［正答率 68.6%］ |

選択肢に異なる動詞が並ぶ語彙問題。空欄の後ろに his stay (彼の宿泊) とあり、さらに very enjoyable (とても楽しい) と〈感想〉が続いている。よって、(A) found (～と感じた) を入れて「宿泊をとても楽しいと感じた」とすれば自然な文意になる。find ＋ O ＋ C で「O が C だと感じる、わかる」という意味になり、補語 C の位置に形容詞 (ここでは enjoyable) が来ることが Part 5 でよく問われる。(B) paid は paid for his stay で「宿泊の費用を支払った」という意味になる。(D) requested は、文末の very enjoyable がなければ「リバーサイド・インでの宿泊を要望した」となり文意が通る。

Vocab.
- □ **stay**「滞在、宿泊」
- □ **enjoyable**「楽しい」

107 Tremark Avenue will be closed to traffic ------- Harper's Bridge is being widened.

(A) across
(B) while
(C) often
(D) somewhere

ハーバーズ橋の拡張工事が行われている間、トレマーク通りは通行止めとなる。

(A) 前置詞（〜を横切って、渡って）
(B) 接続詞（〜の間）
(C) 副詞（しばしば）
(D) 副詞（どこかに）

| 正解 | B | 前置詞 vs. 接続詞 | 正答率 81.2% |

空欄の後ろに Harper's Bridge [S] is being widened [V] という節〈主語＋動詞〉があることに着目。節をつなぐ働きのある接続詞の (B) while を入れ、「ハーバーズ橋の拡張工事が行われている間」とする。(A) across は前置詞で、He went across <u>the bridge</u>.（彼は橋を渡っていった）のように名詞をつなぐ。(C) often と (D) somewhere は副詞なので、節や語句をつなぐ機能をもたない。

Vocab.
□ **closed to traffic**「通行止めになって」
□ **widen**「〜を広げる、拡張する」

---

108 Multiple celebrity appearances are expected ------- attendance at the festival.

(A) increase
(B) to increase
(C) will increase
(D) increasing

複数の有名人の出演により、フェスティバルの来場者数が増えると予想される。

(A) 動詞（〜を増やす）の原形
(B) 不定詞
(C) 未来形
(D) -ing 形

| 正解 | B | 準動詞 | 正答率 83.0% |

空欄前の are expected が be expected to do（〜すると予想される）の形で用いられることを押さえ、(B) to increase を選ぶ。(C) will increase は、Multiple celebrity appearances [S] <u>will increase</u> [V] attendance at the festival. のように述語動詞として用いれば正しい文になる。

Vocab.
□ **multiple**「複数の」
□ **celebrity**「有名人」
□ **appearance**「登場、出演」
□ **attendance**「来場者数、出席者数」

🌐 **990点 講師の目**

「be -ed to do 型」の頻出フレーズとして、ほかに be required to do（〜することが求められる）、be reminded to do（〜するよう念押しされる）、be encouraged to do（〜することがすすめられる）、be assigned to do（〜する仕事を任される）、be allowed to do（〜することが許される、〜できる）、be permitted to do（〜することが許可される）、be persuaded to do（〜するよう説得される）を押さえておくと正答率がアップします。

---

109 The latest sales figures will ------- be announced by Ms. Ahmand, the senior accountant.

(A) yet
(B) either
(C) recently
(D) soon

最新の売上数値は上級会計士のアーマンドさんからもうすぐ発表される。

(A) まだ（〜でない）
(B) どちらか
(C) 最近
(D) もうすぐ

| 正解 | D | 語彙 | 正答率 74.0% |

空欄前後に「最新の売上数値が発表される」とあり、動詞 will be announced が未来形になっているので、〈近い未来〉を表す (D) soon（もうすぐ＝ shortly）が正解。(A) yet は not yet で「まだ〜でない」、(B) either は either A or B で「A か B のどちらか」という意味。(C) recently は〈近い過去〉や〈近い過去から今まで〉を表すので、過去形（The plan <u>was announced</u> recently.）か現在完了形（She <u>has been</u> busy recently.）の文で用いる。

Vocab.
□ **latest**「最新の」
□ **sales figures**「売上数値、売上高」
□ **accountant**「会計士、経理担当者」

Evans Contracting Company has submitted bids for ------- projects throughout the city's historic district.

(A) restore
(B) restores
(C) restored
(D) restoration

エヴァンズ建設会社は市の歴史地区全域の修復プロジェクトに入札してきた。

(A) 動詞（〜を修復する）の原形
(B) 現在形
(C) 過去形・過去分詞
(D) 名詞（修復）

正解 D ● **品詞** ［正答率 63.2%］

空欄前後に〈前置詞 for ＋名詞 projects〉があり、空欄を省いても文が成り立つ。そこで、プロジェクトの種類を表す名詞の (D) restoration（修復）を入れ、restoration projects（修復プロジェクト）という名詞のフレーズを完成させる。ほかに、construction/renovation projects（建設／改装プロジェクト）を押さえておこう。(C) restored を過去分詞として用いる場合、restored buildings（修復されたビル）のように名詞を修飾できるが、restored projects では意味をなさないことに注意。

Vocab.
□ **submit a bid**「入札する」
□ **throughout**「（地域）全体で、いたるところで」
□ **historic district**「歴史地区」

A ------- summary of the team's progress to date will be adequate for the informal meeting.

(A) brief
(B) missing
(C) sudden
(D) potential

非公式な会合にはチームのこれまでの進捗に関する手短な要約で十分だろう。

(A) 簡潔な
(B) 見当たらない
(C) 突然の
(D) 潜在的な、可能性のある

正解 A ● **語彙** ［正答率 84.9%］

名詞 summary（要約）を修飾するのにふさわしい形容詞を選ぶ問題。文後半に will be adequate for the informal meeting（非公式な会合には十分だ）とあるので、「簡潔な、手短な」という意味の (A) brief が文脈に合う。brief はほかに、a brief visit（短い訪問）のように「短時間の」(= short) という意味でも用いられる。(D) potential（潜在的な）は potential customers（潜在顧客）や potential problems（起こりうる問題）といったフレーズで覚えておきたい。

Vocab.
□ **summary**「要約」
□ **to date**「今まで、今までの」(= until now)
□ **adequate**「十分な、適切な」

The dining area at Oceanview Bistro was ------- remodeled last month to accommodate more diners.

(A) complete
(B) completely
(C) completion
(D) completed

オーシャンビュー・ビストロの食事スペースは先月、食事客をより多く収容できるよう全面改築された。

(A) 形容詞（完全な）・動詞（〜を完了する）
(B) 副詞（完全に）
(C) 名詞（完成）
(D) 過去形・過去分詞

正解 B ● **品詞** ［正答率 86.7%］

空欄を省いても was remodeled（改修された）という動詞の受動態〈be ＋過去分詞〉が完成するので、動詞を修飾する副詞の (B) completely（完全に）が正解。副詞は was remodeled completely のように受動態の直後に置くこともできる。(A) complete には、a complete list（完全なリスト）のような形容詞の用法と、complete the project（プロジェクトを完了する）のような動詞の用法がある。

Vocab.
□ **dining area**「食事スペース」
□ **remodel**「〜を改築する、リフォームする」
□ **accommodate**「〜を収容する」
□ **diner**「食事客」

113 Sun Harvest Solar's goal is to meet the increasing ------- for clean electrical power.

(A) option
(B) bill
(C) demand
(D) measure

サン・ハーベスト・ソーラーの目標は、クリーンな電力への高まる需要を満たすことです。

(A) 選択肢
(B) 請求書
(C) 需要
(D) 対策

正解 C　語彙　[正答率 86.7%]

選択肢に名詞が並ぶ語彙の問題。meet（〜を満たす）の目的語が空欄になっているので、(C) demand（需要）を入れて meet the increasing demand（高まる需要を満たす）とすれば文意が通る。(A) option は provide options（選択肢を与える）、(B) bill は pay the bill（請求書の支払いをする）、(D) measure は take measures（対策を講じる）というフレーズで押さえておこう。

Vocab.
□ **meet**「（ニーズ・条件など）を満たす」
□ **increasing**「高まる、増える」
　（＝ growing; rising）

🔵 **990点 講師の目**
動詞 meet は、ほかにも meet requirements（条件を満たす）、meet customers' needs（顧客のニーズを満たす）、meet standards（基準を満たす）といったフレーズで TOEIC に頻出します。この meet は satisfy や fulfill で言い換えられることも覚えておきましょう。

114 Shoppers ------- make purchases of $80 or more will receive a complimentary tote bag.

(A) who
(B) they
(C) when
(D) those

80 ドル以上お買い上げいただいたお客様は無料のトートバッグがもらえます。

(A) 関係代名詞（〜する人）
(B) 代名詞（彼らは）
(C) 接続詞（〜するとき）
(D) 代名詞（それら、人々）

正解 A　関係詞　[正答率 84.9%]

文頭の Shoppers（買い物客）について、------- make purchases of $80 or more が後ろから説明を補っている。よって、動詞 make の主語になり、〈人〉を説明することのできる関係代名詞の (A) who が正解。〈人〉who V（V する人）の形で押さえておくと解答しやすい。(C) when（〜するとき）は接続詞で、後ろには節（when shoppers [S] make [V] purchases）か分詞（when making purchases）が続く。(D) those は those who V で「V する人たち」という意味になるので、Those who make purchases of $80 or more（80 ドル以上購入する人たち）と言い表すことはできる。

Vocab.
□ **make a purchase**「購入する」
□ **complimentary**「無料の」（＝ free）
□ **tote bag**「トートバッグ」

115 The Hope Foundation ------- with local businesses to organize community fundraising activities.

(A) specializes
(B) accompanies
(C) partners
(D) contacts

ホープ財団は地域の募金活動を運営するために地元企業と連携している。

(A) 専門にする（自動詞）
(B) 〜に同行する、付随する（他動詞）
(C) 提携する（自動詞）
(D) 〜に連絡する（他動詞）

正解 C　語彙／他動詞 vs. 自動詞　[正答率 34.3%]

空欄直後に with があることに着目。さらに、「The Hope Foundation が地元企業と〜する」という文脈も踏まえ、partner with で「〜と提携する」（＝ collaborate with; join with; team up with）という意味になる (C) を選ぶ。(A) は specialize in で「〜を専門にする」、(B) は accompany〈人・モノ〉で「〈人〉に同行する、〈モノ〉に付随する」、(D) は contact〈人〉で「〈人〉に連絡する」という意味。問題文に with がなければ contacts local businesses（地元企業に連絡する）という正しい表現になる。

Vocab.
□ **business**「企業、店」
□ **organize**「（行事など）を運営する、企画する」
□ **fundraising**「資金集めの」

116

The decline in sales ------- management to consider increasing the advertising budget.

(A) was prompted
(B) has prompted
(C) to prompt
(D) will be prompted

売上が落ち込んでいるため、経営陣が広告予算の増額を検討することになった。

(A) 受動態・過去形
(B) 能動態・現在完了形
(C) 能動態・不定詞
(D) 受動態・未来形

| 正解 | B | 態 | ［正答率 70.4%］ |

主語 The decline (in sales) に対する述語動詞が空欄になっている。後ろに management という目的語があることに着目し、目的語をとることのできる能動態の (B) has prompted を入れる。prompt O to do で「O が～するよう促す」という意味。(A) was prompted と (D) will be prompted は受動態なので、後ろに目的語が続かないことに注意。不定詞の (C) to prompt は述語動詞にならない。

Vocab.
□ **decline**「減少、低下」(= decrease)
□ **management**「経営陣、管理職」
□ **consider** *doing*「～することを検討する」
□ **advertising budget**「広告予算」

🕐 **990点 講師の目**

動詞の「態」を判断する問題では、「後ろに目的語があるかどうか」に注意することが大切です。普通は、目的語があれば能動態、なければ受動態が正解です。英語では、主語が人でなくても能動態を使うことがよくあります。物事について説明しているから、という日本語の感覚だけでなんとなく受動態を選ばないように気をつけましょう。

117

The company president is still uncertain ------- to proceed with the proposed business expansion.

(A) of
(B) even
(C) whether
(D) about

社長は、提案された事業拡大を進めるべきかまだ確信がない。

(A) 前置詞（～の、～について）
(B) 副詞（～さえ）
(C) 接続詞（～かどうか）
(D) 前置詞（～について）

| 正解 | C | 構文／前置詞 vs. 接続詞 | ［正答率 61.4%］ |

後ろに to proceed という不定詞を続けることができるのは、whether to do（～すべきかどうか）の形で用いられる接続詞の (C) whether。be uncertain whether to do で「～すべきかどうか確信がない」という意味になる。前置詞の (A) of と (D) about は、be uncertain of/about ＋名詞（～について確信がない）の形で用いる。(B) even は副詞で、He is even uncertain whether to do（彼は～すべきかどうかさえ確信がない）のように uncertain の前に置くことは可能。

Vocab.
□ **company president**「社長」
□ **proceed with**「（計画など）を進める」
□ **proposed**「提案された」
□ **business expansion**「事業拡大」

118

Feedback from the latest consumer trials was ------- with that of participants in previous sessions.

(A) consistent
(B) consist
(C) consistently
(D) consistency

最新の消費者テストから集めた意見は、それ以前のセッション参加者の意見と一致していた。

(A) 形容詞（一致した）
(B) 動詞（構成される）
(C) 副詞（一貫して）
(D) 名詞（一貫性）

| 正解 | A | 品詞 | ［正答率 74.0%］ |

be 動詞 was の後ろが空欄になっているので、主語 Feedback について説明する形容詞の (A) consistent を選ぶ。be consistent with で「～と一致した」という意味。with の後ろにある代名詞 that は文頭の Feedback を受けており、that of participants in previous sessions で「以前のセッション参加者の意見」を表している。(B) consist は consist of で「～から成る」という意味になる動詞。

Vocab.
□ **feedback**「反応、意見」
□ **consumer trial**「消費者テスト」
□ **participant**「参加者」
□ **previous**「以前の」

119 Newly established Vestar Fashions is working its way ------- becoming the city's leading retailer of business apparel.

    (A) besides
    (B) against
    (C) toward
    (D) over

新たに設立されたヴェスター・ファッションズは、市内随一のビジネスウェア小売業者になるべくまい進している。

    (A) ～に加えて
    (B) ～に反して
    (C) ～に向かって
    (D) ～を超えて

正解　C　　**前置詞**　　[正答率 72.2%]

空欄前の working its way は「努力しながら進んでいく」という意味。Vestar Fashions という会社が進む〈方向性〉を表す (C) toward（～に向かって、～を目指して）を入れれば、「市内随一のビジネスウェアの小売業者になることを目指して進んでいる」となり文意が通る。(A) besides は besides *doing* で「～することに加えて」（= in addition to *doing*）という意味。(B) against は〈反対・抵抗〉を表す。(D) over は〈上を超える〉イメージを持つ。

Vocab.
- □ **newly established**「新たに設立された」
- □ **leading**「主要な、トップの」
- □ **retailer**「小売業者」
- □ **apparel**「衣料品」

120 Coach Hammond gives her players ------- talks prior to every softball game.

    (A) encourage
    (B) encouraged
    (C) encouraging
    (D) to encourage

ハモンド監督はどのソフトボールの試合の前にも、選手たちの励みになる話をする。

    (A) 動詞（～を励ます）の原形
    (B) 過去形・過去分詞
    (C) 形容詞（励みになる）
    (D) 不定詞

正解　C　　**品詞**　　[正答率 65.0%]

動詞 give には、give + O$_1$ + O$_2$（O$_1$ に O$_2$ を与える、する）の形で目的語を 2 つとる語法がある。問題文では空欄を省いても gives [V] her players [O$_1$] talks [O$_2$]（選手たちに話をする）という表現が完成するので、空欄直後の名詞 talks を修飾するのにふさわしい形容詞の (C) encouraging（励みになる、心強い）を選ぶ。(B) encouraged を過去分詞として用いると「励まされた」という意味になり、talks と意味がつながらない。

Vocab.
- □ **prior to**「～より前に」（= before）
- □ **every +〈可算名詞の単数形〉**「あらゆる、どの～も」

121 All survey responses will remain confidential and will be used purely for internal -------.

    (A) purposes
    (B) directions
    (C) belongings
    (D) exceptions

アンケートのすべての回答は公開されず、社内の目的のためだけに使用されます。

    (A) 目的
    (B) 方向、道案内、指示
    (C) 持ち物
    (D) 例外

正解　A　　**語彙**　　[正答率 75.8%]

問題文前半に「アンケートのすべての回答は極秘で」とあるので、空欄に (A) purposes（目的）を入れて「社内の目的のためだけに使用される」とすれば自然な文意になる。(B) directions は「方向」「道案内」「（手順などの）指示、説明（= instructions）」、(C) belongings は「持ち物、所持品（= possessions）」、(D) exceptions は「例外」という意味。

Vocab.
- □ **survey response**「アンケートの回答」
- □ **remain +〈形容詞〉**「～のままである」
- □ **confidential**「（情報が）極秘の」（= secret）
- □ **purely**「完全に、～だけ」（= completely; only）
- □ **internal**「内部の、社内の」

122

The Jobba.com employment Web site is a ------- tool for companies seeking to hire qualified professionals.

(A) trusting
(B) knowledgeable
(C) crucial
(D) skilled

求人サイトの Jobba.com は、資格のある専門家を雇いたい企業にとって欠かせないツールだ。

(A) 信じやすい
(B) 知識の豊富な
(C) 欠かせない
(D) 熟練した

| 正解 | C | 語彙 | 正答率 52.4% |

The ... employment Web site is a ------- tool for companies（その求人サイトは企業にとって~なツールだ）という文脈を踏まえ、tool を修飾するのにふさわしい (C) crucial（非常に重要な、欠かせない＝ critical; vital; essential）を選ぶ。(A) trusting は「他人を信じやすい」という意味。dependable / reliable（信頼できる）と混同しないように注意しよう。(B) knowledgeable（知識の豊富な）と (D) skilled（熟練した）は、a knowledgeable/skilled worker のように〈人〉に対して用いる。

Vocab.
□ **seek to do**「~しようとする」(= try to do)
□ **hire**「~を雇う」
□ **qualified**「（仕事に適した）能力・資格のある」

123

At the Paris Medical Symposium, Dr. Hu will receive ------- for his breakthrough in pharmaceutical research.

(A) recognizing
(B) recognizes
(C) recognized
(D) recognition

パリ医療シンポジウムでフー医師は、医薬品研究における彼の画期的な発見で表彰される予定だ。

(A) -ing 形
(B) 現在形
(C) 過去形・過去分詞
(D) 名詞（表彰）

| 正解 | D | 品詞 | 正答率 86.7% |

Dr. Hu [S] will receive [V] という〈主語＋動詞〉の後ろが空欄になっているので、動詞 receive の目的語が入ると判断し、名詞の (D) recognition（称賛、表彰）を入れる。receive recognition for（~のことで表彰を受ける）というフレーズで覚えておきたい。(C) recognized は、Dr. Hu will be recognized for ...（フー医師は…のことで表彰される）と受動態〈be ＋過去分詞〉にすれば正しい文になる。

Vocab.
□ **symposium**「シンポジウム、討論会」
□ **breakthrough**「飛躍的な進歩、大発見」
□ **pharmaceutical**「製薬の」

124

------- the company policy, all personnel at Premier Technologies must park in their designated parking spaces.

(A) Along
(B) Under
(C) Among
(D) Upon

会社の規定により、プレミア・テクノロジーの全従業員は指定の駐車スペースに駐車しなければならない。

(A)（線・道など）に沿って
(B)（規定・制度など）のもとで
(C)（集団）の中で、間で
(D) ~したらすぐに

| 正解 | B | 前置詞 | 正答率 81.2% |

空欄の後ろに the company policy（会社の規定）とあり、カンマ以下に「全従業員は指定の駐車スペースに駐車しなければならない」と続いているので、「（規定・制度など）のもとで」という意味の (B) Under が適切。under には〈影響下・管理下〉のイメージがある。(A) は along the street（通りに沿って）、(C) は among the new employees（新入社員の間で）、(D) は upon arrival（到着したらすぐに）のように用いる。

Vocab.
□ **policy**「規定、方針」
□ **personnel**「（集合的に）社員、スタッフ」(= staff)
□ **designated**「指定された」

🎯 990点 講師の目
前置詞 along は、「道」や「川」など〈細長いもの〉に沿って並んでいたり、進んだりする様子を表します。「規定に沿って（＝規定にしたがって）」という場合は、along the policy ではなく、in keeping with [in accordance with] the policy と表現します。前置詞をたんに和訳して覚えるのではなく、その前置詞のイメージを押さえ、フレーズごと頭に入れておくことが大切です。

TEST 1 TEST 2

59

125

------- is to remind you that your Art Society membership will expire at the end of December.

(A) This
(B) So
(C) Here
(D) Just

お客様のアート・ソサイエティの会員期限が12月末に切れることをお知らせいたします。

(A) 代名詞（これ）
(B) 副詞（とても、そのように）・接続詞（だから）
(C) 副詞（ここに）
(D) 副詞（ただ、ちょうど）

| 正解 | A | 慣用表現／構文 | ［ 正答率 74.0% ］ |

問題文の主語が空欄になっており、is to remind you that ... と続いている。代名詞の (A) This を入れれば、This is to remind you that .... (これは…を知らせるためのものです、…をお知らせします) という表現が完成する。(C) Here は、Here is ＋名詞で「こちらが〈名詞〉です」と相手に何かを差し出す際に用いる。

Vocab.
- □ remind〈人〉that ...「〈人〉に…を思い出させる、念のために知らせる」
- □ membership「会員権」
- □ expire「期限が切れる、満了する」

126

Please note that the permit application ------- takes three to five weeks to process.

(A) immediately
(B) simultaneously
(C) repeatedly
(D) typically

許可証の申請手続きには通常3〜5週間かかることにご留意ください。

(A) ただちに
(B) 同時に
(C) 繰り返し
(D) 通常

| 正解 | D | 語彙 | ［ 正答率 79.4% ］ |

the permit application ------- takes three to five weeks to process で「許可証の申請の手続きに3〜5週間かかる」と所要時間の目安を伝えているので、(D) typically (通常) を入れれば自然な文意になる。typically の同義語として、usually と normally を覚えておこう。(A) immediately は「ただちに、すぐに」(＝ promptly; right away)、(B) simultaneously は「同時に」(＝ at the same time)、(C) repeatedly は「繰り返し、何度も」(＝ many times) という意味。

Vocab.
- □ Please note that ...「…であることにご注意ください」
- □ permit「許可証」
- □ application「応募、申請」
- □ take〈時間〉to do「〜するのに〈時間〉がかかる」
- □ process「〜を処理する」

127

The vacant position in the sales department will ------- traveling internationally to deal with clients.

(A) involve
(B) assign
(C) recommend
(D) supervise

営業部で空きのある職の業務には、顧客対応のため海外出張を伴います。

(A) 〜を伴う
(B) 〜を割り当てる
(C) 〜をすすめる、推薦する
(D) 〜を監督する

| 正解 | A | 語彙 | ［ 正答率 68.6% ］ |

主語が The vacant position in the sales department (営業部で空きのある職) で、空欄後に traveling internationally to deal with clients (顧客対応のため海外出張すること) という仕事内容が続くので、(A) involve (〜を伴う、必要とする) を入れれば自然な文意になる。(B) assign は assign A to B で「A を B に割り当てる」、または assign〈人〉to do で「〈人〉に〜する仕事を任せる」という意味。

Vocab.
- □ vacant「空いている」
- □ internationally「国際的に、海外に」
- □ deal with「〜に対応する」

● 990点 講師の目

目的語に -ing 形（動名詞）をとる動詞として、involve doing (〜することを伴う)、recommend doing (〜するようすすめる)、suggest doing (〜するよう提案する)、consider doing (〜することを検討する)、avoid doing (〜することを避ける)、delay doing (〜することを遅らせる)、postpone doing (〜することを延期する) を押さえておくと Part 5 対策として万全です。

128

------- a slow first quarter, executives at TCY Holdings predict an increase in overall profitability this year.

(A) According to
(B) Even though
(C) Nevertheless
(D) In spite of

低迷した第1四半期にもかかわらず、TCY ホールディングスの経営陣は今年、全体の収益性の増加を予想している。

(A) 前置詞（〜によると）
(B) 接続詞（〜だが）
(C) 副詞（それでも）
(D) 前置詞（〜にもかかわらず）

正解 D 前置詞 vs. 接続詞 [正答率 75.8%]

文頭の空欄からカンマまでに a slow first quarter（低迷した第1四半期）という名詞句があることに着目。前置詞の働きを持つ (D) In spite of（〜にもかかわらず＝ Despite）を入れれば、名詞句をつなぐことができ、かつ文意も通る。(A) According to も前置詞だが、According to the report（報告書によると）のように〈情報源〉を示す際に用いる。(B) Even though は接続詞で、Even though the first quarter [S] was [V] slow のように節〈主語＋動詞〉が後ろに続く。(C) Nevertheless は副詞なので、語句や節をつなぐことができない。

Vocab.
□ slow「（売上などが）低迷した」
□ predict「〜を予測する」
□ overall「全体の、総合的な」
□ profitability「収益性」

129

Employees who consistently complete their assignments on schedule are presented with ------- opportunities.

(A) delegation
(B) advancement
(C) authorization
(D) commitment

業務を常に予定どおりに遂行する従業員には昇進の機会が与えられる。

(A) 代表団、委任
(B) 昇進、出世
(C) 許可、承認
(D) 約束、責任

正解 B 語彙 [正答率 61.4%]

「業務を予定どおりに遂行する従業員には〜の機会が与えられる」という文脈に最も合うのは、(B) advancement（昇進、出世）。(A) delegation は「代表団」、または「（仕事・責任を）他者に委ねること、委任」という意味。(C) authorization は without prior authorization（事前の許可なしに）、(D) commitment は fulfill a commitment（約束を果たす）というフレーズで TOEIC に頻出する。

Vocab.
□ consistently「一貫して、常に」
□ assignment「割り当てられた仕事、任務」(= task)
□ on schedule「予定どおりに」
□ be presented with「〜が与えられる」

130

Eureka hiking bags ------- in form and function from traditional backpacks.

(A) differ
(B) different
(C) difference
(D) differently

ユーレカ・ハイキングバッグは従来のバックパックとは形状と機能の面で異なっている。

(A) 動詞（異なる）
(B) 形容詞（異なった）
(C) 名詞（違い）
(D) 副詞（異なって）

正解 A 品詞 [正答率 81.2%]

主語 Eureka hiking bags に対する述語動詞が文中にないことを見極め、動詞の (A) differ を入れる。differ in A from B で「A の点で B と異なる」という意味。形容詞の (B) different は、Eureka hiking bags are different in form and function from ... のように be 動詞の後ろに置けば正しい文になる。

Vocab.
□ form「形状」
□ function「機能」
□ traditional「伝統的な、従来の」

これがエッセンス
Part 5 に出てくる問題文の意味と構文を確認したら、特典音声を使って何度も音読する練習をしてください。最初は読むのに時間がかかった文も、繰り返し読むうちに自然と目が速く動くようになります。解答スピードは小手先のテクニックではなく、トレーニングで上げていくものなのです。

Questions 131-134 refer to the following advertisement.

Even the most ------- ①planned trips can be upended by ②sudden changes in the weather. ③With
131.

the new Smartplan Diary, you not only have the usual great scheduling tools you expect from
our apps, but also detailed weather reports about ④the places you -------. Whether you are
132.

traveling for business or pleasure, you will never be ------- again. For a small monthly fee, you
133.

can subscribe to our Pro Plan. ⑤As a Pro user, you will have access to long-range forecasts and
severe weather alerts for your destinations. -------. Get it today from wherever you download
134.

your Smartplan apps.

131-134 番は次の広告に関するものです。

どれだけ入念に計画した旅行でも天気の急な変化によって予定が狂わされることもあります。新しいスマートプラン・ダイアリーがあれば、当社のアプリに皆さまが期待する素晴らしいスケジュール管理ツールが手に入るだけでなく、訪れる場所の詳しい天気予報もわかります。出張でもプライベートでの旅行でも、もう驚くことはありません。わずかな月額料金で Pro プランにご加入いただけます。Pro ユーザーとして、旅行先の長期的な天気予報と気象警報をご利用いただくことが可能です。**旅行の荷物にどのような服を詰めたらいいかの提案までしてくれます。**スマートプラン・アプリのダウンロード元から今すぐアプリを入手してください。

Vocab. ▷ |本文 \ □ **upend**「～をひっくり返す、一変させる」 □ **sudden**「突然の」 □ **not only A but also B**「A だけでなく B も」
□ **expect A from B**「A を B に期待する」 □ **app**「アプリ」(application の略) □ **detailed**「詳細の」
□ **whether A or B**「A だろうと B だろうと」 □ **for pleasure**「楽しみのために、遊びで」 □ **fee**「料金」
□ **subscribe to**「(定額サービス) に加入する、契約する」 □ **have access to**「(サービス・情報など) を利用できる」
□ **long-range**「長期にわたる (= long-term)、長距離の」 □ **forecast**「予測、予報」 □ **severe weather alert**「気象警報」
□ **destination**「行き先、目的地」 □ **from wherever ...**「…するどの場所からでも」 |選択肢 \ □ **short-term**「短期の」
□ **firm**「会社」 □ **similar**「似ている、同様の」 □ **function**「機能」 □ **restriction**「制限」
□ **what ... to** *do*「どんな…を～すべきか」 □ **pack**「～を荷物に詰める」

131

(A) careful
(B) carefulness
(C) carefully
(D) care

| 正解 | C | 品詞 | [正答率 74.0%] |

選択肢に care の派生語が並ぶ品詞の問題。空欄直後①に planned（計画された）という過去分詞があるので、分詞に意味を補う副詞の (C) carefully（注意深く、入念に）を入れ、carefully planned（入念に計画された）とする。Even the most carefully planned trips で「最も入念に計画された旅行でも、どれだけ入念に計画された旅行でも」という意味。(A) careful（注意深い）は形容詞で、the most careful traveler（最も慎重な旅行者）のように名詞を修飾する。(B) carefulness（注意深さ）は名詞。(D) care は「注意、世話」という名詞、または「気にかける」という動詞。

132

(A) have visited
(B) will be visited
(C) were visited
(D) are going to visit

| 正解 | D | 態／時制／文脈 | [正答率 75.8%] |

動詞 visit（〜を訪れる）の態と時制のさまざまな形が選択肢に並ぶ。空欄前の the places が動詞の目的語で、④ the places (that) you [S] ------- [V]（あなたが〜する場所）と後ろから説明を加えているので、目的語をとる能動態の (A) have visited と (D) are going to visit が文法的に当てはまる。空欄前までの文脈から、Smartplan Diary という旅行の予定を立てるのに役立つアプリを宣伝していることがわかるので、be going to do（〜するつもりだ）の形で〈意図・予定〉を表す (D) が正解。受動態の未来形である (B) will be visited は、時制の点では問題ないが、態が合わない。will visit や will be visiting のように能動態であれば空欄に入る。(C) were visited は受動態の過去形。

🔵 990点 講師の目

Part 6 では、「態」と「時制」を組み合わせた問題が時々出題されます。解答する際には、「態」→「時制」の順番で選択肢をしぼり込むことでミスをなくすことができます。時制に惑わされて、(B) のように態の合わない選択肢を選ばないように注意しましょう。

133

(A) bored
(B) charged
(C) surprised
(D) excluded

| 正解 | C | 語彙／文脈 | [正答率 32.5%] |

本文冒頭②で sudden changes in the weather（天気の急な変化）に触れ、2文目③で「スマートプラン・ダイアリーがあれば detailed weather reports（詳しい天気予報）がわかる」とアプリの機能を紹介している。よって、(C) surprised（驚いた）を入れて you will never be surprised again（もう驚くことはありません）とすれば、旅行中に天気の変化に驚かずに済む、という自然な流れになる。(A) bored は「退屈した」、(B) charged は「請求された」、(D) excluded は「除外された」という意味。

134

(A) Umbrellas are available for short-term use by visitors.
(B) Other firms have released apps that have similar functions.
(C) Check our app for any restrictions on this discount offer.
(D) You will even get suggestions for what clothes to pack for trips.

(A) 観光客が短期で利用できる傘をご用意しております。
(B) 他社は同様の機能のあるアプリをリリースしています。
(C) この割引特典の制限については、当アプリをご確認ください。
(D) 旅行の荷物にどのような服を詰めたらいいかの提案までしてくれます。

| 正解 | D | 一文選択／文脈 | [正答率 56.0%] |

空欄前後の文脈に合う一文を選ぶ問題。Pro Plan という月額プランについて、空欄前の一文⑤で As a Pro user, you will have access to long-range forecasts and severe weather alerts for your destinations.（Pro ユーザーとして、旅行先の長期的な天気予報と気象警報をご利用いただくことが可能です）と説明している。よって、サービスの内容を補足する (D) が適切。(B) を入れる場合、直後の文で他社アプリよりも優れた点を挙げていないと不自然。本文 4 行目に For a small monthly fee（わずかな月額料金で）とあるが、割引については触れていないため、(C) も不適切。

Questions 135-138 refer to the following letter.

Ms. Lisa Swanson
82 Dingle Road
Dayton, OH 44524

Dear Ms. Swanson:

Thank you for your telephone call, in which you inquired about employment opportunities at the Gemini Foundation. As we discussed, I ------- ①a complete list of currently available
135.
positions. Please note the differing application deadlines for the jobs. ②You may choose to apply for more than one opening. -------, ③make sure to send a separate cover letter and
136.
résumé for each.

I have also included ④a brochure containing basic information about our -------. ⑤Inside, you will
137.
find details on our pension plan and other benefits offered to full-time employees.

------- .
138.

Sincerely,

Grace Helms, Director

135-138 番は次の手紙に関するものです。

リサ・スワンソン様
ディングル通り 82 番地
デイトン　オハイオ州　44524

スワンソン様

ジェミニ財団での職員募集についてお問い合わせのお電話をありがとうございました。お話ししましたように、現在募集中の職種をすべて記載したリストを同封いたします。職種によって応募の期日が異なりますので、ご注意ください。複数の求人枠にご応募いただくこともできます。その場合は、それぞれ別々のカバーレターと履歴書を必ずお送りください。

当組織の基本情報が載ったパンフレットも同封しました。こちらの中で、正職員の年金プランやその他の福利厚生について詳細をご覧いただけます。

お仕事探しがうまくいきますように願っています。

敬具

グレース・ヘルムズ（理事長）

Vocab. ▷ ｜**本文**＼ □ **inquire about**「～について問い合わせる」 □ **employment opportunity**「雇用の機会」 □ **as S＋V**「～したとおり」
□ **currently available position**「現在空いている職、募集中の職」 □ **Please note (that) ...**「…にご注意ください」
□ **differing**「異なる、さまざまな」 □ **application**「応募」 □ **choose to do**「～することを選ぶ」 □ **apply for**「～に応募する」
□ **more than one**「2 つ以上の、複数の」 □ **opening**「職の空き、求人枠」 □ **make sure to do**「確実に～するようにする」
□ **separate**「別々の」 □ **cover letter**「添え状」 □ **résumé**「履歴書」 □ **brochure**「パンフレット」 □ **contain**「～を含む」
□ **pension plan**「年金プラン」 □ **benefits**「福利厚生」
｜**選択肢**＼ □ **be pleased (that) ...**「…であることをうれしく思う、満足している」 □ **stop by**「立ち寄る」
□ **job search**「仕事探し、就職活動」 □ **paperwork**「書類」 □ **involvement**「関与」

135
(A) am enclosing
(B) will enclose
(C) had enclosed
(D) would have enclosed

正解　**A**　時制／文脈　[正答率 46.9%]

動詞 enclose（～を同封する）の正しい時制を判断する問題。空欄の後ろ①に a complete list of currently available positions（現在募集中の職種をすべて記載したリスト）とあり、続く一文で Please note the differing application deadlines for the jobs.（職種によって応募の期日が異なりますので、ご注意ください）と注意を促している。よって、手紙にリストを「同封している」ことを示す現在進行形の (A) am enclosing が適切。
(C) は過去完了形〈had ＋過去分詞〉で、過去の一時点より前に起きたことを示す。空欄前に As we discussed（お話ししましたように）とあるので、had enclosed を入れると電話で話す前に同封していたことになり不自然。(D) の〈would have ＋過去分詞〉は「（もし…だったら）～しただろう」と過去の事実と異なることを想像して述べる仮定法で、実際には同封しなかったことになる。

🔊 **990点 講師の目**
I am enclosing/attaching ...（…を同封／添付しています）は、同封物や添付ファイルを示す定型表現です。ほかに、I have enclosed/attached ...（…を同封／添付しました）、Please find enclosed/attached ...（…を同封／添付しましたのでご確認ください）を覚えておきましょう。

136
(A) Instead
(B) For instance
(C) In addition
(D) If so

正解　**D**　文脈　[正答率 57.8%]

空欄前の一文②に You may choose to apply for more than one opening.（複数の求人枠にご応募いただくこともできます）とあり、その際の応募方法として空欄後③に make sure to send a separate cover letter and résumé for each（それぞれ別々のカバーレターと履歴書を必ずお送りください）と伝えている。よって、(D) If so（そうであれば、その場合は）を入れれば前後の文脈がつながる。If so と同じ意味の表現として、In that case と If that's the case を押さえておこう。opening は「職の空き、求人枠」（＝ available position）のことで、each は each opening（それぞれの求人枠）を指している。(A) Instead は「代わりに、そうせずに」、(B) For instance は「たとえば」（＝ For example）、(C) In addition は「さらに」という意味。

137
(A) product
(B) event
(C) organization
(D) industry

正解　**C**　語彙／文脈　[正答率 75.8%]

空欄を含む一文で触れている④ a brochure（パンフレット）について、次の文⑤で Inside, you will find details on our pension plan and other benefits offered to full-time employees.（こちらの中で、正職員の年金プランやその他の福利厚生について詳細をご覧いただけます）と職員の待遇を説明している。よって、(C) organization（組織）を入れて「当組織の基本情報が載ったパンフレット」とするのが適切。(A) product は「製品」、(B) event は「イベント」、(D) industry は「業界」。

138
(A) I am very pleased you were able to stop by.
(B) We wish you the best of luck with your job search.
(C) Please bring all necessary paperwork on your first day of work.
(D) Again, thank you for your involvement in this project.

(A) お立ち寄りいただけてとてもうれしく思います。
(B) お仕事探しがうまくいきますように願っています。
(C) 勤務初日に必要な書類をすべて持ってきてください。
(D) 今回のプロジェクトに携わっていただき、あらためて感謝いたします。

正解　**B**　一文選択／文脈　[正答率 77.6%]

本文が就職希望者からの問い合わせに対する手紙であることを押さえれば、手紙を締めくくる一文として (B) がふさわしいことがわかる。We wish you the best of luck. は「ご健闘をお祈りします、頑張ってください」と相手の成功を願う慣用表現。手紙の読み手は電話で問い合わせをしただけなので、(A) は不適切。(C) は採用が決まった応募者に伝える内容。(D) の this project（今回のプロジェクト）については本文に記載がない。

Questions 139-142 refer to the following information.

Empire Suites Hotel has ①a ------- of rooms available for business functions. To make a
　　　　　　　　　　　　139.
booking, submit a request for the room you wish to use via the Event Venues page of our Web
site. ②Unless the venue has ------- been booked by another party, our computer program will
　　　　　　　　　　　　140.
automatically schedule your reservation. ③You will then be e-mailed a confirmation notifying you
of the acceptance of your request. ④Otherwise, the program will inform you that the venue is
------- during your desired time. -------. ⑤To increase the probability of a successful booking,
141.　　　　　　　　　　**142.**
please submit your request as far in advance of the event date as possible.

139-142 番は次の情報に関するものです。

エンバイア・スイーツ・ホテルには、ビジネスの行事でご利用いただけるさまざまなお部屋がございます。ご予約なさるには、当社ウェブサイトのイベ
ント会場ページからご希望の部屋をお申し込みください。会場がすでにほかのお客様に予約されていない限り、当社のコンピュータ・プログラムが自
動的にお客様の予約を入れます。その後、お申し込みの受付をお客様に通知する確認メールが届きます。そうでない場合は、ご希望の時間に会場が
ご利用いただけないことをプログラムがお知らせします。**ご予約は先着順で承ります。**予約が成立する可能性を高めるには、イベント開催日のでき
る限り前にお申し込みください。

Vocab.> |本文＼ □ **available for**「〜に利用できる」　□ **function**「行事」　□ **make a booking**「予約する」　□ **submit**「〜を提出する、送る」
□ **via**「〜を通じて、経由して」　□ **venue**「会場」　□ **unless**「〜でない限り」　□ **book**「〜を予約する」(＝ reserve)　□ **party**「団体客」
□ **automatically**「自動的に」　□ **schedule**「〜を予定に入れる」　□ **reservation**「予約」(＝ booking)
□ **confirmation**「確認、確認書」　□ **notify** 〈人〉 **of ...**「〈人〉に…を知らせる」　□ **otherwise**「そうでなければ」(＝ if not)
□ **inform** 〈人〉 **that ...**「〈人〉に…であると知らせる」　□ **probability**「(出来事が起こる) 可能性、見込み」
□ **as far in advance of ... as possible**「…よりもできるだけ前もって」
|選択肢＼ □ **on a first come, first served basis**「先着順で」　□ **within walking distance of**「〜の徒歩圏内に」
□ **patience**「我慢して待つこと、忍耐」　□ **resolve**「〜を解決する」　□ **issue**「問題」
□ **make every effort to** *do*「〜するためにあらゆる努力をする」
□ **share ... with** 〈人〉「…(情報・意見・経験など) を〈人〉と共有する、〈人〉に伝える」

139
(A) vary
(B) variously
(C) various
(D) variety

正解　D　品詞［正答率 75.8%］

選択肢に vary の派生語が並ぶ品詞の問題。① a ------- of の形で用いることができるのは、冠詞 a と結びつく名詞の (D) variety（種類）。a variety of で「さまざまな」という意味になる。同義表現として、a range of と an array of を覚えておこう。(C) various（さまざまな）は形容詞で、various rooms のように名詞を修飾する。(A) vary（さまざまだ）は動詞、(B) variously（さまざまに）は副詞。なお、本文では rooms に対して available for business functions（ビジネスの行事で利用できる）という形容詞句が後ろから説明を補っている。

140
(A) never
(B) already
(C) occasionally
(D) primarily

正解　B　語彙／文脈［正答率 88.5%］

空欄を含む文②にある接続詞 Unless は「～でない限り、～でなければ」という意味。カンマ以下に our computer program will automatically schedule your reservation（当社のコンピュータ・プログラムが自動的にお客様の予約を入れます）とあるので、(B) already（すでに）を入れて「会場がすでにほかのお客様に予約されていない限り」とすれば文意が通る。(A) never（一度も～ない）を入れると「一度もほかの客に予約されたことがない、ということがなければ予約を入れる」となり不自然。(C) occasionally は「時々」(= sometimes)、(D) primarily は「主に」(= mainly) という意味。

141
(A) suitable
(B) open
(C) expensive
(D) unavailable

正解　D　語彙／文脈［正答率 66.8%］

文頭④の Otherwise（そうでない場合は）が解答のヒント。会場の予約について、直前の文③に You will then be e-mailed a confirmation notifying you of the acceptance of your request.（その後、お申し込みの受付をお客様に通知する確認メールが届きます）とあるので、空欄を含む文では、予約できない場合にどうなるかを説明していることがわかる。よって、(D) unavailable（利用できない）が正解。(A) suitable は「適した」、(B) open は「空いている」、(C) expensive は「高価な」という意味。

142
(A) Reservations are accepted on a first come, first served basis.
(B) Our hotel is located within walking distance of the station.
(C) We appreciate your patience as we try to resolve the issue.
(D) Make every effort to share this information with our guests.

(A) ご予約は先着順で承ります。
(B) 当ホテルは駅から徒歩圏内にあります。
(C) 問題の解決に努めておりますので、もうしばらくお待ちください。
(D) この情報をお客様に共有するためにあらゆる努力をしてください。

正解　A　一文選択／文脈［正答率 74.0%］

本文 3 ～ 4 行目②の Unless the venue has ... schedule your reservation.（会場がすでにほかのお客様に予約されていない限り、当社のコンピュータ・プログラムが自動的にお客様の予約を入れます）、および空欄後⑤の To increase the probability of a successful booking, ... in advance of the event date as possible.（予約が成立する可能性を高めるには、イベント開催日のできる限り前にお申し込みください）から、予約の受付が先着順であることを示す (A) を入れるのが自然。(C) は、解決すべき the issue（問題）が本文で述べられていない。(D) はホテルの従業員に向けたメッセージ。

> **これがエッセンス**
> 一文選択問題で「不正解」になる選択肢の特徴は、①「書き手や読み手の立場が本文と合わない」、②「本文に書かれた情報と矛盾している」、③「関連する情報が本文にない」、④「本文と関連はしているが空欄前後の流れに合わない」のいずれかです。答え合わせをする際に、正解以外の文がなぜ当てはまらないのかを確認することで、解答の精度が上がっていきます。

Questions 143-146 refer to the following e-mail.

To: Tina Howe
From: Cameron Ling
Subject: Counseling session
Date: 12 September

Dear Ms. Howe,

①Thank you for setting aside time last week to discuss my idea for a startup. ②Your feedback convinced me of the need to hire a professional business consultant prior to the ------- **143.** . I will seek out such an advisor using the methods ------- **144.** suggested.

Additionally, I will revise my business plan to include ③a larger budget and longer time period for market research. ------- **145.** . I appreciate ④the information you provided on residential buildings and neighborhoods in proximity to my intended business location.

Thank you again for your ------- **146.** support.

Respectfully,

Cameron Ling

143-146 番は次のメールに関するものです。

あて先：ティナ・ハウ
送信者：キャメロン・リン
件名：相談会
日付：9月12日

ハウ様

先週は私の新規事業のアイデアについてお話しする時間をとっていただき、ありがとうございました。ご意見をいただいて、立ち上げの前にプロのビジネスコンサルタントを頼む必要性を確信しました。ご提案いただいた手法を使ってそうしたアドバイザーを探すつもりです。

それから、市場調査にかける予算と時間を増やしてビジネスプランを書き直します。**付近に住む消費者を熟知することが不可欠となるでしょう。** 起業予定地の近辺にある住宅と地域についてご提供くださった情報に感謝しています。

有益なご支援に重ねて感謝いたします。

敬具

キャメロン・リン

Vocab. ▷ |本文 ＼| □ **set aside**「～を確保する」　□ **startup**「新規事業、新興企業」　□ **feedback**「反応、意見」
□ **convince 〈人〉of ...**「〈人〉に…を確信させる、納得させる」　□ **hire**「～を雇う」　□ **prior to**「～より前に」(= before)
□ **seek out**「～を探し出す」　□ **such**「そのような」　□ **advisor**「助言者、アドバイザー」　□ **method**「方法」
□ **additionally**「さらに、その上」　□ **revise**「～を修正する」　□ **budget**「予算」　□ **residential building**「居住用ビル、住宅」
□ **neighborhood**「近隣地域」　□ **in proximity to**「～の近くにある」　□ **intended**「意図された、予定の」
|選択肢| □ **major in**「(大学で) ～を専攻する」　□ **plan on** *doing*「～する予定だ」　□ **spacious**「広々とした」
□ **familiarity with**「～を熟知していること」　□ **consumer**「消費者」　□ **essential**「不可欠の」　□ **grow rapidly**「急成長する」

143

(A) arrival
(B) transfer
(C) acquisition
(D) launch

| 正解 | **D** | 語彙／文脈 | [正答率 **72.2%**] |

第1段落冒頭①の Thank you for setting aside time last week to discuss my idea for a startup.（先週は私の新規事業のアイデアについてお話しする時間をとっていただき、ありがとうございました）から、メールの書き手が起業する予定であるとわかる。よって、(D) launch（開始、立ち上げ）を入れて「立ち上げの前にプロのビジネスコンサルタントを頼む必要性を確信しました」とすれば文脈に合う。(A) arrival は「到着」、(B) transfer は「（人やモノの）移動、転勤」。(C) acquisition は「（収集品などの）獲得、（知識・技術の）習得」のほか、「企業買収」の意味で TOEIC に頻出する。

🕐 **990点 講師の目**

launch はもともと「やりを投げる」という意味を語源に持ち、ビジネスの場面では「（プロジェクトやキャンペーンの）開始」「（システムや組織の）立ち上げ」「（新商品の）発売」などを表します。launch を start で置き換えるとわかりやすいですよ。

144

(A) it
(B) they
(C) you
(D) she

| 正解 | **C** | 指示語／文脈 | [正答率 **88.5%**] |

空欄直後の動詞 suggested（提案した）の主語にふさわしい代名詞を文脈から判断する問題。1つ前の文に② Your feedback（あなたのご意見）とあるので、メールの〈読み手〉を表す (C) you を入れて using the methods you suggested（あなたにご提案いただいた手法を使って）とするのが適切。a professional business consultant を such an advisor（そのようなアドバイザー）と言い換えている。

145

(A) I majored in international business in college.
(B) I plan on leasing a more spacious office.
(C) Familiarity with consumers living nearby will be essential.
(D) My business is growing rapidly.

(A) 私は大学で国際経営学を専攻しました。
(B) もっと広いオフィスを借りるつもりです。
(C) 付近に住む消費者を熟知することが不可欠となるでしょう。
(D) 私の会社は急成長しています。

| 正解 | **C** | 一文選択／文脈 | [正答率 **50.6%**] |

空欄前の一文で③ a larger budget and longer time period for market research（市場調査にかける予算と時間を増やすこと）に触れ、空欄後④に the information you provided on residential buildings and neighborhoods in proximity to my intended business location（起業予定地の近辺にある住宅と地域についてご提供くださった情報）と続いている。よって、市場調査を通じて近隣の消費者を把握する重要性を伝える (C) が前後の流れに合う。メールの書き手はまだ起業していないので、(D) は不適切。

146

(A) help
(B) helpful
(C) helpfully
(D) helpfulness

| 正解 | **B** | 品詞 | [正答率 **88.5%**] |

空欄を省いても your support という名詞句が成り立つので、直後の名詞 support（支援）を修飾する形容詞の (B) helpful（助けになる、有益な）が入る。空欄後に support がなければ、名詞の (A) help（援助）や (D) helpfulness（助けになること）を入れて Thank you again for your help/helpfulness. と言い表すことができる。(C) helpfully は（助けになるように）は副詞。

Questions 147-148 refer to the following information.

- Be sure to turn off all of the lights when exiting a room. Keep lights switched off in any room that is not in use.

- Shut down any electrical equipment when you have finished with it. Do not use the standby function on machines, as they will still consume power.

- ①Be conservative with heating and air conditioning use on particularly hot or cold days. Otherwise, keep the system switched off. ②Always dress appropriately for the season when working on the premises.

147-148 番は次の情報に関するものです。

- 部屋を出るときには、必ずすべての電気を消してください。使用していない部屋の電気は常に消しておいてください。

- 電気機器の使用を終えたら、必ず電源を切ってください。機器のスタンバイ機能は電力を消費するので使用しないでください。

- とくに暑い日や寒い日は、冷暖房を控えめな温度に設定してください。そうでない場合は機器の電源を切っておいてください。社内で勤務するときは、常に季節に応じた服装をしてください。

Vocab.〉 |本文〉 □ **Be sure to** *do*「必ず~してください」　□ **turn off**「(電気など) を消す、~の電源を切る」(= switch off)
□ **when** *doing*「~するときに」　□ **exit**「(場所) から出る」(= leave)　□ **keep ...〈過去分詞〉**「…を~されたままにしておく」
□ **in use**「使用中で」　□ **shut down**「(機械の作動) を停止させる、シャットダウンする」　□ **electrical equipment**「電気機器」
□ **function**「機能」　□ **consume**「~を消費する」　□ **conservative**「控えめな、保守的な」　□ **particularly**「とくに」
□ **dress appropriately for**「~に適した服装をする」　□ **on the premises**「敷地内で、社内で」
|設問〉 □ **appliance**「電化製品」　□ **attire**「服装」(= clothing)　□ **energy-efficient**「エネルギー効率のよい、省エネの」

147 Where would the information most likely be found?
(A) On a government Web site
(B) In an employee handbook
(C) In an appliance instruction manual
(D) In a hotel guest room

この情報はどんなところにあると思われますか?
(A) 政府のウェブサイト
(B) 従業員用ハンドブック
(C) 電化製品の取扱説明書
(D) ホテルの客室

正解 **B**
[**正答率 75.8%**]

情報の掲載場所を尋ねる問題。第1段落では部屋の退出時に電気を消すこと、第2段落では電気機器の使用後に電源を切ること、第3段落では冷暖房を控えめに使用することについて書かれている。さらに、第3段落最終文②の Always dress appropriately for the season when working on the premises. (社内で勤務するときは、常に季節に応じた服装をしてください) から、本文が従業員に向けたメッセージであるとわかる。よって、(B) が正解。

148 What does the information ask people to do?
(A) Limit use of the heating system
(B) Keep a room clean
(C) Wear formal business attire
(D) Buy more energy-efficient equipment

この情報で人々に何を依頼していますか?
(A) 暖房の使用を制限する
(B) 室内を清潔に保つ
(C) ビジネス用のフォーマルな服装をする
(D) もっとエネルギー効率のよい設備を購入する

正解 **A**
[**正答率 65.0%**]

第3段落1〜3行目①に Be conservative with heating and air conditioning use on particularly hot or cold days. Otherwise, keep the system switched off. (とくに暑い日や寒い日は、冷暖房を控えめな温度に設定してください。そうでない場合は機器の電源を切っておいてください) とあるので、(A) が正解。be conservative with ... use (…の使用を控えめにする) が limit use of ... (…の使用を制限する) で言い換えられている。第2段落に electrical equipment (電気機器) についての記載はあるが、機器の購入を促しているわけではないため、(D) は誤り。

> **🅔 これがエッセンス**
> Part 7の1つ目の文書は短い場合がほとんどですが、簡単な問題とは限りません。最初から気を緩めず、本文全体をしっかり読みましょう。答えが絞れなくても焦らずどれかにマークし、気持ちを切り替えて先に進むようにしてください。

Questions 149-150 refer to the following e-mail.

From:	Randy McKinney <rmckinney@pacificoairways.com>
To:	Lydia Woodward <l.woodward@speedymail.com>
Subject:	Thank you
Date:	March 18
Attachment:	📎 PA Information

Dear Ms. Woodward,

①Thank you for your application for the position of flight attendant with Pacifico Airways. All applications will be reviewed by April 1 at the latest. Only selected applicants will be contacted by our human resources department and asked to schedule an appointment for an interview at our headquarters.

②Attached is a copy of our most recent annual report, as you requested. If there is anything else that you need, please feel free to contact me by e-mail.

Sincerely,

Randy McKinney
Hiring Manager, Pacifico Airways

149-150 番は次のメールに関するものです。

送信者： ランディー・マッキニー <rmckinney@pacificoairways.com>
あて先： リディア・ウッドワード <l.woodward@speedymail.com>
件名： ありがとうございます
日付： 3月18日
添付： PA Information

ウッドワード様

パシフィコ航空の客室乗務員職へご応募いただき、ありがとうございます。すべての応募書類は遅くとも4月1日までに選考を行います。選抜された応募者にのみ、弊社の人事部からご連絡し、本社で行われる面接の予定を入れていただくことになります。

ご要望のとおり、弊社の直近の年次報告書を添付いたします。ほかに必要なものがありましたら、お気軽にメールでご連絡ください。

敬具

ランディー・マッキニー
パシフィコ航空　採用部長

Vocab. ▷ |本文 ＼ □ **application**「応募」　□ **flight attendant**「客室乗務員、キャビンアテンダント」　□ **by ... at the latest**「遅くとも…までに」　□ **applicant**「応募者」　□ **human resources department**「人事部」　□ **appointment**「面会の約束、予約」　□ **headquarters**「本社」　□ **Attached is ...**「添付されているのは…です」　□ **annual report**「（企業の活動や実績などを記した）年次報告書」　□ **as you requested**「ご要望のとおり」　□ **feel free to do**「自由に~する」　|設問 ＼ □ **procedure**「手順、手続き」　□ **acknowledge receipt of**「~の受領を知らせる」　□ **directions**「道案内、行き方」　□ **description**「（内容・特徴などの）説明」　□ **job responsibility**「職務」

149 What is the main purpose of the e-mail?
(A) To explain a recent change in procedures
(B) To acknowledge receipt of an application
(C) To provide directions to company headquarters
(D) To make a job offer to a candidate

このメールの主な目的は何ですか？
(A) 手続きに関する最近の変更を説明すること
(B) 応募の受理を知らせること
(C) 本社までの道順を伝えること
(D) 応募者に内定を出すこと

正解	B
[正答率 66.8%]

メールの目的を問う問題。第1段落冒頭①で Thank you for your application for the position of flight attendant with Pacifico Airways. (パシフィコ航空の客室乗務員職へご応募いただき、ありがとうございます) と伝えているので、(B) が正解とわかる。acknowledge receipt of は「〜の受領を知らせる」(= confirm receipt of) という意味の頻出フレーズ。採用を通知するメールではないため、(D) は不適切。

⊘ 990点 講師の目

動詞 acknowledge は、「事実・重要性などを認める (= recognize)」、「感謝の意を示す (= appreciate)」、「人に気づいて反応する (= react to)、あいさつをする (= greet)」、「受領を確認して知らせる (= confirm)」といった幅広い意味を持つ重要語です。〈認識したことを相手に示す〉イメージで覚えておきましょう。

150 What did Ms. Woodward request from Pacifico Airways?
(A) A schedule of available appointment times
(B) A full description of job responsibilities
(C) A document detailing the activities of a business
(D) A list of possible interview questions

ウッドワードさんはパシフィコ航空に何を求めましたか？
(A) 面接可能な時間の予定表
(B) 職責すべての説明
(C) 事業活動の詳細を記した書類
(D) 面接で聞かれるかもしれない質問の一覧

正解	C
[正答率 83.0%]

ヘッダー部分の To 欄や、本文冒頭の Dear Ms. Woodward から、彼女がメールの読み手であることを押さえる。第2段落1行目②に Attached is a copy of our most recent annual report, as you requested. (ご要望のとおり、弊社の直近の年次報告書を添付いたします) とあるので、annual report (年次報告書) を正しく言い換えた (C) を選ぶ。Attached is ... (添付されているのは…です) は添付ファイルを示す表現で、... is attached. を倒置させた形。

Questions 151-153 refer to the following advertisement.

DAVIDSON & KING

Serving the Layville community for over 30 years, Davidson & King is among the most respected firms in the region. ①We specialize in providing legal assistance to small organizations run by local entrepreneurs.

Our services include a telephone consultation service available 7 days per week, help with copyright and patent issues, ②assistance in applying for licenses and other official certification, accounting services including audit preparation, and the preparation of legal documents.

For further information call us today at 798-555-0146. Your call will be taken by one of our team of legal experts, all of whom are graduates of top law schools. Alternatively, visit us at www.davidsonking.com to see our competitive rates. For the lowest fees of any legal firm in Layville, ③we can provide you with a full suite of legal services tailored to meet your needs.

151-153 番は次の広告に関するものです。

デイヴィッドソン・アンド・キング

デイヴィッドソン・アンド・キングは、レイヴィルの地域社会において 30 年以上事業を行っている、地域で最も定評のある法律事務所の一つです。当事務所は地元の起業家が経営する中小企業への法的支援を専門としています。

当所が提供しているサービスには、週 7 日ご利用いただける電話相談、著作権や特許問題に関する支援、許可証やその他公的証明書の申請補助、監査の準備などの会計業務、そして法律文書の作成がございます。

詳細は 798-555-0146 まで今すぐお電話ください。当所の法律専門家チームが電話に対応いたします。メンバーは全員一流のロースクール卒業生です。また、当所の手ごろな料金については、www.davidsonking.com をご覧ください。お客様のニーズに個別に対応した各種法的サービスをレイヴィルのどの法律事務所よりも安価な値段で提供いたします。

Vocab.▷　|本文＼ □ serve「～にサービスを提供する」　□ be among the ＋〈最上級〉「最も～であるものの一つ」
□ firm「会社、（法律・会計などの）事務所」　□ specialize in *doing*「～することを専門とする」　□ run by「～によって運営された」
□ entrepreneur「起業家」　□ consultation「相談」　□ copyright「著作権」　□ patent「特許」　□ issue「問題」
□ apply for「～を申請する」　□ license「免許証、許可証」　□ certification「資格証明（書）、認定（書）」　□ audit「監査」
□ ..., all of whom「その人たち全員が」(= ..., and all of them)　□ graduate「卒業生」　□ alternatively「あるいは、その代わりに」
□ competitive rate「競争力のある料金、他社より安い料金」　□ fee「料金、手数料」　□ provide〈人〉with ...「〈人〉に…を提供する」
□ a full suite of「ひとそろいの」　□ tailored「（個人のニーズに）合わせた」　□ meet *one's* needs「～のニーズを満たす」
|設問＼ □ help〈人〉(to) *do*「〈人〉が～するのを助ける」　□ permit「許可証」　□ expand into「（新しい分野）に進出する」
□ helpline「電話相談サービス」　□ branch「支社、支店」　□ customize「～を個人のニーズに合わせて変える、カスタマイズする」
□ individual「個々の」

151

For whom is the advertisement most likely intended?
(A) University professors
(B) Corporate consultants
(C) Recent graduates
(D) **Small-business owners**

この広告はだれに向けたものだと思われますか?
(A) 大学教授
(B) 企業コンサルタント
(C) 最近の卒業生
(D) 中小企業の経営者

 正解 **D**
[正答率 86.7%]

広告の対象者を問う問題。第1段落2〜3行目① で We specialize in providing legal assistance to small organizations run by local entrepreneurs. (当事務所は地元の起業家が経営する中小企業への法的支援を専門としています) と述べているので、(D) が正解。entrepreneur (起業家) と business owner (事業経営者) の言い換えが Part 7 に頻出する。entrepreneur は、/ὰːntrəprənə́ːr / (アーントゥレプレナー) という正しい発音で覚えておこう。

152

According to the advertisement, what can Davidson & King help its clients do?
(A) **Obtain an official permit**
(B) Write job advertisements
(C) Expand into new markets
(D) Produce marketing campaigns

広告によると、デイヴィッドソン・アンド・キングはクライアントの何を手助けできますか?
(A) 公的な許可証の取得
(B) 求人広告の作成
(C) 新しい市場への進出
(D) 広告キャンペーンの制作

正解 **A**
[正答率 84.9%]

Davidson & King のサービス内容を列挙している第2段落の2〜3行目②に、assistance in applying for licenses and other official certification (許可証やその他公的証明書の申請補助) とある。この licenses and other official certification を official permit (公的な許可証) と言い表した (A) が正解。permit は名詞では「許可証」、動詞では「〜を許可する」という意味。

153

What is mentioned about Davidson & King?
(A) It provides a 24-hour telephone helpline.
(B) It has branches in several cities.
(C) **It customizes its services for individual clients.**
(D) Its employees all have a background in business management.

デイヴィッドソン・アンド・キングについて述べられていることは何ですか?
(A) 電話相談サービスを 24 時間提供している。
(B) 複数の都市に支所がある。
(C) それぞれの顧客に合わせてサービスを変更している。
(D) 社員全員に経営の経験がある。

正解 **C**
[正答率 81.2%]

第3段落最後に③ we can provide you with a full suite of legal services tailored to meet your needs (お客様のニーズに個別に対応した各種法的サービスを提供いたします) とあるので、(C) が正解。tailor は「〜を個人のニーズに合わせる」という意味で、customize や personalize で言い換えられる。第2段落1〜2行目に a telephone consultation service available 7 days per week (週7日ご利用いただける電話相談) とあるが、24時間体制とは書かれていないため、(A) は誤り。

> **これがエッセンス**
> Part 7 では、本文の内容を正しく理解するだけでなく、別の表現に言い換えられた選択肢を瞬時に見抜く力が求められます。本書の学習を通じて、TOEIC に頻出する言い換え表現を徹底的に押さえましょう。900 点以上を目指す方は、日頃から「英英辞書」を使って単語の意味と用法を調べるように心がけてください。

Questions 154-155 refer to the following text-message chain.

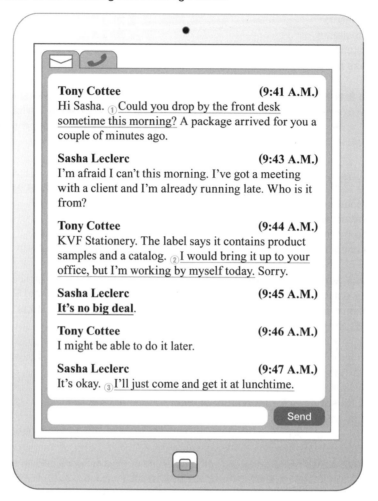

Tony Cottee (9:41 A.M.)
Hi Sasha. ①Could you drop by the front desk sometime this morning? A package arrived for you a couple of minutes ago.

Sasha Leclerc (9:43 A.M.)
I'm afraid I can't this morning. I've got a meeting with a client and I'm already running late. Who is it from?

Tony Cottee (9:44 A.M.)
KVF Stationery. The label says it contains product samples and a catalog. ②I would bring it up to your office, but I'm working by myself today. Sorry.

Sasha Leclerc (9:45 A.M.)
It's no big deal.

Tony Cottee (9:46 A.M.)
I might be able to do it later.

Sasha Leclerc (9:47 A.M.)
It's okay. ③I'll just come and get it at lunchtime.

Send

154-155 番は次のテキストメッセージのやりとりに関するものです。

トニー・コッティー（午前 9 時 41 分）
やあ、サーシャ。今日の午前中、受付に立ち寄れますか？ ついさっき、あなたあての荷物が届きました。

サーシャ・ルクレール（午前 9 時 43 分）
あいにく、午前中は行けません。顧客と打ち合わせがあって、すでに遅れているんです。だれからのものですか？

トニー・コッティー（午前 9 時 44 分）
KVF ステイショナリーです。ラベルには、製品サンプルとカタログが入ってると書いてあります。オフィスまで届けたいのですが、今日は私 1 人で働いているんです。すみません。

サーシャ・ルクレール（午前 9 時 45 分）
大したことじゃありません。

トニー・コッティー（午前 9 時 46 分）
後で届けにいけるかもしれません。

サーシャ・ルクレール（午前 9 時 47 分）
大丈夫です。昼休みに取りにいきます。

Vocab.> |本文 \ □ **drop by**「～に立ち寄る」 □ **package**「小包、荷物」 □ **a couple of minutes ago**「ちょっと前に、今さっき」
□ **I'm afraid ...**「残念ながら…です」 □ **I've got ...**「…がある」(= I have ...) □ **run late**「遅れる」
□ **contain**「～を含む、～が入っている」 □ **bring ... up**「…を（上の階に）持っていく」 □ **by** *oneself*「1 人で」(= alone)
|設問 \ □ **urgent**「緊急の」 □ **profitable**「利益になる、もうかる」 □ **reception**「（会社・ホテルの）受付」

At 9:45 A.M., what does Ms. Leclerc mean when she writes, **"It's no big deal"**?
(A) A client is not important.
(B) A task is not urgent.
(C) A contract is not profitable.
(D) A requirement is easy to meet.

午前 9 時 45 分にルクレールさんはどういう意味で「大したことじゃありません」と書いていますか?
(A) 顧客が重要ではない。
(B) 作業が急ぎではない。
(C) 契約の利益が少ない。
(D) 条件を容易に満たすことができる。

正解 B
[正答率 79.4%]

It's no big deal. は「大したことではない」という意味の口語表現。Leclerc さんあてに届いた荷物について、Cottee さんが 9 時 44 分に送り主の社名と中身を伝えている。その後の② I would bring it up to your office, but I'm working by myself today. (オフィスまで届けたいのですが、今日は私 1 人で働いているんです) というメッセージに対して Leclerc さんが It's no big deal. と返しているので、今すぐに荷物を受け取る必要がないことがわかる。よって、(B) が正解。この I would は仮定法で、「本来なら～するのだが (実際にはできない)」という意味が込められている。

 What will Ms. Leclerc most likely do during her lunch break?
(A) Visit a local post office
(B) Stop by the firm's reception
(C) Contact KVF Stationery
(D) Purchase some more labels

ルクレールさんは昼休みの間に何をすると思われますか?
(A) 地元の郵便局に行く
(B) 会社の受付に立ち寄る
(C) KVF ステイショナリーに連絡する
(D) ラベルを追加で購入する

正解 B
[正答率 83.0%]

Leclerc さんは 9 時 47 分の③で I'll just come and get it at lunchtime. (昼休みに取りにいきます) と伝えている。テキストメッセージ冒頭①で Cottee さんが Could you drop by the front desk sometime this morning? (今日の午前中、受付に立ち寄れますか) と尋ねていることから、Leclerc さんは受付に荷物を取りにいくと考えられるので、(B) が正解。drop by (～に立ち寄る) が stop by、the front desk (受付) が reception で言い換えられている。なお、話し相手のところに向かうときには、go ではなく come を使うことも押さえておこう。

◉ 990点 講師の目
「～に立ち寄る」という意味の口語表現として、drop by / stop by / come by / swing by をまとめて覚えておくと便利です。これらの表現に共通する前置詞 by は、<対象のそば>を表します。また、I'll drop in on her this afternoon. のように、drop in on〈人〉の形で用いると「〈人〉のところに立ち寄る」という意味になります。

Questions 156-157 refer to the following survey.

Tell Us How We Are Doing

Thank you for shopping at Plentimart. Please take a moment to fill out this short customer survey and give us your comments. ①In return, we will send you a voucher good for $10 off your next purchase.

②**Customer Name and Address:** Sheila Jarod 605 Main Street, Carlton Point, CA 90110

How did you learn of our stores?
☐ Internet　☑ Magazine/Newspaper　☐ Word of mouth　☐ TV Commercial

What kind of Plentimart products do you buy?
☑ Furniture　☐ Toys/Games　☑ Food/Beverages

Comments:
I find your store to be lacking in terms of selection compared to similar outlets, but I am a regular customer as ③the layout makes it easy to locate the different items I want. The attitude of your staff is where you have the most room for improvement. ④I know that Plentimart is cheaper than other stores, but ⑤your customers still expect the best possible customer care.

156-157 番は次のアンケートに関するものです。

お客様のご意見をお聞かせください

プレンティマートをご利用いただきありがとうございます。少しお時間をとってこちらの簡単なお客様アンケートにご記入いただき、ご意見をお聞かせください。ご協力いただいた方には、次回のお買い物にご利用いただける 10 ドル分の割引券をお送りいたします。

お客様のお名前とご住所： シーラ・ジャロッド　メイン通り 605 番地　カールトンポイント、カリフォルニア州　90110

どのようにして当店をお知りになりましたか？
☐ インターネット　☑ 雑誌／新聞　☐ 口コミ　☐ テレビコマーシャル

プレンティマートのどの商品を購入されますか？
☑ 家具　☐ 玩具／ゲーム　☑ 食品／飲料品

ご意見：
類似店と比べると品ぞろえが不足しているようですが、購入したいさまざまな商品を見つけやすい配置になっているので、この店をよく利用しています。店員の方の態度が最も改善の余地のある点だと思います。プレンティマートが他店より安いことは承知していますが、それでも買い物客は最高の顧客サービスを期待しています。

Vocab. ▶ |**本文** ＼ ☐ **take a moment to** *do*「少し時間をとって~する」　☐ **fill out**「(すべての項目) に記入する」　☐ **survey**「アンケート」
☐ **in return**「お返しとして」　☐ **voucher**「引換券、割引券」　☐ **good for**「~に有効な」　☐ **learn of**「~があると知る」
☐ **word of mouth**「人づて、口コミ」　☐ **find A to be B**「A が B であると感じる、わかる」　☐ **lacking**「不足している」
☐ **in terms of**「~の点で、~に関して」　☐ **compared to**「~と比較して」　☐ **outlet**「販売店」
☐ **make it easy to** *do*「~しやすくする」　☐ **locate**「~の場所を特定する、~を見つける」
☐ **room for improvement**「改善の余地」　☐ **〈最上級〉 + possible**「できる限り~な」　|**設問** ＼ ☐ **hear of**「~があると聞く」
☐ **acquaintance**「知り合い、知人」　☐ **conveniently located**「便利な場所にあって」
☐ **competitively priced**「他社より安い価格の」　☐ **guarantee**「~を保証する」　☐ **customer satisfaction**「顧客満足」

What is implied about Sheila Jarod?
(A) She usually buys games at Plentimart.
(B) She will receive a discount voucher from Plentimart.
(C) She heard of Plentimart from an acquaintance.
(D) She registered on Plentimart's Web site.

シーラ・ジャロッドについて何が示唆されていますか？
(A) 普段はプレンティマートでゲームを購入する。
(B) プレンティマートから割引券を受け取る。
(C) プレンティマートを知人から聞いて知った。
(D) プレンティマートのサイトに登録した。

 正解　B
[正答率 83.0%]

Plentimart に関するアンケートへの記入を促す第 1 段落①に、In return, we will send you a voucher good for $10 off your next purchase.（ご協力いただいた方には、当店での次回のお買い物にご利用いただける 10 ドルの割引券をお送りいたします）と書かれている。その下の② Customer Name and Address の欄に Sheila Jarod の名前があり、質問項目とコメント欄に記入があるので、(B) が正解。good for は「〜に有効な」（＝ valid for）という意味。

What is stated about Plentimart?
(A) It is conveniently located.
(B) It is currently holding a storewide sale.
(C) Its goods are competitively priced.
(D) It guarantees customer satisfaction.

プレンティマートについて何が述べられていますか？
(A) 立地が便利だ。
(B) 現在、全店セールを行っている。
(C) 商品が低価格だ。
(D) 顧客満足を保証している。

正解　C
[正答率 70.4%]

アンケート下部のコメント欄④に I know that Plentimart is cheaper than other stores（プレンティマートが他店よりも安いことは承知しています）とある。このことを competitively priced（競争的な価格の、他社より安い価格の）と言い換えた (C) が正解。コメントの 2 〜 3 行目③に the layout makes it easy to locate the different items I want（購入したいさまざまな商品を見つけやすい配置になっている）とあるが、店舗の場所については何も書かれていないため、(A) は不適切。コメント最終文の⑤ your customers still expect the best possible customer care（それでも買い物客は最高の顧客サービスを期待しています）は、店員の態度がよくないことを指摘しているだけなので、(D) も誤り。

(C) 990点 講師の目

コメント欄 4 行目の名詞 room に注目してください。「部屋」のほか、①「スペース」（＝ space）と②「（物事を行う）余地」（＝ possibility; scope）の意味で TOEIC に頻出します。① は make room for new merchandise（新商品のためのスペースを空ける）、② は room for improvement/growth/doubt（改善／成長／疑いの余地）というフレーズで覚えておきましょう。なお、「部屋」は個別に分けられるため a room や rooms のように可算名詞として扱いますが、その他の意味では不可算名詞になります。

Questions 158-160 refer to the following Web page.

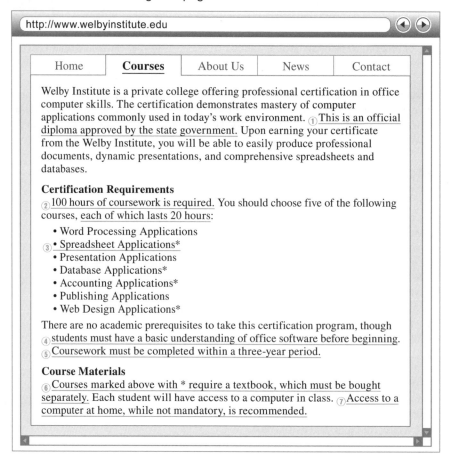

158-160 番は次のウェブページに関するものです。

http://www.welbyinstitute.edu
ホーム　**コース**　本校について　お知らせ　お問い合わせ

ウェルビー・インスティテュートは、オフィスコンピュータ技術の専門資格を取得できる私立の学校です。この資格は、今日の職場で一般的に使われているコンピュータソフトに精通していることを証明します。これは州政府に認定されている公的資格です。ウェルビー・インスティテュートでこの資格を取得すると、専門的な文書や動きのあるプレゼンテーション、そしてさまざまなスプレッドシートやデータベースを容易に作成・実施することができるようになります。

資格取得の条件
100 時間の学習が必要です。下記のコースから５つ選択してください。要する時間はそれぞれ 20 時間です：
- ワープロソフト
- スプレッドシートソフト*
- プレゼンテーションソフト
- データベースソフト*
- 会計ソフト*
- 出版ソフト
- ウェブデザインソフト*

この資格コースを受講するために履修が必要な科目はありませんが、受講者は開講までにオフィスソフトの基礎的な理解が必要です。3年以内にコースを修了する必要があります。

教材
* 印の付いたコースは別途、教科書を購入する必要があります。受講者は皆、教室でコンピュータを利用できます。自宅のコンピュータ使用は必須ではありませんが、ご用意をおすすめします。

158

What is implied about the certificates from the Welby Institute?
(A) They can be earned online.
(B) They must be renewed every three years.
(C) They qualify the holder for college teaching positions.
(D) They meet governmental criteria.

ウェルビー・インスティテュートで取得できる資格について何が示唆されていますか?
(A) オンラインで取得できる。
(B) 3 年ごとに更新しなければならない。
(C) 取得者には大学で教える資格が与えられる。
(D) 政府の基準を満たしている。

正解	D

[正答率 68.6%]

Welby Institute で取得できる資格について、第 1 段落 3 ～ 4 行目① に This is an official diploma approved by the state government. (これは州政府に認定されている公的資格です) と書かれているので、(D) が正解。criteria は「(評価などの) 基準」(= standards) という意味。オンラインコースに関する記載はないので、(A) は誤り。

🎯 **990点 講師の目**

「資格」に関連する語として、diploma (卒業証書、卒業資格)、degree (学位)、certificate / certification (資格証明書)、qualification / credential (資格、経歴) をまとめて覚えておくと Part 7 の解答に役立ちます。なお、certification は「(資格の) 証明、認定」という行為を表すこともあります。

159

What is indicated about the Spreadsheet Applications course?
(A) It requires students to make an additional purchase.
(B) It is targeted at advanced students only.
(C) It needs no prior knowledge of computer software.
(D) It takes a total of 100 hours to complete.

スプレッドシートソフトのコースについて何が述べられていますか?
(A) 学生は追加の購入が必要になる。
(B) 上級者のみを対象とする。
(C) コンピュータソフトの予備知識は必要ない。
(D) 修了するのに合計 100 時間かかる。

正解	A

[正答率 74.0%]

Certification Requirements (資格取得の条件) に記載されているコースの 2 つ目に③ Spreadsheet Applications があり、* (アスタリスク) が付いていることに着目。本文下部の Course Materials (教材) で、⑥ Courses marked above with * require a textbook, which must be bought separately. (*印の付いたコースは別途、教科書を購入する必要があります) と説明しているので、(A) が正解。make a purchase は「購入する」という意味。(C) は、コース名の下部にある④ students must have a basic understanding of office software before beginning (受講者は開講までにオフィスソフトの基礎的な理解が必要です) と合わない。資格取得の条件として、本文②に 100 hours of coursework is required. (100 時間の学習が必要です) とあるが、その次の文で各コースの所要時間については each of which lasts 20 hours (要する時間はそれぞれ 20 時間です) と書かれているので、(D) も誤り。

160

According to the Web page, what is necessary in order to obtain a certificate?
(A) Owning a personal computer
(B) Finishing the coursework within a specified time
(C) Delivering an oral presentation
(D) Taking an exam at the end of the course

ウェブページによると、資格を取得するには何が必要ですか?
(A) パソコンを所有していること
(B) 特定の期間内にコース学習を終えること
(C) 口頭でプレゼンテーションを行うこと
(D) コースの最後に試験を受けること

正解	B

[正答率 81.2%]

Certification Requirements の最終文⑤ に Coursework must be completed within a three-year period. (3 年以内にコースを修了する必要があります) とあるので、(B) が正解。(A) については、最終段落の⑦ Access to a computer at home, while not mandatory, is recommended. (自宅のコンピュータ使用は必須ではありませんが、ご用意をおすすめします) から、必ずしもパソコンを所有する必要はないとわかる。while (it is) not mandatory の it is が省略されていることも確認しておこう。

Vocab.

本文　□ **private college**「私立大学、専門学校」　□ **demonstrate**「～をはっきり示す、証明する」　□ **mastery**「熟達」
□ **application**「(コンピュータの) アプリケーション、ソフト」　□ **commonly used**「一般に使用されている」
□ **work environment**「職場環境」　□ **diploma**「卒業資格」　□ **approved by**「～によって承認された」
□ **upon** *doing*「～したらすぐに」　□ **earn**「～を得る」　□ **certificate**「資格証明書、認定書」
□ **comprehensive**「総合的な、包括的な」　□ **coursework**「学習課題」　□ **last**「続く」
□ **prerequisite**「(前提となる) 必須条件、必修科目」　□ **separately**「別々に」　□ **while**「～だが、一方で」
□ **mandatory**「必須の、義務の」　**設問**　□ **renew**「～を更新する」　□ **qualify 〈人〉 for ...**「〈人〉 に…の資格を与える」
□ **meet criteria**「(評価などの) 基準を満たす」　□ **make a purchase**「購入する」　□ **be targeted at**「～を対象としている」
□ **advanced**「上級の、高度な」　□ **prior knowledge**「事前の知識、予備知識」　□ **own**「～を所有する」
□ **specified**「明記された、特定の」　□ **deliver a presentation**「プレゼンテーションをする」　□ **oral**「口頭の」

Questions 161-163 refer to the following notice.

Dear Abbott Towers Residents,

①Effective August 1, all tenants will be required to place a parking permit on their bicycles. This new policy is being introduced ②as part of our efforts to better manage the underground parking area. — [1] —. Permits will be available in the main office on the ground floor. ③Tenants will not be charged for their original permit. — [2] —. ④Visitors to Abbott Towers will not require a permit but must continue to park their bicycles in the racks provided for them near the back of the building.

Please attach the permit to a part of the bicycle that is readily visible, such as the handlebars. Starting in September, Abbott Towers staff members will regularly check the bicycle parking area. — [3] —. Any bike parked without a permit for more than three days will be removed.

As a reminder, bicycles are not allowed in the hallways. — [4] —. ⑤Please properly dispose of any unwanted bicycles before the permits are issued.

Thank you in advance for your cooperation.

Abbott Towers Management

161-163 番は次のお知らせに関するものです。

アボット・タワーズにお住まいの皆さま

8月1日より、居住者の皆さまは自転車に駐輪許可証を付けていただきますよう、お願いいたします。この新しい規則は、地下駐輪場の管理を改善する取り組みの一環として導入されます。— [1] —。許可証は1階の管理室で発行いたします。最初の許可証は居住者の皆さまに無料でお渡しします。— [2] —。アボット・タワーズを訪問される方は許可証は必要ありませんが、引き続き建物裏側付近に用意された自転車ラックに駐輪してください。

許可証は自転車のハンドルなどすぐ見える位置に付けてください。9月より、アボット・タワーズのスタッフが駐輪エリアを定期的に巡回します。— [3] —。許可証なしで3日を超えて駐輪された場合は自転車を撤去します。

自転車を通路に置くことは禁止されていますのでご注意ください。— [4] —。許可証が発行される前に、不要な自転車は適切に処分をお願いいたします。

ご協力のほど、よろしくお願いいたします。

アボット・タワーズ管理室

Vocab. ▷ |本文| ＼ □ **resident**「住人、居住者」 □ **effective ＋〈日付〉**「〈日付〉から実施されて」 □ **tenant**「賃借人、入居者」
□ **be required to do**「～することが求められる、～する必要がある」 □ **parking permit**「駐車許可証」
□ **as part of**「～の一環として」 □ **effort**「取り組み」 □ **manage**「～を管理する」 □ **underground**「地下の」
□ **ground floor**「1階」 □ **be charged for**「～の費用を請求される」 □ **original**「最初の、元の」
□ **attach A to B**「AをBに取り付ける」 □ **readily**「たやすく、容易に」 □ **handlebar**「(自転車などの) ハンドル」
□ **regularly**「定期的に」 □ **be removed**「取り除かれる、撤去される」 □ **as a reminder**「念のためお伝えすると」
□ **be allowed**「認められる」 □ **hallway**「通路、廊下」 □ **properly**「適切に、正しく」 □ **dispose of**「(不要な物) を処分する」
□ **be issued**「発行される」 |設問| ＼ □ **affect**「～に影響を及ぼす」 □ **get rid of**「～を処分する」
□ **nominal**「名ばかりの、(金額が) ごくわずかな」 □ **replacement**「交換、再発行」

161

What is indicated about the new policy?

(A) It does not affect people visiting Abbott Towers.
(B) It will make it easier for cyclists to find their bicycles.
(C) It will include rules for parking cars.
(D) It was suggested by tenants of Abbott Towers.

新しい規則について何が述べられていますか？

(A) アボット・タワーズの訪問客には適用されない。
(B) 利用者は自転車を探しやすくなる。
(C) 自動車の駐車規則も含まれる。
(D) アボット・タワーズの居住者が提案した。

正解	A

[正答率 59.6%]

第1段落冒頭①に Effective August 1, all tenants will be required to place a parking permit on their bicycles. (8月1日より、居住者の皆さまは自転車に駐輪許可証を付けていただきますよう、お願いいたします) とあり、この規則を次の文で This new policy と言い表している。これに対し、5行目④で Visitors to Abott Towers will not require a permit (アボット・タワーズを訪問される方は、許可証は必要ありません) と補足しているので、(A) が正解。同段落2〜3行目②に as part of our efforts to better manage the underground parking area (地下駐輪場の管理を改善する取り組みの一環として) とあるが、自転車利用者にとってのメリットは何も書かれていないので、(B) は誤り。なお、tenant は「(住居やオフィスなどの) 賃借人」のことで、本文では resident (居住者) と同じ意味で用いられている。

162

What are tenants advised to do?

(A) Check their locks regularly
(B) Report people who park bikes on balconies
(C) Get rid of certain bicycles by the start of August
(D) Provide feedback on a renovation plan

居住者は何をするようすすめられていますか？

(A) 定期的に鍵を確認する
(B) バルコニーに自転車をとめている人を報告する
(C) 8月初めまでに特定の自転車を処分する
(D) 改装計画について意見を述べる

正解	C

[正答率 75.8%]

居住者に対して、第3段落1〜2行目⑤で Please properly dispose of any unwanted bicycles before the permits are issued. (許可証が発行される前に、不要な自転車は適切に処分をお願いいたします) と促している。また、第1段落冒頭文①の内容から、駐輪する自転車については8月1日から許可証が必要になるとわかる。よって、(C) が正解。dispose of (〜を処分する) が get rid of で言い換えられている。

⊙ **990点 講師の目**

effective には「効力を持つ、有効な」という意味があり、Effective August 1のように Effective ＋〈日付〉の形で、新しい規則やサービスの実施開始日を表します。Starting / Beginning / As of ＋〈日付〉も同じように使われます。Part 7の解答の根拠になることがよくあるので、見逃さないようにしましょう。

163

In which of the positions marked [1], [2], [3], and [4] does the following sentence best belong?

"However, there will be a nominal fee for a replacement."

(A) [1]
(B) [2]
(C) [3]
(D) [4]

[1]、[2]、[3]、[4] のうち、次の文が入る最も適切な箇所はどこですか？

「ですが、再発行には少額の手数料がかかります。」

(A) [1]
(B) [2]
(C) [3]
(D) [4]

正解	B

[正答率 74.0%]

挿入文が However (しかしながら) で始まっているので、再発行に手数料がかかることと対照的な内容がその前に書かれているはず。[2] の直前の文③に Tenants will not be charged for their original permit. (最初の許可証は居住者の皆さまに無料でお渡しします) とあるので、この位置に入れれば「最初は無料だが再発行には手数料がかかる」という自然な流れになる。よって、(B) が正解。a nominal fee は「わずかな料金」、replacement は「交換、再発行」という意味。

Questions 164-167 refer to the following e-mail.

E-mail Message	
From:	Bill Branson
To:	Charlene Trent
Subject:	Case study
Date:	March 23
Attachment:	📎 Case Study

Dear Ms. Trent,

Next Thursday, I am scheduled to speak at the Book Store Owners Convention in Kansas City. Over the last decade, our industry has been facing ①stiff competition from online retailers. Many of them are able to buy in bulk and then offer books to the public at reduced prices. ②Web-based organizations present a serious threat to traditional bookstores, and finding ways to protect our market share can be a challenge. These issues will be the primary theme of my speech at the convention.

To complement my presentation, ③I have written a case study, which ④I will distribute to convention attendees. In this document, ⑤I look at some problems here at Fullton Books and the measures we have taken to minimize them. ⑥I would appreciate it if you could take a look at the attached draft of the study and double-check the statistics I used in the charts and tables. Please e-mail any corrections to me by the end of the day so that I can make revisions and produce the final draft of the document tomorrow. If there is anything you feel we need to discuss, we can do so when we meet on Wednesday.

Best regards,

Bill Branson

164-167 番は次のメールに関するものです。

送信者： ビル・ブランソン
あて先： シャーリーン・トレント
件名：　 ケーススタディ
日付：　 3 月 23 日
添付：　 Case Study

トレント様

来週の木曜日にカンザス・シティで開催される書店経営者会議で講演することになっています。過去 10 年間、この業界はオンライン販売業者との激しい競争に直面しています。彼らの多くは、書籍を大量に買い入れて人々に低価格で提供することができます。ウェブを基盤とした企業は従来の書店に深刻な脅威を与えており、市場シェアを守る方法を見つけることは至難です。こうした問題が、会議で行う講演の主なテーマです。

講演の補足資料としてケーススタディの原稿を書きました。こちらは会議の参加者に配布する予定です。この原稿では、われわれフルトン・ブックスが抱える問題と、問題の影響を最小限にするために私たちが講じた措置に着目しています。添付したケーススタディの原稿に目を通し、私が図表に使った統計資料を再確認していただきたいのです。明日、私が修正と最終稿の作成ができるよう、本日中に訂正箇所をメールでお知らせください。何か話し合う必要がありそうでしたら、水曜日に会ったときに話しましょう。

よろしくお願いします。

ビル・ブランソン

Vocab. |本文| □ **case study**「事例研究、ケーススタディ」 □ **convention**「(大規模な)会議、総会」 □ **over the last ...**「過去…にわたって」 □ **decade**「10 年間」 □ **stiff**「(競争などが) 激しい、(反対などが) 強い」 □ **competition**「競争」 □ **retailer**「小売業者」 □ **buy in bulk**「大量購入する」 □ **present**「〜をもたらす、〜となる」 □ **threat**「脅威」 □ **challenge**「課題、難題」 □ **primary**「主な」 □ **theme**「テーマ」 □ **complement**「〜を補完する、引き立たせる」 □ **measure**「対策、措置」 □ **minimize**「〜を最小限に抑える」 □ **take a look at**「〜を見てみる」 □ **draft**「原稿」 □ **table**「表」 □ **correction**「訂正」 □ **so that ...**「…できるように、そうすれば…できるので」 □ **make revisions**「修正する」 |設問| □ **deal with**「〜に対処する」 □ **innovation**「技術革新」 □ **publication**「出版、出版物」 □ **accuracy**「正確さ」

164 The word "facing" in paragraph 1, line 2, is closest in meaning to

(A) accepting
(B) experiencing
(C) viewing
(D) covering

第 1 段落 2 行目の facing に最も意味の近い語は
(A) ～を受け入れている
(B) ～を経験している
(C) ～を見ている
(D) ～を覆っている

 正解　**B**
[正答率 79.4%]

動詞 face には、「～の方を向く」「(建物が) ～に面している」「(困難など) に直面する」「(事実) を受け止める」などの意味がある。本文では、facing の後ろに① stiff competition from online retailers (オンライン販売業者との激しい競争) と続くので、「～に直面している」という意味で用いられているとわかる。よって、(B) experiencing が最も近い。

165 What will Mr. Branson cover at the convention?

(A) Strategies for dealing with rival firms
(B) Recent innovations in printing technology
(C) Ways to increase readership of a publication
(D) Effects of a new law on Kansas City

ブランソンさんが会議で扱うテーマは何ですか?
(A) 競合他社に対抗する戦略
(B) 近年の印刷技術の革新
(C) 出版物の読者を増やす方法
(D) 新しい法律のカンザス・シティへの影響

正解　**A**
[正答率 72.2%]

Mr. Branson はメールの書き手。オンライン販売業者との競争について、第 1 段落 4 ～ 6 行目②に Web-based organizations present a serious threat to traditional bookstores, and finding ways to protect our market share can be a challenge. (ウェブを基盤とした企業は従来の書店に深刻な脅威を与えており、市場シェアを守る方法を見つけることは至難です) とあり、その後に These issues will be the primary theme of my speech at the convention. (こうした問題が、会議で行う講演の主なテーマです) と述べている。よって、(A) が正解。rival firms (競合他社) は、本文の online retailers / web-based organizations を指している。特定の出版物の readership (読者数、読者層) を話題にしているわけではないので、(C) は誤り。

166 What is NOT indicated about the case study?

(A) It focuses on Fullton Books.
(B) It will be featured in a journal.
(C) It was written by Mr. Branson.
(D) It will be handed out next Thursday.

ケーススタディについて述べられていないことは何ですか?
(A) フルトン・ブックスに焦点を当てている。
(B) 専門誌に掲載される。
(C) ブランソンさんが執筆した。
(D) 来週の木曜日に配られる。

 正解　**B**
[正答率 61.4%]

本文の内容と一致する選択肢を消去しながら、述べられていないものを見極める NOT 問題。case study については第 2 段落に説明があり、2 ～ 3 行目⑤の I look at some problems here at Fullton Books (われわれフルトン・ブックスが抱える問題に着目しています) が (A)、1 行目③の I have written a case study (ケーススタディの原稿を書きました) が (C) と合う。また、1 ～ 2 行目④に I will distribute to convention attendees (会議の参加者に配布する予定です) とあり、会議の講演日について第 1 段落冒頭で Next Thursday と書かれているので、(D) も一致する。journal (専門誌) への掲載については言及がないので、(B) が正解。distribute (～を配る) と hand out の言い換えを押さえておこう。

167 What assignment has Ms. Trent been given?

(A) Creating graphics for a presentation
(B) Printing copies of a document for attendees
(C) Providing an overview of some research
(D) Confirming the accuracy of some figures

トレントさんはどのような仕事を与えられましたか?
(A) プレゼンのために図を作成すること
(B) 出席者用に書類のコピーを作成すること
(C) 調査の概要を説明すること
(D) 数値の正確さを確認すること

 正解　**D**
[正答率 72.2%]

メールの読み手である Ms. Trent に対し、第 2 段落 3 行目から始まる一文⑥で I would appreciate it if you could take a look at the attached draft of the study and double-check the statistics I used in the charts and tables. (添付したケーススタディの原稿に目を通し、私が図表に使った統計資料を再確認していただきたいのです) と仕事を依頼している。この内容と合う (D) が正解。double-check (二重にチェックする) が confirm (確認する)、statistics (統計、数値データ) が figures (数値) で言い換えられている。I would appreciate it if you could ... は「…していただけるとありがたい」という丁寧な依頼表現。(C) の overview は「概要」(= outline; summary) という意味。

> 🔄 これがエッセンス
> overview を「全体を見て確認すること」と誤って解釈してしまうと、(C) が正解に見えてしまいますね。Part 7 ではこのように、「選択肢を正しく理解する力」も求められているのです。復習の際には、本文だけでなく、それぞれの選択肢の意味を正確につかめているかどうか丁寧に確認するようにしてください。

TEST 1

TEST 2

Questions 168-171 refer to the following article.

①The famous Bonaventura Mall originally opened in the middle of the 20th century, just months before the opening of the New York City Subway. — [1] —. The mall helped to transform Madison Avenue from ②a neighborhood of small factories to the upscale shopping, leisure, and business district it is today. — [2] —.

From the mid-1950s, ③the Bonaventura Mall passed through a number of owners until it was bought by the Heflin family 27 years ago. ④Intending to make the property the flagship of their shopping mall chain, the new owners built a new wing on the east side of the building. — [3] —.

⑤The Heflin family announced at a press conference yesterday that they have brought in Howell, Inc., for a complete redesign of the mall. ⑥Howell, the renowned interior design and construction firm, will undertake a $30 million restoration, focusing on preserving the rich history of the property while upgrading the facilities to today's standards. — [4] —. The mall will be able to remain open throughout the work. Petra Lawson, Howell's director of operations, says that the company plans to restore several of the mall's original features, including the stained-glass skylight over the atrium.

168–171 番は次の記事に関するものです。

有名なボナベントゥーラ・モールは 20 世紀初めにもともとオープンした。ニューヨーク市の地下鉄が開通するわずか数カ月前のことである。－ [1] －。このモールのおかげで、マディソン街は小さな工場が並ぶ地区から、今日のような高級ショッピングとレジャーも楽しめるビジネス街へ変容を遂げた。－ [2] －。

1950 年代半ば以降、ボナベントゥーラ・モールは数々のオーナーを経て、27 年前にヘフリン家が購入した。その建物をショッピングモール・チェーンの旗艦店とするため、新オーナーはビルの東側に新たなウィングを建設した。－ [3] －。

ヘフリン家は昨日の記者会見で、ハウエル社を迎えてモールを全面改装することを発表した。インテリアデザインと建設を手がける会社として名高いハウエル社は、3,000 万ドル規模の改修工事を請け負うことになる。この改装では、設備を今日の基準にアップグレードさせると同時に、この施設の豊かな歴史の保護に注力する。－ [4] －。工事期間中もモールは営業を続けられる。ハウエル社の業務部長ペトラ・ローソンは、中庭にあるステンドグラスの天窓をはじめ、このモールの元来の特徴の数々を復活させる計画だと述べた。

Vocab.〉 |本文 ＼ □ **originally**「もともと、当初は」 □ **transform A from B to C**「A を B から C に変貌させる」
□ **neighborhood**「近隣地域」 □ **upscale**「富裕層向けの、高級な」 □ **district**「地区」 □ **... it is today**「今日あるような…」
□ **pass through**「～を通過する」 □ **a number of**「数々の」 □ **intend to do**「～することを意図する、～するつもりだ」
□ **property**「不動産、建物」 □ **flagship**「旗艦店、主力店舗」 □ **press conference**「記者会見」
□ **bring in**「(活動などに) ～を迎え入れる、参加させる」 □ **renowned**「有名な」 □ **undertake**「～を引き受ける、請け負う」
□ **restoration**「修復、復元」 □ **preserve**「～を保護する、維持する」 □ **rich**「(歴史・文化などが) 豊かな、変化に富んだ」
□ **director of operations**「業務部長」 □ **restore**「～を修復する、復元する」 □ **feature**「特徴」
□ **stained-glass**「ステンドグラスの」 □ **skylight**「天窓」 □ **atrium**「アトリウム (天窓のある吹き抜けの空間)」
|設問 ＼ □ **upcoming**「今度の、近々行われる」 □ **public transportation**「公共交通機関」 □ **closure**「閉鎖」
□ **refurbishment**「改装、改修」 □ **soon after**「～の後すぐに」 □ **decline**「減少する」 □ **acquire**「～を獲得する、買収する」
□ **multiple**「複数の」(= more than one) □ **relocate to**「～に移転する」 □ **be slated to do**「～する予定だ」
□ **in stages**「段階的に」

168

What does the article discuss?
(A) Upcoming improvements to public transportation
(B) The closure of a shopping mall
(C) A planned city redevelopment project
(D) The refurbishment of a building

この記事では何が報じられていますか？
(A) 公共交通機関の今後の改善
(B) ショッピングモールの閉鎖
(C) 都市の再開発計画
(D) 建物の改装

正解	D

[正答率 66.8%]

記事のトピックを尋ねる問題。第1段落では Bonaventura Mall のオープン当時について、第2段落ではショッピングモールのオーナーである the Heflin family について書かれている。さらに、第3段落冒頭⑤で The Heflin family announced at a press conference yesterday that they have brought in Howell, Inc., for a complete redesign of the mall. (ヘフリン家は昨日の記者会見で、ハウエル社を迎えてモールを全面改装することを発表した) とモールの改装計画について伝えている。この第3段落の内容に合う (D) が正解。

🔵 **990点 講師の目**

「改装」に関連する頻出語として、refurbishment (改装・改修)、redesign (再設計・改装)、redecoration (内装の模様替え)、renovation (改修)、remodeling (改築)、restoration / rehabilitation (修復) を覚えておくと解答に役立ちます。また、refurbishment は「返品された初期不良品などを修理して再販売すること」を表す場合もあります。

169

According to the article, what happened soon after the Bonaventura Mall was built?
(A) A subway system began service.
(B) New factories were opened.
(C) The number of visitors to the area declined.
(D) The mall won several awards.

記事によると、ボナベントゥーラ・モールが建てられた後まもなく何が起こりましたか？
(A) 地下鉄が開通した。
(B) 複数の新しい工場が運営を始めた。
(C) この地域への観光客が減少した。
(D) モールがいくつかの賞をとった。

正解	A

[正答率 70.4%]

第1段落冒頭①に The famous Bonaventura Mall originally opened in the middle of the 20th century (有名なボナベントゥーラ・モールは20世紀初めにもともとオープンした) とあり、そのタイミングとして just months before the opening of the New York City Subway (ニューヨーク市の地下鉄が開通するわずか数カ月前) と説明がある。つまり、モールがオープンした数カ月後に地下鉄が開通したということなので、(A) が正解。この just は「わずか、たった」(= only) という意味。第1段落6行目②に a neighborhood of small factories (小さな工場が並ぶ地区) とあるが、工場が新たにオープンしたとは書かれていないので、(B) は誤り。

170

What is indicated about the Heflin family?
(A) They acquired a shipping company.
(B) They are owners of multiple malls.
(C) They relocated to New York 27 years ago.
(D) They have borrowed $30 million from a bank.

ヘフリン家について何が述べられていますか？
(A) 運送会社を買収した。
(B) 複数のモールのオーナーである。
(C) 27年前にニューヨークに移住した。
(D) 銀行から3,000万ドルを借り入れた。

正解	B

[正答率 72.2%]

第2段落の③から、the Heflin family がモールの現オーナーであることを押さえる。続く④に their shopping mall chain (彼らのショッピングモール・チェーン) とあるので、the Heflin family が複数のモールを所有していることがわかる。よって、(B) が正解。flagship は「(チェーン店の中の) 旗艦店、主力店舗」を指す。

171

In which of the positions marked [1], [2], [3], and [4] does the following sentence best belong?

"The project is slated to take five years to complete and will be conducted in stages."

(A) [1]
(B) [2]
(C) [3]
(D) [4]

[1]、[2]、[3]、[4] のうち、次の文が入る最も適切な箇所はどこですか？

「プロジェクトは完了までに5年かかる見込みで、段階的に実施される。」

(A) [1]
(B) [2]
(C) [3]
(D) [4]

正解	D

[正答率 72.2%]

挿入文の内容をもとに、今後のプロジェクトについて書かれた箇所を特定する。第1～2段落は、モールのオープン当時から現在までの経緯について書かれているので、[1] ～ [3] はいずれも不適切。一方、第3段落の4行目から始まる一文に⑥ Howell ... will undertake a $30 million restoration (ハウエル社は3,000万ドル規模の改修工事を請け負う) とあるので、[4] に入れれば The project が a $30 million restoration を指し、工事の予定期間を説明する自然な文脈になる。また、その直後の「工事期間中もモールは営業を続けられる」ともうまくつながる。よって、(D) が正解。be slated to do は「～する予定だ」(= be scheduled to do) という意味の頻出表現。

Questions 172-175 refer to the following text-message chain.

Bob Jones [2:55 P.M.]
I'm at the store now. I can't find what I'm looking for. Can someone confirm the model number?

Martha Zimmerman [2:56 P.M.]
It's the Ascos XV1500. It's quite new, so it may not be listed on any of the packaging.

Tamika Reeves [2:58 P.M.]
The manufacturer's Web site says ①it takes the same cartridges as the XV1001.

Bob Jones [3:02 P.M.]
Okay, but there's still a lot of choice. They have some cartridges made by Ascos, but they also have some made by other companies. Those ones are a lot cheaper.

Martha Zimmerman [3:03 P.M.]
②Go with the Ascos product. ③The ink in some of the cheaper brands isn't always as good. We need it to print a letter we're sending to our Platinum Club members.

Bob Jones [3:06 P.M.]
Okay, got it. Is there anything else you need?

Martha Zimmerman [3:07 P.M.]
④I could do with some sticky notes. ⑤I placed an order for some stationery from Officepro yesterday, but I forgot to order any.

Bob Jones [3:08 P.M.]
They have some regular size yellow ones. ⑥There are packs of five in their clearance sale. ⑦Is that okay?

Tamika Reeves [3:08 P.M.]
I do need some correction tape.

Bob Jones [3:10 P.M.]
All right. I'll grab one now.

Martha Zimmerman [3:13 P.M.]
⑧Sorry about that. I had to take a call. Those should be fine.

Bob Jones [3:14 P.M.]
Okay. I'll be back in about 10 minutes.

Send

172-175 番は次のテキストメッセージのやりとりに関するものです。

ボブ・ジョーンズ [午後 2 時 55 分]
今お店にいます。探しているものを見つけられません。どなたか型番を確かめてくれますか？

マーサ・ジマーマン [午後 2 時 56 分]
アスコス XV1500 です。かなり新しいので、どのパッケージのリストにも掲載されていないかもしれません。

タミカ・リーヴズ [午後 2 時 58 分]
メーカーのウェブサイトには XV1001 と同じカートリッジが使えると書かれています。

ボブ・ジョーンズ [午後 3 時 02 分]
わかりました。でも、選択肢がまだたくさんあります。アスコス製のカートリッジもいくつかありますが、他社製のものもあります。そちらのほうがずっと安いです。

マーサ・ジマーマン [午後 3 時 03 分]
アスコスの製品にしましょう。安いブランドのインクの中には品質がそれほどよくないものもあります。インクが必要なのは、当社のプラチナクラブ会員に送る手紙を印刷するためです。

ボブ・ジョーンズ [午後 3 時 06 分]
そうですね、わかりました。ほかに必要なものはありますか？

マーサ・ジマーマン [午後 3 時 07 分]
付箋がほしいです。昨日オフィスプロにいくつか文房具を注文したのですが、付箋を注文し忘れました。

ボブ・ジョーンズ [午後 3 時 08 分]
レギュラーサイズの黄色いものがあります。5 本入りパックが在庫一掃セールになっています。それで大丈夫ですか？

タミカ・リーヴズ [午後 3 時 08 分]
修正テープがほしいです。

ボブ・ジョーンズ [午後 3 時 10 分]
わかりました。今 1 つ取りますね。

マーサ・ジマーマン [午後 3 時 13 分]
すみません。電話に出なければなりませんでした。それで大丈夫なはずです。

ボブ・ジョーンズ [午後 3 時 14 分]
了解です。10 分くらいで戻ります。

Vocab. ▷ |本文 \ □ quite「かなり」 □ packaging「包装、パッケージ」 □ manufacturer「メーカー」 □ a lot＋〈比較級〉「はるかに、ずっと」
□ go with「～にする、～を選ぶ」 □ I could do with ...「…があればありがたい、…がほしい」 □ sticky note「付箋」
□ place an order for「～を注文する」 □ stationery「文房具、便箋」 □ clearance sale「在庫一掃セール」
□ correction tape「修正テープ」 □ grab「～をさっとつかむ、手に入れる」 □ take a call「電話に出る」
|設問 \ □ suitable「ふさわしい、適した」 □ immediately「ただちに、すぐに」 □ sell out「売り切れる」
□ be stocked「店頭に置かれている、在庫がある」 □ supplier「納入業者」 □ make a phone call「電話をかける」
□ respond to「～に返答する」

172
What most likely is the Ascos XV1500?

(A) A printer
(B) A computer monitor
(C) A packaging machine
(D) A projector

アスコス XV1500 は何だと思われますか?

(A) プリンタ
(B) コンピュータのモニター
(C) 梱包機器
(D) プロジェクタ

正解	A

[正答率 **83.0%**]

2時56分の書き込みにある the Ascos XV1500 について、2時58分に Reeves さんが① it takes the same cartridges as the XV1001（XV1001 と同じカートリッジが使える）と伝えている。さらに、3時3分③の The ink in some of the cheaper brands isn't always as good.（安いブランドのインクの中には品質がそれほどよくないものもあります）と We need it to print a letter we're sending to our Platinum Club members.（インクが必要なのは、当社のプラチナクラブ会員に送る手紙を印刷するためです）から、プリンタ用インクの話をしていることがわかる。よって、(A) が正解。

173
At 3:06 P.M., what does Mr. Jones mean when he writes, **"Okay, got it"**?

(A) He has completed his purchase.
(B) He has already received a copy of a document.
(C) He understands why a cheaper product is not suitable.
(D) He knows that a letter needs to be sent immediately.

午後3時6分にジョーンズさんはどういう意味で「そうですね、わかりました」と書いていますか?

(A) 買い物を終えた。
(B) すでに文書を1部受け取った。
(C) なぜ値段が安い製品がふさわしくないかを理解している。
(D) すぐに手紙を送る必要があると知っている。

正解	C

[正答率 **79.4%**]

3時3分に Zimmerman さんが ② Go with the Ascos product.（アスコスの製品にしましょう）とメーカー純正品をすすめ、③で他社の安いインクは品質がよくないことと、印刷の用途を伝えている。これに対して Jones さんが Okay, got it. と返しているので、安いインクを使うべきではないことに理解を示していると判断できる。よって、(C) が正解。not as good as ... は「…ほどよくない」という意味で、本文では isn't always as good (as the Ascos product) のかっこ部分が省略されている。

💿 **990点 講師の目**

Got it. は I got it. を省略した形で、文脈に応じて「わかりました」と「受け取りました」という2通りの意味になります。相手の説明に対する Got it. は前者、メールが届いたかどうか確認を求められた場合の Got it. は後者の意味を表します。

174 What is implied about sticky notes?
(A) They are made by Ascos.
(B) They have completely sold out.
(C) They are not stocked by Officepro.
(D) They are being offered at a reduced price.

付箋について何が示唆されていますか？
(A) アスコス製である。
(B) 完売した。
(C) オフィスプロに在庫がない。
(D) 現在、割引価格で販売されている。

正解 D
正答率 65.0%

3 時 7 分④の I could do with some sticky notes. (付箋がほしいです) という Zimmerman さんの要望を受け、3 時 8 分に Jones さんが⑥ There are packs of five in their clearance sale. (5 本入りパックが在庫一掃セールになっています) と伝えているので、付箋がセール中で割引になっていることがわかる。よって、(D) が正解。a reduced price は「割引価格」(＝ a discount) のこと。I could do with ... は「…があればありがたい、…がほしい」という意味の慣用表現で、ほかに I could use ... が同じ意味で使われる。(C) の Officepro については、3 時 7 分⑤に I placed an order for some stationery from Officepro yesterday, but I forgot to order any. (昨日オフィスプロにいくつか文房具を注文したのですが、付箋を注文し忘れました) と書かれているので、在庫がなかったわけではない。

175 Why does Ms. Zimmerman apologize?
(A) For ordering the wrong product from a supplier
(B) For forgetting to make a phone call
(C) For being late in responding to Mr. Jones
(D) For making a mistake in a report

ジマーマンさんが謝っているのはなぜですか？
(A) 供給業者に間違った商品を注文したため
(B) 電話をかけるのを忘れていたため
(C) ジョーンズさんへの返事が遅くなったため
(D) 報告書でミスをしたため

正解 C
正答率 50.6%

3 時 13 分に Zimmerman さんは⑧ Sorry about that. I had to take a call. (すみません、電話に出なければなりませんでした) と謝った後、Those should be fine. (それで大丈夫なはずです) と伝えている。これが、少し前の 3 時 8 分に Jones さんが尋ねた⑦ Is that okay? (それで大丈夫ですか) に対する返事であることを押さえる。Zimmerman さんは電話に出ていて、質問への返事が遅れてしまったことに謝っていると考えられるので、(C) が正解。I had to take a call. とあるだけで、電話をし忘れたわけではないため、(B) は誤り。

91

Questions 176-180 refer to the following e-mail and product review.

To:	All management
From:	David Hagar
Subject:	New products
Date:	March 2

Dear all,

I am pleased to inform you that we are nearly ready to roll out our two new record players. Ozzy Audio started out as a manufacturer of turntables, and we have decided that ①adding these products will be a good way to mark our fiftieth year in the industry. ②As we have not produced any record players for a number of years, this is new territory for our current engineers. Therefore, development of these units took longer than expected.

③We are offering a deluxe model, set to be called the Vi-Fi, and a budget portable model, called the Go-Fi. These models will retail at $399 and $199 respectively. The details have been agreed upon by the board. ④However, we are still waiting on feedback from the focus groups we ran last week. If the participants are critical of any aspect of the devices, we could still make changes before launch.

Best regards,

David Hagar

Record Player Review
By Cordy Reeves

Last month, we awarded the Ozzy Audio Vi-Fi a Gold Recommendation. This month I am taking a look at the firm's ⑤smaller, portable model.

⑥Priced at $199, the Porta-Fi is a suitcase-type record player and is firmly aimed at newcomers to vinyl. It is certainly an attractive unit, but how does it sound? Unlike the Vi-Fi, which has two detachable high-quality speakers, the Porta-Fi has a single mono speaker on the front of the casing. Despite this, the sound is clear with much stronger bass than I expected. So, which model should you buy? ⑦The Vi-Fi is a superb all-in-one system and comes in three different color options. It also has far better speakers than the Porta-Fi. However, ⑧the Porta-Fi can be connected to almost any stereo. If you already have a decent amplifier and speakers, the Porta-Fi could be the better product for you.

176-180 番は次のメールと製品レビューに関するものです。

あて先： 管理職各位
送信者： デイヴィッド・ヘイガー
件名： 新製品
日付： 3月2日

皆さま

当社の新しいレコードプレーヤー2機を発売する用意がまもなく整いますことをお知らせできてうれしく思います。オジー・オーディオはターンテーブルのメーカーとしてスタートし、これらの新製品を加えることはこの業界での50年目を記念するよい方法になると考えました。私たちは何年もレコードプレーヤーを生産していなかったので、今いるエンジニアにとって、これは新たな領域となります。したがって、これらの製品の開発には予想よりも長く時間がかかりました。

Vi-Fiという名称になる予定のデラックスモデルと、Go-Fiという名称になる予定の手ごろな値段のポータブルモデルを提供します。これらのモデルはそれぞれ399ドルと199ドルで販売されます。詳細は取締役会で承認されました。しかしまだ、先週実施したフォーカスグループからの意見を待っているところです。参加者が機器の何らかの点について批判的である場合、発売前にまだ変更する可能性があります。

よろしくお願いいたします。

デイヴィッド・ヘイガー

レコードプレーヤーのレビュー
コーディー・リーヴス

先月、私たちはオジー・オーディオのVi-Fiをゴールド推薦賞としました。今月は同社の小型ポータブルモデルを取り上げます。

199ドルのPorta-Fiはスーツケースタイプのレコードプレーヤーで、レコードを新たに聞き始める人向けです。確かに魅力的な機器ですが、音はどうでしょうか？ 取り外し可能な高音質スピーカーが2つ付いているVi-Fiとは異なり、Porta-Fiは外装の前面にモノラルスピーカーが1つ付いています。でも音はクリアで、低音が予想していたよりもずっと力強いです。それで、どちらのモデルを買うべきでしょうか？ Vi-Fiは最高のオールインワンシステムで、3色で展開されています。また、Porta-Fiよりもはるかに上質なスピーカーが付いています。ですが、Porta-Fiはほぼどんなステレオにも接続することができます。すでに良質なアンプとスピーカーをお持ちなら、Porta-Fiのほうがあなたに合った製品となりうるでしょう。

Vocab. |本文：メール＼ □ **I am pleased to inform you that ...**「喜んで…をお知らせします」 □ **nearly**「あと少しで、ほぼ」
□ **roll out**「～を発売する」（= launch） □ **start out as**「～として始まる」
□ **turntable**「ターンテーブル（レコードプレーヤーの回転盤）、レコードプレーヤー」 □ **add**「～を加える」
□ **territory**「（知識などの）領域、分野」 □ **current**「現在の」 □ **development**「開発」 □ **unit**「機器、製品」
□ **set to be** *done*「～される予定の」 □ **budget**「予算に見合った、格安の」 □ **retail**「小売りされる」
□ **respectively**「それぞれ述べた順に」 □ **be agreed upon**「合意される」 □ **board (of directors)**「取締役会」
□ **wait on**「（決定・結果など）を待つ」 □ **run**「～を行う」 □ **participant**「参加者」 □ **be critical of**「～に批判的な」
□ **aspect**「側面」 □ **device**「機器」 □ **launch**「発売」
|本文：製品レビュー＼ □ **award A B**「AにBを授与する」 □ **firmly**「固く、ゆるぎなく」 □ **aimed at**「～に向けられた、～を対象とした」
□ **newcomer**「新参者、初心者」 □ **vinyl**「（ビニール素材の）レコード盤」 □ **certainly**「確かに」 □ **attractive**「魅力的な」
□ **unlike**「～とは違って」 □ **detachable**「取り外し可能な」 □ **casing**「（機械の）外装部」 □ **despite**「～にもかかわらず」
□ **superb**「優れた」（= excellent） □ **come in**「（特定の色・サイズ）で売られている」 □ **far ＋**〈比較級〉「はるかに、ずっと」
□ **decent**「そこそこよい、まともな」 □ **amplifier**「（音響機器につなぐ）アンプ、増幅器」
|設問＼ □ **component**「部品、構成要素」 □ **experienced**「経験豊富な」 □ **personnel**「（集合的に）人員、スタッフ」
□ **approve of**「～をよく思う、～に賛成する」 □ **advantage**「利点」 □ **come with**「～が付いてくる、～とともに売られる」
□ **a range of**「さまざまな」 □ **used to** *doing*「～することに慣れている」 □ **rechargeable**「再充電可能な、充電式の」
□ **consumer**「消費者」

176
In the e-mail, the word "mark" in paragraph 1, line 3, is closest in meaning to
(A) evaluate
(B) check
(C) impress
(D) celebrate

メールの第 1 段落 3 行目の mark に最も意味が近い語は
(A) ～を評価する
(B) ～を確認する
(C) ～に感銘を与える
(D) ～を祝う

正解　D
[正答率 70.4%]

動詞 mark には、「～に印を付ける」「～を採点する」「～を記念する」「(物事の節目) を示す、～となる」などの意味がある。第 1 段落① adding these products will be a good way to mark our fiftieth year in the industry (これらの製品を加えることは、この業界での 50 周年を…するよい方法になる) という文脈から、本文では mark が「(50 周年) を祝う、記念する」という意味で用いられていると判断できる。よって、(D) celebrate が正解。mark の同義語として、ほかに commemorate (～を記念する) を押さえておこう。

177
What caused a delay in the development of the products?
(A) Difficulty obtaining components
(B) A lack of experienced personnel
(C) The large number of units required
(D) The size of the research budget

商品の開発で遅れを引き起こしたのは何ですか?
(A) 部品の入手が難しいこと
(B) 経験のある人員の不足
(C) 多くの台数が必要とされたこと
(D) 研究予算の規模

正解　B
[正答率 63.2%]

メールの第 1 段落 4 ～ 6 行目②に As we have not produced any record players for a number of years, this is new territory for our current engineers. (私たちは何年もレコードプレーヤーを生産していなかったので、今いるエンジニアにとって、これは新しい領域となります) とあり、その後に Therefore, development of these units took longer than expected. (したがって、これらの製品の開発には予想よりも長く時間がかかりました) と続いている。このことから、レコードプレーヤーを手がけた経験のあるエンジニアが社内にいなかったために開発が遅れたことがわかるので、(B) が正解。〈原因〉＋ Therefore ＋〈結果〉という流れを押さえよう。部品が入手困難だったかどうかは本文に書かれていないため、(A) は誤り。

178
What is most likely true about the focus groups?
(A) They each had 50 participants.
(B) They worked together over a few days.
(C) They believed that the products were too expensive.
(D) They did not approve of the name of one of the products.

フォーカスグループについて何が正しいと思われますか?
(A) それぞれ 50 人の参加者がいた。
(B) 数日かけて一緒に取り組んだ。
(C) 製品が高すぎると思った。
(D) 1 つの商品の名称に賛成しなかった。

正解　D
[正答率 61.4%]

クロスレファレンス問題。メールの第 2 段落 1 ～ 2 行目③でレコードプレーヤー 2 機種の名称 (Vi-Fi、Go-Fi) と小売価格 ($399、$199) を伝えた後、3 ～ 5 行目④で However, we are still waiting on feedback from the focus groups we ran last week. If the participants are critical of any aspect of the devices, we could still make changes before launch. (しかしまだ、先週実施したフォーカスグループからの意見を待っているところです。参加者が機器の何らかの点に対して批判的である場合、発売前にまだ変更する可能性があります) と説明している。一方、この 2 つの機種を比較している製品レビューを見ると、第 2 段落冒頭⑥に Priced at $199, the Porta-Fi is ... とあり、機種名の 1 つが Go-Fi ではなく Porta-Fi に変わっている。これは、フォーカスグループの参加者から指摘を受けて名称を変更したと考えられるので、(D) が正解。approve of は「～をよく思う、～に賛成する」という意味。メールの④に the focus groups we ran last week (先週実施したフォーカスグループ) とあるが、実施期間については触れられていないため、(B) は誤り。なお、フォーカスグループとは、インタビュー形式で市場調査を行うために集めた消費者のグループ、またはその調査のことを指す。

> 🔖 **これがエッセンス**
> ダブル・トリプルパッセージでは、1 つ目の文書に書かれた予定が、その後の文書で変更される場合がよくあり、その変更点が「クロスレファレンス問題 (2 文書参照型問題)」で問われます。製品名、販売価格、発売日などが変わっていないか、「間違い探しゲーム」をするつもりで、関連する 2 つの文書の情報を照らし合わせましょう。

According to the product review, what is an advantage of the Vi-Fi?
(A) It comes with a radio.
(B) **It is available in a range of colors.**
(C) It is easy to use for people not used to playing records.
(D) It can be powered by rechargeable batteries.

製品レビューによると、Vi-Fi の長所は何ですか？
(A) ラジオ付きである。
(B) さまざまな色で販売されている。
(C) レコードをかけるのに慣れていない人でも使いやすい。
(D) 充電式のバッテリーで起動させることができる。

 正解　**B**
[正答率 86.7%]　Vi-Fi の利点については、製品レビューの第 2 段落 5 〜 7 行目⑦で The Vi-Fi is a superb all-in-one system and comes in three different color options. It also has far better speakers than the Porta-Fi. (Vi-Fi は最高のオールインワンシステムで、3 色で展開されています。また、Porta-Fi よりもはるかに上質なスピーカーが付いています) とまとめている。この文の three different color options を a range of colors（さまざまな色）と言い換えた (B) が正解。(C) は、第 2 段落冒頭⑥の内容から、Porta-Fi の利点であるとわかる。

180 What recommendation does the review make?
(A) **The smaller model should be used with a decent speaker.**
(B) Consumers should wait for a new model to be released.
(C) People should try the products in a showroom.
(D) A cover should be purchased to protect the products.

レビューでは何がすすめられていますか？
(A) 小型モデルは良質なスピーカーとともに使用したほうがよい。
(B) 消費者は新モデルが発売されるのを待ったほうがよい。
(C) ショールームで製品を試してみたほうがよい。
(D) 製品を保護するためにカバーを購入したほうがよい。

正解　**A**
[正答率 83.0%]　Vi-Fi よりも音質の劣る Porta-Fi について、製品レビューの第 2 段落 7 行目以降に⑧ the Porta-Fi can be connected to almost any stereo (Porta-Fi はほぼどんなステレオにも接続することができます) とあり、If you already have a decent amplifier and speakers, the Porta-Fi could be the better product for you. (すでに良質なアンプとスピーカーをお持ちなら、Porta-Fi のほうがあなたに合った製品となりうるでしょう) と結論づけているので、Porta-Fi を良質なスピーカーに接続して使うことをすすめているとわかる。また、Porta-Fi は製品レビューの第 1 段落 2 行目⑤で smaller, portable model（小型のポータブルモデル）と紹介されている。よって、(A) が正解。decent は「そこそこよい、まともな」(= good enough; acceptable) という意味。

Questions 181-185 refer to the following article and e-mail.

New Government Initiative Could Really Help Trenchbridge
By Mary Barton

TRENCHBRIDGE (February 12) —₁The recently announced governmental measures to protect the country's traditional jobs are long overdue. ₂Our town, of course, is renowned for its traditional carpentry. The techniques used are highly specialized and are not taught in vocational colleges. The only route into the field is to find a skilled artisan who is willing to teach you how to do the job.

Becoming an apprentice used to be much more common. Fifty years ago, there were 25 such trainee carpenters in our town alone; the number today has dwindled to three. The new government subsidies should make it much easier for craftspeople to start hiring apprentices again.

₃Walk into any of the workshops along Pine Street, and you will get the same positive reaction from all of the carpenters working there. I spoke to Nigel Hawthorne. ₄He told me that the last time he had an apprentice was 30 years ago. Since then he has been working alone. "Demand for our services has dropped drastically. ₅I'm the only person working at my firm. I simply don't make enough money to employ anyone. I know we need to pass our skills on to the next generation, but there was nothing I could do. ₆Now that the government is offering to pay an apprentice's salary, I will definitely find one."

Let's hope that this new initiative can help revive an important part of Trenchbridge's economy.

E-mail Message
To: adeng@rapidmail.com
From: nigelhawthorne@dovetaildesigns.com
Subject: Possible Work
Date: June 21

Dear Ms. Deng,

Thank you for choosing Dovetail Designs. We would be delighted to build the bookcases for your home office. ₇The next step is to arrange for a visit by my associate, Amber Ripley. She will take measurements of your room and can show you a selection of different wood types for you to choose from. She will be available any morning next week. ₈Please let me know which day and time would be suitable.

Sincerely,

Nigel Hawthorne
Dovetail Designs

政府の新たな取り組みはトレンチブリッジにとって大きな助けとなりうる

メアリー・バートン

トレンチブリッジ（2月12日）——最近発表された、国の伝統的な仕事を守るという政府の施策は長く待ち望まれたものだ。私たちの町はもちろん、伝統的な木工技術で知られている。使われている技術は高度に専門化し、職業訓練校では教えられていない。この分野に参入する唯一の道は、仕事の仕方を教える気のある熟練した職人を見つけることだ。

かつて弟子入りは、はるかに一般的だった。50年前は私たちの町だけでも修行中の大工が25人いたが、その数は今や3人に減少している。政府の新しい補助金は、熟練工が再び弟子を取り始めることを行いやすくするはずだ。

パイン通り沿いの工房のどれかに足を踏み入れれば、そこで働く大工の全員から変わらぬ肯定的な反応が得られるだろう。私が話をしたのはナイジェル・ホーソーン氏だ。彼は私に、最後に弟子がいたのは30年前だと語った。それ以来、彼は1人で仕事をしている。「私たちの仕事に対する需要は劇的に低下しています。私の工房で働いているのは私だけです。たんに、人を雇うお金がないのです。次の世代に私たちの技術を引き継ぐ必要があるのはわかっていますが、できることはありませんでした。ですがこれからは政府が弟子の給与を支払うと申し出ているので、必ず弟子を見つけます」。

この新しい取り組みがトレンチブリッジ経済の重要な一部の再興に役立てられることを願おう。

あて先： adeng@rapidmail.com
送信者： nigelhawthorne@dovetaildesigns.com
件名： お引き受けする可能性のある仕事について
日付： 6月21日

デン様

ダヴテイル・デザインズをお選びいただき、ありがとうございます。お客様のホームオフィス用の本棚を喜んでお作りいたします。次は、当社の社員アンバー・リプリーがおうかがいする日時を設定しましょう。彼女がお客様のお部屋を採寸し、お客様にお選びいただけるさまざまな種類の木材の品ぞろえをお見せします。彼女は来週の午前中でしたらいつでもうかがえます。ご都合のよい日時をお知らせください。

よろしくお願いいたします。

ナイジェル・ホーソーン
ダヴテイル・デザインズ

Vocab. |本文：記事\ □ **initiative**「新たな取り組み、政策」 □ **measure**「対策、措置」
□ **long overdue**「（計画などが）ずっと前に行われるべきだった、長らく延び延びになっていた」 □ **be renowned for**「～で有名な」
□ **carpentry**「大工仕事、木工技術」 □ **technique**「技術、手法」 □ **highly specialized**「高度に専門化した」
□ **vocational college**「職業訓練校、専門学校」 □ **skilled**「熟練した」 □ **artisan**「職人」
□ **be willing to** *do*「～してもいいと思う」 □ **apprentice**「見習い、弟子」 □ **used to be**「以前は～だった」
□ **common**「一般的な、よくある」 □ **trainee**「研修生」 □ **carpenter**「大工」 □ **dwindle**「徐々に減少する」
□ **subsidy**「補助金」 □ **craftsperson**「職人」(複数形 craftspeople) □ **workshop**「作業場、工房」
□ **drop drastically**「大幅に低下する」 □ **simply**「たんに、ただ」 □ **employ**「～を雇用する」
□ **pass A on to B**「AをBに伝える」 □ **next generation**「次世代」 □ **now that ...**「今や…なので」
□ **definitely**「絶対に、必ず」 □ **revive**「～をよみがえらせる、復興させる」
|本文：メール\ □ **be delighted to** *do*「喜んで～する」 □ **bookcase**「本棚」 □ **home office**「自宅の仕事部屋」
□ **arrange for**「～を手配する」 □ **associate**「仕事仲間、同僚」 □ **take measurements of**「～の寸法を測る」
□ **available**「都合がつく、手が空いている」 □ **suitable**「ふさわしい、適した」
|設問\ □ **sole**「唯一の」 □ **attract A to B**「AをBに引き寄せる」 □ **setting**「環境」
□ **increase in popularity**「人気が高まる」 □ **expand into**「（新しい分野）に進出する」 □ **be located**「位置している、ある」
□ **reasonable price**「手ごろな価格」 □ **specialize in**「～を専門とする」 □ **sales assistant**「店員」

181

What does Ms. Barton indicate about traditional carpentry?
- (A) It is the sole focus of a government measure.
- (B) It attracts a lot of tourists to the local area.
- (C) It cannot be learned in a classroom setting.
- (D) It is increasing in popularity as a career choice.

バートンさんは伝統的な木工技術について何と書いていますか？
- (A) 政府の施策の唯一の対象だ。
- (B) 地元にたくさんの観光客を集めている。
- (C) 教室の環境では学ぶことができない。
- (D) 働き先としての人気が高まっている。

正解　C

[正答率 57.8%]

記事のタイトル下部から、Ms. Barton が記者の名前であることを押さえる。第1段落4行目からの②に Our town, of course, is renowned for its traditional carpentry.（私たちの町はもちろん、伝統的な木工技術で知られている）とあり、続く一文で The techniques used are highly specialized and are not taught in vocational colleges.（使われている技術は高度に専門化し、職業訓練校では教えられていない）と述べている。この vocational colleges（職業訓練校）を a classroom setting（教室の環境）と言い換えた (C) が正解。第1段落1〜3行目①に The recently announced governmental measures to protect the country's traditional jobs（最近発表された、国の伝統的な仕事を守るという政府の施策）とあるが、この町の伝統産業だけを守るわけではないので、(A) は誤り。選択肢を選ぶ際は、sole（唯一の）や only といった限定語に注意しよう。

182

What is implied about Mr. Hawthorne?
- (A) He has won an award for his work.
- (B) He plans to expand into a new field.
- (C) He has worked as a carpenter for over 30 years.
- (D) He advertises his work in a local newspaper.

ホーソーンさんについて何が示唆されていますか？
- (A) 彼は自分の仕事で賞をもらった。
- (B) 彼は新しい分野への進出を計画している。
- (C) 彼は30年以上、大工として仕事をしてきた。
- (D) 彼は地元の新聞で自分の仕事を宣伝している。

正解　C

[正答率 75.8%]

記事の第3段落冒頭③に Walk into any of the workshops along Pine Street, and you will get the same positive reaction from all of the carpenters working there.（パイン通り沿いの工房のどれかに足を踏み入れれば、そこで働く大工の全員から変わらぬ肯定的な反応が得られるだろう）とあり、その後に Nigel Hawthorne の話を紹介しているので、彼は carpenter（大工）であるとわかる。さらに、4〜7行目④の He told me that the last time he had an apprentice was 30 years ago. Since then he has been working alone.（彼は私に、最後に弟子がいたのは30年前だと語った。それ以来、彼は1人で仕事をしている）から、彼は少なくとも30年以上は大工仕事をしていると考えられる。よって、(C) が正解。

183

What is suggested about Dovetail Designs?
- (A) It is located on Pine Street.
- (B) It offers reasonable prices.
- (C) It has recently purchase new equipment.
- (D) It specializes in painting homes.

ダヴテイル・デザインズについて何が示唆されていますか？
- (A) パイン通りにある。
- (B) 手ごろな価格を提供している。
- (C) 最近新しい設備を購入した。
- (D) 住宅の塗装を専門にしている。

正解　A

[正答率 57.8%]

クロスレファレンス問題。メール下部の署名欄から、Dovetail Designs が Hawthorne さんの会社であることを押さえる。記事の第3段落冒頭③に the workshops along Pine Street（パイン通り沿いの工房）とあり、そこで働く大工の1人として Hawthorne さんの例を挙げているので、Dovetail Designs が Pine Street にあると判断できる。よって、(A) が正解。なお、メールの2行目にある home office には「自宅の仕事部屋」と「本社」（＝ head office）の2つの意味があり、ここでは前者の意味で使われている。

184

Who most likely is Amber Ripley?
(A) A sales assistant at a furniture store
(B) A trainee under Mr. Hawthorne
(C) A manager at a carpentry firm
(D) An interior designer

アンバー・リプリーはどのような人物だと思われますか?
(A) 家具店の販売員
(B) ホーソンさんの下で働く訓練工
(C) 木工会社の経営者
(D) インテリアデザイナー

正解	B
正答率 65.0%	

クロスレファレンス問題。メールの2~3行目⑦で、Hawthorneさんは The next step is to arrange for a visit by my associate, Amber Ripley. (次は、当社の社員アンバー・リプリーがおうかがいする日時を設定しましょう) と Ripley さんを紹介している。一方、記事の第3段落8~9行目⑤で I'm the only person working at my firm. (私の工房で働いているのは私だけです)、最終文⑥で Now that the government is offering to pay an apprentice's salary, I will definitely find one. (これからは政府が弟子の給与を支払うと申し出ているので、必ず弟子を見つけます) と Hawthorne さんの発言が引用されている。よって、記事の取材の後に Ripley さんが Hawthorne さんに弟子として雇われたと考えられるので、(B) が正解。

🎯 990点 講師の目

trainee (見習い、研修生) の言い換えになる重要語として、apprentice (見習い、弟子) と intern (実習生) があります。apprentice は建設・伝統工芸・料理などの職人の見習い、intern は一般企業の実習生や研修医のことを指します。

185

What is Ms. Deng asked to do in the e-mail?
(A) Visit the Dovetail Designs workshop
(B) Send measurements of a room
(C) Look at some samples on a Web site
(D) Express a time preference

デンさんはメールで何をするように頼まれていますか?
(A) ダヴテイル・デザインズの工房を訪れる
(B) 部屋の寸法を送る
(C) ウェブサイトでいくつかのサンプルを見る
(D) 時間の希望を伝える

正解	D
正答率 83.0%	

メールの読み手である Deng さんは、最終文⑧で Please let me know which day and time would be suitable. (ご都合のよい日時をお知らせください) と依頼されているので、(D) が正解。express は「(意見・感情など) を伝える」、preference は「希望、好み」という意味。依頼内容を問う問題は、Please do (どうか~してください)、I would like you to do (~していただきたい)、I would appreciate it if you could do (~していただければありがたい) などの表現が解答のカギになる。

Questions 186-190 refer to the following e-mails and online form.

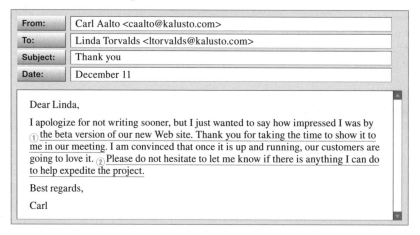

From: Carl Aalto <caalto@kalusto.com>
To: Linda Torvalds <ltorvalds@kalusto.com>
Subject: Thank you
Date: December 11

Dear Linda,

I apologize for not writing sooner, but I just wanted to say how impressed I was by ① the beta version of our new Web site. Thank you for taking the time to show it to me in our meeting. I am convinced that once it is up and running, our customers are going to love it. ② Please do not hesitate to let me know if there is anything I can do to help expedite the project.

Best regards,

Carl

From: Linda Torvalds <ltorvalds@kalusto.com>
To: Carl Aalto <caalto@kalusto.com>
Subject: Re: Thank you
Date: December 11

Dear Carl,

Thank you for your e-mail. ③ A lot of progress has been made with the site since we met at the end of last month. The design work is finished. The text for all of our products is complete, as are the product photographs. ④ We are only waiting for the company profile from marketing and the answers to a couple of FAQs from customer service.

Unfortunately, there is a small glitch with the virtual decor planner. Customers will be able to input the size of their room, change wall colors and add any of our furniture into the 3D image. However, ⑤ on the current version of the site, the flooring color is set to white and cannot be changed. Barry Westwood is looking into the issue and hopes to have it fixed by the launch date.

Why don't you drop by my office later in the week to see what we've done?

Best regards,

Linda

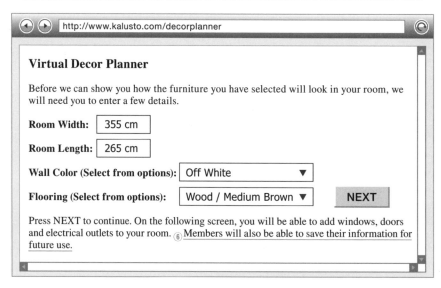

http://www.kalusto.com/decorplanner

Virtual Decor Planner

Before we can show you how the furniture you have selected will look in your room, we will need you to enter a few details.

Room Width: 355 cm

Room Length: 265 cm

Wall Color (Select from options): Off White ▼

Flooring (Select from options): Wood / Medium Brown ▼   NEXT

Press NEXT to continue. On the following screen, you will be able to add windows, doors and electrical outlets to your room. ⑥ Members will also be able to save their information for future use.

送信者： カール・アアルト <caalto@kalusto.com>
あて先： リンダ・トーバルズ <ltorvalds@kalusto.com>
件名： ありがとうございました
日付： 12 月 11 日

リンダ様

もっと早くにご連絡できずすみません。でも、当社の新しいウェブサイトのベータ版にどれだけ感銘を受けたかをお伝えしたく思いました。会議でこちらを私に見せる時間を取っていただいてありがとうございました。サイトが稼働し始めたら、当社のお客様はきっと気に入ることと確信しています。このプロジェクトを早く進めるために、何か私にできることがあればご遠慮なくお知らせください。

よろしくお願いいたします。

カール

送信者： リンダ・トーバルズ <ltorvalds@kalusto.com>
あて先： カール・アアルト <caalto@kalusto.com>
件名： Re: ありがとうございました
日付： 12 月 11 日

カール様

メールをありがとうございます。先月末にお会いしてからサイトがかなり進展しました。デザイン作業は終わっています。全商品の説明文は完成していて、商品写真もできています。あとはマーケティング部から会社情報と、カスタマーサービス部からいくつかのよくある質問への回答を待つのみです。

残念ながら、バーチャル・デコ・プランナーにちょっとした不具合があります。お客様は部屋のサイズを入力し、壁の色を変え、当社の家具をどれでも 3D のイメージに追加できます。しかし現在のサイトのバージョンでは、フローリングの色が白に設定され、変更することができません。バリー・ウエストウッドがこの問題を調査し、公開開始日までに解決させる見込みです。

これまでの進み具合をご覧になりに、今週オフィスにいらっしゃいませんか？

よろしくお願いいたします。

リンダ

---

http://www.kalusto.com/docorplanner

バーチャル・デコ・プランナー

お選びになった家具がお客様のお部屋でどのように見えるかを表示するには、いくつか詳細をご入力いただく必要がございます。

お部屋の幅： 355 センチメートル
お部屋の長さ： 265 センチメートル
壁の色（オプションから選択）： オフホワイト
フローリング（オプションから選択）： 木製／ミディアムブラウン ☐ 次へ

続けるには「次へ」を押してください。次の画面で、窓とドア、コンセントをお部屋に追加していただけます。また、会員の方は、今後使えるように情報を保存できます。

Vocab. 本文：メール1 □ be impressed by「〜に感銘を受けた、感心した」 □ be convinced that ...「…であると確信している」
□ once「いったん〜したら」 □ up and running「稼働して、運用可能な」
□ Please do not hesitate to *do*「ご遠慮なく〜してください」 □ expedite「〜の進行を早める」
本文：メール2 □ make progress「進展する、前進する」 □ text「文章、本文」 □ as are ...「…も同様だ」
□ a couple of「2つの、2〜3の」 □ FAQ「よくある質問」(frequently asked question の略) □ unfortunately「残念ながら」
□ glitch「(システムなどの) 不具合、障害」 □ decor「(壁・家具などの) 室内装飾、内装」 □ input「〜を入力する」
□ look into「〜を詳しく調べる」 □ issue「問題」 □ have ... fixed「…を解決させる」 □ launch date「開始日、立ち上げ日」
□ Why don't you *do*?「〜するのはどうですか (提案表現)」 □ drop by「〜に立ち寄る」
本文：オンラインフォーム □ enter「〜を入力する」 □ following「次の」 □ electrical outlet「コンセント」
□ save「(情報など) を保存する」 設問 □ outdated「旧式の、古い」 □ assist in *doing*「〜する手助けをする」
□ demonstration「実演説明、デモ」 □ trade show「見本市、展示会」 □ undergo renovations「改装される」
□ assemble「〜を組み立てる」 □ job opening「職の空き、求人枠」 □ remove A from B「A を B から取り除く」
□ feature「特徴、機能」 □ resolve「〜を解決する」 □ handle「〜に対処する、〜を扱う」 □ complaint「苦情、クレーム」
□ qualified「(仕事に適した) 資格・経験のある」 □ quote「費用の提示、見積もり」 □ dimension「(長さ・幅・高さなどの) 寸法」

186 What does Mr. Aalto offer to do?

(A) Increase the budget for some work
(B) Obtain feedback from customers
(C) Replace some outdated equipment
(D) Assist in speeding up a project

アアルトさんは何をすると申し出ていますか？

(A) 作業の予算を増やす
(B) 顧客から意見をもらう
(C) 古くなった機器を取り替える
(D) プロジェクトの進行を早めるのを手助けする

正解	D
正答率 74.0%	

1通目のメールの書き手である Aalto さんは、最終文②で Please do not hesitate to let me know if there is anything I can do to help expedite the project. (このプロジェクトを早く進めるために、何か私にできることがあればご遠慮なくお知らせください) と申し出ているので、(D) が正解。expedite は「～の進行を早める」(＝ speed up) という意味の TOEIC 頻出語。同僚同士のメールでは、本文にファーストネームしか記載されないことがよくあるので、設問で問われている人物が書き手と読み手のどちらなのかをメール上部の From/To 欄で確認しよう。

187 What most likely happened in November?

(A) Mr. Aalto attended a demonstration by Ms. Torvalds.
(B) Mr. Aalto visited an IT industry trade show.
(C) A new Web designer was hired.
(D) An office underwent some renovations.

11月に何があったと思われますか？

(A) アアルトさんはトーバルズさんが行った実演に出席した。
(B) アアルトさんは IT 産業の見本市を訪れた。
(C) 新しいウェブデザイナーを雇った。
(D) オフィスの一部をリフォームした。

正解	A
正答率 66.8%	

クロスレファレンス問題。2通目のメールの第1段落③で、Torvalds さんは Aalto さんに A lot of progress has been made with the site since we met at the end of last month. (先月末にお会いしてからサイトがかなり進展しました) と伝えていて、メールの日付が December 11 となっているので、2人が会ったのは11月末となる。また、1通目のメールの2～3行目①から、Aalto さんは Torvalds さんに会議で会って、the beta version of our new Web site (新しいウェブサイトのベータ版) を見せてもらったことがわかる。よって、(A) が正解。demonstration は「実演説明、デモンストレーション」のこと。

188 According to the second e-mail, what does Ms. Torvalds still need to complete the Web site?

(A) Photographs of some staff members
(B) Some background information about her company
(C) Text that describes how to assemble some furniture
(D) A list of job openings in a particular department

2通目のメールによると、ウェブサイトを完成させるためにトーバルズさんがいまだ必要としているものは何ですか？

(A) 何人かのスタッフの写真
(B) 彼女の会社に関するいくつかの背景情報
(C) いくつかの家具の組み立て方を示した文章
(D) 特定の部署の求人リスト

正解	B
正答率 59.6%	

2通目のメールの第1段落3～5行目④で、Torvalds さんはサイトの進捗状況について We are only waiting for the company profile from marketing and the answers to a couple of FAQs from customer service. (あとはマーケティング部から会社情報と、カスタマーサービス部からいくつかのよくある質問への回答を待つのみです) と述べている。よって、the company profile を言い換えた (B) がサイトの完成に必要であると判断できる。

◎ **990点 講師の目**

2通目のメールの第1段落3行目にある as is/are ... は「…も同様だ」という意味で、その前で述べた内容がほかのものにも当てはまることを表します。Paul is tall, as is his father. であれば「Paul は背が高く、父親も同様に背が高い」という意味です。本文の as are the product photographs は、and the product photographs are complete too と言い換えることができます。

189 What has Mr. Westwood most likely done?
(A) He removed a feature from a Web site.
(B) He purchased some new office software.
(C) He resolved a problem with an online system.
(D) He handled complaints from a customer.

ウエストウッドさんは何をしたと思われますか？
(A) ウェブサイトからある機能を取り除いた。
(B) 新しいオフィスソフトウェアをいくつか購入した。
(C) オンラインシステムの問題を解決した。
(D) 顧客からのクレームに対応した。

正解　C
[正答率 74.0%]

クロスレファレンス問題。2通目のメールの第2段落⑤で、on the current version of the site, the flooring color is set to white and cannot be changed（現在のサイトのバージョンでは、フローリングの色が白に設定され、変更することができません）とシステムの不具合を伝えた後、Barry Westwood is looking into the issue and hopes to have it fixed by the launch date.（バリー・ウエストウッドがこの問題を調査し、公開開始日までに解決させる見込みです）と述べている。一方、オンラインフォームを見ると、Flooring の右側に Wood / Medium Brown と表示されていることから、フローリングの色を白以外に設定できるようになったことがわかる。よって、(C) が正解。fix は「（問題など）を解決する、（不具合など）を直す」という意味で、選択肢では resolve（〜を解決する）で言い換えられている。

190 According to the online form, what will some visitors be able to do on the next page?
(A) Receive advice from a qualified professional
(B) Order discounted electronic goods
(C) Obtain a quote for design work
(D) Save the dimensions of their rooms

オンラインフォームによると、一部の利用者は次のページで何ができますか？
(A) 資格のある専門家からアドバイスを受ける
(B) 値引きされた電化製品を注文する
(C) 設計作業の見積もりを入手する
(D) 部屋の寸法を保存する

正解　D
[正答率 75.8%]

次のページでできることについては、オンラインフォーム最下部の段落に説明があり、最終文⑥に Members will also be able to save their information for future use.（また、会員の方は、今後使えるように情報を保存できます）とある。つまり、会員であれば、本文の Room Width（部屋の幅）と Room Length（部屋の長さ）に入力された情報を保存できるということなので、(D) が正解。dimensions は「（長さ・幅・高さなどの）寸法」という意味。(C) の quote は「費用の提示、見積もり」（= estimate）のこと。

Questions 191-195 refer to the following Web page, article, and memo.

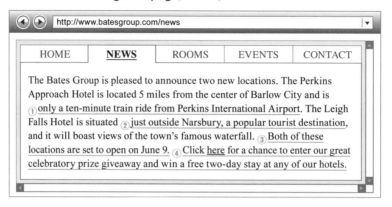

BARLOW CITY (May 11)—Journalists were given the chance yesterday to see inside The Perkins Approach Hotel prior to its opening next month. The building has already drawn plenty of attention; (5) the all-glass exterior is certainly a noticeable addition to the city's skyline. The interior is equally impressive. There are 300 beautifully furnished (6) guest rooms with stunning views of Barlow Docks and the pier, four top-class restaurants, a fully equipped gym, and a state-of-the-art business center.

However, (7) Valubuild, the firm working on the construction project, has experienced a number of setbacks. (8) "Glass can be difficult to work with, and we had to use some quite innovative techniques," said Vera Balsam, the construction manager. "Thankfully, I have an amazing team, and we were able to meet every challenge that came our way. We are now having problems with some of the building's electrical systems, but we expect everything to be fine by the time we open," she added.

To:	All Booking Agents
From:	John Gavin, Chief of Operations
Subject:	Update on New Hotels
Date:	May 20

(9) The following information will hopefully help you to better address inquiries from customers who have concerns about either of our two new properties.

The Perkins Approach Hotel
(10) I can now confirm that the Perkins Approach will open for business on June 7. An opening ceremony with a complimentary buffet for guests will be held in the lobby. The electrical issues reported in the local press have been fully resolved.

The Leigh Falls Hotel
The hotel will open exactly on schedule. However, we will not be taking delivery of the hotel shuttle bus until June 12. This will mean that (11) guests will have limited access to the beach front. Extra taxis will be available.

Please feel free to contact me if you need any further information.

http://www.batesgroup.com/news

ホーム　　**ニュース**　　お部屋　　イベント　　お問い合わせ

ザ・ベイツ・グループは2つの新ホテルについて謹んでお知らせします。ザ・パーキンズ・アプローチ・ホテルはバーロウシティの中心部から5マイルの場所にあり、パーキンズ国際空港から電車でわずか10分です。ザ・リー・フォールズ・ホテルは、人気の観光地ナーズベリーのすぐ外にあり、町で有名な滝の素晴らしい眺めがお楽しみいただけます。どちらのホテルも6月9日にオープン予定です。こちらをクリックして、オープン記念の懸賞にご応募いただき、当ホテルいずれかでの無料宿泊2泊分が当たるチャンスにご参加ください。

バーロウシティ (5月11日)——報道関係者は昨日、ザ・パーキンズ・アプローチ・ホテルを来月のオープン前に内覧する機会を与えられた。建物はすでにたくさんの注目を集めてきた。全面ガラス張りの外装は間違いなく人目を引き、この街の風景に加わっている。内装も同じくらい印象的だ。美しく家具が整えられた客室が300室あり、バーロウ埠頭と桟橋の見事な眺めが楽しめる。またトップクラスのレストラン4店と施設完備のジム、最新式のビジネスセンターもある。

しかし、この建設計画に携わった企業のバリュビルドは、途中で何度も行き詰まった。「ガラスは作業が難しくなる場合があり、かなり革新的な技術をいくつか使わなければなりませんでした」と建設主任のベラ・バルサム氏は述べた。「ありがたいことに素晴らしいチームがいたので、途中で生じたあらゆる難題に対応することができました。現在、ビルの電気システムの一部にいくつか問題はありますが、オープンする時期までにはすべてうまくいくと見込んでいます」と付け加えた。

あて先：　予約担当各位
差出人：　ジョン・ギャビン、業務長
件名：　　新しいホテルに関する最新情報
日付：　　5月20日

当グループの2つの新ホテルについて不安のあるお客様からのお問い合わせによりよく対応できるよう、以下の情報がお役に立てばと思います。

ザ・パーキンズ・アプローチ・ホテル
現在、パーキンズ・アプローチは6月7日にオープンすることが確認できています。お客様のために無料のビュッフェを用意したオープンセレモニーがロビーで開催されます。地元紙で報道された電気系統の問題は完全に解決されました。

ザ・リー・フォールズ・ホテル
こちらのホテルは予定どおりに開業します。しかし、6月12日までホテルのシャトルバスが来ない見込みです。これはつまり、お客様はビーチの前までのアクセスが限られるということです。追加のタクシーはご利用いただけます。

さらに情報が必要でしたら、お気軽にご連絡ください。

Vocab. |本文：ウェブページ| □ **be pleased to** *do*「喜んで～する」 □ **be situated**「位置している、ある」(= be located)
□ **tourist destination**「観光地」 □ **boast**「(誇るべきもの) がある」 □ **waterfall**「滝」
□ **be set to** *do*「～する予定だ、～しそうだ」 □ **enter**「(コンテストなど) に応募する、参加する」 □ **celebratory**「お祝いの」
□ **giveaway**「(無料で提供する) 景品、懸賞」 □ **win**「～を勝ち取る、(賞品など) を当てる」
|本文：記事| □ **prior to**「～より前に」 □ **draw attention**「注意を引く、注目を集める」 □ **exterior**「(建物などの) 外部、外壁」
□ **noticeable**「際立った、顕著な」 □ **addition**「加わるもの」 □ **skyline**「スカイライン (空を背景にした建物や山などの輪郭線)」
□ **interior**「内部、屋内」 □ **equally**「同様に」 □ **impressive**「印象的な、見事な」 □ **furnished**「家具付きの」
□ **stunning**「驚くほど美しい、見事な」 □ **pier**「桟橋」 □ **fully equipped**「設備が充実した」 □ **state-of-the-art**「最新式の」
□ **setback**「進行の妨げ、つまずき」 □ **innovative**「革新的な、斬新な」 □ **thankfully**「ありがたいことに」
□ **amazing**「驚くべき、素晴らしい」 □ **meet a challenge**「難題に取り組む」 □ **come** *one's* **way**「(人) の身に降りかかる、起こる」
□ **by the time ...**「…するころには」
|本文：社内連絡| □ **booking**「予約」 □ **hopefully**「願わくは、～になればよいのですが」 □ **address**「(問題・質問など) に対応する」
□ **inquiry**「問い合わせ」 □ **have concerns**「心配している、懸念がある」 □ **property**「(所有している) 建物、敷地」
□ **confirm that ...**「…であると断定する」 □ **open for business**「営業を始める」 □ **complimentary**「無料の」
□ **buffet**「ビュッフェ」 □ **press**「報道陣、報道機関」 □ **exactly on schedule**「ちょうど予定どおりに」
□ **take delivery of**「～を受け取る、～が届く」 □ **mean that ...**「～を意味している、つまり…ということだ」
□ **have limited access to**「～へのアクセスが制限される」 □ **further**「さらなる」
|設問| □ **merchandise**「(集合的に) 商品」 □ **material**「資材、材料」 □ **unfavorable**「好ましくない」
□ **weather conditions**「気象状況」 □ **help 〈人〉 (to)** *do*「〈人〉 が～するのを助ける」 □ **potential**「潜在的な、可能性のある」
□ **merger**「合併、統合」 □ **procedure**「手順、手続き」 □ **encourage 〈人〉 to** *do*「〈人〉 に～するよう促す、すすめる」
□ **within walking distance of**「～の徒歩圏内で」 □ **have ... in common**「…が共通している」 □ **coast**「海岸」
□ **easily accessible**「アクセスしやすい、交通の便がよい」

105

191

What can visitors do on The Bates Group's Web site?
(A) Review hotel stays
(B) Suggest new services
(C) Enter a contest
(D) Order merchandise

ザ・ベイツ・グループのウェブサイトにアクセスした人は何ができますか？
(A) ホテルの宿泊についてレビューを書く
(B) 新しいサービスを提案する
(C) コンテストに応募する
(D) 商品を注文する

正解　C

正答率 74.0%

The Bates Group の新ホテルのオープンを知らせるウェブページの最終文④に、Click here for a chance to enter our great celebratory prize giveaway and win a free two-day stay at any of our hotels. (こちらをクリックして、オープン記念の懸賞にご応募いただき、当ホテルいずれかでの無料宿泊 2 泊分が当たるチャンスにご参加ください) とある。この prize giveaway (賞品が当たる懸賞) を contest (コンテスト) と言い換えた (C) が正解。

⏺ 990点 講師の目
賞品が当たるコンテストとして、giveaway (プロモーション目的の懸賞) のほかに drawing (無料のくじ引き、抽選会) と raffle (慈善活動の募金などのために行われるくじ) が TOEIC に出てきます。なお、lottery は「宝くじ」のことです。

192

According to the article, what caused problems with the construction process?
(A) The material used for the exterior
(B) A lack of funds
(C) Unfavorable weather conditions
(D) The availability of some equipment

記事によると、建設の過程で何が問題を引き起こしましたか？
(A) 外装に使われた素材
(B) 資金不足
(C) 悪天候
(D) 資材の入手状況

正解　A

正答率 63.2%

記事の第 1 段落 5 ～ 6 行目に、The Perkins Approach Hotel について⑤ the all-glass exterior (全面ガラス張りの外装) と書かれている。さらに、第 2 段落冒頭⑦に Valubuild, the firm working on the construction project, has experienced a number of setbacks. (この建設計画に携わった企業のバリュビルドは、途中で何度も行き詰まった) とあり、その原因として、続く⑧に Glass can be difficult to work with, and we had to use some quite innovative techniques (ガラスは作業が難しくなる場合があり、かなり革新的な技術をいくつか使わなければなりませんでした) とガラスの作業が困難だったことを挙げている。よって、(A) が正解。

193

Why was the memo written?
(A) To help staff answer questions from potential guests
(B) To provide updated information on a merger
(C) To announce a change in booking procedures
(D) To encourage employees to attend an opening event

社内連絡が書かれたのはなぜですか？
(A) 潜在顧客からの質問にスタッフが答えやすくするため
(B) 合併について最新情報を提供するため
(C) 予約手続きの変更を周知するため
(D) 従業員にオープニングイベントへの参加を促すため

正解　A

正答率 68.6%

社内連絡の To 欄に All Booking Agents (予約担当各位) とあり、第 1 段落⑨で The following information will hopefully help you to better address inquiries from customers (お客様からのお問い合わせによりよく対応できるよう、以下の情報がお役に立てばと思います) と述べているので、(A) が正解。address inquiries (問い合わせに対応する) が answer questions (質問に答える)、customers (客) が guests (宿泊客) で言い換えられている。

What is indicated about The Perkins Approach Hotel?
(A) It is within walking distance of a shopping center.
(B) It will open earlier than originally scheduled.
(C) It is the largest building owned by The Bates Group.
(D) It will be used mainly by business travelers.

ザ・パーキンズ・アプローチ・ホテルについて何が述べられていますか?
(A) ショッピングセンターから徒歩圏内にある。
(B) 当初予定されていたよりも早く開業する。
(C) ザ・ベイツ・グループが所有する最大の建物だ。
(D) 主に仕事で移動する人に利用される。

 正解 B
[正答率 68.6%]

クロスレファレンス問題。ウェブページの5〜6行目③に Both of these locations are set to open on June 9. (どちらのホテルも6月9日にオープン予定です) とあるのに対し、社内連絡の第2段落⑩には The Perkins Approach Hotel について I can now confirm that the Perkins Approach will open for business on June 7. (現在、パーキンズ・アプローチは6月7日にオープンすることが確認できています) と書かれているので、当初の予定よりも2日早くオープンすることがわかる。よって、(B) が正解。be set to do は「〜する準備ができている (= be ready to do)、〜する予定だ (= be scheduled to do)、〜しそうだ (= be likely to do)」という意味で、〈定まった未来〉を表す。

 What do the two hotels have in common?
(A) They both have a swimming pool.
(B) They are both located near the coast.
(C) They are both easily accessible by train.
(D) They both employ famous chefs.

2つのホテルに共通することは何ですか?
(A) どちらも水泳プールがある。
(B) どちらも海岸の近くに位置している。
(C) どちらも電車でアクセスしやすい。
(D) どちらも有名なシェフを雇っている。

正解 B
[正答率 65.0%]

クロスレファレンス問題。The Perkins Approach Hotel については、記事の第1段落後半⑥に guest rooms with stunning views of Barlow Docks and the pier (バーロウ埠頭と桟橋の見事な眺めが楽しめる客室) と書かれている。一方、The Leigh Falls Hotel については、社内連絡の第3段落2〜3行目⑪に guests will have limited access to the beach front (お客様はビーチの前までのアクセスが限られる) とあるので、両ホテルとも海の近くにあると判断できる。よって、(B) が正解。ウェブページの①に The Perkins Approach Hotel の場所について「空港から電車でわずか10分」とあるが、The Leigh Falls Hotel の場所は② just outside Narsbury, a popular tourist destination (人気の観光地ナーズベリーのすぐ外) と書かれているだけで、電車で行けるかどうかの記載はないため、(C) は誤り。

Questions 196-200 refer to the following e-mail, product listing, and order confirmation.

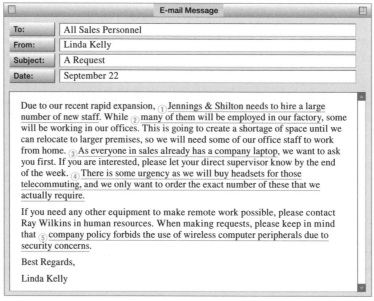

E-mail Message

To:	All Sales Personnel
From:	Linda Kelly
Subject:	A Request
Date:	September 22

Due to our recent rapid expansion, ①Jennings & Shilton needs to hire a large number of new staff. While ②many of them will be employed in our factory, some will be working in our offices. This is going to create a shortage of space until we can relocate to larger premises, so we will need some of our office staff to work from home. ③As everyone in sales already has a company laptop, we want to ask you first. If you are interested, please let your direct supervisor know by the end of the week. ④There is some urgency as we will buy headsets for those telecommuting, and we only want to order the exact number of these that we actually require.

If you need any other equipment to make remote work possible, please contact Ray Wilkins in human resources. When making requests, please keep in mind that ⑤company policy forbids the use of wireless computer peripherals due to security concerns.

Best Regards,

Linda Kelly

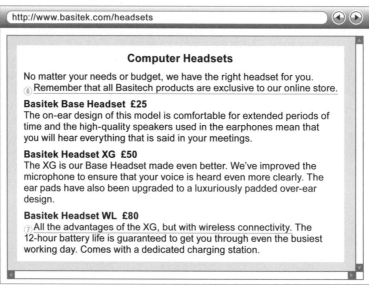

http://www.basitek.com/headsets

Computer Headsets

No matter your needs or budget, we have the right headset for you. ⑥Remember that all Basitech products are exclusive to our online store.

Basitek Base Headset £25
The on-ear design of this model is comfortable for extended periods of time and the high-quality speakers used in the earphones mean that you will hear everything that is said in your meetings.

Basitek Headset XG £50
The XG is our Base Headset made even better. We've improved the microphone to ensure that your voice is heard even more clearly. The ear pads have also been upgraded to a luxuriously padded over-ear design.

Basitek Headset WL £80
⑦All the advantages of the XG, but with wireless connectivity. The 12-hour battery life is guaranteed to get you through even the busiest working day. Comes with a dedicated charging station.

Order confirmation

Customer:	Ray Wilkins
E-mail:	r.wilkins@jenningsandshilton.com
⑧Company:	Jennings & Shilton
Delivery Address:	23 Kings Road,
	Bury St. Edmunds,
	Suffolk
	IP29 5HJ

Item	Quantity	Price per Unit	Total
Basitek Headset XG	20	£50	£1,000
Basitek 4 Port USB Hub	20	£30	£600
Basitek Ergo Mouse	20	£45	£900
		Total:	£2,500

Prices per unit include Gold Club membership discount if applicable. ⑨Shipping fees are waived on all purchases over £1,000.

196-200 番は次のメールと商品リストと注文確認書に関するものです。

あて先： 営業社員各位
送信者： リンダ・ケリー
件名： お願い
日付： 9月22日

ジェニングス＆シルトンでは、最近の急速な事業拡大により、新しいスタッフを多数雇用する必要があります。彼らの多くは工場で働くことになりますが、一部の人はオフィスでも勤務します。これにより、もっと広い敷地へ移転できるまでスペースが不足しそうです。したがって、オフィス勤務のスタッフの一部に在宅勤務をしていただく必要があります。営業部の全員が会社のノートパソコンを持っていますので、まずは皆さんにお願いしたいのです。興味のある方は、直属の上司に週末までにお知らせください。リモートワークをなさる従業員のためにヘッドセットを購入するのでやや急いでおり、また当社で実際に必要とする台数のみ注文したいと考えています。

リモートワークを行うためにほかの機器が必要な場合には、人事部のレイ・ウィルキンズさんにご連絡ください。要望を伝える際、会社の規定によりワイヤレス接続のコンピュータ周辺機器の使用は安全性への懸念から禁止されていることを忘れないでください。

よろしくお願いします。

リンダ・ケリー

---

http://www.basitek.com/headsets

コンピュータ用ヘッドセット

お客様のニーズや予算がどのようなものであれ、当社ではお客様にぴったりのヘッドセットをご用意しております。ベイシテックの全製品はオンラインインストアのみのお取り扱いとなります。

ベイシテック・ベース・ヘッドセット　　　25 ポンド
こちらのモデルのオンイヤータイプのデザインは長時間の使用でも快適で、イヤフォンに使用されている高品質のスピーカーにより、ミーティングで話されるすべての内容が聞き取れます。

ベイシテック・ヘッドセット XG　　　50 ポンド
XG は当社のベース・ヘッドセットをさらに改良したものです。お使いの方の声がもっとはっきりと聞こえるようにマイクを改良しました。イヤーパッドも高級なパッド付きのオーバーイヤータイプのデザインにアップグレードされています。

ベイシテック・ヘッドセット WL　　　80 ポンド
XG のすべての利点を備え、ワイヤレス接続機能も搭載されています。12 時間のバッテリー持続時間なら、どれほど忙しい日でも必ずや切り抜けられるでしょう。専用の充電スタンド付きです。

注文確認書

お客様名： レイ・ウィルキンズ
メール： r.wilkins@jenningsandshilton.com
御社名： ジェニングス＆シルトン
お届け先ご住所： キングズ通り 23 番地
　　　　　　　　ベリー　セント・エドモンズ
　　　　　　　　サフォーク州
　　　　　　　　IP29 5HJ

品名	数量	単価	合計
ベイシテック・ヘッドセット XG	20	50 ポンド	1,000 ポンド
ベイシテック 4 ポート USB ハブ	20	30 ポンド	600 ポンド
ベイシテック・エルゴ・マウス	20	45 ポンド	900 ポンド
		合計：	2,500 ポンド

ゴールドクラブ会員の方は、適用可能な場合、単価に割引が含まれています。送料は 1,000 ポンド超のご購入で一律無料です。

196

What kind of organization most likely is Jennings & Shilton?
(A) A manufacturing firm
(B) An online retailer
(C) An advertising agency
(D) A moving company

ジェニングス&シルトンはどのような種類の組織だと思われますか?
(A) 製造会社
(B) オンライン小売業者
(C) 広告代理店
(D) 引っ越し業者

正解　A
[正答率 81.2%]

メールの第1段落冒頭①の Jennings & Shilton needs to hire a large number of new staff（ジェニングス&シルトンでは、新しいスタッフを多数雇用する必要があります）と、続く②の many of them will be employed in our factory（彼らの多くは工場で働くことになります）から、Jennings & Shilton は工場を持つ「製造会社」であると考えられる。よって、(A) が正解。

197

What is mentioned about the headsets in the product listing?
(A) They are highly durable.
(B) They have recently been released.
(C) They are used in recording studios.
(D) They are only available for purchase online.

商品リストにあるヘッドセットについて述べられていることは何ですか?
(A) 耐久性に優れている。
(B) 最近発売された。
(C) 録音スタジオで使われている。
(D) オンラインでのみ購入できる。

正解　D
[正答率 77.6%]

ヘッドセットを紹介する商品リストの第1段落2行目⑥に Remember that all Basitech products are exclusive to our online store.（ベイシテックの全製品はオンラインストアのみのお取り扱いとなります）とあるので、(D) が正解。be exclusive to は「（特定の人・店など）に限定された」という意味。新製品であることを示す記述が本文にないため、(B) は誤り。

198

Why would the Basitek Headset WL be unsuitable for use by employees?
(A) Its ear pads are uncomfortable.
(B) Its battery life is not long enough for certain employees.
(C) It would violate a company rule.
(D) It is priced too high for a budget limit.

ベイシテック・ヘッドセット WL はなぜ従業員の使用には向かないのですか?
(A) イヤーパッドの感触がよくない。
(B) 一部の従業員にとってバッテリー寿命が十分ではない。
(C) 会社の規定に反する。
(D) 価格が予算限度をはるかに超えている。

正解　C
[正答率 75.8%]

クロスレファレンス問題。商品リストの3つ目に Basitek Headset WL の記載があり、⑦ All the advantages of the XG, but with wireless connectivity.（XG のすべての利点を備え、ワイヤレス接続機能も搭載されています）と書かれている。一方、メールの第2段落⑤に company policy forbids the use of wireless computer peripherals due to security concerns（会社の規定により、ワイヤレス接続のコンピュータ周辺機器の使用は安全性への懸念から禁止されています）とあるので、WL の使用は会社の規定に違反することになる。よって、(C) が正解。violate は「（規則・契約など）に違反する」（= break）という意味。3機種の中では WL が最も高価ではあるが、予算の制限については本文で述べられていないため、(D) は誤り。

199 What is suggested about Jennings & Shilton?
(A) It has recently relocated to a larger building.
(B) It will allow 20 employees to telecommute.
(C) It plans to start offering a new service.
(D) It provides all of its staff with a laptop.

ジェニングス&シルトンについて何が示唆されていますか？
(A) 最近もっと広い建物に移転した。
(B) 20 人の従業員がリモートワークをできるようにする。
(C) 新サービスの提供を開始する予定だ。
(D) スタッフ全員にノートパソコンを支給する。

正解　B
[正答率 68.6%]

クロスレファレンス問題。メールの第 1 段落 7 ～ 9 行目④に There is some urgency as we will buy headsets for those telecommuting, and we only want to order the exact number of these that we actually require. (リモートワークをなさる従業員のためにヘッドセットを購入するのでやや急いでおり、また当社で実際に必要とする台数のみ注文したいと考えています) とある。注文確認書を見ると、上部⑧に Company: Jennings & Shilton とあり、表に記載された Basitec Headset XG の Quantity (数量) が 20 となっているので、20 人がリモートワークをする予定であることがわかる。よって、(B) が正解。(D) については、メールの第 1 段落 5 行目③に As everyone in sales already has a company laptop (営業部の全員が会社のノートパソコンを持っていますので) とあるが、会社のスタッフ全員とは書かれていないことに注意。

200 What is indicated about Jennings & Shilton's order?
(A) It will not include a shipping charge.
(B) It will be sent by express delivery.
(C) It includes an item that is currently out of stock.
(D) It will be paid for by a bank transfer.

ジェニングス&シルトンの注文について何が示されていますか？
(A) 送料は発生しない。
(B) 速達便で送付される。
(C) 現在在庫切れの品物が含まれている。
(D) 銀行振込によって支払われる。

正解　A
[正答率 79.4%]

注文確認書の最下部⑨に、Shipping fees are waived on all purchases over £1,000. (送料は 1,000 ポンド超のご購入で一律無料です) とあり、表の合計金額が£2,500 と記載されているので、無料配送が適用されることがわかる。よって、(A) が正解。waive a fee/charge は「料金を免除する、無料にする」という意味の頻出フレーズ。

> 🔶 これがエッセンス
> Part 7 のシングルパッセージでは、原則として、本文を読む前に選択肢を見ることはおすすめしません。解答に関連のない余計な情報が邪魔になり、時間が無駄になる可能性があるからです。一方、処理すべき情報量の多いダブル・トリプルパッセージでは、選択肢も積極的に活用しましょう。どのような情報を探せば解答にたどり着けるか、選択肢がヒントを教えてくれることがよくあります。

Vocab.
[本文：メール] □ due to「～が原因で」 □ rapid「急速な」 □ expansion「(事業などの) 拡大」
□ a large number of「数多くの、多数の」 □ while「～だが、一方で」 □ a shortage of「～の不足」
□ relocate to「～に移転する」 □ premises「敷地」 □ work from home「在宅勤務する」
□ laptop「ノートパソコン、ラップトップ」 □ let〈人〉know「〈人〉に知らせる」 □ direct supervisor「直属の上司」
□ urgency「緊急性」 □ telecommute「出社せずに働く、テレワークする」 □ exact「正確な、ちょうどの」
□ require「～を必要とする」 □ make ... possible「…を可能にする」 □ remote work「リモート勤務」
□ human resources「人事部」 □ keep in mind that ...「…を心にとどめておく」 □ forbid「～を禁止する」
□ peripheral「周辺機器」
[本文：商品リスト] □ no matter ...「…が何であろうとも」(no matter what ... may be の略) □ right「適切な、ぴったりの」
□ be exclusive to「(特定の人・店など) に限定された」 □ on-ear「(ヘッドホンが) 耳に被せるタイプの」
□ comfortable「快適な、心地よい」 □ extended period of time「長期間」 □ even ＋〈比較級〉「より一層～」
□ microphone「マイク」 □ ensure that ...「…を確実にする」 □ luxuriously padded「豪華なパッド付きの」
□ connectivity「(通信機器の) 接続性」 □ be guaranteed to do「確実に～する」
□ get〈人〉through ...「〈人〉に…を乗り切らせる」 □ dedicated「専用の」 □ charging station「充電スタンド」
[本文：注文確認書] □ quantity「数量」 □ price per unit「単価」
□ if applicable「該当する場合」(if it is applicable の it is を省略した形) □ shipping fee「配送料」
□ be waived「(料金・条件などが) 免除される」
[設問] □ highly「非常に」 □ durable「耐久性がある、長持ちする」 □ be released「発売される」
□ available for purchase「購入できる」 □ unsuitable「適さない、ふさわしくない」 □ violate「(規則・契約など) に違反する」
□ allow〈人〉to do「〈人〉が～するのを許す、可能にする」 □ express delivery「速達便」 □ out of stock「在庫切れの」
□ bank transfer「銀行振込」

Listening

Part 1	
1	D
2	B
3	C
4	A
5	D
6	A

Part 2	
7	A
8	A
9	B
10	B
11	A
12	B
13	C
14	B
15	C
16	A
17	C
18	C
19	A
20	C
21	C
22	B
23	A
24	B
25	C
26	C
27	A
28	B
29	C
30	B
31	B

Part 3	
32	D
33	C
34	A
35	C
36	D
37	B
38	C
39	D
40	A
41	B
42	D
43	C
44	A
45	C
46	D
47	D
48	A
49	C
50	B
51	D
52	D
53	D
54	C
55	B
56	B
57	D
58	C
59	A
60	A
61	B
62	D
63	B
64	A
65	A
66	A
67	B
68	C
69	B
70	B

Part 4	
71	D
72	B
73	C
74	D
75	B
76	D
77	A
78	C
79	D
80	B
81	A
82	C
83	C
84	B
85	B
86	B
87	D
88	A
89	C
90	D
91	C
92	D
93	A
94	C
95	D
96	A
97	D
98	A
99	C
100	D

Reading

Part 5	
101	C
102	B
103	B
104	D
105	D
106	A
107	B
108	B
109	D
110	D
111	A
112	B
113	C
114	A
115	C
116	B
117	C
118	A
119	C
120	C
121	A
122	C
123	D
124	B
125	A
126	D
127	A
128	D
129	B
130	A

Part 6	
131	C
132	D
133	C
134	D
135	A
136	D
137	C
138	B
139	D
140	B
141	D
142	A
143	D
144	C
145	C
146	B

Part 7	
147	B
148	A
149	B
150	C
151	D
152	A
153	C
154	B
155	B
156	B
157	C
158	D
159	A
160	B
161	A
162	C
163	B
164	B
165	A
166	B
167	D
168	D
169	A
170	B
171	D
172	A
173	C
174	D
175	C
176	D
177	B
178	D
179	B
180	A
181	C
182	C
183	A
184	B
185	D
186	D
187	A
188	B
189	C
190	D
191	C
192	A
193	A
194	B
195	B
196	A
197	D
198	C
199	B
200	A

1 🇬🇧 (A) She's pulling a document from a shelf.
(B) She's reaching into a mailbox.
(C) She's sweeping a hallway.
(D) She's writing on an envelope.

(A) 彼女は棚から書類を引き出している。
(B) 彼女は郵便受けの中に手を伸ばしている。
(C) 彼女は廊下を掃いている。
(D) 彼女は封筒に何かを書いている。

🔊 83

正解 **A** ［正答率 81.9%］

女性が棚から書類を取り出している様子を、(A) が適切に表している。物を入れているのか出しているか判断しづらい場合は、消去法で解答しよう。ほかの選択肢は、reaching into / sweeping / writing という〈動作〉がいずれも写真と合わない。

Vocab.
□ **pull A from B**「A を B から引き出す」
□ **reach into**「～の中に手を伸ばす」
□ **sweep**「～を掃く」
□ **hallway**「廊下」(= corridor)
□ **envelope**「封筒」

2 🇦🇺 (A) A man is stepping over a fence.
(B) A man is speaking behind a podium.
(C) A building is shading part of a walkway.
(D) Bricks are piled up against a wall.

(A) 男性がフェンスをまたいでいる。
(B) 男性が演壇の後ろで話している。
(C) 建物で歩道の一部が日陰になっている。
(D) レンガが壁際に積まれている。

🔊 84

正解 **C** ［正答率 63.3%］

walkway（歩道）に日陰ができていることを、(C) が的確に描写している。shade は名詞で「(日の当たらない) 陰」、動詞で「～を陰にする」という意味。(D) の against a wall は「壁を背にして、壁際に」という〈位置〉を表す。

Vocab.
□ **step over**「～をまたぐ」
□ **podium**「演壇」
□ **walkway**「歩道、通路」
□ **brick**「レンガ」
□ **pile up**「～を積み上げる」

🌀 **990点 講師の目**

日陰や影が写っている写真では、cast a shadow on（～に影を落とす）という表現も頻出します。この問題では、A building is casting a shadow on a walkway.（建物が歩道に影を落としている）や、受動態の文 A shadow is being cast on a walkway.（歩道に影ができている）も正解になります。

3 🇺🇸 (A) They're trimming some trees in a yard.
(B) They're walking around the corner of a street.
(C) They're using tools to repave a sidewalk.
(D) They're repairing the roof of a house.

(A) 彼らは庭の木々を剪定している。
(B) 彼らは通りの角を曲がっている。
(C) 彼らは道具を使って歩道を再舗装している。
(D) 彼らは家の屋根を修理している。

🔊 85

正解 **C** ［正答率 89.3%］

男性 2 人が道路の舗装作業をしているので、(C) が正解。repave は「(道路) を再舗装する」(= resurface) という意味で、to repave で「再舗装するために」という〈目的〉を表す。名詞形の pavement（舗装した道路、歩道）を sidewalk の同義語として覚えておきたい。

Vocab.
□ **trim**「～を切りそろえる、刈り込む」
□ **yard**「庭」(= garden)
□ **sidewalk**「(車道に対する) 歩道」
□ **repair**「～を修理する」

4 🇨🇦 (A) Drivers are leaving a parking garage.
　(B) Vehicles are passing through an intersection.
　(C) Buildings overlook a vacant lot.
　(D) Passengers are boarding a bus.

(A) 運転手たちが屋内駐車場から出ている。
(B) 車両が交差点を通過している。
(C) 建物から空き地が見下ろせる。
(D) 乗客がバスに乗り込んでいる。

正解 **B** ［正答率 81.9%］

バスや自動車を vehicle（乗り物、車両）と言い表し、intersection（交差点）を通り過ぎる様子を描写した (B) が正解。vehicle の /víːɪkəl/（ヴィーエコゥ）という発音に注意。(D) の Passengers（乗客）は写真に写っているが、boarding は乗り込む〈動作〉を表すため不適切。

Vocab.
□ **parking garage**「屋内駐車場」
□ **pass through**「〜を通り過ぎる」
□ **intersection**「交差点」
□ **overlook**「（場所から）〜が見下ろせる」
□ **vacant lot**「空き地」

🔊 87

5 🇬🇧 (A) One of the men is sawing some wood.
　(B) One of the men is seated on the ground.
　(C) Some people are putting on hats.
　(D) Some people have their arms crossed.

(A) 男性の1人がのこぎりで木を切っている。
(B) 男性の1人が地面に座っている。
(C) 何人かが帽子をかぶっているところだ。
(D) 何人かが腕を組んでいる。

正解 **D** ［正答率 85.6%］

右側の2人が腕を組んでいるので、(D) が正解。crossed は交差した〈状態〉を表し、have one's arms/legs crossed（腕／足を組んでいる）と have one's ankles crossed（足首を交差させている）が Part 1 に出る。(C) の putting on は身につける〈動作〉を表す。身につけている〈状態〉を描写する場合は Some people are wearing hats. となる。

Vocab.
□ **saw**「〜をのこぎりで切る」
□ **seated**「座っている」（= sitting）
□ **have one's arms crossed**「腕を組んでいる」

🔊 88

6 🇦🇺 (A) A chair is being pushed under a table.
　(B) A laptop computer is being turned on.
　(C) A carpet is patterned with flowers.
　(D) A vase has been placed near a window.

(A) いすがテーブルの下に押し込まれているところだ。
(B) ノートパソコンの電源が入れられるところだ。
(C) カーペットに花の模様が入っている。
(D) 花瓶が窓際に置かれている。

正解 **D** ［正答率 72.6%］

vase（花瓶）が窓のそばのテーブルに置かれているので、(D) が正解。vase は、TOEIC のカナダ・イギリス・オーストラリア発音では /váːz/（ヴァーズ）、アメリカ発音では /véɪs/（ヴェイス）となる。テスト本番で聞き取れるよう、問題文の音声をよく聞いて音読練習しておこう。

Vocab.
□ **laptop computer**「ノートパソコン、ラップトップ」
□ **be patterned with**「〜の模様が入っている」
□ **place**「〜を置く」（= put）

7 🇬🇧 Why do you need to work late tonight?
🇨🇦 (A) After I leave my office.
　　(B) To get ready for an inspection.
　　(C) Preferably in the morning.

今晩、なぜ遅くまで働く必要があるのですか？
(A) オフィスを出た後です。
(B) 視察の準備をするためです。
(C) できれば朝に。

正解　**B**　［正答率 85.6%］

問いかけが Why で始まり、遅くまで働く〈理由〉を尋ねているので、(B) が正解。Why に対する応答は、Because（〜なので）や To do（〜するため）で始まる選択肢がよく正解になる。(A) と (C) は When で〈時〉を聞かれた場合の答え方。

Vocab.
□ **work late**「遅くまで働く」
□ **get ready for**「〜の準備をする」
　（= prepare for）
□ **inspection**「点検、視察」
□ **preferably**「好ましくは、できれば」

---

8 🇺🇸 Does this shopping mall have a food court?
🇺🇸 (A) Let's do it over lunch.
　　(B) All the most popular fashions.
　　(C) There's one by the east entrance.

このショッピングモールにフードコートはありますか？
(A) 昼食をとりながらにしましょう。
(B) 一番人気のファッションのすべてです。
(C) 東口のそばに１つあります。

正解　**C**　［正答率 76.3%］

food court があるかどうかを聞く相手に対し、「東口のそばにある」と場所を伝える (C) が正解。There's（= There is) one は「１つある」という意味。

Vocab.
□ **over lunch**「昼食をとりながら」
□ **by**「〜のそばに」
□ **entrance**「入り口」

---

9 🇨🇦 Which color of gift box would you like?
🇬🇧 (A) I'll go with the silver, thanks.
　　(B) Yes, it's a very nice present.
　　(C) He still hasn't read it.

どの色のギフトボックスになさいますか？
(A) 銀色のにします、ありがとう。
(B) ええ、とてもすてきなプレゼントです。
(C) 彼はまだ読んでいません。

正解　**A**　［正答率 85.6%］

Which color ... would you like?（どの色がいいですか）と色の希望を聞いているので、(A) が正解。the silver (one) は「銀色のもの」ということ。I'll go with ... は「…にします」という意味で、数あるチョイスの中から何かを選ぶ際に使われる。(C) は、red（赤）と発音が同じ read を使ったひっかけ。

Vocab.
□ **go with**「〜を選ぶ、〜にする」
　（= choose）

---

10 🇨🇦 Who'll drop off the uniforms at the cleaner's?
🇬🇧 (A) Marissa said she would.
　　(B) They're for the new employees.
　　(C) We're running out of cleaning supplies.

だれがクリーニング店に制服を持っていきますか？
(A) マリッサがそうすると言っていました。
(B) それらは新入社員用です。
(C) クリーニング用品が底をつきそうです。

正解　**A**　［正答率 76.3%］

Who'll は Who will の短縮形。制服を持っていく〈人〉がだれかを、(A) が適切に伝えている。この would は〈意志〉を表す will の過去形で、Marissa says she will. なら「マリッサがそうすると言っている」、Marissa said she would. なら「マリッサがそうすると言っていた」という意味になる。(B) は Who are the uniforms for?（だれのための制服ですか）に対する応答。

Vocab.
□ **drop off**「〜を置いていく、届ける」
　（= leave）
□ **cleaner's**「クリーニング店」
□ **run out of**「〜を使い切る、〜がなくなる」
□ **supplies**「用品、消耗品」

🔵 **990点 講師の目**
drop off は〈置いていく行為〉を表し、クリーニング店に服を出しに行ったり、レンタカーを乗り捨てたり、車で人を送って降ろしたりする場合に用います。Where can I drop off the car? は「車をどこで乗り捨てられますか」、I'll drop you off at the airport. は「空港まで車で送りますよ」という意味になります。反対に、何かを取りに行ったり人を迎えに行ったりする行為が pick up です。

11 🇺🇸 Where is the company headquartered?
(A) About thirty years ago.
(B) In the quarterly report.
(C) I believe it's based in Canada.

その会社の本社はどこにありますか？
(A) 30 年ほど前です。
(B) 四半期報告書に。
(C) カナダに本社があるはずです。

正解　C [正答率 74.4%]

Where で本社の〈場所〉を尋ねているので、in Canada と答える (C) が正解。headquartered（本社がある）を based（拠点がある）と言い換えている。(A) は When was the company established?（会社はいつ設立されましたか）のように〈時〉を聞かれた場合の応答。(B) は問いかけの headquartered と同じ発音を含む quarterly を使った音のひっかけ。

Vocab.
□ **headquartered**「本社がある」
□ **quarterly**「四半期の」
□ **based**「拠点がある」

12 🇬🇧 When will the lobby be renovated?
🇨🇦 (A) By a construction crew.
(B) Later this month.
(C) In the reception area.

ロビーはいつ改装される予定ですか？
(A) 工事作業員によって。
(B) 今月中に。
(C) 受付で。

正解　B [正答率 83.8%]

When でロビーが改装される〈時期〉を聞いているので、(B) が正解。later this month は「今月これから、今月中に」という意味。単調なやりとりが続く Part 2 で集中力を保つためには、こうした基本問題を確実に聞き取り、余裕をもって正解できるようにしておくことが大切だ。

Vocab.
□ **renovate**「～を改装する」
□ **crew**「（集合的に）作業員」
□ **reception**「受付」

13 🇦🇺 We haven't submitted our budget proposal yet, have we?
🇺🇸 (A) That's an excellent suggestion.
(B) No, we have a few more days.
(C) The budget for our department.

私たちはまだ予算案を提出していませんよね。
(A) それは素晴らしい提案ですね。
(B) はい、あと数日ありますので。
(C) 当部署の予算です。

正解　B [正答率 72.6%]

We haven't ... yet, have we? の形で「まだ…していませんよね」と確認する付加疑問文。答えが Yes なら「すでにした」という〈肯定〉を、No なら「まだしていない」という〈否定〉を表す。budget proposal（予算案）を提出したかどうかについて、(B) が No と否定し、we have a few more days で「（期限まで）あと数日ある」と適切に知らせている。(A) は proposal の同義語である suggestion を含んでいるが、質問の答えにはなっていない。

Vocab.
□ **submit**「～を提出する」
□ **budget**「予算」
□ **proposal**「（正式な）提案」
　（= suggestion）
□ **excellent**「素晴らしい」

> 🔊 **990点 講師の目**
> 英語の Yes/No は、相手の質問の形にかかわらず、自分の伝える内容が「肯定」か「否定」で決まります。たとえば、You don't work on weekends, do you?（週末は仕事をしませんよね）と聞かれた場合、日本語なら「はい、しません」と答えますが、英語の場合は No, I don't.（= No, I don't work on weekends.）となります。

14 🇬🇧 How can I request a travel reimbursement?
🇨🇦 (A) Let me get you the form.
(B) Visiting a client in Melbourne.
(C) A few times a year.

出張費の払い戻しはどのようにして申請できますか？
(A) 申請書をお渡しします。
(B) メルボルンにいる顧客を訪問しています。
(C) 年に数回です。

正解　A [正答率 76.3%]

問いかけは How（どのように）で始まり、travel reimbursement（出張費の払い戻し）を申請する〈方法〉を尋ねている。これに対し、申請用紙を渡そうとする (A) が自然な応答。Let me do は「私に～させてください、～しましょう」と相手に申し出る言い方。(C) は How often do you travel on business?（どれくらいの頻度で出張しますか）のように〈頻度〉を聞かれた場合の答え方。

Vocab.
□ **reimbursement**「払い戻し」
□ **get 〈人〉〈モノ〉**「〈人〉のために〈モノ〉を手に入れる、〈人〉に〈モノ〉を渡す」
□ **form**「記入用紙」

15 🇺🇸 Is Ms. Lee or Mr. Tanaka giving the keynote address at the convention?
🇬🇧 (A) The venue on Peacock Avenue.
(B) There'll be one for each participant.
(C) I'm not organizing the event.

リーさんか田中さんが総会で基調演説を行うのですか？
(A) ピーコック通りの会場です。
(B) 各参加者につき1つです。
(C) 私はそのイベントを企画していません。

正解　C　［ 正答率 74.4% ］

keynote address（基調演説）を行う人について確認する相手に対し、「私は企画していない」と答え、詳細を知らないことを示唆する (C) が適切。the event は問いかけの the convention（総会）を指している。イベントに関する質問への応答として、ほかにも John is making all the arrangements.（ジョンがすべて手配しています→ジョンに聞いてください）と The event has been canceled.（イベントは中止になりました）を覚えておこう。

Vocab.
□ **address**「演説」（＝ speech）
□ **convention**「総会、大会」
□ **venue**「会場」
□ **participant**「参加者」
□ **organize**「～を企画する、準備する」

16 🇺🇸 Do you need my assistance with your current project?
🇦🇺 (A) I haven't met her yet.
(B) They're not the current guidelines.
(C) I could definitely use some help.

あなたの目下のプロジェクトに私の手伝いは必要ですか？
(A) 私は彼女にまだ会っていません。
(B) それらは現行のガイドラインではありません。
(C) 手伝ってもらえると本当に助かります。

正解　C　［ 正答率 80.0% ］

Do you need my assistance ...?（手伝いは必要ですか）と申し出る相手に対し、助けてほしいと伝える (C) が正解。問いかけの assistance を help で言い換えている。(A) は、What do you think about my new assistant?（私の新しいアシスタントについてどう思いますか）などに対する応答。

Vocab.
□ **assistance**「手伝い、援助」（＝ help）
□ **current**「現在の」
□ **definitely**「絶対に、間違いなく」

🔊 **990点 講師の目**
I could use は「～があればありがたい、～がほしい」（＝ I would like）という意味の慣用表現で、リスニングセクションに頻出します。I could use some advice.（アドバイスがほしい）、I could use a break.（休憩したい）、I could use a cup of coffee.（コーヒーが1杯飲みたい）という3つの文を気持ちを込めて音読し、この表現を体に染み込ませてください。

17 🇨🇦 Were there any non-stop flights available?
🇬🇧 (A) No, and I decided to drive instead.
(B) When did you buy the ticket?
(C) Sure, we can stop along the way.

利用可能な直行便はありましたか？
(A) いいえ。それで、代わりに車で移動することにしました。
(B) チケットをいつ購入しましたか？
(C) はい、途中で立ち寄ることは可能です。

正解　A　［ 正答率 67.0% ］

問いかけは Were there ... available?（利用可能な…はあったか）の形で、non-stop flights（直行便）の有無を尋ねている。これに対して No と否定し、「代わりに車で移動することにした」と答える (A) が正解。(C) は Sure（もちろん）と肯定しているが、その後ろが問いかけの内容と合わない。

Vocab.
□ **available**「利用可能な、入手できる」
□ **decide to do**「～することに決める」
□ **instead**「その代わりに」
□ **along the way**「途中で」

18 🇬🇧 I heard this year's jazz festival had a record turnout.
🇦🇺 (A) No, they haven't gone on sale.
(B) He's such a talented musician.
(C) Yes, more than 10,000 people attended.

今年のジャズ・フェスティバルは記録的な来場者数だったと聞きました。
(A) いいえ、それらはまだ販売されていません。
(B) 彼は実に才能豊かなミュージシャンです。
(C) はい、1万人超が来場しました。

正解　C　［ 正答率 61.4% ］

I heard ...で始まり、人から聞いた話を伝える平叙文。「記録的な来場者数だった」という話の内容に Yes と肯定し、具体的な人数を話す (C) が自然な応答になる。turnout は「来場者数、人出」（＝ attendance）という意味。(A) は Have you bought the tickets?（チケットは買いましたか）などに対する答え。

Vocab.
□ **record**「記録的な」
□ **go on sale**「発売される」
□ **talented**「才能ある」
□ **attend**「来場する、出席する」

19 🇨🇦 Could you spare a moment to discuss the meeting agenda?
🇺🇸 (A) It's all right—I have a spare.
(B) A few of the committee members.
(C) **Could it wait until this afternoon?**

会議の議題を話し合うお時間を少しいただけますか？
(A) 大丈夫です——予備を持っています。
(B) 委員のうちの数人です。
(C) 今日の午後まで待っていただけますか？

正解 C [正答率 78.2%]

動詞 spare には「（時間など）を割く」という意味があり、Could you spare a moment to *do*? で「ちょっと〜していただく時間はありますか」とお願いする表現になる。これに対して「午後でもいいか」と聞き返し、今は時間がないことをほのめかす (C) が自然な応答。(A) は問いかけと同じ spare という語を繰り返したひっかけの選択肢。

Vocab.
□ **spare**「（動詞で）〜を割く、（名詞で）予備」
□ **agenda**「議題」
□ **a few of**「〜の少し」
□ **committee**「委員会」

⊙ **990点 講師の目**
動詞 wait（待つ）は、Could it wait until this afternoon? のように it を主語にすると「（その物事を）後回しにできる」というニュアンスになります。Could you wait? と相手に待ってもらうよう直接お願いするのではなく、〈物事〉を主語にすることでコミュニケーションをスムーズにする、英語ならではの表現方法ですね。

🔊 103

20 🇺🇸 What's the next step in the assembly process?
🇦🇺 (A) It's a new production facility.
(B) **The manual is right behind you.**
(C) I suppose we should.

組み立て工程の次の段階は何ですか？
(A) それは新しい製造施設です。
(B) マニュアルがすぐ後ろにありますよ。
(C) 私たちはそうすべきだと思います。

正解 B [正答率 63.3%]

What's the next step ...?（次の段階は何ですか）と聞く相手に直接答えるのではなく、自分でマニュアルを確認するよう促す (B) が正解。ほかに、You should check the manual.（マニュアルを確認したほうがいいですよ）や Ask the supervisor.（上司に聞いてください）といった答え方も正解になる。

Vocab.
□ **assembly**「組み立て」
□ **production facility**「製造施設」
□ **right behind**「〜の真後ろに」（この right は「すぐに、ちょうど」という意味）
□ **I suppose**「〜だろうと思う」

🔊 104

21 🇨🇦 Doesn't Dr. Azizi's lecture start at seven o'clock?
🇬🇧 (A) Yes, I usually work the night shift.
(B) **Oh, we need to head over there.**
(C) On recent advances in technology.

アジジ博士の講演が7時に始まるのではないですか？
(A) はい、私はたいてい夜のシフトで働いています。
(B) そうだ、そこへ向かわなくてはいけません。
(C) 最近の技術の進歩についてです。

正解 B [正答率 59.6%]

問いかけは Doesn't ... start?（…が始まるのではないですか）の形で、〈驚き〉や〈焦り〉を表す否定疑問文。lecture（講演）の開始時刻を聞いて「そこへ向かわなくては」と返す (B) が自然な応答。(A) は Doesn't your shift start at seven o'clock? と聞かれた場合の答え方。(C) の On は「〜について」（= about）という〈トピック〉を表し、What's Dr. Azizi's lecture on?（アジジ博士の講演は何に関するものですか）に対する答えになる。

Vocab.
□ **lecture**「講演、講義」
□ **head**「向かう、行く」
□ **over there**「あちらへ、向こうへ」
□ **advance**「進歩」

22

🔊 105

🇦🇺 Would you prefer the desk by the window or in the corner?

🇨🇦 (A) Check inside the top drawer.

(B) Too much sunlight comes through that window.

(C) Thanks, I'd be happy to.

机は窓のそばと部屋の隅のどちらがいいですか？

(A) 最上段の引き出しを調べてみてください。

(B) あの窓は太陽の光が入りすぎます。

(C) ありがとう、ぜひ。

| 正解 | B | 正答率 74.4% |

Would you prefer A or B? (A と B のどちらがいいですか) の形で相手の希望を尋ねる選択疑問文。これに対し、「あの窓は光が入りすぎる」と答え、部屋の隅のほうがいいことを示唆する (B) が正解。選択疑問文の応答はこのように、A か B の情報（ここでは window）を正解の選択肢で繰り返すことが多い。(C) の I'd be happy to. は「喜んで（〜します）」という意味で、Would you like to join us? (ご一緒しませんか) のような誘いに対する答え。

Vocab.
□ prefer「〜のほうを好む」
□ drawer「引き出し」
□ come through「〜を通り抜ける、〜から入ってくる」

23

🔊 106

🇺🇸 The theater downtown hasn't reopened yet.

🇦🇺 (A) I wonder what's causing the delay.

(B) They're still in the original package.

(C) Sure, we can leave it open.

繁華街の劇場はまだ再開していません。

(A) どうして遅れているのでしょうか。

(B) それらはまだ元のパッケージに入っています。

(C) はい、開いたままにしておけます。

| 正解 | A | 正答率 78.2% |

「劇場がまだ再開していない」とつぶやく相手に対し、再開が遅れている原因について疑問を抱く (A) が正解。what's causing the delay は「何が遅れを引き起こしているのか＝遅れの原因は何か」という意味。(C) は reopened – open という同じ音を繰り返したひっかけ。

Vocab.
□ wonder「〜を疑問に思う」
□ cause「〜を引き起こす、〜の原因になる」
□ original「元の」
□ leave ... open「…を開いたままにしておく」

🔵 990点 講師の目

I wonder は、I wonder where he is. (彼はどこにいるのでしょうか) や I wonder if something happened to her. (彼女に何かあったのでしょうか) など、I wonder ＋〈疑問詞／if（〜かどうか）〉の形で〈疑問〉や〈懸念〉を示す際によく使われます。また、I wonder if you could do (〜していただけないでしょうか) と言えば丁寧な依頼表現になります。

24

🔊 107

🇺🇸 This is an attractive lamp, isn't it?

🇨🇦 (A) The display at the back of the store.

(B) It wouldn't match your other furniture.

(C) Yes, she's very experienced.

これは魅力的なランプですね。

(A) 店の奥のディスプレイです。

(B) あなたのほかの家具に合わないでしょう。

(C) はい、彼女は経験が豊富です。

| 正解 | B | 正答率 72.6% |

付加疑問文は、..., isn't it? ↘ のように文末のイントネーションを下げると、聞き手に共感を求める言い方になる。ここでは「魅力的なランプですよね」と話す相手に共感するのではなく、「あなたのほかの家具に合わない」と反対する (B) が正解。この would は、「（もし部屋に置いたとしたら）〜だろう」と現実と異なる状況を想像して話す際に用いられる。

Vocab.
□ attractive「魅力的な」
□ at the back of「〜の奥にある」
□ experienced「経験豊富な」

25

🔊 108

🇦🇺 Let's work a little longer and finish up this report.

🇬🇧 (A) I'm about to leave for the day.

(B) An update on our progress.

(C) Yes, on the evening news.

もう少し仕事をして、この報告書を仕上げましょう。

(A) 今日はもう退社するところです。

(B) 進捗に関する最新情報です。

(C) はい、夜のニュースで。

| 正解 | A | 正答率 65.1% |

Let's do (〜しましょう) は〈勧誘〉の表現。「報告書を仕上げよう」と呼びかける相手に対し、「もう帰るところだ」と伝えて誘いを断っている (A) が正解。I'm about to do は「まさに〜するところだ」、leave for the day は「一日の仕事を終えて退社する」という意味。退社時によく使われる表現なので、一文まるごと覚えておこう。

Vocab.
□ finish up「〜を仕上げる」
□ be about to do「まさに〜するところだ」
□ update「最新情報」
□ progress「進展、進捗」

26 🇺🇸 When will you move into your new offices?
🇦🇺 (A) At the end of the hallway.
　(B) Then I'll keep mine here.
　(C) We're still looking for the right location.

いつ新しいオフィスに移る予定ですか?
(A) 廊下のつきあたりです。
(B) それでは、私のものはここにとっておきます。
(C) まだ適切な場所を探しているところです。

正解 C [正答率 78.2%]

When (いつ) で移転の〈時期〉を尋ねる相手に対し、「まだ場所を探している」と答え、いつ移転できるかわからないことを示唆する (C) が適切。(A) は At the end of the month. (月末に) であれば正解になるので、文末まで集中して聞くようにしよう。

Vocab.
□ **move into**「~に移る、引っ越す」
□ **hallway**「廊下」(= corridor)
□ **look for**「~を探す」
□ **right**「適切な、ちょうどよい」

27 🇺🇸 Who made these party invitations?
🇬🇧 (A) They're very nicely done, aren't they?
　(B) It's scheduled to last three hours.
　(C) No, the guests have already arrived.

だれがこれらのパーティの招待状を作ったのですか?
(A) とてもよくできていますよね。
(B) 3時間続く予定です。
(C) いいえ、招待客はもう到着しました。

正解 A [正答率 42.8%]

「だれがこの招待状を作ったのか」と問いかける相手が、招待状の作りに感心する様子を思い浮かべられるかどうかが解答のカギ。party invitations を They で受け、「とてもよくできていますよね」と共感を示す (A) が自然に応答している。(B) は、scheduled の /ʃédjuːld/ (シェジュウドゥ) というイギリス発音に注意。Wh 疑問文に Yes/No で答えることはできないため、(C) は No が聞こえた時点で不正解と判断できる。

Vocab.
□ **nicely done**「よく作られた、うまくできた」
□ **be scheduled to do**「~する予定になっている」
□ **last**「続く」(= continue)
□ **arrive**「到着する」

🍴 これがエッセンス
この問題は、たんに英文を聞き取るだけでなく、質問がなされるさまざまな状況を瞬時に想像する力を試す難問です。実際に英語を話す機会がなくても、海外ドラマやYouTubeの英語学習者向けチャンネルなどを通じて英会話を疑似体験しておくことが、一番の Part 2 対策になります。

28 🇬🇧 How much experience is required for the management position?
🇨🇦 (A) Several business experts.
　(B) Are you considering applying?
　(C) They come in a variety of sizes.

管理職にはどれくらいの経験が求められますか?
(A) 数人のビジネスの専門家たちです。
(B) 志願しようと考えているのですか?
(C) さまざまなサイズがあります。

正解 B [正答率 81.9%]

How much experience is required ...? (どれくらい多くの経験が必要ですか) と管理職に興味を示す相手に対し、応募の意志を確認する (B) が自然に応じている。この applying は applying for the position (その職に応募すること) を表している。(A) は Who is making presentations? (だれがプレゼンをしていますか) のような who の疑問文に対する応答。(C) は商品の取り扱いサイズを伝える文。

Vocab.
□ **several**「いくつかの、何人かの」
□ **consider doing**「~することを検討する」
□ **come in**「(特定のサイズ・色) で売られる」
□ **a variety of**「さまざまな」(= a range of)

29 🇦🇺 Don't we have a spare key for the storage room?
🇺🇸 (A) Someone else is using it.
　(B) There should be enough room.
　(C) Installing some cabinets.

保管室の合鍵はないのですか?
(A) ほかの人が使っています。
(B) 十分なスペースがあるはずです。
(C) いくつかの棚を設置しています。

正解 A [正答率 76.3%]

Don't we have a spare key ...? (合鍵はないのですか) と驚く相手に対し、「ほかの人が使っている」と合鍵がない理由を伝える (A) が正解。Someone else の /n/ と /e/ の音、else is の /s/ と /ɪ/ の音がつながって、「サムワネルスィズ」と聞こえる。(B) の room は「部屋」ではなく「スペース」の意味。

Vocab.
□ **storage room**「保管室」
□ **someone else**「ほかのだれか」
□ **room**「(不可算名詞で) スペース、空間」(= space)
□ **install**「~を設置する、取り付ける」

🔊 113

30 🇨🇦 Has anyone prepared the conference room for the presentation?
　🇬🇧 (A) I found it very informative.
　　　(B) Do you want to try on another pair?
　　　(C) The presentation isn't until tomorrow.

プレゼンテーション用の会議室をだれか用意しましたか?
(A) それはとてもためになりました。
(B) 別の組を試着してみますか?
(C) プレゼンテーションは明日までありませんよ。

正解	C	正答率 **72.6%**

プレゼンで使う会議室の用意ができているかを確認する Yes/No 疑問文。これに対して「プレゼンは明日になるまでない」と伝え、今準備する必要がないことをほのめかす (C) が正解。
(A) は What did you think of the presentation? (プレゼンについてどう思いましたか) のように〈感想〉を聞かれた場合の答え。(B) の pair は「(靴・手袋などの) 1 組、1 足」のことで、店員が客に試着を促す言い方になる。

Vocab.
- □ **find +〈名詞〉+〈形容詞〉**「〈名詞〉が〈形容詞〉だと感じる、わかる」
- □ **informative**「(情報が) 有益な、ためになる」
- □ **try on**「~を試着する」

🔊 114

31 🇨🇦 Where is the entrance to the museum?
　🇦🇺 (A) Admission is free.
　　　(B) It's closing in a few minutes.
　　　(C) A temporary exhibit, I guess.

博物館の入り口はどこですか?
(A) 入場は無料です。
(B) あと数分で閉館しますよ。
(C) 期間限定の展示だと思います。

正解	B	正答率 **72.6%**

Where で博物館の入り口の〈場所〉を聞かれる状況をイメージしよう。(B) は「あと数分で閉まる」と返すことで、博物館に行っても入れなくなることを相手に伝えている。in は「(今から) ~後に、~で」という〈時間の経過〉を表す。

Vocab.
- □ **admission**「入場、入場料」
- □ **temporary**「一時的な、期間限定の」
- □ **exhibit**「展示」

🔵 **990点 講師の目**
場所や道を聞かれた際には、Let me walk you there. (歩いてご案内しましょう) と親切に応じることもできますね。実際の場面を想定しながら Part 2 のやりとりを覚えたり音読したりすることで、英会話の即答力が鍛えられ、スコアアップにも確実につながっていきます。

Questions 32 through 34 refer to the following conversation.

116~117

🇨🇦 M: Excuse me, ① are you waiting for the bus to the Franklin Shopping Mall? I was told it stops here.

🇺🇸 W: Actually, I'm taking the KL route to Periwinkle Park. You want the RF route, but that one stops here too.

M: I see. ② Do you know which one gets here first?

W: Mine does. ③ You'll have to wait about ten more minutes. The schedule's printed on this sign over here. They're usually right on time.

🔊 32-34 番は次の会話に関するものです。

男：すみません、フランクリン・ショッピングモールに行くバスをお待ちですか？ ここで停車すると聞いたのですが。

女：いいえ、KL 線でペリウィンクル公園へ行くところです。あなたは RF 線ですが、それもここで停車します。

男：そうですか。どちらが先にここに到着するかご存じですか？

女：私のほうです。あなたはさらに 10 分ほど待たなければなりません。時刻表はこの看板に掲載されています。たいてい時刻きっかりに着きますよ。

Vocab. ▷ |本文＼ □ **wait for**「～を待つ」 □ **I was told (that) ...**「…であると言われた、…と聞いた」 □ **get here**「ここに着く」 □ **sign**「掲示、看板」 □ **right on time**「ちょうど時間どおりに」 |設問＼ □ **fare**「運賃」 □ **attendant**「案内係」 □ **for a while**「しばらくの間」 □ **purchase**「～を購入する」

---

32 Where most likely are the speakers?
(A) At a train station
(B) At a bus stop
(C) At an airport
(D) At a taxi stand

話し手たちはどこにいると思われますか？
(A) 駅
(B) バス停
(C) 空港
(D) タクシー乗り場

正解 B [正答率 85.6%] ①で男性が女性に対し、are you waiting for the bus to the Franklin Shopping Mall?（フランクリン・ショッピングモールに行くバスをお待ちですか）と尋ね、さらに I was told it stops here.（ここで停車すると聞いたのですが）と続けているので、2 人がいる場所は (B) の「バス停」であるとわかる。

33 What does the man ask about?
(A) The order of arrival
(B) The location of a store
(C) The fare for a trip
(D) The distance to a park

男性は何について尋ねていますか？
(A) 到着の順番
(B) 店の場所
(C) 移動にかかる運賃
(D) 公園までの距離

正解 A [正答率 67.0%] 女性が the KL route と the RF route という 2 つのバス路線について説明した後、男性が② Do you know which one gets here first?（どちらが先にここに到着するかご存じですか）と尋ねているので、(A) が正解。その直後の女性の発言 Mine does. の Mine は My bus を指し、自分の乗るバスが先に来ることを伝えている。

34 What does the woman say the man must do?
(A) Change his schedule
(B) Speak to an attendant
(C) Wait for a while
(D) Purchase a ticket

女性は、男性が何をしなければならないと言っていますか？
(A) スケジュールを変更する
(B) 案内係に話しかける
(C) しばらく待つ
(D) 切符を購入する

正解 C [正答率 83.8%] 女性の最後の発言③で、男性に対して You'll have to wait about ten more minutes.（あなたはさらに 10 分ほど待たなければなりません）と話しているので、(C) が正解。本文の have to（～しなくてはいけない）が設問では must で言い換えられている。

⊘ 990点 講師の目
for a while（しばらくの間）は漠然とした時間の長さを表すため、実際にどれくらいかかるかは状況により異なります。「少しの間」であることを明確にするには for a <u>short</u> while / for a <u>little</u> while、「長い間」であることを強調するには for a <u>long</u> while / for <u>quite</u> a while と言います。quite は a の前に来ることに注意しましょう。

Questions 35 through 37 refer to the following
118~119　conversation.

W: Good morning, Roger. ①You look like you got a little suntan over the weekend. Did you spend some time outdoors?

M: Indeed I did. ②I was at Lake Howell all weekend waterskiing. How about you?

W: ③I stayed home and entertained some family members who came to visit. We had a good time. It took a while for me to tidy up the house on Sunday, though.

M: I know how that goes. ④Well, where would you like to get started? We have the Pennsky file and the Zeller Consolidated file. Which one takes priority?

35-37 番は次の会話に関するものです。

女：おはようございます、ロジャーさん。週末に少し日焼けしたようですね。野外で過ごしたのですか？

男：まさにそうなんです。週末ずっと、ハウエル湖で水上スキーをしていました。あなたはどうでしたか？

女：家にいて、家族が来たのでもてなしていました。いい時間でしたよ。日曜日は、家を片づけるのに結構時間がかかりましたけど。

男：わかります。さて、どこから始めたいですか？ペンスキー社とゼラー・コンソリデイティッド社のファイルがあります。優先順位が高いのはどちらですか？

Vocab. 本文 □ get a suntan「日焼けする」□ over the weekend「週末の間」□ indeed「実は」□ entertain「〈人〉をもてなす」□ it takes a while for〈人〉to do「〈人〉が~するのにしばらくかかる」□ tidy up「（部屋など）を片づける」□ get started「取り掛かる、始める」□ take priority「優先される」 設問 □ agenda「議題」□ submit「~を提出する」□ organize「~を企画する」□ prioritize「~に優先順位をつける」

35 What are the speakers mainly discussing?
(A) A meeting agenda
(B) Vacation plans
(C) A community project
(D) Weekend activities

話し手たちは主に何について話していますか？
(A) 会議の議題
(B) 休暇の計画
(C) 地域のプロジェクト
(D) 週末の活動

正解 D ［正答率 78.2%］ 女性が最初の発言①で、男性に You look like you got a little suntan over the weekend.（週末に少し日焼けしたようですね）と話しかけ、Did you spend some time outdoors?（野外で過ごしたのですか）と尋ねている。その後、男性は②で waterskiing をしたこと、女性は③で家で家族と過ごしたことについて話しているので、(D) が正解。

36 What does the woman say about her family members?
(A) They live near a lake.
(B) They recently visited.
(C) They called her this morning.
(D) They purchased a new home.

女性は自分の家族について何と言っていますか？
(A) 湖の近くで暮らしている。
(B) 最近、訪れた。
(C) 今朝、電話をかけてきた。
(D) 新しい家を購入した。

正解 B ［正答率 70.7%］ 週末について男性から聞き返された女性は、③ I stayed home and entertained some family members who came to visit.（家にいて、家族が来たのでもてなしていました）と答えているので、(B) が正解。設問では女性の発言内容が問われているので、男性が話している Lake Howell に惑わされて (A) を選ばないようにしよう。

37 What does the man ask the woman to do?
(A) Submit a document
(B) Organize an event
(C) Prioritize tasks
(D) Check her e-mail

男性は女性に何をするよう頼んでいますか？
(A) 書類を提出する
(B) イベントを企画する
(C) 仕事の優先順位をつける
(D) メールをチェックする

正解 C ［正答率 83.8%］ 男性の最後の発言④ Well, where would you like to get started?（さて、どこから始めたいですか）で、話題を切り替えていることに注意。続いて取引先のファイルについて切り出し、Which one takes priority?（優先順位が高いのはどちらですか）と女性に聞いているので、(C) が正解。prioritize は priority の動詞形で、「~の優先順位をつける」という意味。prioritize A over B（A を B よりも優先する）の形で用いることもよくある。

Questions 38 through 40 refer to the following conversation.

120~121

M: Hello, I'm planning to visit Port Knowles at the end of this month. I've never been there before, so ① I'm looking online for accommodation options. I came across your listing on a travel site.

W: Certainly. ② Which dates would you like to book?

M: Well, before we get to that, I noticed ③ your hotel has a business center. ④ I dropped my laptop computer recently and my new one won't be delivered until after the trip. Do you have a computer terminal and a printer available?

W: Oh, sure. Our center is fully equipped. We have everything you need.

38-40 番は次の会話に関するものです。

男：もしもし、私は今月末、ノウルズ港を訪問する予定です。今までそこに行ったことがないので、オンラインで宿泊の選択肢を探しているところです。旅行サイトで、そちらの情報が載っているのを見かけました。

女：さようですか。ご予約されたいお日にちはいつですか？

男：ええと、その前に、あなたのホテルにはビジネスセンターがあるそうですね。最近、ノートパソコンを落としてしまい、新しいものが届くのは出張の後なのです。利用できるコンピュータ端末やプリンタはありますか？

女：ええ、ございます。私どものセンターは設備が十分に整っています。ご必要なものは何でも用意しております。

Vocab. 本文 □ accommodation「宿泊施設」 □ come across「～を偶然見つける」 □ listing「掲載情報の一覧」 □ book「～を予約する」 □ get to「～に取り掛かる、～の話を始める」 □ drop「～を落とす」 □ laptop computer「ノートパソコン、ラップトップ」 □ computer terminal「コンピュータ端末」 □ fully equipped「設備が整った」 設問 □ colleague「同僚」 □ feature「～を特集する」 □ budget「予算」

38 Where does the woman work?
(A) At an electronics shop
(B) At a restaurant
(C) At a hotel
(D) At a printing service

女性はどこで働いていますか？
(A) 家電店で
(B) レストランで
(C) ホテルで
(D) 印刷サービス会社で

正解 C ［正答率 78.2%］ 男性が① I'm looking online for accommodation options. I came across your listing on a travel site. (オンラインで宿泊の選択肢を探しているところです。旅行サイトで、そちらの情報が載っているのを見かけました) と話し、女性が② Which dates would you like to book? (予約したい日にちはいつですか) と対応していることから、(C) が正解。男性の２回目の発言③に your hotel とあることもヒントになる。なお、business center は「(ホテル内にある) オフィス機器やインターネット環境が整った施設」のこと。

39 How did the man learn about the woman's business?
(A) It was recommended by a colleague.
(B) It was advertised on television.
(C) It was featured in a guidebook.
(D) It was listed on a Web site.

男性は女性の会社について、どのようにして知りましたか？
(A) 同僚に推薦された。
(B) テレビで広告されていた。
(C) ガイドブックで取り上げられていた。
(D) ウェブサイトに掲載されていた。

正解 D ［正答率 76.3%］ 男性の発言①の後半 I came across your listing on a travel site. (旅行サイトで、そちらの情報が載っているのを見かけました) から、(D) が正解と判断できる。come across は「～を偶然見つける」(= run across; find ... by chance)、listing は「掲載情報の一覧」という意味。

40 What problem does the man mention?
(A) He has a busy work schedule.
(B) He cannot find an address.
(C) He has a limited budget.
(D) He damaged his laptop computer.

男性はどんな問題に言及していますか？
(A) 仕事の予定が立て込んでいる。
(B) 住所が見つけられない。
(C) 予算が限られている。
(D) ノートパソコンを壊した。

正解 D ［正答率 68.9%］ 男性の２回目の発言④ I dropped my laptop computer recently and my new one won't be delivered until after the trip. (最近、ノートパソコンを落としてしまい、新しいものが届くのは出張の後なのです) から、男性はパソコンを落として壊してしまったことがわかる。よって、(D) が正解。won't は will not の短縮形で、won't be delivered until after ... は「…の後になるまで届かない、…の後になってやっと届く」という意味。

🔊 **Questions 41 through 43** refer to the following
122~123　conversation with three speakers.

🇬🇧 W1: Hi, Jason. ①I've been looking for you. Emiko told me I'd find you in the break room.

🇨🇦 M: ②Yeah, I pushed back my lunch break by an hour so I could finish taking inventory this morning.

W1: ③I was wondering if you could cover my shift on Thursday. A friend of mine is coming into town.

M: Sure, but ④you'll need approval from the manager. Have you asked Ms. Daniels?

W1: Not yet, but...

🇺🇸 W2: Hi, Jason. Hi, Marsha. How's everything going?

W1: Hi, Ms. Daniels. We were just talking about you. ⑤Is it OK if Jason works at the shop instead of me on Thursday?

W2: I see no problem with that. I'll go ahead and change the schedule.

🔊 41-43 番は次の 3 人の会話に関するものです。

女1: こんにちは、ジェイソンさん。あなたを探していました。休憩室にいるだろうとエミコが教えてくれました。

男: ええ、棚卸しを今朝終えられるように、ランチ休憩を 1 時間後ろにずらしたのです。

女1: 木曜日の私のシフトに入ってもらえないかなと思っていたのです。友人が町にやってくるので。

男: いいですよ、だけど、店長の承認をもらう必要がありますよね。ダニエルズさんに聞きましたか？

女1: まだですが……

女2: こんにちは、ジェイソンさん、マーシャさん。調子はどうですか？

女1: こんにちは、ダニエルズさん。ちょうど、あなたのことを話していたのです。木曜日に、私の代わりにジェイソンさんに店で仕事をしてもらってもいいですか？

女2: それは問題ないですよ。予定を変更しておきますね。

Vocab.〉 |本文 ＼| □ **break room**「休憩室」 □ **push back**「(予定)を後ろにずらす、遅らせる」
□ **so (that) ...**「…できるように、そうすれば…できるので」 □ **take inventory**「在庫確認をする、棚卸しをする」
□ **cover** one's **shift**「シフトを代わる」 □ **approval**「承認、許可」
□ **How's everything going?**「調子はどうですか、順調に進んでいますか」 □ **Is it OK if ...**「…しても大丈夫ですか」
□ **instead of**「～の代わりに」 □ **go ahead and** do「思い切って～する、遠慮なく～する」 |設問 ＼| □ **storage area**「保管場所、倉庫」
□ **reception**「受付」 □ **put ... on display**「…を陳列する、並べる」 □ **make a delivery**「配達する」
□ **shipping clerk**「発送係」

---

41 Where does the conversation probably take place?
(A) In a storage area
(B) In a break room
(C) In a reception area
(D) In a conference room

この会話はおそらくどこで行われていますか？
(A) 倉庫で
(B) 休憩室で
(C) 受付で
(D) 会議室で

正解　**B**	女性 1 が男性に対して① I've been looking for you.（あなたを探していました）と話したうえで、Emiko told me I'd
[正答率 68.9%]	find you in the break room.（休憩室にいるだろうとエミコが教えてくれました）と続けている。これを受けて男性が②

「ええ、ランチ休憩を 1 時間後ろにずらしたのです」と返しているので、会話は (B) の break room（休憩室）で行われているとわかる。男性は「棚卸しを今朝終えられるように」と言っているので、(A) は男性が今朝いた場所であると考えられる。

---

42 What is the man asked to do?
(A) Cover a work shift
(B) Order some food
(C) Put items on display
(D) Make a delivery

男性は何をするよう頼まれていますか？
(A) 仕事のシフトを代わる
(B) 料理を注文する
(C) 商品を陳列する
(D) 配達する

正解　**A**	女性 1 が男性に対して③ I was wondering if you could
[正答率 83.8%]	cover my shift on Thursday.（木曜日の私のシフトに入って

もらえないかなと思っていたのです）と言っているので、(A) が正解。I was wondering if you could do は「～していただけないかと思っていたのですが」と丁寧に依頼する表現。

🕐 **990点 講師の目**

〈依頼〉を表すキーフレーズとして、ほかにも Please do（～してください）、I would like you to do（～していただきたいと思っています）、Could/Would you do?（～していただけますか）、Would/Do you mind doing?（～していただいても構いませんか）、I would appreciate it if you could do（～していただければ幸いです）、It would be great/helpful if you could do（～していただけると助かります）を押さえておくと解答に直結します。

43　Who most likely is Ms. Daniels?

(A) A shipping clerk

(B) A customer

(C) An event organizer

(D) A store manager

ダニエルズさんはどのような人物だと思われますか?

(A) 発送係

(B) 顧客

(C) イベントの主催者

(D) 店長

正解　D

[正答率 87.5%]

③で女性1にシフトの交代をお願いされた男性は、④ you'll need approval from the manager（マネジャーの承認が必要です）と伝え、Have you asked Ms. Daniels? と確認しているので、Ms. Daniels は manager であるとわかる。さらに、Ms. Daniels に対する女性1の発言⑤ Is it OK if Jason works at the shop instead of me on Thursday?（木曜日に、私の代わりにジェイソンさんに店で仕事をしてもらってもいいですか）から、職場が shop（店）であると判断できる。よって、(D) が正解。

🔊 **Questions 44 through 46** refer to the following
124~125　conversation.

🇺🇸 W: Hello, Mark? This is Carla. I have a problem and I need your help.

🇦🇺 M: Hi, Carla. Sure. ①What's the matter?

　W: ②There's an overgrown tree on my property and some of the branches are touching the roof of my house. ③I'm worried it could cause damage if it gets windy. **I don't know who to call**.

　M: Umm... OK. Well, I imagine you could find companies that specialize in that if you go online. But ④I have a friend who works in landscaping. I'm not sure if he can trim a large tree like you're describing, though. ⑤I could contact him if you'd like.

🕐 44-46 番は次の会話に関するものです。

女: もしもし、マークですか？ カーラです。困っていて、助けてほしいのです。

男: こんにちは、カーラ。いいですよ。どうしました？

女: うちの敷地内に伸びすぎた木があって、枝の何本かが家の屋根に接触しています。風が強くなったら損傷を引き起こすのではないかと心配なのです。**だれに電話をすればいいのかわからなくて。**

男: うーん……なるほど。そうですね、インターネットで探せば、それを専門とする会社が見つかるかもしれません。でも、造園を仕事にしている友人がいます。あなたが話しているような大きな木を剪定できるかどうかはわかりませんが。ご希望なら、彼に連絡をとりますよ。

Vocab. ▷ 本文 ＼ □ **What's the matter?**「どうしたの」(matter は「問題」という意味)　□ **overgrown**「成長しすぎた、伸びすぎた」
□ **property**「敷地」　□ **branch**「枝」　□ **I'm worried (that) ...**「…と心配している」　□ **get windy**「風が強まる」
□ **I imagine (that) ...**「…だろうと想像する、思う」　□ **specialize in**「〜を専門にする」　□ **landscaping**「造園業」
□ **trim**「〜を刈り込む、切りそろえる」　□ **describe**「(特徴・様子など)を説明する」　□ **though**「(文末に置いて)でも、〜だが」
□ **contact**「〜に連絡する」　設問 ＼ □ **blocked**「封鎖された」　□ **construction**「建設」　□ **broken**「故障した」
□ **complain about**「〜について苦情を述べる」　□ **browse**「(インターネット上で)〜を閲覧する」　□ **consult with**「〜に相談する」

44 What is the problem?
(A) A road has been blocked.
(B) A construction project is noisy.
(C) A machine is broken.
(D) A tree is overgrown.

問題は何ですか？
(A) 道路が封鎖されている。
(B) 建設工事がうるさい。
(C) 機械が故障している。
(D) 木が伸びすぎている。

正解　**D**
[正答率 85.6%]

男性に① What's the matter? (どうしました？) と聞かれた女性は、② There's an overgrown tree on my property (うちの敷地内に伸びすぎた木があって) と訴えているので、(D) が正解。その後の some of the branches are touching the roof of my house (枝の何本かが家の屋根に接触している) も解答のヒント。

45 Why does the woman say, "**I don't know who to call**"?
(A) To complain about a service
(B) To admit that she has made a mistake
(C) To ask for a recommendation
(D) To indicate that there are too many options

女性はなぜ「だれに電話をすればいいのかわからない」と言っているのですか？
(A) サービスに関する苦情を述べるため
(B) 間違いを犯したことを認めるため
(C) 提案を求めるため
(D) 選択肢がありすぎることを示すため

正解　**C**
[正答率 81.9%]

この発言の直前③で、女性が木について I'm worried it could cause damage if it gets windy. (風が強くなったら損傷を引き起こすのではないかと心配です) と言っていることや、男性が直後に「インターネットで探せば、それを専門とする会社が見つかるかも」と話していることから、どこに電話したら木の問題が解決できるかについて提案を求めるためにこの発言をしていると考えられる。よって、(C) が正解。

What does the man offer to do?
(A) Contact a friend
(B) Browse the Internet
(C) Review a manual
(D) Consult with a manager

男性は何をすると申し出ていますか？
(A) 友人に連絡をとる
(B) インターネットを閲覧する
(C) 手順書を見直す
(D) 管理者に相談する

正解　A
[正答率 81.9%]

男性が④ I have a friend who works in landscaping.（造園を仕事にしている友人がいます）と友人について触れた後、⑤ I could contact him if you'd like.（ご希望なら、彼に連絡をとりますよ）と話しているので、(A) が正解。I could do if you'd like（よろしければ~することもできますよ）が〈申し出〉を表す。

⏺ 990点 講師の目
〈申し出〉の表現として、そのほかに Let me do（私に~させてください、~しましょう）、I'm happy to do（喜んで~しますよ）、Why don't I do? / Shall I do? / Do you want me to do? / Would you like me to do?（~しましょうか）を押さえておきましょう。

TEST 1

TEST 2

Questions 47 through 49 refer to the following
126~127　conversation.

🇬🇧 W: ①At the next board meeting, I'm making a presentation regarding the financial condition of the company right now. I've included several charts and graphs. Should I print them in color, or would black and white be good enough?

🇨🇦 M: That sounds like a very important presentation. I'd definitely use color if I were you.

W: Well, ②attendance will be higher than usual. Many of the department heads and section managers will be coming. ③I'm worried people might consider colored printouts a waste of money.

M: It'll be worth the extra expense. ④Color will make everything look more professionally prepared. It'll also make it easier to comprehend the information.

🔊 47-49 番は次の会話に関するものです。
女：次の役員会議で、私は会社の現在の財政状況に関してプレゼンテーションをする予定です。いくつか図表やグラフも入れました。カラーで印刷すべきでしょうか、それとも白黒で十分でしょうか？
男：とても重要なプレゼンのようですね。私なら間違いなくカラーを使います。
女：ええと、出席者がいつもより多いのです。部長や課長の多くが出席します。カラーの印刷物が無駄な経費だと考えないかを心配しているのです。
男：余分に費用をかける価値はあるでしょう。カラーだと何でも白黒よりプロが準備したように見えます。それに、情報がより理解しやすくもなります。

Vocab. 本文 □ **board meeting**「役員会議」 □ **make a presentation**「プレゼンをする」 □ **regarding**「~に関して」
□ **financial condition**「財政状況」 □ **print in color**「カラーで印刷する」 □ **definitely**「絶対に、必ず」
□ **if I were you**「私があなたの立場なら」(助言をする表現) □ **attendance**「出席者数、出席率」
□ **department head**「部門責任者、部長」 □ **consider A (to be) B**「AがBであるとみなす、考える」 □ **waste**「無駄」
□ **worth the expense**「費用をかける価値がある」 □ **make ... do**「…を~させる、…が~するようにする」
□ **make it easier to do**「~しやすくする」 □ **comprehend**「~を理解する、把握する」 設問 □ **projection**「予測」
□ **fundraising event**「資金集めのイベント」 □ **a lack of**「~の不足」 □ **revenue**「収益」
□ **appeal to**「(人)を魅了する、~に訴求する」 □ **comprehension**「把握、理解」 □ **time-consuming**「時間のかかる」

47 What will the woman discuss at the board meeting?
(A) The effectiveness of advertising methods
(B) The sales projections for next quarter
(C) The planning of a fundraising event
(D) The company's current financial state

女性は役員会議で何を話す予定ですか？
(A) 広告手法の有効性
(B) 次の四半期の売上予測
(C) 資金調達イベントの計画
(D) 会社の現在の財政状況

正解 D ［正答率 81.9%］ 女性が会話の冒頭①で At the next board meeting, I'm making a presentation regarding the financial condition of the company right now. (次の役員会議で、私は会社の現在の財政状況に関してプレゼンテーションをする予定です)と話しているので、(D) が正解。right now (現在) が current (現在の)、condition (状態、状況) が state で言い換えられている。

48 What is the woman concerned about?
(A) A lack of attendance
(B) An unnecessary expense
(C) A shortage of staff
(D) A decrease in revenue

女性は何について心配していますか？
(A) 出席者の不足
(B) 不要な経費
(C) スタッフの不足
(D) 収益の減少

正解 B ［正答率 78.2%］ 心配事を表す I'm concerned/worried ... (…を心配している) に注意して会話を聞こう。女性の発言③に I'm worried people might consider colored printouts a waste of money. (カラーの印刷物が無駄な経費だと考えないかを心配しているのです) とあるので、この a waste of money (お金の無駄遣い) を an unnecessary expense (不要な経費) と言い換えた (B) が正解。女性がその前に② attendance will be higher than usual (出席者がいつもより多い) と話しているので、(A) は不適切。

49 What does the man say about using color?
    (A) It will appeal to customers.
    (B) It will cost too much money.
    (C) It will improve comprehension.
    (D) It will be time-consuming.

男性はカラーを使用することについて何と言っていますか?
    (A) 顧客に訴求する。
    (B) お金がかかりすぎる。
    (C) 理解を促進する。
    (D) 作業に時間がかかる。

正解　C

[正答率 74.4%]

カラー印刷について、男性は④で Color will make everything look more professionally prepared. (カラーだと何でも白黒よりプロが準備したように見えます) と It'll also make it easier to comprehend the information. (情報がより理解しやすくもなります) という2つのメリットを挙げている。この後者の内容に合う (C) が正解。動詞 comprehend は「～を理解する」(= understand) という意味で、選択肢では comprehension (= understanding) と名詞形になっている。

Questions 50 through 52 refer to the following
128~129　conversation.

🇺🇸 W: Hello, ①I bought a Langley brand food processor on your Web site about six months ago, and it already broke. I'm afraid I don't have the warranty information anymore. ②Is there any way I can still return it?

🇨🇦 M: Absolutely. ③All Langley appliances are covered by an unconditional one-year guarantee. You can send it back to us and we'll ship you a free replacement.

W: Great, but um... I've already discarded the box that it came in. Will that be a problem?

M: No, not at all. ④If you can read me the serial number printed on the device, it would be helpful.

50-52 番は次の会話に関するものです。

女：もしもし、そちらのウェブサイトで6カ月くらい前にラングリー製のフードプロセッサーを購入したのですが、もう壊れました。残念ながら、保証の情報が手元にありません。それでも返品する方法は何かありますか？

男：もちろんです。ラングリーのすべての電化製品は、無条件の1年保証が適用されます。こちらにご返送いただければ、無料の交換品を送付いたします。

女：素晴らしいですが、その……届いたときに入っていた箱をもう捨ててしまいました。それは問題ありますか？

男：いいえ、まったく問題ございません。機械に印刷されたシリアルナンバーを読み上げていただければ助かります。

Vocab. 本文 □ **break**「故障する」 □ **I'm afraid ...**「残念ながら…だと思う」 □ **warranty**「保証（書）」 □ **absolutely**「絶対に、もちろん」 □ **appliance**「電化製品」 □ **be covered by**「～（保証など）が適用される」 □ **unconditional**「無条件の」 □ **guarantee**「保証」 □ **ship〈人〉...**「〈人〉に…を発送する」 □ **replacement**「交換品」 □ **discard**「～を捨てる、処分する」 □ **not at all**「まったく～でない」 □ **read〈人〉...**「〈人〉に…を読み上げる」 □ **serial number**「通し番号」 □ **device**「機器」 設問 □ **assembly**「組み立て」 □ **discontinued**「製造中止の」 □ **durable**「耐久性がある」 □ **package**「小包、荷物」

50 What does the woman inquire about?
(A) An instruction manual
(B) A shipping date
(C) An assembly process
(D) A return policy

女性は何について問い合わせていますか？
(A) 取扱説明書
(B) 発送日
(C) 組み立て工程
(D) 返品規定

正解 **D** ［正答率 78.2%］ 設問文の inquire about は「～について問い合わせる」（= ask about）という意味。女性が最初に① I bought a Langley brand food processor ..., and it already broke. と購入したフードプロセッサーが故障したことを伝えたうえで、② Is there any way I can still return it? （返品する方法は何かありますか）と尋ねているので、(D) が正解。

51 What does the man say about Langley brand appliances?
(A) They have been discontinued.
(B) They are guaranteed for a year.
(C) They are durable.
(D) They are popular among customers.

男性はラングリー製の電化製品について何と言っていますか？
(A) 製造中止になった。
(B) 1年間保証される。
(C) 耐久性が高い。
(D) 顧客に人気がある。

正解 **B** ［正答率 85.6%］ 女性から返品可能かどうか尋ねられた男性は、③ All Langley appliances are covered by an unconditional one-year guarantee. （ラングリーのすべての電化製品は、無条件の1年保証が適用されます）と答えているので、(B) が正解。guarantee は名詞で「保証」（= warranty）、動詞で「～を保証する」という意味。

What does the man request the woman do?
(A) Search through a package
(B) Call a service center
(C) Visit a Web site
(D) Read a serial number

男性は女性に何をするよう依頼していますか?
(A) 小包を念入りに調べる
(B) サービスセンターに電話をかける
(C) ウェブサイトにアクセスする
(D) シリアルナンバーを読み上げる

正解　D
[正答率 87.5%]

男性の最後の発言④ If you can ..., it would be helpful. (…していただければ助かります) が〈依頼〉を表すことを押さえよう。If you can read me the serial number printed on the device, it would be helpful. (機械に印刷されたシリアルナンバーを読み上げていただければ助かります) とお願いしているので、(D) が正解。

🔊 これがエッセンス

音読練習をする際、シャードイングが難しすぎて挫折した、という話をよく聞きます。同じ経験のある方は、英文を見ながら、まずはオーバーラッピング (重ね読み) をして音声の速さについていけるように繰り返し練習してみてください。それができるようになったら、一文ずつでいいのでシャドーイングしてみましょう。何も見ずに本文全体をシャドーイングするのは、最も負荷の高いトレーニングなのです。

Questions 53 through 55 refer to the following
130~131　conversation with three speakers.

W1: Haji, ① what time did you say the movers will get to the office to transport everything to our new location?

M: They'll be here at 2:00. Oh, ② that's only fifteen minutes from now.

W1: ③ It looks like we still have a lot of packing left to do.

W2: That's what I was thinking. ④ Do you think we can get everything done that soon?

M: Well, the ⑤ workers from the moving company will load office furniture and large equipment into their truck first.

W2: Oh, that should give us enough time to pack up all of these supplies and smaller items.

M: ⑥ I'll go grab some more boxes so we can get started.

53-55 番は次の 3 人の会話に関するものです。

女1: ハジさん、引っ越し業者が新しい場所へ全部運びにオフィスまで来てくれるのは何時でしたか？

男: ここに 2 時に来てくれます。おっと、もうあと 15 分ですね。

女1: まだ荷造りしなくてはいけないものがたくさん残っているようですね。

女2: 私も同じことを考えていました。そんなにすぐに全部終えられると思いますか？

男: そうですね、引っ越し業者の人たちは、オフィスの家具や大きな設備品をまずトラックに積み込むでしょう。

女2: なるほど、それなら、これらの必需品や小さなものを全部荷造りするのに十分な時間があるはずですね。

男: 作業に取り掛かれるよう、もう少し箱を取りに行ってきます。

Vocab.　|本文　＼|□ **mover**「引っ越し業者」　□ **get to**「～に着く」　□ **transport**「～を運送する」　□ **it looks like ...**「…のようだ」
□ **have ... left**「…が残っている」　□ **get ... done**「…を終わらせる、済ませる」　□ **load A into B**「A を B（車両）に積む」
□ **pack up**「～を荷物に詰める」　□ **supplies**「必需品、日用品」　□ **go (and) do**「～しに行く」　□ **grab**「～をさっと取る」
□ **so (that) ...**「…できるように、そうすれば…できるので」　|設問　＼|□ **relocation**「移転」　□ **shipment**「発送」
□ **maintain**「～を維持する」　□ **sufficient**「十分な」　□ **convenient**「都合のよい」　□ **acquire**「～を入手する、獲得する」
□ **inspect**「～を点検する」

53　What are the speakers discussing?

　(A) An office relocation
　(B) A new company policy
　(C) Preparation for business travel
　(D) A delayed shipment

話し手たちは何を話し合っていますか？

　(A) オフィスの引っ越し
　(B) 会社の新たな方針
　(C) 出張の準備
　(D) 遅延した発送

正解	A
正答率 81.9%	

女性 1 が男性に対して① what time did you say the movers will get to the office to transport everything to our new location? (引っ越し業者が新しい場所へ全部運びにオフィスまで来てくれるのは何時でしたか) と確認していることや、その後⑤で男性が workers from the moving company (引っ越し作業員) について触れていることから、(A) が正解とわかる。「移転、引っ越し」を表す move / relocation、「引っ越し業者」を表す mover / moving company を合わせて覚えておこう。

54　What do the women express concern about?

　(A) Completing a task quickly enough
　(B) Maintaining sufficient stock
　(C) Setting a convenient appointment time
　(D) Having access to important information

女性たちは何について懸念を表していますか？

　(A) 仕事を十分な速さで完了すること
　(B) 十分な在庫を維持すること
　(C) 都合のよい約束の時間を設定すること
　(D) 重要な情報へのアクセスを得ること

正解	A
正答率 80.0%	

男性から②で「引っ越し業者があと 15 分で来る」と伝えられた女性たちは、③ It looks like we still have a lot of packing left to do. (まだ荷造りしなくてはいけないものがたくさん残っているようですね)、④ Do you think we can get everything done that soon? (そんなにすぐに全部終えられると思いますか) と話していることから、業者が来るまでに荷物をまとめられるか心配しているとわかる。よって、(A) が正解。packing (荷造り) を a task (作業)、get ... done (…を終わらせる) を complete で言い換えている。

55

What will the man most likely do next?
(A) Begin loading a truck
(B) Acquire additional boxes
(C) Inspect office equipment
(D) E-mail a file

男性は次に何をすると思われますか？
(A) トラックへの積み込みを開始する
(B) 追加の箱を入手する
(C) オフィス機器を点検する
(D) ファイルをメールで送る

正解	B

[正答率 76.3%]

男性が最後の発言⑥で I'll go grab some more boxes so we can get started.（作業に取り掛かれるよう、もう少し箱を取りに行ってきます）と言っているので、(B) が正解。grab（〜をさっと取る）を acquire（〜を入手する）、more boxes を additional boxes で言い換えている。I'll go (and) *do* は「〜しに行きます」という意味で、会話では and がよく省略される。

🕐 **990点 講師の目**

grab は「さっとつかむ」というイメージを基本として、何かを素早く取りに行ったり手に入れたりする場面でよく使われます。grab some lunch は「ランチをさっと食べる」、grab some sleep は「ちょっと眠る」、grab a taxi であれば「タクシーをつかまえる」という意味です。

TEST 1

TEST 2

🔊
132~133

Questions 56 through 58 refer to the following conversation.

🇬🇧 W: Hi, Ken. It's Barbara. ①I won't be able to attend the budget meeting tomorrow but I need to stay updated on what's discussed. Would you mind sending me a copy of the minutes afterwards?

🇨🇦 M: No, not at all. ②Do you want it as an e-mail attachment, or would you rather I print out a hard copy and bring it to you in your office?

W: Well, **I'll be out all day tomorrow**. ③An important potential client set an appointment with one of the senior sales executives at company headquarters. I've been asked to greet them when they arrive and show them around.

🔊 56-58 番は次の会話に関するものです。

女：こんにちは、ケン。バーバラです。明日の予算会議に出席できないのですが、話し合われたことについて最新情報を得ておく必要があります。後で議事録のコピーを送ってもらえませんか？

男：ええ、問題ないですよ。メール添付と、印刷したものをあなたのオフィスまでお届けするのと、どちらがいいですか？

女：ええと、**明日は一日中、外に出ています**。重要な潜在顧客が、営業担当の上級幹部の一人と本社で会う約束をしています。潜在顧客が到着したときに出迎えて案内するように頼まれているのです。

Vocab.> |本文　＼ □ **budget meeting**「予算会議」　□ **stay updated on**「～について最新情報を把握しておく」　□ **minutes**「議事録」
□ **afterwards**「後で」　□ **attachment**「添付ファイル」
□ **Would you rather I** *do*?「私にむしろ～してほしいですか、私は～したほうがよろしいですか」
□ **hard copy**「電子ファイルを印刷した書類」　□ **potential client**「潜在顧客」　□ **appointment**「面会の約束、予約」
□ **senior executive**「上級管理職、経営幹部」　□ **headquarters**「本社」　□ **greet**「～に挨拶する、～を迎える」
□ **show**〈人〉**around**「〈人〉を案内する」　|設問　＼ □ **reschedule**「～の予定を変更する」　□ **expense**「費用」
□ **specify**「～を指定する、明示する」　□ **stop by**「～に立ち寄る」　□ **meet** *one's* **deadline**「締切に間に合う」
□ **department head**「部門長」　□ **appoint**「～を任命する」　□ **finalize**「～を最終決定する、仕上げる」

56
Why is the woman calling?
(A) To reschedule a meeting
(B) To request a document
(C) To confirm a location
(D) To report an expense

女性はなぜ電話をかけていますか？
(A) 会議の予定を変更するため
(B) 書類を依頼するため
(C) 場所を確認するため
(D) 経費を報告するため

| 正解 | **B** |
| 正答率 72.6% |

女性が会話の冒頭①で I won't be able to attend the budget meeting tomorrow（明日の予算会議に出席できない）と伝えた後、Would you mind sending me a copy of the minutes afterwards?（後で議事録のコピーを送ってもらえませんか）とお願いしているので、(B) が正解。なお、Would you mind *doing*?（～していただいても構いませんか）に対する not at all は、「まったく構いませんよ」と快く引き受ける言い方であることも確認しておこう。

57
What does the woman imply when she says, "**I'll be out all day tomorrow**"?
(A) The man must specify a different date.
(B) She needs the man to do a task today.
(C) The man should not stop by her office.
(D) She might not meet her work deadline.

「明日は一日中、外に出ています」という女性の発言にはどういう意味の含みがありますか？
(A) 男性はほかの日付を指定しなければならない。
(B) 彼女は男性に仕事を今日遂行してもらう必要がある。
(C) 男性は彼女のオフィスに立ち寄るべきではない。
(D) 彼女は仕事の締切に間に合わないかもしれない。

| 正解 | **C** |
| 正答率 37.2% |

この女性の発言は、② Do you want it as an e-mail attachment, or would you rather I print out a hard copy and bring it to you in your office?（メール添付と、印刷したものをあなたのオフィスまでお届けするのと、どちらがいいですか）という男性の質問を受けたもの。I'll be out all day tomorrow. と返すことで、明日はオフィスに届けに来ても受け取ることができないため、メールでいいことを暗に伝えている。よって、(C) が正解。hard copy とは、コンピュータ上のファイルを印刷した書類のこと。

58 According to the woman, what will happen at company headquarters?

(A) A prospective client will be welcomed.
(B) A new department head will be appointed.
(C) A budget will be finalized.
(D) A policy change will be announced.

女性によると、本社で何が起きる予定ですか?

(A) 潜在顧客が出迎えられる。
(B) 新しい部長が任命される。
(C) 予算が最終決定される。
(D) 方針の変更が発表される。

正解	A

[正答率 63.3%]

女性が最後③で An important potential client set an appointment with one of the senior sales executives at company headquarters.（重要な潜在顧客が、営業担当の上級幹部の一人と本社で会う約束をしています）と伝え、I've been asked to greet them when they arrive（彼らが到着したときに出迎えるように頼まれているのです）と続けているので、(A) が正解。potential client（潜在顧客）を prospective client、greet（～を迎える）を welcome で言い換えている。

🔵 **990点 講師の目**

この会話での potential client は、今後取引する可能性のある「会社」を指しています。その会社の担当者数人が来社するため、複数を表す代名詞 they/them で受けていると考えられます。また、人の性別を特定しない場合に、その人を they/them で受けることもあります。

Questions 59 through 61 refer to the following conversation.
134~135

M: Molly, ①will you have any time to help train the new employees this week? They need to become familiar with the company's policies for reporting hours when they work from home.

W: My calendar's pretty booked up this week, but ②I suppose I could shift some of my appointments around and free up Wednesday afternoon. Would that work?

M: That would be great. Conducting the session from 2:00 to 4:00 would be ideal. New employees usually meet with their department supervisors at the end of the workday.

W: ③I think I can make myself available, but I'll need a little time before I can tell you for sure.

59-61 番は次の会話に関するものです。

男：モリーさん、今週、新入社員の研修を手伝ってもらう時間はありますか？ 自宅勤務の際に就業時間を報告するという会社の規則を理解してもらう必要があります。

女：私のスケジュールは今週、かなり埋まっていますが、約束のいくつかを調整して水曜日の午後を空けることはできると思います。それで大丈夫ですか？

男：それは素晴らしい。2時から4時にセッションを行うのが理想的です。新入社員たちは通常、平日の終わりにそれぞれの部の管理者と面会しますので。

女：都合をつけられると思いますが、確実なことを言うには少し時間が必要です。

Vocab.
- 本文 □ **help (to)** *do*「~するのを手伝う」 □ **train**「~を訓練する、~に研修を行う」
- □ **become familiar with**「~をよく知る、把握する」 □ **work from home**「在宅勤務する」 □ **pretty**「かなり」
- □ **be booked up**「予約で埋まっている」 □ **I suppose ...**「…だろうと思う」 □ **shift ... around**「…を動かして調整する」
- □ **free up**「（時間・場所など）を空ける」 □ **work**「うまくいく、都合がつく」 □ **conduct**「~を行う」 □ **ideal**「理想的な」
- □ **supervisor**「監督者、上司」 □ **make** *oneself* **available**「都合をつける」
- □ **tell 〈人〉for sure**「〈人〉に確実なこととして伝える、断言する」 設問 □ **take place**「行われる」
- □ **management**「経営、経営陣」 □ **rearrange**「（予定など）を組み直す、変更する」 □ **consult**「~を参照する」
- □ **progress report**「経過報告書」 □ **immediately**「すぐに、ただちに」 □ **availability**「都合」

59
According to the man, what will take place this week?
(A) A job interview
(B) A management meeting
(C) A facility tour
(D) A training session

男性によると、今週何が実施されますか？
(A) 就職の面接
(B) 経営会議
(C) 施設のツアー
(D) 研修会

正解 **D** 正答率 83.8%
会話の冒頭①で、男性が女性に対し will you have any time to help train the new employees this week?（今週、新入社員の研修を手伝ってもらう時間はありますか）と尋ねているので、(D) が正解。help (to) *do* は「~するのを助ける、手伝う」という意味で、help train のように to がよく省略される。

60
What does the woman offer to do?
(A) Rearrange her work schedule
(B) Consult a handbook
(C) Write a progress report
(D) Print out some documents

女性は何をすると申し出ていますか？
(A) 仕事の予定を組み直す
(B) 手引き書を参考にする
(C) 経過報告書を書く
(D) いくつかの書類を印刷する

正解 **A** 正答率 80.0%
研修の手伝いを頼まれた女性は、②I suppose I could shift some of my appointments around and free up Wednesday afternoon.（約束のいくつかを調整して水曜日の午後を空けることはできると思います）と返しているので、(A) が正解。I suppose I could *do*（~できるだろうと思います）が〈申し出〉を表し、shift some of my appointments around（約束のいくつかを調整する）が rearrange her work schedule（仕事の予定を組み直す）で言い換えられている。

61

What does the woman say she is unable to do immediately? 女性が今すぐできないと言っていることは何ですか？

(A) Confirm her availability   (A) 彼女の都合を確定すること

(B) Access a computer system   (B) コンピュータシステムにアクセスすること

(C) Speak with a supervisor   (C) 管理者と話すこと

(D) Leave her office   (D) オフィスを出ること

正解   **A**

[正答率 **63.3%**]

女性が最後③で I think I can make myself available, but I'll need a little time before I can tell you for sure. (都合をつけられると思いますが、確実なことを言うには少し時間が必要です) と言っているので、都合がつくかどうかすぐには確定できないことがわかる。よって (A) が正解。confirm は「間違いないことを確認する、確定する」という意味。

> 🔊 **これがエッセンス**
>
> 「音読」はリスニング力を鍛える効果的なトレーニングですが、たんに声に出すだけが音読ではありません。会話やトークの場面をしっかりイメージし、役者になったつもりで気持ちを込めて練習しましょう。そして、音読して終わりではなく、もう一度声を出さずに同じ英文を聞き、あたかもその場にいるかのように状況が思い浮かぶかどうかを確認するのです。この意識づけにより、英語そのものを聞き取るだけでなく、そこに込められたメッセージや文脈を理解する聞き方ができるようになっていきます。

Questions 62 through 64 refer to the following
136~137　conversation and list.

M: Good morning. I brought my car in to be washed.

W: Sure. We're offering ①a special deal today. ②If you let us clean your carpets, we'll upgrade your service and degrease your engine for no additional charge.

M: That sounds like a great deal, but ③I really don't need all that. I have a newly restored classic car. The interior and engine are already perfectly clean. ④I only want a wash and wax.

W: All right. ⑤Please park your car between the red markers behind the building and leave the key inside. We'll get started right away.

62-64 番は次の会話とリストに関するものです。

男：おはようございます。洗車をお願いしたくて車を入れました。

女：承知いたしました。本日、特別なサービスを提供しております。フロアマットの掃除をご依頼いただければ、サービスをアップグレードし、追加費用なしでエンジンの油汚れを洗浄します。

男：それは素晴らしいサービスでしょうが、私にはどれもまったく必要ありません。修復されたばかりのクラシックカーなんです。車内とエンジンはすでに完璧にきれいな状態です。洗車とワックスだけでいいです。

女：かしこまりました。建物の後ろの赤い印の間に駐車し、車内に鍵を置いたままにしておいてください。すぐに開始します。

Rico's Carwash
Service Options

	Wash	Wax	Carpet	Engine
Basic	✓			
Standard	✓	✓		
Deluxe	✓	✓	✓	
Premium	✓	✓	✓	✓

リコズ洗車場
サービスのオプション

	洗車	ワックス	フロアマット	エンジン
ベーシック	✓			
スタンダード	✓	✓		
デラックス	✓	✓	✓	
プレミアム	✓	✓	✓	✓

Vocab.> 　本文　□ bring ... in「…を持ってくる」　□ special deal「特別サービス」(deal は「取引」の意味)
□ let〈人〉do「〈人〉に (したいように) 〜させる、〜するのを許す」　□ degrease「〜の油を落とす」
□ for no additional charge「追加料金なしで」　□ newly「新たに」　□ restored「修復された」　□ interior「内部、内装」
□ get started「取り掛かる、作業を始める」　□ right away「今すぐに」　設問　□ guarantee「保証」
□ discounted「値引きされた」　□ rewards card「ポイントカード」　□ make a payment「支払いをする」
□ in advance「前もって」　□ vehicle「乗り物、車」　□ designated「指定された」　□ fill out「(用紙) に記入する」

62
What does the woman say is being offered?
(A) A satisfaction guarantee
(B) A discounted oil change
(C) A customer rewards card
(D) A free service upgrade

女性は何が提供されていると言っていますか?
(A) 満足保証
(B) 値引きされたオイル交換
(C) 顧客ポイントカード
(D) 無料でのサービスのアップグレード

正解　D
[正答率 70.7%]
洗車に来た男性に対し、女性は ② If you let us clean your carpets, we'll upgrade your service ... for no additional charge.（フロアマットの掃除をご依頼いただければ、追加料金なしでサービスをアップグレードします）と伝えているので、(D) が正解。

63
Look at the graphic. What service option does the man select?
(A) Basic
(B) Standard
(C) Deluxe
(D) Premium

図表を見てください。男性はどのサービスオプションを選択していますか?
(A) ベーシック
(B) スタンダード
(C) デラックス
(D) プレミアム

正解　B
[正答率 68.9%]
女性がすすめている① a special deal（特別サービス）について、男性は③ I really don't need all that.（私にはどれもまったく必要ありません）と断ったうえで、④ I only want a wash and wax.（洗車とワックスだけでいいです）と伝えている。リストを見ると、Wash と Wax のみ ✓ がついているのは Standard のサービスなので、(B) が正解。会話の中に出てくる carpet や engine という単語に惑わされず、男性の希望をしっかり聞き取ることが大切。

64

What does the woman request the man do?

(A) Make a payment in advance
(B) **Move his vehicle to a designated area**
(C) Wait a short time in the lobby
(D) Start filling out a form

女性は男性に何をするよう頼んでいますか？

(A) 先に支払いをする
(B) 車を指定の場所に移動させる
(C) ロビーで少し待つ
(D) 用紙への記入を始める

正解	B

[正答率 **74.4%**]

会話の最後⑤で女性が Please park your car between the red markers behind the building（建物の後ろの赤い印の間に駐車してください）と男性に頼んでいるので、(B) が正解。car が vehicle で言い換えられている。designated は「指定された」という意味。

🔊
138~139
Questions 65 through 67 refer to the following conversation and chart.

🇬🇧 W: Hello, I'd like to reserve three premium seats in the center section, if possible, for *The Count of Castle Hill* sometime next month.

🇨🇦 M: Those seats have sold out already for most of next month's performances. ①That theater production was nominated for a Gatsby Award, so everybody wants to see it. We do have a few premium seats remaining for Saturday the twenty-seventh.

W: That's fine. Which rows are available?

M: ②There are three front-row tickets left, but you would have to sit separately.

W: No, ③I'd like three adjacent seats as close to the stage as possible, regardless of any price differences.

M: All right. ④I'll need your credit card number to secure the reservation.

🔊 65-67 番は次の会話と図に関するものです。

女：こんにちは、できれば、来月のどこかで『ザ・カウント・オブ・キャッスル・ヒル』のプレミアム席を中央セクションで 3 枚予約したいのですが。

男：来月の上演のほとんどの回で、それらの席はすでに完売しております。その劇場作品はギャッツビー賞にノミネートされましたので、皆さまが鑑賞をご希望です。27 日の土曜日でしたら、プレミアム席がいくつか残っております。

女：それはよかった。どの列が空いていますか？

男：最前列のチケットが 3 枚残っていますが、離れてお座りいただかなくてはなりません。

女：それは駄目です、値段が変わっても構わないので、なるべくステージに近い 3 つ隣り合わせの席がいいのです。

男：承知しました。ご予約を確定するために、クレジットカード番号が必要です。

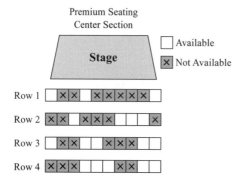

Premium Seating
Center Section

□ Available
☒ Not Available

プレミアム席
中央セクション

□ 利用可
☒ 予約済

Vocab. 〉 |本文 ＼| □ **if possible**「できれば」 □ **sometime**「いつか」 □ **sell out**「売り切れる」 □ **production**「上演作品」
□ **nominate**「（賞などに）〜を推薦する、ノミネートする」 □ **remaining**「残っている」 □ **row**「列」 □ **separately**「別々に、離れて」
□ **adjacent**「隣接した、隣り合わせの」 □ **as ... as possible**「できるだけ…」 □ **regardless of**「〜に関係なく」
□ **secure**「〜を確保する」 □ **reservation**「予約」 |設問 ＼| □ **be based on**「〜に基づいている」 □ **premiere**「〜を初上演する」
□ **party**「（一緒に行動する）グループ、集団」 □ **acquaintance**「知人」

65
What does the man say about the theater production?
(A) It has received an award nomination.
(B) It is based on a true story.
(C) It is performed only on weekends.
(D) It premiered within the past month.

男性は劇場作品について何と言っていますか？
(A) 賞にノミネートされた。
(B) 実話に基づいている。
(C) 週末にのみ上演される。
(D) この 1 カ月の間に初上演された。

正解	A
正答率 68.9%	

女性が席の予約を求めている *The Count of Castle Hill* について、男性は ① That theater production was nominated for a Gatsby Award（その劇場作品はギャッツビー賞にノミネートされました）と話しているので、(A) が正解。nominate は「（賞などに）〜を推薦する、ノミネートする」という意味の動詞で、選択肢では nomination（推薦、ノミネート）という名詞形になっている。production は「上演作品」のこと。

66 Look at the graphic. Where will the woman's party probably sit?

(A) In the first row
(B) In the second row
(C) In the third row
(D) In the fourth row

図表を見てください。女性の一団はおそらくどこに座りますか？

(A) 最前列
(B) 2列目
(C) 3列目
(D) 4列目

| 正解 | B |
[正答率 74.4%]

男性の発言② There are three front-row tickets left, but you would have to sit separately. (最前列のチケットが3枚残っていますが、離れてお座りいただかなくてはなりません) に対し、女性は No と否定しているので、最前列は希望していないことに注意。その後女性は、③ I'd like three adjacent seats as close to the stage as possible (なるべくステージに近い3つ隣り合わせの席がいいのです) と伝えている。座席表の中で available (利用可) となっている席のうち、この条件に合うのは (B) の Row 2。

990点 講師の目

形容詞 adjacent (隣接した) は、〈位置関係〉を示す重要語です。adjacent seats (隣り合わせの席) や adjacent room (隣の部屋) のように名詞を修飾するほか、The store is adjacent to the station. (その店は駅の隣にある) のように adjacent to の形で用いて「～に隣接した」(＝ next to) という意味になります。

67 What will the woman most likely do next?

(A) Print a ticket
(B) Contact an acquaintance
(C) Check a schedule
(D) Provide payment details

女性は次に何をすると思われますか？

(A) チケットを印刷する
(B) 知人に連絡をとる
(C) 予定を確認する
(D) 支払いの詳しい情報を提供する

| 正解 | D |
[正答率 85.6%]

男性が会話の最後④で I'll need your credit card number to secure the reservation. (ご予約を確定するために、クレジットカード番号が必要です) と言っているので、この後女性はカード番号を伝えることがわかる。よって、(D) が正解。payment details (支払いの詳細) とは、支払い方法、クレジットカードの情報、支払い金額などを幅広く指す。

🔊 **Questions 68 through 70** refer to the following
140~141　conversation and menu.

🇺🇸 W: Hi. Welcome to Papa Capelliano's. My name is Allie and I'll be your server today. Have you dined with us before?

🇦🇺 M: No, but ①some staff at my office came here for lunch yesterday. I overheard them complimenting the food.

W: I see. Well, I'm glad you decided to come in. Can I get you a menu?

M: Actually, one of my coworkers mentioned ②a vegetarian dish with white sauce. I think I'd like to try that.

W: ③Oh, we have just the thing for you among today's specials. It happens to be our most popular entrée. Anything else?

M: Yes. ④Could you tell me what soft drinks are available?

📞 68-70 番は次の会話とメニューに関するものです。

女: こんにちは。パパ・カペリアーノズにようこそ。私、アリーが本日、担当いたします。こちらで以前お食事をされたことはございますか？

男: いいえ、でも、職場の何人かのスタッフが昨日、ここにランチをしに来ました。彼らが料理をほめているのを耳にしたのです。

女: なるほど。それは、ご来店を決めていただいてうれしく存じます。メニューをお持ちいたしましょうか？

男: 実は、同僚の１人が、ホワイトソースのかかったベジタリアン料理のことを話していまして。それをいただきたいと思っています。

女: そうですか、ちょうどそちらが、本日のおすすめの中にございます。実は当店で最も人気のメイン料理でもあります。ほかにございますか？

男: ええ。ソフトドリンクは何があるか教えていただけますか？

Papa Cappelliano's Italian Cuisine
Lunch Menu

Entrée Selection	Sauce Options	Vegetarian Option
Stuffed Shells	Red Only	Yes
Tortellini	Red & White	No
Ravioli	Red & White	Yes
Meatballs	Red Only	No

パパ・カペリアーノズのイタリア料理
ランチメニュー

メイン料理の セレクション	ソースの オプション	ベジタリアンの オプション
スタッフドシェルズ	レッドのみ	あり
トルテッリーニ	レッド＆ホワイト	なし
ラビオリ	レッド＆ホワイト	あり
ミートボール	レッドのみ	なし

Vocab. ▷ |本文＼ □ **server**「（レストランの）接客係、給仕係」　□ **dine**「食事する」
□ **overhear** 〈人〉 *doing*「〈人〉が~するのを耳にする、偶然聞く」　□ **compliment**「~をほめる」
□ **I'm glad (that) ...**「…でうれしい」　□ **decide to** *do*「~することに決める」　□ **get** 〈人〉 **...**「〈人〉に…を渡す、届ける」
□ **coworker**「同僚」　□ **mention**「~について話す、言及する」　□ **dish**「料理」　□ **happen to be**「偶然にも~だ」
□ **entrée**「主菜、メイン料理」　|設問＼ □ **previously**「以前」　□ **praise**「~をほめる」　□ **personally**「個人的に」
□ **be located**「~に位置している、ある」　□ **nearby**「近くに」　□ **nutritional**「栄養に関する」　□ **describe**「~について説明する」
□ **beverage**「飲み物」　□ **make a recommendation**「すすめる、提案する」

---

68 What does the man say about the restaurant?
(A) He has visited previously.
(B) His coworkers praised it.
(C) He knows its chef personally.
(D) His home is located nearby.

男性はレストランについて何と言っていますか？
(A) 以前に訪れたことがある。
(B) 同僚がほめていた。
(C) そこのシェフを個人的に知っている。
(D) 自宅が近くにある。

正解	B
[正答率 **81.9%**]

レストランについて男性は、① some staff at my office came here for lunch yesterday（職場の何人かのスタッフが昨日、ここにランチをしに来ました）と話し、I overheard them complimenting the food.（彼らが料理をほめているのを耳にしたのです）と続けているので、(B) が正解。男性がその後の発言で one of my coworkers（同僚の１人）に触れていることもヒントになる。compliment と praise は同義語で「~をほめる」という意味。

69 Look at the graphic. What does the woman imply is the most popular entrée?
(A) Stuffed Shells
(B) Tortellini
(C) Ravioli
(D) Meatballs

図表を見てください。女性はどれが最も人気のあるメイン料理だと示唆していますか?
(A) スタッフドシェルズ
(B) トルテッリーニ
(C) ラビオリ
(D) ミートボール

正解 C
[正答率 70.7%]

男性の2回目の発言にある② a vegetarian dish with white sauce について、女性が③ Oh, we have just the thing for you among today's specials. It happens to be our most popular entrée. (そうですか、ちょうどそちらが、本日のおすすめの中にございます。実は当店で最も人気のメイン料理でもあります) と説明していることを押さえる。メニューを見ると、Vegetarian Option があるのは Stuffed Shells と Ravioli の2つ。このうち、Sauce Options に Red & White と記載されている (C) の Ravioli が正解。なお、Ravioli は、パスタ生地の皮にひき肉やみじん切りの具材を詰めたイタリア料理のこと。

70 What does the man ask the woman to do?
(A) Provide nutritional information
(B) Bring a takeout menu
(C) Describe beverage options
(D) Make a recommendation

男性は女性に何をするよう頼んでいますか?
(A) 栄養成分の情報を提供する
(B) テイクアウトのメニューを持ってくる
(C) 飲み物の選択肢を述べる
(D) 提案をする

正解 C
[正答率 81.9%]

会話の最後④で、男性が女性に対し Could you tell me what soft drinks are available? (ソフトドリンクは何があるか教えていただけますか) と頼んでいるので、(C) が正解。選択肢にある beverage (飲み物) は、drink の言い換えとして TOEIC に頻出する。

Questions 71 through 73 refer to the following talk.

143~144

🇺🇸 Now, if you'll please follow me through this entrance... OK. ①Here we have the most popular section of the gallery among our patrons. We call this the Solar Room, because of the natural sunlight that shines through the ceiling windows. ②It's dedicated exclusively to the works of local artists. As you can see, ③a great variety of types and styles of art are on exhibit. Oh, by the way, ④if you see a red sticker next to the piece, it means the item is not for sale. Otherwise, you'll see a white card with information about the work and its creator as well as the asking price.

🔊 71-73 番は次の話に関するものです。

では、私に続いてこの入り口をお入りください……はい。こちらは当ギャラリーにおいて、お客様の間で最も人気のセクションです。ソーラー・ルームと呼んでおりまして、天窓から自然な太陽光が差し込むのが理由です。こちらは地元のアーティストの作品のみを扱っております。ご覧のとおり、非常に幅広いタイプやスタイルのアートを展示しています。そうでした、ところで、作品の横に赤いステッカーがあれば、その作品は販売していないという意味です。もしくは、作品や制作者、希望価格に関する情報を掲載した白いカードがございます。

Vocab. ▷ |本文 ＼ □ **follow**「〜についていく、続く」　□ **entrance**「入り口」　□ **patron**「常連客」　□ **call A B**「A を B と呼ぶ」
□ **shine through**「〜を通して光が差す、輝く」　□ **ceiling**「天井」　□ **be dedicated to**「(場所・資金などが) 〜に充てられる」
□ **exclusively**「独占的に、〜だけ」　□ **work**「作品」　□ **on exhibit**「展示中の」　□ **by the way**「ところで」
□ **sticker**「シール、ステッカー」　□ **piece**「作品」　□ **it means (that) ...**「それは…を意味する、つまり…ということだ」
□ **for sale**「販売されている」　□ **otherwise**「そうでない場合は」　□ **creator**「制作者」　□ **as well as**「〜だけでなく、〜も」
□ **asking price**「希望価格、提示価格」　|設問 ＼ □ **venue**「会場」　□ **banquet hall**「宴会場」　□ **complex**「総合ビル、複合施設」
□ **contents**「中身、収容物」　□ **renovate**「〜を改装する」　□ **feature**「〜を取り上げる、特集する」　□ **publication**「出版物」
□ **reserve**「〜を予約する」

71 Where most likely are the listeners?
(A) At a conference venue
(B) In a banquet hall
(C) At an apartment complex
(D) In an art gallery

聞き手はどこにいると思われますか?
(A) 会議の開催場所に
(B) 宴会場に
(C) アパートに
(D) アートギャラリーに

正解　**D**
[正答率 81.9%]

トーク冒頭①の Here we have the most popular section of the gallery among our patrons. (こちらは当ギャラリーにおいて、お客様の間で最も人気のセクションです) にある gallery をしっかり聞き取ろう。その後も② the works of local artists (地元のアーティストの作品) や③ a great variety of types and styles of art (幅広いタイプやスタイルのアート) について触れているので、(D) が正解とわかる。

72 What does the speaker say about the Solar Room?
(A) Its contents are created locally.
(B) It was renovated recently.
(C) It is the largest room in the building.
(D) It was featured in a publication.

話し手はソーラー・ルームに関して何と言っていますか?
(A) その中にあるものは地元で制作されている。
(B) 最近、改装された。
(C) 建物内で最も広い部屋だ。
(D) 刊行物で取り上げられた。

正解　**A**
[正答率 46.5%]

the Solar Room について、話し手は② It's dedicated exclusively to the works of local artists. (こちらは地元アーティストの作品のみを扱っております) と説明しているので、(A) が正解。contents (中身) は、ここでは部屋の中に展示されているものを指している。

🎧 **990点 講師の目**

be dedicated to は「〜にささげられている、(特定の目的) に充てられている」という意味で、ここでは exclusively (独占的に) と組み合わせることで、地元アーティストの作品だけに特化していることを強調しています。なお、〈人〉be dedicated to *doing* の形で用いると「〈人〉が〜することに尽力している」という意味になります。We are dedicated to protecting the environment. (当社は環境保護に尽力している) という例文で押さえておきましょう。

73 According to the speaker, what does a red sticker mean?

(A) An item may not be purchased.
(B) A door should not be opened.
(C) An item must not be touched.
(D) A space may not be reserved.

話し手によると、赤いステッカーは何を意味しますか？

(A) 作品は購入できない。
(B) ドアは開けられるべきでない。
(C) 作品に触れてはいけない。
(D) スペースは予約できない。

正解 **A**

[正答率 85.6%]

トークの後半④で if you see a red sticker next to the piece, it means the item is not for sale（作品の横に赤いステッカーがあれば、その作品は販売していないという意味です）と説明しているので、(A) が正解。piece は「作品」（＝ work）のこと。

Questions 74 through 76 refer to the following radio
145~146　broadcast.

🇨🇦 You're listening to Eagle Radio, Long Valley's number-one
classical music station. Eagle Radio is proud to be a sponsor
of the eighth annual Harper Town Cultural Festival. ①This
year's festival mainly focuses on international cuisine and will
feature ②an abundance of unique dishes from cultures and
peoples across the globe. ③The festival will take place on
Saturday, August tenth and Sunday the eleventh from 10:00
A.M. to 8:00 P.M. In addition to great food, there will be live
music and other entertainment ④throughout the weekend.
⑤Admission is free for children under 12, ten dollars for
adults, and five dollars for seniors. We hope to see you there.

🔊 74-76 番は次のラジオ放送に関するものです。
ロング・バレーで随一のクラシック音楽専門局、イーグル・ラジオです。イーグル・ラジオは光栄にも、年中行事の第 8 回ハーパー・タウン・カルチュラル・フェスティバルのスポンサーを務めております。今年のフェスティバルは、主に世界の料理に焦点を当て、世界中の文化や民族特有の料理をたくさん取り上げる予定です。フェスティバルは、8 月 10 日の土曜日と 11 日の日曜日の午前 10 時から午後 8 時まで開催されます。素晴らしい料理に加え、週末を通して生演奏やほかの催し物がございます。入場料は、11 歳以下の子どもは無料、大人は 10 ドル、シニアの方は 5 ドルです。会場でお会いしましょう。

Vocab. ＞ 本文 ＼ □ **classical music**「クラシック音楽」 □ **be proud to be**「～であることを誇りに思う」 □ **mainly**「主に」
□ **focus on**「～に焦点を当てる」 □ **cuisine**「料理」 □ **an abundance of**「豊富な」 □ **dish**「料理」
□ **people**「民族」(複数形は peoples) □ **across the globe**「世界中の」 □ **take place**「行われる、開催される」
□ **in addition to**「～に加えて」 □ **throughout**「～の間ずっと」 □ **admission**「入場、入場料」 設問 ＼ □ **theme**「テーマ、主題」
□ **craft**「手工芸品」 □ **traditional**「伝統的な」 □ **last**「続く」 □ **discount voucher**「割引券」 □ **certain**「ある特定の」
□ **donate**「～を寄付する」 □ **post**「～を掲載する」

74
What is the main theme of the festival?
(A) Arts and crafts
(B) International foods
(C) Traditional dancing
(D) Physical fitness

フェスティバルの主なテーマは何ですか？
(A) アートと手工芸品
(B) 世界の料理
(C) 伝統的なダンス
(D) 身体の健康

正解　**B**
[正答率 87.5%]
① This year's festival mainly focuses on international cuisine (今年のフェスティバルは、主に世界の料理に焦点を当てます) を聞き取れれば、(B) が正解とわかる。その後の② an abundance of unique dishes from cultures and peoples across the globe (世界中の文化や民族特有のたくさんの料理) も解答のヒント。cuisine は「料理」(= dishes; foods)、across the globe は「世界中の、世界中で」(= around the world) という意味。

75
What does the speaker say about the festival?
(A) It takes place in a public park.
(B) It is broadcast on television.
(C) It will be held for the first time this year.
(D) It lasts over the weekend.

話し手はフェスティバルに関して何と言っていますか？
(A) 公共の公園で開催される。
(B) テレビで放送される。
(C) 今年初めて開催される。
(D) 週末を通して続く。

正解　**D**
[正答率 76.3%]
フェスティバルについて、話し手は③ The festival will take place on Saturday, August tenth and Sunday the eleventh (フェスティバルは、8 月 10 日の土曜日と 11 日の日曜日に開催されます) と伝えているので、週末に開催されることがわかる。よって (D) が正解。その後に続く④ throughout the weekend (週末の間ずっと) と over the weekend が同じ意味。

76
What does the speaker say about admission charges?
(A) A discount voucher is available.
(B) They are free for certain ages.
(C) The money will be donated to charity.
(D) They are posted on a Web site.

話し手は入場料について何と言っていますか？
(A) 割引券が入手可能だ。
(B) 特定の年齢は無料だ。
(C) お金は慈善団体に寄付される。
(D) ウェブサイトに掲載されている。

正解　**B**
[正答率 87.5%]
admission charges (入場料) について、トーク後半⑤に Admission is free for children under 12 (11 歳以下の子どもは入場無料) との説明があるので、(B) が正解。certain は「ある特定の」(= particular) という意味。(A) の discount voucher (割引券) は coupon (クーポン) の言い換えになることも覚えておこう。

Questions 77 through 79 refer to the following telephone message.

🇬🇧 Hi, it's Judie. I have some bad news— ① my flight's been delayed. There's some kind of mechanical problem with the boarding ramp. They're saying it'll be fixed soon, but ② there's no way I can make it to the planning meeting on time. I thought about asking to reschedule for later this afternoon, but that would be too big a hassle. ③ Let's just call off the meeting and try to get together sometime later in the week. ④ Would you mind typing up a memo and sending it to the other committee members? Thanks.

🔊 77-79 番は次の電話メッセージに関するものです。
こんにちは、ジュディです。残念な知らせがあります——私の乗る航空便が遅延しています。タラップに何らかの機械的な問題が生じているんです。まもなく復旧するそうですが、企画会議にはどうしても間に合いません。午後のもっと遅い時間にスケジュール変更をお願いすることも考えたのですが、それは大変すぎるでしょう。会議は中止にしてしまって、今週のどこかで集まりましょう。メモをタイプして、ほかの委員の皆さんに送ってもらえませんか？ よろしくお願いします。

Vocab. 本文 □ **be delayed**「遅れる」 □ **some kind of**「何らかの、ある種の」 □ **mechanical**「機械的な」
□ **boarding ramp**「(飛行機の) 搭乗用階段、タラップ」 □ **fix**「(問題) を解決する」
□ **there's no way I can ...**「どうしても～できない」 □ **make it to**「～になんとか行ける、間に合う」 □ **on time**「時間どおりに」
□ **think about** *doing*「～しようと考える」 □ **reschedule**「予定を変更する」 □ **hassle**「面倒なこと」
□ **call off**「～を中止する」 □ **get together**「集まる」 □ **type up**「(文書) をタイプして作成する」 □ **committee**「委員会」
設問 □ **issue an apology**「謝罪する」 □ **consult**「～を参照する」 □ **pick up**「(人) を車で迎えにいく」

77 What does the speaker say caused a delay?
(A) Weather conditions
(B) A software error
(C) An overbooked flight
(D) **A mechanical issue**

何が遅延を引き起こしたと話し手は言っていますか？
(A) 天候の状態
(B) ソフトウェアのエラー
(C) オーバーブッキングされた航空便
(D) 機械的な問題

正解 **D**
[正答率 85.6%]

話し手は①で my flight's been delayed と遅延を伝えた後、There's some kind of mechanical problem with the boarding ramp.（タラップに何らかの機械的な問題が生じています）と理由を説明しているので、(D) が正解。problem が issue（問題）で言い換えられている。

🕐 **990点 講師の目**

issue には〈外に出る〉イメージが基本にあり、名詞では「(議論に出てくる) 問題」「(新聞・雑誌の) 号」「発行」、動詞では「～を発行する」「(宣言など) を出す、発表する」という意味で TOEIC に頻出します。名詞は economic issues（経済問題）、the September issue（9月号）、the date of issue（発行日）、動詞は issue a membership card（会員証を発行する）、issue a statement（声明を出す）というフレーズで押さえておきましょう。

78 What does the speaker suggest doing?
(A) Using a different airline
(B) **Canceling a meeting**
(C) Issuing an apology
(D) Creating a new policy

話し手は何をすることを提案していますか？
(A) 別の航空路線を使うこと
(B) 会議を中止すること
(C) 謝罪を発表すること
(D) 新しい方針を作成すること

正解 **B**
[正答率 76.3%]

話し手は②で会議には間に合わないと言った後、③ Let's just call off the meeting（会議は中止にしましょう）と伝えているので、(B) が正解。予定の変更を表す動詞として、cancel / call off（～を中止する）、postpone / put off / push back（～を延期する）、reschedule / rearrange（～の予定を変更する）をまとめて覚えておこう。

79 What does the speaker ask the listener to do?
(A) Make a telephone call
(B) Consult a manual
(C) **Distribute a memo**
(D) Pick up a passenger

話し手は聞き手に何をするよう頼んでいますか？
(A) 電話をかける
(B) 手順書を参照する
(C) メモを配る
(D) 客を迎えにいく

正解 **C**
[正答率 83.8%]

話し手はトークの最後④で Would you mind typing up a memo and sending it to the other committee members?（メモをタイプして、ほかの委員の皆さんに送ってもらえませんか）と依頼しているので、(C) が正解。send（～を送る）を distribute（～を配る）で言い換えている。

Questions 80 through 82 refer to the following announcement.

🔊 149~150

Everyone, I have a couple of announcements to make. This morning we got a call from a recent client, Helena Rowe of Dandy Lighting Systems. ① She's very pleased with our work, not only by the design of the Web site but also by how smoothly it functions. ② Ms. Rowe said the number of visits has noticeably risen since it's been up and running. Also, ③ the company has announced a new initiative to reimburse the cost of books you may buy for the sake of career advancement. **The program is a great opportunity**. You only need to show how the knowledge and skills gained from the books will improve your job performance here.

🔊 80-82 番は次のアナウンスに関するものです。

皆さまに、2つほどお知らせがあります。今朝、最近顧客となったダンディ・ライティング・システムズのヘレナ・ロウさんからお電話がありました。彼女は、ウェブサイトのデザインだけでなく、サイトがまったく滞りなく動作している点で、私たちの仕事にとても満足されています。ロウさんによると、サイトの公開以来、訪問数が顕著に増加したそうです。また、わが社は、皆さんがキャリアアップのために購入する本の費用を払い戻す新しい取り組みを発表しました。**このプログラムは素晴らしい機会です**。必要となるのは、その本から得た知識やスキルによって、皆さんのここでの業績がいかに向上するかを示すだけです。

Vocab.

| 本文 | □ **a couple of**「2つの、2つほどの」　□ **be pleased with**「~をうれしく思う、~に満足している」
　□ **not only A but also B**「AだけでなくBも」　□ **function**「機能する」　□ **noticeably**「著しく、目立って」
　□ **up and running**「稼働して」　□ **initiative**「新たな取り組み、計画」　□ **reimburse**「~を払い戻す」
　□ **for the sake of**「~のために」　□ **career advancement**「キャリアアップ、出世」　□ **gain**「~を獲得する」
　□ **job performance**「働きぶり、業績」　設問　□ **crew**「(集合的に)作業員」　□ **frequency**「頻度」
　□ **promote**「~を宣伝する、~の普及を促す」　□ **encourage**「~を奨励する」　□ **enrollment**「登録、参加」

80 Who most likely are the listeners?
(A) Interior designers
(B) Business managers
(C) A construction crew
(D) Web developers

聞き手はどのような人物だと思われますか?
(A) インテリアデザイナー
(B) 事業部長
(C) 建設工事の作業員
(D) ウェブ開発者

正解　D
[正答率 54.0%]

最近顧客になった Helena Rowe について、話し手は① She's very pleased with our work, not only by the design of the Web site but also by how smoothly it functions. (彼女は、ウェブサイトのデザインだけでなく、サイトがまったく滞りなく動作している点で、私たちの仕事にとても満足されています) と伝えているので、聞き手はウェブサイトのデザインを手掛けていることがわかる。よって (D) が正解。

81 What did Ms. Rowe say has increased recently?
(A) The cost of materials
(B) The size of a company
(C) The frequency of projects
(D) The number of visitors

最近何が増加したとロウさんは言っていますか?
(A) 材料のコスト
(B) 会社の規模
(C) プロジェクトの頻度
(D) 訪問者数

正解　D
[正答率 48.4%]

② Ms. Rowe said ... の後ろに続く内容をしっかり聞き取る。the number of visits has noticeably risen since it's been up and running (サイトの公開以来、訪問数が顕著に増加した) と話しているので、(D) が正解。risen (増加した) と increased が同義語。up and running は「(システムなどが)稼働して」(= functional; operational) という意味で、主語の it は the Web site を指している。

82 Why does the speaker say, "**The program is a great opportunity**"?

(A) To promote a company policy
(B) To encourage enrollment in a workshop
(C) To congratulate a colleague
(D) To explain a career change

「このプログラムは素晴らしい機会です」と話し手が言っているのはなぜですか?

(A) 会社の方針の普及を促すため
(B) 研修会への参加を促すため
(C) 同僚を祝うため
(D) キャリアの転向を説明するため

正解	A

[正答率 20.5%]

この発言の直前③で the company has announced a new initiative to reimburse the cost of books you may buy for the sake of career advancement (わが社は、皆さんがキャリアアップのために購入する本の費用を払い戻す新しい取り組みを発表しました) と話しているので、会社の制度の利用を促すためにこの発言をしているとわかる。よって (A) が正解。The program は a new initiative (新しい取り組み) を指している。workshop (研修会) については触れていないので、(B) は誤り。

> 🔵 これがエッセンス
>
> トーク冒頭で I have a couple of announcements to make. と前置きしているので、伝達事項が 2 つ続くことを押さえておくと全体の流れを追いやすくなります。ここでは、「顧客からの連絡」と「会社の新しい取り組み」というまったく異なる発表をしていますね。聞き取りの際には、話の切り替わりを示す Also (また) や Second (2 つ目に) に注意しましょう。

Questions 83 through 85 refer to the following talk.
151~152

🇨🇦 Everyone, could I have your attention please? I know it's hot outside, but ①I need to repeat to you the importance of wearing all of your protective gear throughout the day today. ②Inspectors are coming to check up on our progress and observe our procedures. If there's a ③safety violation, our contracting firm could be charged with a heavy fine and ④it would almost certainly slow our work building the house. Those kinds of delays are likely to cause our clients to hire competing companies instead of ours for future projects.

🔊 83-85 番は次の話に関するものです。
皆さま、こちらにご注目いただけますか？ 外は確かに暑いですが、今日は一日中、安全装備をすべてご着用いただくことの重要性を繰り返しお伝えする必要があります。検査員たちが、作業の進行状況をチェックし、手順を観察しに訪れます。もしも安全上の違反があれば、請負会社が重い罰金を科せられ、ほぼ間違いなく、家の建設工事が遅れることになるでしょう。そうした遅延により、今後のプロジェクトにおいて、顧客が当社ではなく競合他社と契約することにつながる可能性が高まるのです。

Vocab. ▷ |本文 ＼ □ **protective gear**「防護装備」　□ **throughout the day**「一日中」　□ **check up on**「（様子）を確認する」
□ **progress**「進行、進展」　□ **observe**「～を観察する」　□ **violation**「違反」　□ **contracting firm**「（建設工事などの）請負会社」
□ **be charged with**「～を科せられる」　□ **fine**「罰金」　□ **certainly**「確実に」　□ **slow**「～を遅らせる」
□ **be likely to do**「～する可能性が高い、～しそうだ」　□ **cause〈人〉to do**「〈人〉が～する原因になる」
□ **competing company**「競合他社」　□ **instead of**「～の代わりに、～ではなくて」　|設問 ＼ □ **review**「～を確認する、見直す」
□ **approval**「承認」　□ **accomplishment**「成し遂げたこと、業績」　□ **estimate**「見積もり」　□ **extend**「～を延長する」
□ **timeliness**「タイミングのよいこと、時間どおりに行われること」　□ **shipment**「発送、発送品」　□ **competition**「競争」

83 What is the purpose of the talk?
(A) To review a procedure
(B) To ask for approval
(C) To change a deadline
(D) To praise an accomplishment

この話の目的は何ですか？
(A) 手順を確認すること
(B) 承認を求めること
(C) 締切を変更すること
(D) 業績をたたえること

正解　A　[正答率 72.6%]　話し手がトーク前半の①で、I need to repeat to you the importance of wearing all of your protective gear throughout the day today.（今日は一日中、安全装備をすべて着用することの重要性を繰り返しお伝えする必要があります）と念押ししている。よって、安全装備を着用して作業することを procedure（決まったやり方、手順）と言い表した (A) が正解。repeat ... to〈人〉は「…を〈人〉に繰り返し言う」という意味で、ここでは「…」の部分（the importance ... today）が長いため、repeat to〈人〉... の語順になっている。

84 According to the speaker, what will happen today?
(A) A bonus will be distributed.
(B) An estimate will be submitted.
(C) An inspection will be conducted.
(D) A contract will be extended.

話し手によると、今日は何が起きますか？
(A) ボーナスが支給される。
(B) 見積もりが出される。
(C) 検査が実施される。
(D) 契約が延長される。

正解　C　[正答率 68.9%]　今日の予定について、話し手は② Inspectors are coming to check up on our progress and observe our procedures.（検査員たちが、作業の進行状況をチェックし、手順を観察しに訪れます）と伝えているので、(C) が正解。現在進行形〈am/is/are＋ing 形〉には「～しているところ」と「～する予定」という2つの用法があるが、この文の are coming は〈予定〉を表している。inspector は「検査員」、inspection は「検査」という意味。

85 What does the speaker express concern about?
(A) The cost of necessary materials
(B) The timeliness of a shipment
(C) Competition from similar businesses
(D) The number of available workers

話し手は何について懸念していますか？
(A) 必要な材料のコスト
(B) 輸送が適時に行われること
(C) 同業者との競争
(D) 従事可能な労働者の数

正解　C　[正答率 55.8%]　話し手は③ a safety violation（安全上の違反）があった場合の影響について、④で it would almost certainly slow our work building the house（ほぼ間違いなく、家の建設工事が遅れることになるでしょう）、Those kinds of delays are likely to cause our clients to hire competing companies instead of ours（そうした遅延により、顧客が当社ではなく競合他社と契約することにつながる可能性が高まるのです）と懸念を示しているので、(C) が正解。この hire は「（請負業者）を雇う、～と請負契約をする」という意味。ours は our company を指している。

Questions 86 through 88 refer to the following news report.

🇺🇸 ① Repairs to the Hallothorpe Expressway during the past month have caused delays for commuters living north of the city. **Affected residents now have some relief**. ② Work has finally been completed, and commuting times have decreased significantly compared to previous levels. Similar upgrades are under consideration for at least two other local roads. However, ③ work on the proposed projects would be unlikely to begin until sometime next year. ④ Stay tuned for more local news right after this brief commercial message.

🔊 86-88 番は次のニュース報道に関するものです。
この1カ月にわたるハロソープ高速道路の修繕工事は、市の北部に住む通勤者に渋滞をもたらしました。**影響を被った住民たちは今、いくらか安堵しています。**工事がようやく完了し、以前のレベルに比べると通勤時間が大幅に短縮されています。少なくともほかに2本の地元一般道において、同様の改修工事が検討中です。しかし、提案されているプロジェクトの工事は、来年のある時期までは開始されない見込みです。この後の短いコマーシャルに続いて、さらに地域のニュースがありますので、チャンネルはそのままで。

Vocab. |本文| □ expressway「高速道路」 □ commuter「通勤者」 □ affected「影響を受けた」 □ resident「住民」 □ relief「安心」 □ commuting time「通勤時間」 □ significantly「大幅に、かなり」 □ compared to「〜と比較して」 □ previous「以前の」 □ under consideration「検討中で」 □ at least「少なくとも」 □ proposed「提案されている」 □ stay tuned for「チャンネルを〜に合わせたままにする、引き続き〜を視聴する」 □ right after「〜のすぐ後に」 □ brief「短時間の」 |設問| □ resolve「〜を解決する」 □ public transportation「公共交通機関」 □ pollution「汚染」

86 What does the speaker mean when she says, "**Affected residents now have some relief**"?
(A) Noise levels have been reduced.
(B) Traffic problems have been resolved.
(C) Access to public transportation has improved.
(D) An apartment building has been renovated.

話し手はどういう意味で「影響を被った住民たちは今、いくらか安堵しています」と言っていますか?
(A) 騒音のレベルが低下した。
(B) 交通の問題が解決された。
(C) 公共交通機関へのアクセスが改善した。
(D) アパートが改修された。

正解 B [正答率 42.8%] この発言の前後①②に「この1カ月におけるハロソープ高速道路の修繕工事は、市の北部に住む通勤者に渋滞をもたらしました」、「工事がようやく完了し、通勤時間が大幅に短縮されています」とあるので、道路工事による渋滞が解消されたことを伝えるためにこの発言をしていることがわかる。よって (B) が正解。

87 What does the speaker say about proposed projects?
(A) They will be expensive.
(B) They will reduce pollution.
(C) They will probably not start until next year.
(D) They will improve the local economy.

話し手は提案されているプロジェクトについて何と言っていますか?
(A) 費用が高くつくだろう。
(B) 汚染を減らすだろう。
(C) おそらく来年になるまで開始されないだろう。
(D) 地域の経済を改善するだろう。

正解 C [正答率 72.6%] トーク後半③で話し手は work on the proposed projects would be unlikely to begin until sometime next year (提案されているプロジェクトの工事は、来年のある時期までは開始されない見込みです) と言っているので、(C) が正解。be unlikely to do は「〜する可能性が低い、〜しそうにない」という意味。

88 What will listeners most likely hear next?
(A) A talk show
(B) A new song
(C) A weather forecast
(D) An advertisement

リスナーは次に何を耳にすると思われますか?
(A) トークショー
(B) 新曲
(C) 天気予報
(D) 広告

正解 D [正答率 76.3%] トーク最後④の Stay tuned for more local news right after this brief commercial message. (この後の短いコマーシャルに続いて、さらに地域のニュースがありますので、チャンネルはそのままで) から、この後に commercial message (コマーシャル) が流れることがわかる。これを advertisement (広告) と言い換えた (D) が正解。

990点 講師の目
ラジオ放送 (radio broadcast) やニュース報道 (news report) の次に何が流れるかを問う問題では、right after this ... / following this ... (これから流れる…のすぐ後に)、And now ... (それではこれから…)、Coming up next, ... (次にお聞きいただくのは…) の後に続く内容の聞き取りがカギになります。

Questions 89 through 91 refer to the following excerpt
155~156 from a meeting.

🔊 While our rapid growth lately is undoubtedly a good thing,
① the task of managing our data is getting to be more
and more complex. As a result, the company is no longer
operating as efficiently as possible. To solve this problem,
we've hired a business consultant named Rafael Gomez.
② Throughout his career, Mr. Gomez has helped numerous
businesses just like ours to handle data more effectively and
smoothly. He also has experience advising large institutions,
such as hospitals and major universities. Mr. Gomez has
already started an analysis of our present and future needs.
③ We'll be discussing his findings and recommendations at
our next meeting.

89-91 番は次の会議の一部に関するものです。
最近の当社の急成長は間違いなくよいことですが、
データ管理作業がますます複雑になってきています。
その結果、会社はもはや、これまでのように最大限の
効率で稼働していません。この問題を解決するため
に、私たちはラファエル・ゴメスさんというビジネスコ
ンサルタントを雇いました。キャリアを通して、ゴメス
氏はまさに私たちのような事業者がデータをより効率
的かつ円滑に扱うことを支援してきました。彼はまた、
病院や主要大学といった大きな機関に助言した経験も
あります。ゴメス氏はすでに、私たちの現在および将
来のニーズの分析を開始しています。私たちは次回の
会議で彼の調査結果や提案について話し合うことにな
ります。

Vocab.
本文 □ **while**「～であるが、一方で」 □ **rapid growth**「急成長」 □ **lately**「最近」 □ **undoubtedly**「疑う余地がなく、確実に」
□ **manage**「～を管理する」 □ **get to be**「～になる」 □ **complex**「複雑な」 □ **as a result**「その結果」
□ **no longer**「もはや～ではない」 □ **operate**「稼働する、動く」 □ **as ... as possible**「できるだけ…」 □ **efficiently**「効率よく」
□ **named**「～という名前の」 □ **help ... to do**「…が～するのを助ける」 □ **numerous**「数多くの」
□ **just like**「まさに～のような、～と同様の」 □ **handle**「～を処理する、扱う」 □ **effectively**「効果的に」 □ **smoothly**「円滑に」
□ **have experience** *doing*「～した経験がある」 □ **institution**「(教育・医療などの) 機関、施設」
□ **such as**「(たとえば) ～のような」 □ **major**「主要な」 □ **analysis**「分析」 □ **present**「現在の」 □ **findings**「調査結果」
□ **recommendation**「提案、助言」 **設問** □ **fill an order**「注文に応じる、納品する」 □ **inconvenient**「不便な」
□ **complicated**「複雑な」 □ **promotion**「販売促進」 □ **meet expectations**「期待を満たす」 □ **emphasize**「～を強調する」
□ **reasonable**「(料金が) 手ごろな」 □ **rate**「料金」 □ **relevant**「関連した」 □ **qualification**「(仕事に適した) 資格、経験」

89 What problem does the speaker mention?
(A) A supplier is filling orders too slowly.
(B) A location is inconvenient for customers.
(C) A task is becoming more complicated.
(D) A promotion is not meeting expectations.

話し手はどんな問題に言及していますか?
(A) 供給業者が注文に応じるのが遅すぎる。
(B) 立地が顧客にとって不便である。
(C) 作業がより複雑になってきている。
(D) 販売促進が期待どおりの成果を出していない。

正解 C
正答率 81.9%
話し手はトークの最初①で the task of managing our data
is getting to be more and more complex (データ管理作
業がますます複雑になってきています) と話しているので、(C)
が正解。complex (複雑な) を complicated と言い換えてい
る。

990点 講師の目
文頭にある While は「～だが、一方で」という意味
の接続詞で、〈対照的な状況〉を比較する際に用い
ます。ここでは While our rapid growth lately is
undoubtedly a good thing (最近の当社の急成長は
間違いなくよいことですが) とまずプラス面に触れて
いるので、その後にマイナス面が続くことを予測しな
がら聞くと流れを追いやすくなります。

90 What is emphasized about Rafael Gomez?
(A) His educational background
(B) His friendly personality
(C) His reasonable rates
(D) His relevant experience

ラファエル・ゴメスに関して何が強調されていますか?
(A) 彼の学歴
(B) 彼の親しみやすい性格
(C) 彼の安価な料金
(D) 彼の仕事に関連する経験

正解 D
正答率 74.4%
Rafael Gomez について、話し手は②でデータ管理におけるコンサルタントの経験が豊富であることを強調している。
よって (D) が正解。relevant は「(話題などに) 関連した」という意味。

91 According to the speaker, what will be discussed at the next meeting?

(A) The results of a study
(B) The production of an advertisement
(C) The qualifications of job candidates
(D) The opening of additional branches

話し手によると、次の会議で何が話し合われますか？

(A) 調査の結果
(B) 広告の制作
(C) 仕事の志願者の資格
(D) さらなる支店の開店

正解　A

[正答率 72.6%]

トークの最後③で We'll be discussing his findings and recommendations at our next meeting.（私たちは次回の会議で彼の調査結果や提案について話し合うことになります）と発言している。この findings（調査結果）を The results of a study と言い換えた (A) が正解。

Questions 92 through 94 refer to the following talk.
157~158

🇬🇧 ① This ends today's tour of one of the region's major coastal attractions, the Redcliff Lighthouse. Tomorrow we'll spend the day at Harbor Market. You'll be welcome to roam around the market and explore on your own. However, ② if you'd rather continue viewing historic landmarks, a guided tour of notable structures in the surrounding area will be available. ③ The guide, Don Weisman, is a lifelong resident of the village and has a wealth of information to share. ④ There'll be a sign-up sheet when we get back to the hotel. But do keep in mind—**the bus only holds 12 passengers**.

🔊 92-94 番は次の話に関するものです。
この地域沿岸部の主要な見どころの一つであるレッドクリフ灯台の本日のツアーは、これで終了です。明日、私たちはハーバー・マーケットで一日を過ごす予定です。市場を歩き回り、ご自身で探索いただいて結構です。しかし、もし歴史的な名所を引き続きご覧になることをご希望でしたら、周辺エリアの有名な建造物のガイドツアーもご利用いただけます。ガイドのドン・ワイズマンさんは、生まれてから今までずっとその村で暮らし、ご共有いただける情報をたくさんお持ちです。ホテルに戻ったら申込用紙があります。ただ、くれぐれもご留意いただきたいのですが、**バスにご乗車いただけるのは 12 名だけです。**

Vocab. | 本文 ＼ □ **region**「地域」 □ **coastal**「沿岸部の」 □ **attraction**「(観光客を引きつける) 見どころ、名所」 □ **lighthouse**「灯台」 □ **roam around**「～をうろつく、歩き回る」 □ **explore**「探索する」 □ **on one's own**「自分一人で」 □ **would rather** *do*「むしろ～したい」 □ **continue** *doing*「～し続ける」 □ **view**「～を眺める」 □ **landmark**「目印となる建造物、名所」 □ **guided tour**「ガイド付きツアー」 □ **notable**「注目に値する、有名な」 □ **structure**「建造物」 □ **surrounding**「周辺の」 □ **lifelong**「生涯にわたる」 □ **a wealth of**「豊富な」 □ **sign-up sheet**「申込用紙」 □ **get back to**「～に戻る」 □ **keep in mind (that) ...**「…であることを心にとどめておく」 □ **hold**「～を収容する」 □ **passenger**「乗客」 | 設問 ＼ □ **be unable to** *do*「～することができない」 □ **curator**「(収蔵品の) 管理責任者、キュレーター」 □ **knowledgeable**「知識豊富な」 □ **be dissatisfied by**「～に不満である」

92 What have the listeners probably been doing today?
(A) Swimming at a beach
(B) Viewing a local landmark
(C) Visiting an art exhibition
(D) Riding in a boat

聞き手は今日、おそらく何をしていましたか?
(A) ビーチで泳いでいた
(B) 地域の名所を観光していた
(C) 展覧会を訪れていた
(D) ボートに乗っていた

正解 **B**　[正答率 72.6%]　トーク冒頭の発言① This ends today's tour of one of the region's major coastal Lighthouse. (この地域沿岸部の主要な見どころの一つであるレッドクリフ灯台の本日のツアーは、これで終了です) から、(B) が正解とわかる。landmark は「(目印となる) 建造物、名所」のことで、one of the region's major coastal attractions を a local landmark と言い換えている。その後に続く② if you'd rather continue viewing historic landmarks (歴史的な名所を引き続きご覧になることをご希望でしたら) も解答のヒント。

93 What does the speaker say about Don Weisman?
(A) He is unable to participate.
(B) He is the curator of a museum.
(C) He is waiting at a hotel.
(D) He is knowledgeable about the region.

話し手はドン・ワイズマンについて何と言っていますか?
(A) 彼は参加することができない。
(B) 彼は博物館のキュレーターだ。
(C) 彼はホテルで待っている。
(D) 彼はその地域について詳しい。

正解 **D**　[正答率 85.6%]　Don Weisman について、話し手は③ The guide, Don Weisman, is a lifelong resident of the village and has a wealth of information to share. (ガイドのドン・ワイズマンさんは、生まれてから今までずっとその村で暮らし、ご共有いただける情報をたくさんお持ちです) と説明しているので、(D) が正解。本文の a wealth of は「豊富な、たくさんの」(= a lot of; plenty of)、選択肢の knowledgeable は「知識豊富な」という意味。

94 What does the speaker imply when she says, "**the bus only holds 12 passengers**"?

(A) She believes there has been a mistake.

(B) **She wants interested people to act quickly.**

(C) She is dissatisfied by a service.

(D) She thinks an additional vehicle is necessary.

話し手の「バスにご乗車いただけるのは12名だけです」という発言にはどういう意味の含みがありますか?

(A) 彼女は間違いがあったと思っている。

(B) 彼女は興味のある人々に早く行動してもらいたがっている。

(C) 彼女はサービスに不満を抱いている。

(D) 彼女は追加の車が必要だと考えている。

正解　B

[正答率 81.9%]

a guided tour（ガイド付きツアー）について、トークの終盤④で There'll be a sign-up sheet when we get back to the hotel.（ホテルに戻ったら申込用紙があります）と案内した後にこの発言が続くので、定員に達する前に早めに申し込むよう促していることがわかる。よって (B) が正解。

> 🔄 これがエッセンス
> Part 4 では、1 問目のキーワードがトークの第 1 文に出てくることがよくあります。最初の情報を聞き逃さないようにするには、「トークが始まったら集中して聞く」という心構えでは遅いです。Questions XXX through YYY ... という冒頭の読み上げが始まった瞬間に設問の先読みをストップし、意識を切り替えましょう。そうすることで、トークが始まるタイミングで最適な集中力を注ぐことができます。

TEST 1

TEST 2

🔊 **Questions 95 through 97** refer to the following
159~160　telephone message and map.

🎙 Hi, it's Jack. I'm here at the Amber Hotel now. ①I can't thank you enough for recommending this place, Carol. The accommodations are very nice, and ②the location is perfect for covering the mayor's announcement at the press conference tomorrow. In fact, ③I've noticed that I'm not the only news reporter staying here. I picked up a map of the area in the hotel lobby. ④It looks like I can simply walk toward the auditorium, turn onto Maple Avenue, and then take Elm Street directly to the site of the conference.

🔊 95-97 番は次の電話メッセージと地図に関するものです。

こんにちは、ジャックです。私は今、ここ、アンバーホテルにいます。この場所をすすめていただき感謝の言葉もありません、キャロルさん。宿泊設備はとてもすてきですし、明日の記者会見で市長の発表を取材するうえで立地も完璧です。実際、ここに宿泊しているニュース記者は私だけではないことに気づきました。ホテルのロビーでこの地域の地図をもらいました。会館の方に歩いてメープル大通りに入り、それからエルム通りを進めば直接、会見の会場に行けるようです。

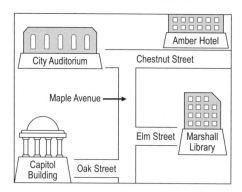

Vocab.▷ 本文 ＼ □ **I can't thank you enough for** *doing*「～していただき感謝の言葉もありません」　□ **accommodations**「宿泊施設」
□ **cover**「～を取材する、報道する」　□ **mayor**「市長」　□ **press conference**「記者会見」　□ **in fact**「実際に」
□ **notice that ...**「…であることに気づく」　□ **pick up**「～を手に入れる」　□ **it looks like ...**「…であるようだ」
□ **walk toward**「～の方に歩いていく」　□ **turn onto**「(通り) に曲がって入る」　□ **directly**「直接」　□ **site**「現場、場所」
設問 ＼ □ **assignment**「割り当てられた仕事、任務」　□ **transportation**「交通手段」
□ **refer A to B**「A を B に差し向ける、紹介する」　□ **architecture**「建築」　□ **real estate**「不動産」

95
Why does the speaker thank Carol?
(A) For offering him a good assignment
(B) For arranging transportation
(C) For referring him to an expert
(D) For suggesting a place to stay

話し手はなぜキャロルに感謝していますか?
(A) いい仕事を与えたことに対して
(B) 交通手段を手配したことに対して
(C) 専門家を紹介したことに対して
(D) 宿泊場所を提案したことに対して

正解　D
[正答率 83.8%]
トーク冒頭で触れている the Amber Hotel について、① I can't thank you enough for recommending this place, Carol. (この場所をすすめていただき感謝の言葉もありません、キャロルさん) と感謝の気持ちを伝えているので、(D) が正解。hotel の言い換えとして、place to stay / accommodations / lodging (宿泊施設) が TOEIC に頻出する。

96
In what field does the speaker probably work?
(A) Journalism
(B) Architecture
(C) Tourism
(D) Real estate

話し手はおそらく何の分野で働いていますか?
(A) ジャーナリズム
(B) 建築
(C) 観光
(D) 不動産

正解　A
[正答率 63.3%]
② the location is perfect for covering the mayor's announcement at the press conference tomorrow (明日の記者会見で市長の発表を取材するうえで立地も完璧です) や ③ I've noticed that I'm not the only news reporter staying here (ここに宿泊しているニュース記者は私だけではないことに気づきました) から、話し手はニュース記者であるとわかる。よって、(A) が正解。

🔵 **990点 講師の目**
ジャーナリズム関連のキーワードとして、cover (～を取材する、報道する) とその名詞形の coverage (取材、報道)、reporter / journalist (記者)、correspondent (特派員)、press conference / press briefing (記者会見) を押さえておきましょう。

97

Look at the graphic. Where most likely will the mayor make an announcement tomorrow?

(A) The Amber Hotel
(B) The City Auditorium
(C) The Marshall Library
(D) The Capitol Building

図表を見てください。市長は明日、どこで発表を行うと思われますか?

(A) アンバーホテル
(B) 市民会館
(C) マーシャル図書館
(D) 議事堂

正解　C

[正答率 50.3%]

トークの冒頭文から、話し手は the Amber Hotel に宿泊中であるとわかる。mayor（市長）が発表を行う記者会見の場所について、④で It looks like I can simply walk toward the auditorium, turn onto Maple Avenue, and then take Elm Street directly to the site of the conference.（会館の方に歩いてメープル大通りに入り、それからエルム通りを進めば直接、会見の会場に行けるようです）と伝えている。地図でこの道順と結びつくのは、(C) の The Marshall Library。行き方をすべて追えなくても、take Elm Street さえ聞き取れれば正解にたどり着ける。

Questions 98 through 100 refer to the following
161~162　excerpt from a meeting and chart.

① The superior quality of our vacuum cleaner is not enough to guarantee success. ② That relies largely on all of us here in the marketing department continuously striving to improve our effectiveness. Like previous years, sales this year started out slowly and increased gradually from there. ③ As you can see on this chart, we sold six thousand units in our best quarter and then sales went on to drop during the next quarter. ④ This is unlike the same quarter last year, when sales continued to increase. We need to review our promotions throughout that time period last year and analyze how they differ from those of this year.

98-100 番は次の会議の一部と図に関するものです。
当社の掃除機は素晴らしい品質ですが、それだけで成功が保証されるわけではありません。成功は、有効性を高めようと絶え間なく努力している、ここマーケティング部の私たち全員にかかっているところが大きいのです。前年までと同様に、今年の売上は当初ゆるやかで、そこから徐々に伸びていきました。この図でわかるように、最もよかった四半期には 6000 台を売り上げ、その後、次の四半期には売上が落ちました。これは、売上が伸び続けた昨年の同じ四半期とは異なります。昨年のこの時期の販売促進施策を振り返り、今年の同じ時期とどのように異なるかを分析する必要があります。

Yearly Sales Report

Units Sold (thousands)

1st Quarter　2nd Quarter　3rd Quarter　4th Quarter

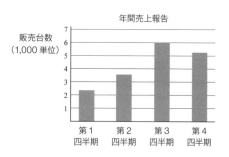

年間売上報告

販売台数 （1,000 単位）

第 1 四半期　第 2 四半期　第 3 四半期　第 4 四半期

Vocab.　|本文|　□ **superior**「優れた」　□ **vacuum cleaner**「掃除機」　□ **guarantee**「~を保証する」
□ **rely on**「~に頼っている、~次第だ」　□ **largely**「主に、大部分」　□ **continuously**「継続的に」　□ **strive to *do***「~しようと努める」
□ **effectiveness**「有効性」　□ **like**「~のように」　□ **previous**「以前の、今までの」　□ **start out**「~の状態で始まる」
□ **gradually**「徐々に、少しずつ」　□ **unit**「（製品の）1 個」　□ **quarter**「四半期」　□ **go on to *do***「次に~する」
□ **unlike**「~とは違って」　□ **review**「~を見直す、検討する」　□ **promotion**「販売促進」　□ **analyze**「~を分析する」
□ **differ from**「~と異なる」　|設問|　□ **laundry machine**「洗濯機」　□ **dishwasher**「食器洗浄機」　□ **faucet**「蛇口」
□ **board member**「（企業の）取締役」　□ **personnel**「（集合的に）人員、社員」

98
What type of product is the speaker discussing?
(A) A laundry machine
(B) A dishwasher
(C) A vacuum cleaner
(D) A water faucet

話し手はどんな種類の製品について話していますか？
(A) 洗濯機
(B) 食洗機
(C) 掃除機
(D) 水道の蛇口

正解　C
[正答率 83.8%]　話し手はトークの冒頭①で The superior quality of our vacuum cleaner is not enough to guarantee success. （当社の掃除機は素晴らしい品質ですが、それだけで成功が保証されるわけではありません）と述べている。この our vacuum cleaner（掃除機）が聞き取れれば (C) を選ぶことができる。

99
Who most likely are the listeners?
(A) Board members
(B) Factory workers
(C) Mechanical engineers
(D) Marketing personnel

聞き手はどのような人物だと思われますか？
(A) 役員
(B) 工場労働者
(C) 機械系エンジニア
(D) マーケティング部の人員

正解　D
[正答率 70.7%]　製品の成功について、話し手は② That relies largely on all of us here in the marketing department （成功は、ここマーケティング部の私たち全員によるところが大きいのです）と話しているので、聞き手は (D) の Marketing personnel であるとわかる。personnel は「（集合的に）人員、社員」（= staff）という意味。

100

Look at the graphic. Which quarter of last year will the listeners review?
(A) The first quarter
(B) The second quarter
(C) The third quarter
(D) The fourth quarter

図表を見てください。聞き手は前年のどの四半期を確認しますか?
(A) 第1四半期
(B) 第2四半期
(C) 第3四半期
(D) 第4四半期

正解	D

[正答率 59.6%]

トーク中盤の③ As you can see on this chart, we sold six thousand units in our best quarter and then sales went on to drop during the next quarter. (この図でわかるように、最もよかった四半期には6000台を売り上げ、その後、次の四半期には売上が落ちました) が、図の the third quarter と the fourth quarter を説明していることを押さえる。話し手は続けて④で、This is unlike the same quarter last year, when sales continued to increase. (これは、売上が伸び続けた昨年の同じ四半期とは異なります)、We need to review our promotions throughout that time period last year (昨年のこの時期の販売促進施策を振り返る必要があります) と述べているので、今年と違って売上が伸び続けた昨年の the fourth quarter を確認することがわかる。よって、(D) が正解。

> 🅔 これがエッセンス
> 設問文の内容を事前にチェックし、キーワードを待ち構えるように聞く「先読み」は、非常に有効なリスニングテクニックです。ただ、正解のヒントがキーワードより前に出てくると聞き逃してしまったり、特定の情報に集中するあまり話の流れがつかめなかったりすることもあります。ハイスコアを目指す方は、「先読みをせずに解く練習」も日々の学習に取り入れてください。リスニング問題は、話の内容をしっかり理解できていれば、先読みしなくても正解できるように作られています。聞いた後に重要な情報を忘れてしまう、ということは、実は正確に聞き取れていないということなのです。

TEST 1

TEST 2

101

The staff ran the café without problems, even though the manager ------- was absent all day.

(A) her
(B) she
(C) hers
(D) herself

店長自身は一日中出かけていたが、スタッフたちは問題なくカフェを運営した。

(A) 所有格（彼女の）・目的格（彼女を）
(B) 主格（彼女は）
(C) 所有代名詞（彼女のもの）
(D) 再帰代名詞（彼女自身）

正解 **D**   格   [正答率 83.8%]

空欄を省いても the manager [S] was [V] absent [C] という文の要素がそろっている。よって、直前の主語 the manager を強調する働きのある再帰代名詞の (D) herself（彼女自身）が正解。The manager was absent <u>herself</u>. のように文末に置くこともできる。なお、The manager ran the café <u>by herself</u>. のように by *oneself* の形で用いると「一人で、独力で」という意味になることも押さえておこう。

Vocab.
□ **run**「～を運営する、経営する」（= operate）
□ **even though S + V**「～だが」
□ **absent**「不在の」

102

Kardish, Inc., is committed to supporting employees' professional -------.

(A) developer
(B) developed
(C) development
(D) developmental

カーディッシュ社は、従業員たちの専門能力の開発支援に取り組んでいる。

(A) 名詞（開発者）
(B) 動詞（～を開発する）の過去形・過去分詞
(C) 名詞（開発）
(D) 形容詞（開発の）

正解 **C**   品詞   [正答率 83.8%]

空欄前にある employees' のアポストロフィー（'）は「～の」という所有格を表し、後ろに名詞が続くサイン。空欄には employees' と形容詞 professional が修飾する名詞が入る。(A) developer（開発者）と (C) development（開発、発達）が名詞だが、「従業員の専門能力の～を支援することに取り組んでいる」という文脈に合う (C) が入る。professional development で「専門能力の開発、職能開発」という意味。

Vocab.
□ **be committed to *doing***「～することに全力で取り組んでいる」
□ **employee**「従業員」
□ **professional**「専門的な、職業上の」

103

Dr. Suzuki's lecture ------- the history of robotics will start promptly at 10 A.M.

(A) to
(B) by
(C) on
(D) as

ロボット工学の歴史に関するスズキ博士の講義は、午前10時きっかりに始まる予定だ。

(A) ～への
(B) ～による
(C) ～に関する
(D) ～として

正解 **C**   前置詞   [正答率 76.3%]

空欄前に Dr. Suzuki's lecture（スズキ博士の講義）とあり、後ろに the history of robotics（ロボット工学の歴史）という講義の〈トピック〉が続いているので、(C) on（～に関する）が適切。(A) to は the lecture <u>to</u> students（学生への講義）のように〈動作の対象〉を、(B) by は the lecture <u>by</u> Dr. Suzuki（スズキ博士による講義）のように〈行為者〉を、(D) as は work <u>as</u> a lecturer（講師として働く）のように〈役割・立場〉を表す。

Vocab.
□ **lecture**「講義、講演」
□ **robotics**「ロボット工学」
□ **promptly**「時間どおりに、すぐに」

🟢 **990点 講師の目**

「～に関する」という意味を表す前置詞として、about / on / regarding / concerning / relating to / pertaining to が TOEIC に頻出します。中でも on は、a book <u>on</u> education（教育に関する本）や an article <u>on</u> wildlife conservation（野生生物保護に関する記事）のように、専門的なトピックを示す際によく用いられます。

104

The screen on the Taica smartphone is durable ------- to withstand a one-meter drop onto a hard surface.

(A) yet
(B) enough
(C) soon
(D) already

タイカ製スマートフォンの画面は、堅いところに1メートル上から落としても耐えられるくらい頑丈だ。

(A) まだ (〜ない)
(B) 十分に
(C) まもなく
(D) すでに

| 正解 | B | 修飾 | 正答率 78.2% |

空欄前の形容詞 durable (耐久性がある) を修飾し、かつ不定詞 to withstand を後ろに続けるのに適切なのは、〈形容詞〉+ enough to do で「〜するのに十分なほど〈形容詞〉」という意味を表す (B) enough。(A) yet は not yet で「まだ〜ない」という意味になるほか、The screen is the most durable yet. のように〈最上級＋ yet〉の形で「今までで (最も)」という意味を表す。

Vocab.
- □ durable「耐久性がある、丈夫な」
- □ withstand「(衝撃など) に耐える」
- □ surface「表面」

105

Mr. Patel ------- factory personnel to properly use the new machinery after it is installed.

(A) to train
(B) will be trained
(C) is trained
(D) will train

パテルさんは、新しい機械が導入された後に工場の従業員たちが適切に使用できるよう研修する予定だ。

(A) 能動態・不定詞
(B) 受動態・未来形
(C) 受動態・現在形
(D) 能動態・未来形

| 正解 | D | 態 | 正答率 80.0% |

主語 Mr. Patel に対する述語動詞が求められている。空欄の後ろに factory personnel (工場の従業員) という目的語があることから、Mr. Patel は従業員に「研修をする側」であると判断し、能動態の (D) will train を選ぶ。train〈人〉to do で「〈人〉が〜できるように研修する」という意味。(A) to train は不定詞なので、述語動詞にならない。(B) will be trained と (C) is trained はどちらも受動態なので、後ろに目的語をとることができない。

Vocab.
- □ properly「適切に、正しく」
- □ machinery「機械類」
- □ install「〜を取り付ける、設置する」

106

Days of careful preparation will be ------- to achieve the highest possible score on the inspection.

(A) qualified
(B) difficult
(C) necessary
(D) dependable

検査で可能な限り高得点を達成するには、数日間にわたる入念な準備が必要となるだろう。

(A) 資格のある
(B) 難しい
(C) 必要な
(D) 頼りになる

| 正解 | C | 語彙 | 正答率 78.2% |

選択肢に並ぶ形容詞のうち、「入念な準備が高得点を達成するのに〜」という文の流れに合うのは、(C) necessary。be necessary to do で「〜するのに必要だ」という意味。(A) qualified は「(仕事に適した) 能力・資格がある」という意味で、人が主語に来る。(B) difficult は The score will be difficult to achieve. (その得点は達成するのが難しい) のように用いる。(D) dependable (頼りになる) は同義語の reliable とセットで覚えておこう。

Vocab.
- □ preparation「準備、用意」
- □ achieve「〜を達成する」
- □ 〈最上級〉+ possible「できる限り〜な」
- □ inspection「点検、検査」

107 Patterson Press is among the ------- reputable publishers in the nation.
(A) much
(B) far
(C) most
(D) each

パターソン・プレスは、国内において最も評判のよい出版社の一つだ。
(A) 大いに
(B) はるかに
(C) 最も
(D) それぞれ (の)

| 正解 | C | 修飾／比較 | 正答率 87.5% |

空欄直前に the、直後に形容詞 reputable (評判のよい) があることに着目し、〈the most ＋形容詞〉という最上級を作る (C) most を選ぶ。be among the ＋〈最上級〉(最も～な部類に入る、最も～のうちの一つ) の形で押さえておくと解答しやすい。(A) much と (B) far は much/far <u>more</u> reputable のように比較級を修飾する。(D) each (それぞれ [の]) は〈each ＋可算名詞の単数形〉(例：each publisher)、または〈each of the ＋複数名詞〉(例：each of the publishers) の形で用いる。

Vocab.
- □ **reputable**「評判のよい」
- □ **publisher**「出版社」
- □ **nation**「国家、国」

108 ------- the consumer survey is finished, the marketing department will analyze the final results.
(A) Once
(B) Although
(C) Unless
(D) Whether

消費者調査が終わればすぐに、マーケティング部が最終結果を分析する予定だ。
(A) ～するとすぐに
(B) ～であるが
(C) ～しない限り
(D) ～かどうか、～だろうとなかろうと

| 正解 | A | 文脈 | 正答率 87.5% |

選択肢にはすべて接続詞が並んでいる。「消費者調査が終わる」と「マーケティング部が最終結果を分析する」というカンマ前後の内容をつなぐのにふさわしいのは、(A) Once (～するとすぐに)。この once は as soon as や when で言い換えられる。(D) Whether は「～かどうか」、または Whether ... or not で「…だろうとなかろうと」という意味。

Vocab.
- □ **consumer**「消費者」
- □ **survey**「アンケート調査」
- □ **analyze**「～を分析する」

🕙 **990点 講師の目**
once は「1回」や「かつて」という副詞の意味もありますが、Part 5 では接続詞の用法がよく問われます。once (it is) finished のように、it is を省略した once ＋〈過去分詞 (-ed)〉(～されたらすぐに) の形もよく使われることを覚えておきましょう。

109 Dubach Salon offers a ------- range of beauty services at affordable prices.
(A) detailed
(B) full
(C) spacious
(D) multiple

ドゥバック・サロンは手ごろな価格であらゆる美容サービスを提供します。
(A) 詳細な
(B) すべてそろった
(C) 広々とした
(D) 複数の

| 正解 | B | 語彙 | 正答率 63.3% |

選択肢に並ぶ形容詞のうち、空欄直後の range (種類の範囲) を修飾するのにふさわしいのは、(B) full (すべてそろった)。a full/complete range of で「あらゆる種類の」という意味になる。そのほか、種類の豊富さを表す a wide/broad/diverse/varied range of (多種多様な) も TOEIC 頻出。(A) は a <u>detailed</u> report (詳しい報告書)、(C) は a <u>spacious</u> room (広々とした部屋) のように用いる。(D) multiple (複数の) の後ろには、multiple services のように複数名詞が続くことに注意。

Vocab.
- □ **a range of**「さまざまな」
- □ **affordable**「手ごろな価格の」
  (＝ reasonable)

Ms. Zhou will need to make ------- revisions before the magazine article is ready for publication.

(A) extend
(B) extensive
(C) extensively
(D) extension

チョウさんは、その雑誌の記事が出版に向けて準備が整うまでに広範囲な修正を行う必要があるだろう。

(A) 動詞（〜を拡大する）
(B) 形容詞（広範囲な）
(C) 副詞（広範囲にわたって）
(D) 名詞（拡張、延長、内線）

| 正解 | B | 品詞 | [正答率 81.9%] |

空欄を省いても make revisions という〈動詞＋目的語〉が成り立つので、空欄直後の名詞 revisions（修正）に説明を加える形容詞の (B) extensive（広範囲な）が入る。副詞の (C) extensively が動詞を修飾する場合、travel extensively（広く旅行する）のように〈動詞＋副詞〉、または research the effects extensively（影響を幅広く研究する）のように〈動詞＋目的語＋副詞〉の語順で用いるが、動詞と目的語の間に挟むことはできない。

Vocab.
- □ **need to** *do*「〜する必要がある」
- □ **make revisions**「修正を加える」
- □ **article**「記事」
- □ **be ready for**「〜の準備が整っている」
- □ **publication**「出版、発行」

---

111 Sales associates at Skidmore & Pucci earn ------- $5,000 per month in salary and commissions.

(A) up to
(B) rather than
(C) together with
(D) at all

スキッドモア＆プッチの販売員らは、給料と歩合で月に最大5,000ドルの収入を得ている。

(A) 最大〜まで
(B) 〜よりもむしろ
(C) 〜と一緒に
(D) まったく（〜ない）

| 正解 | A | 慣用表現／修飾 | [正答率 78.2%] |

空欄直後に $5,000 とあるので、〈数値の上限〉を表す (A) up to（最大〜まで）を入れて earn up to $5,000（最大で 5,000 ドルを得る）とする。(B) rather than は「〜よりもむしろ、〜ではなくて」（= instead of）、(C) together with は「〜と一緒に、〜に加えて」（= along with; in addition to）、(D) at all は not at all で「まったく〜ない」という意味。

Vocab.
- □ **sales associate**「販売員、営業社員」
- □ **earn**「〜を得る、稼ぐ」
- □ **commission**「歩合給、販売手数料」

◉ 990点 講師の目

〈数〉を修飾する表現として、up to のほかに approximately / roughly / about / around ＋数（およそ）、nearly / almost ＋数（ほぼ、〜近く）、exactly ＋数（ちょうど）、at least ＋数（少なくとも）、over / more than ＋数（〜を超えて）、数＋ altogether / in total（合計で）を覚えておくとスコアアップに直結します。

---

112 All conference rooms at the Maxwell Hotel ------- with a state-of-the-art audiovisual system.

(A) equipped
(B) are equipped
(C) will equip
(D) have equipped

マックスウェルホテルのすべての会議室には、最新型の視聴覚システムが備わっている。

(A) 能動態・過去形
(B) 受動態・現在形
(C) 能動態・未来形
(D) 能動態・現在完了形

| 正解 | B | 態 | [正答率 81.9%] |

主語 All conference rooms に対する述語動詞が空欄になっている。部屋は equip される（備えつけられる）側であることや、空欄の後ろに動詞 equip の目的語がないことから、受動態の (B) are equipped を選ぶ。be equipped with で「〜が備えつけられている、備わっている」（= be outfitted with）という意味。ほかの選択肢はいずれも能動態。なお、(A) equipped を過去分詞として用いる場合、conference rooms equipped with ...（…が備わっている部屋）のように後ろから名詞を修飾することは可能。

Vocab.
- □ **conference room**「会議室」
- □ **state-of-the-art**「最新式の」
- □ **audiovisual system**「視聴覚システム」

113

Once completed, the new shopping complex will ------- over 500 jobs to the community.

(A) obtain
(B) bring
(C) construct
(D) hire

新しいショッピング施設が完成すれば、地域に500超の雇用をもたらすだろう。

(A) 〜を手に入れる
(B) 〜をもたらす
(C) 〜を建設する
(D) 〜を雇う

正解　B　語彙／語法　[正答率 78.2%]

選択肢に異なる動詞が並ぶ語彙の問題。the new shopping complex（新しいショッピング施設）を主語に置き、空欄後の over 500 jobs to the community と結びつくのは、bring A to B で「A を B にもたらす」という意味になる (B) bring。(A) は obtain A from B で「A を B から手に入れる」という意味。(C) は construct a shopping complex（ショッピング施設を建設する）、(D) は hire over 500 people（500人以上を雇う）のように用いる。

Vocab.
□ **once completed**「いったん完了したら」
　（once it is completed の it is を省略した形）
□ **complex**「複合施設、総合ビル」

114

At the board meeting, Ms. Tan made a persuasive ------- for relocating the company's base of operations.

(A) argue
(B) argument
(C) arguable
(D) arguably

役員会議で、タンさんは会社の営業拠点を移転することについて、説得力のある主張をした。

(A) 動詞（議論する）
(B) 名詞（議論、主張）
(C) 形容詞（議論の余地がある）
(D) 副詞（おそらく）

正解　B　品詞　[正答率 85.6%]

冠詞 a と形容詞 persuasive の後ろに置くのに適切なのは、名詞の (B) argument（議論、主張）。make a persuasive argument（説得力のある主張をする）というフレーズで覚えておこう。(A) argue は動詞で、「自分の意見を主張して言い争う、議論する」という意味合いがある。

Vocab.
□ **board meeting**「取締役会議、役員会議」
□ **persuasive**「説得力のある」
　（= convincing）
□ **relocate**「〜を移転する」（= move）
□ **base of operations**「営業拠点」

115

The mayor will answer any questions about the new initiative except ------- already addressed at the press conference.

(A) those
(B) himself
(C) someone
(D) that

市長は、記者会見ですでに対応した質問を除き、新計画に関するどんな質問にもお答えします。

(A) それら
(B) 彼自身
(C) だれか
(D) それ

正解　A　指示語　[正答率 72.6%]

問題文の前半に The mayor will answer any questions（市長がどんな質問にも答える）、空欄前後に except ------- already addressed at the press conference（記者会見ですでに対応された〜を除き）とある。空欄に questions を入れれば「すでに対応された質問を除き、どんな質問にも答える」という自然な文意になるので、複数名詞の代わりに用いる代名詞の (A) those が正解。

Vocab.
□ **mayor**「市長」
□ **initiative**「新計画、取り組み」
□ **address**「（質問・問題など）に対処する」
　（= deal with）
□ **press conference**「記者会見」

🔵 990点 講師の目

those は前に出てきた複数名詞の代わりをするほか、「（〜である）人々」という意味にもなります。those participating（参加している人たち）や those interviewed（インタビューされた人たち）のように〈those ＋分詞〉、または those who agree（賛同する人たち）のように〈those ＋ who ＋ V〉の形でよく使われることを押さえておきましょう。

116 The scenic gardens ------- the Clarksville Heritage Museum were designed by a renowned landscape architect.

(A) surrounding
(B) surround
(C) surrounded
(D) are surrounded

クラークスヴィル文化博物館を取り囲む景色のよい庭園は、有名な景観設計家によって設計された。

(A) -ing 形
(B) 原形
(C) 過去形・過去分詞
(D) 受動態・現在形

| 正解 | A | 準動詞 | [正答率 78.2%] |

問題文に主語 The scenic gardens と述語動詞 were designed がそろっているので、------- the Clarksville Heritage Museum が主語を後ろから修飾していることを押さえる。空欄後の the Clarksville Heritage Museum を目的語にとることのできる現在分詞の (A) surrounding (〜を取り囲む) を入れれば、「博物館を取り囲む庭園」となり、前後がうまくつながる。(C) surrounded を過去分詞として用いる場合、the museum surrounded by the gardens (庭に囲まれた博物館) のように surrounded by の形になる。(B) surround と (D) are surrounded は述語動詞の位置で用いる。

Vocab.
□ scenic 「景色のよい」
□ renowned 「有名な」(= famous; well-known)
□ landscape architect 「景観設計家」

---

117 Apply oil evenly to the blades ------- using the XR400 paper shredder for the first time.

(A) always
(B) because
(C) in order to
(D) before

最初に紙用シュレッダー XR400 を使用する前に、オイルを刃にむらなく塗ってください。

(A) 副詞 (いつも)
(B) 接続詞 (〜なので)
(C) 不定詞 (〜するために)
(D) 前置詞 (〜する前に)

| 正解 | D | 語法 | [正答率 80.0%] |

空欄直後に using という -ing 形 (動名詞) があることに着目。動名詞をつなぐ前置詞の (D) before (〜する前に) を入れれば、文法的に正しく、かつ「シュレッダーを使用する前にオイルを塗ってください」という自然な文意になる。(A) always は副詞。(B) because は接続詞で、後ろに節〈主語＋動詞〉が必要。(C) in order to は不定詞の表現で、in order to use the shredder (シュレッダーを使用するために) のように〈in order to ＋動詞の原形〉の形をとる。

Vocab.
□ apply 「〜を塗る」
□ evenly 「均等に、むらなく」
□ for the first time 「初めて」

 990点 講師の目

時間関係を表す before / prior to *doing* (〜する前に)、after *doing* (〜した後で)、when *doing* (〜するとき)、while *doing* (〜している間) が Part 5 に頻出します。このうち、when と while は接続詞で、when/while (you are) using the shredder のように〈主語＋ be 動詞〉を省略した形と考えることができます。なお、同じ接続詞でも because はこうした省略ができないので注意しましょう。

---

118 The demand for the furniture rental service was ------- higher than originally anticipated.

(A) closely
(B) exclusively
(C) approximately
(D) significantly

家具のレンタルサービスに対する需要は、当初予想されていたよりも著しく大きかった。

(A) 密接に
(B) もっぱら
(C) およそ
(D) 著しく

| 正解 | D | 語彙 | [正答率 83.8%] |

空欄直後の比較級 higher を強調する働きをもつ (D) significantly (著しく、かなり) が正解。significantly のほか、比較級を修飾する much / far / substantially / considerably がよく問われる。(A) closely は「密接に」「綿密に、念入りに (= carefully)」という意味で、work closely (密接に仕事をする) や closely inspected (綿密に検査された) のように用いる。(B) exclusively は「独占的に、〜だけ」(= only) という意味。(C) approximately (およそ) は approximately 45 minutes のように〈数〉を修飾する。

Vocab.
□ demand 「需要」
□ originally 「当初、もともと」
□ anticipated 「予想された」
　(= expected)

119

Those participating in the tour of the construction ------- are asked to wear protective gear as a precaution.

(A) crew
(B) site
(C) contract
(D) deadline

建設現場の見学ツアーに参加する人たちは、万一に備えて安全装備の着用を求められている。

(A) 作業員
(B) 現場
(C) 契約
(D) 締切

| 正解 | B | 語彙 | [正答率 72.6%] |

問題文の前半に Those participating in the tour of the construction -------（建設～の見学ツアーに参加する人たち）とある。the tour of の後ろには見学する〈場所〉を表す語が必要なので、(B) site（現場）を入れて construction site（建設現場）とすれば文意が通る。文末にある as a precaution は「予防措置として、万一に備えて」という意味。(A) crew（作業員）は The construction crew are asked to wear protective gear. のように主語として用いれば自然な文になる。

Vocab.
□ those *doing*「～する人々」
□ participate in「～に参加する」
□ protective gear「防護服、安全装備」
□ precaution「予防措置」

120

The ------- funds in the budget were used to replace obsolete computers in the office.

(A) remaining
(B) remained
(C) remain
(D) remainder

予算の残りの資金は、オフィスにある旧型のコンピュータを取り替えるために使われた。

(A) 形容詞（残りの）・-ing 形
(B) 過去形・過去分詞
(C) 動詞（残っている）
(D) 名詞（残り）

| 正解 | A | 品詞 | [正答率 70.7%] |

空欄を省いても The funds という名詞句が成り立つ。そこで、名詞 funds（資金）を修飾し、「残っている、残りの」という意味を表す形容詞（現在分詞）の (A) remaining を入れる。(B) remained には名詞を修飾する用法がないことに注意。(D) remainder は名詞で、the remainder of the budget のように the remainder of（～の残り）の形で用いられる。

Vocab.
□ fund「資金」
□ replace「～を取り替える、交換する」
□ obsolete「旧式の、時代遅れの」
　（= outdated）

🔊 **990点 講師の目**

過去分詞（-ed）が名詞を修飾する場合は、attached documents（添付された書類）のように〈受け身〉を表すのが普通です。remain のように目的語をとらない動詞（自動詞）は、そもそも受け身の用法がありません。よって、〈remained ＋名詞〉の形で使うことができないのです。

121

The survey shows that the new product design ------- to a diverse range of age groups.

(A) appeals
(B) promotes
(C) reacts
(D) updates

その調査から、新製品のデザインが幅広い年齢層に訴求することがわかる。

(A) 興味を引く
(B) ～を宣伝する
(C) 反応する
(D) ～を更新する

| 正解 | A | 語彙／語法 | [正答率 81.9%] |

the new product design（新製品のデザイン）を主語に置き、空欄後の to a diverse range of age groups と結びつく動詞は、appeal to で「（人）の興味を引く、～に訴求する」（= attract）という意味になる (A) appeals。形容詞形の appealing（魅力的な [= attractive]）も合わせて覚えておこう。(B) は promote A to B で「A を B に宣伝する」、(C) は react to で「～に反応する」、(D) update は「（情報など）を更新する」、または be updated to で「～（新しいバージョン）にアップデートされる」という意味。

Vocab.
□ show that S V「～であることを示す、明らかにする」
□ a diverse range of「多種多様な」
□ age group「年齢層」

122 Mr. Kane formed a strong relationship with his counterpart at Aurora Enterprises ------- the joint venture.

(A) beside
(B) into
(C) between
(D) through

共同事業を通じて、ケインさんはオーロラ・エンタープライズの同じ立場の相手と強固な関係を築いた。

(A) ～のそばに
(B) ～の中へ
(C) (2者)の間で
(D) ～を通じて

正解	D	前置詞	[正答率 67.0%]

空欄前までに「ケインさんがオーロラ・エンタープライズの同じ立場の相手と強固な関係を築いた」とあるので、(D) through (～を通じて) を入れて through the joint venture (共同事業を通じて) とすれば文脈がつながる。(A) beside は「～のそばに」(= next to) という〈位置〉を、(B) into は「～の中へ」という〈動き〉を表す。(C) between は〈2者の間〉を表し、a relationship between A and B で「AとBの関係」という意味になる。

Vocab.
□ **form a relationship**「関係を築く」
□ **counterpart**「(ほかの組織・国などにおいて) 同じ立場の人」
□ **joint venture**「共同事業」

🔊 **990点 講師の目**

前置詞 through は〈通り抜ける〉イメージをもち、そこから「(経験・出来事など) を通じて」「(期間) を通してずっと (= throughout)」「～の終わりまで」という意味につながります。through the year は「一年中」、from Monday through Friday は「月曜から金曜まで」という意味になります。

123 Applying the techniques learned in this workshop will help owners run small businesses more -------.

(A) effects
(B) effective
(C) effectively
(D) effectiveness

このワークショップで学んだ技術を適用することにより、事業主らは小規模事業をより効果的に運営しやすくなるだろう。

(A) 名詞 (効果)
(B) 形容詞 (効果的な)
(C) 副詞 (効果的に)
(D) 名詞 (有効性)

正解	C	品詞	[正答率 83.8%]

空欄前に run [V] small businesses [O] という〈動詞＋目的語〉がそろっているので、動詞 run を修飾する副詞の (C) effectively を入れて more effectively (より効果的に) という比較級を完成させる。なお、主語の Applying the techniques は「技術を適用すること」という動名詞句で、the techniques に対して learned in this workshop (このワークショップで学ばれた) という過去分詞句が後ろから修飾している。

Vocab.
□ **apply**「(方法など) を適用する、用いる」
□ **technique**「技術」
□ **help O (to) do**「Oが～するのを助ける」

124 Winxey Cosmetics' sales revenue is ------- to improve by five percent this quarter.

(A) convinced
(B) recovered
(C) projected
(D) exceeded

ウィンクシー・コスメティクスの売上収益は、今四半期に5%増加すると予測されている。

(A) 確信した
(B) 取り戻された
(C) 予測された
(D) 超えられた

正解	C	語彙	[正答率 46.5%]

sales revenue is ------- to improve (売上収益が増加することが～される) という文脈に合うのは、be projected to do で「～することが予測される」(= be expected to do) という意味になる (C) projected。(A) convinced は〈人〉 be convinced that ... で「〈人〉が…を確信している」、(B) recovered は「(損失などが) 取り戻された、回収された」、(D) exceeded は「(目標・基準などが) 超えられた」という意味。exceeded は、The sales target was exceeded by five percent. (売上目標を5%上回った) のように用いれば正しい文になる。

Vocab.
□ **sales revenue**「売上収益」
□ **improve**「改善する、上向く」
□ **by**「(割合・数量など) の差で」
□ **quarter**「四半期」

125　Mr. Cedar is responsible for conducting the product ------- for potential customers.

(A) demonstrates
(B) demonstrated
(C) demonstrations
(D) demonstrate

シーダーさんは、潜在顧客に対する製品デモの実施を担当している。

(A) 現在形
(B) 過去形・過去分詞
(C) 名詞（実演）
(D) 動詞（〜を実演する）・原形

正解　C　**品詞**　[正答率 78.2%]

動名詞 conducting（〜を行うこと）の後ろに空欄があり、conducting the product だけでは意味が成り立たないことに着目。名詞の (C) demonstrations（実演、デモ）を入れて the product demonstrations（製品の実演）とすれば、conducting の目的語が完成する。(B) demonstrated を「実演された」という意味の過去分詞として用いる場合、the product demonstrated for customers（顧客に対して実演された製品）のように後ろから the product を修飾する形になる。

Vocab.
□ **be responsible for** *doing*「〜する責任者だ」
□ **conduct**「〜を行う、実施する」
□ **potential customer**「潜在顧客、見込み客」

126　The company newsletter will ------- be released twice a month to provide updates on any significant developments.

(A) formerly
(B) almost
(C) immensely
(D) now

社内報は今後、あらゆる重要な進展に関する最新情報を提供するために月に2回発行される。

(A) 以前は
(B) ほとんど
(C) 大いに
(D) これから

正解　D　**語彙**　[正答率 31.6%]

空欄前後の動詞 will be released を修飾し、「社内報が月に2回発行される」という文脈に合うのは、(D) now（これから、今から）。now は現在形だけでなく、未来形の文にも用いられることを押さえておこう。(A) formerly（以前）は The newsletter was formerly released once a month. のように〈過去〉を表す。(B) almost は「ほとんど、ほぼ」（= nearly）という意味で、almost finished（ほとんど終わった）や for almost 30 years（ほぼ30年間）のように用いる。(C) immensely は「非常に、大いに」（= extremely）という意味。

Vocab.
□ **release**「〜を配信する、発行する」
□ **provide updates on**「〜に関する最新情報を提供する」
□ **development**「進展、新たな出来事」

127　Ms. Reynolds relaxed the office dress code, ------- pleased most of the staff.

(A) very
(B) finally
(C) which
(D) therefore

レイノルズさんはオフィスでの服装規定を緩め、それはスタッフのほとんどを喜ばせた。

(A) 副詞（非常に）
(B) 副詞（最終的に）
(C) 関係代名詞（それは）
(D) 副詞（したがって）

正解　C　**関係詞／構文**　[正答率 83.8%]

カンマまでに Ms. Reynolds [S] relaxed [V] the office dress code [O] という文が完成している。また、空欄直後に動詞 pleased（〜を喜ばせた）があるので、空欄には主語になるものが必要。よって、「レイノルズさんがオフィスでの服装規定を緩めたこと」という文全体の内容を受け、「そのことがスタッフのほとんどを喜ばせた」と説明を補う主格の関係代名詞、(C) which が正解。ほかの選択肢はいずれも副詞なので、前後が文法的につながらない。なお、Ms. Reynolds relaxed the ... code and therefore pleased most of the staff. のように接続詞 and があれば、主語 Ms. Reynolds に対する動詞として relaxed と pleased を2つ並べることができ、副詞 therefore（したがって）を使うことができる。

Vocab.
□ **relax**「（規則など）を緩める、緩和する」
□ **dress code**「服装規定」
□ **please**「〜を喜ばせる、満足させる」

Greentech, Inc., is widely known for developing ------- responsible products.

(A) environmentally
(B) environment
(C) environmental
(D) environments

グリーンテック社は、環境に配慮した製品を開発していることで広く知られている。

(A) 副詞（環境面で）
(B) 名詞（環境）の単数形
(C) 形容詞（環境の）
(D) 名詞（環境）の複数形

正解	A	品詞	[正答率 78.2%]

空欄前に動名詞 developing（～を開発すること）があり、その目的語として後ろに responsible products という〈形容詞＋名詞〉が続いている。よって、直後の形容詞 responsible に意味を補う副詞の (A) environmentally を入れる。environmentally responsible（環境に責任をもつ、環境に配慮した）の類義語として、「環境に優しい、エコの」という意味の environmentally friendly / ecologically friendly / eco-friendly を覚えておこう。

Vocab.
□ **widely**「広く一般に」
□ **be known for** *doing*「～することで知られている」

129
Customers are entitled to discounts on future orders ------- their payments are submitted on time.

(A) in addition to
(B) regardless of
(C) conditionally
(D) provided that

支払いが期日どおりに行われれば、顧客は今後の注文での割引が付与される。

(A) 前置詞（～に加えて）
(B) 前置詞（～に関係なく）
(C) 副詞（条件つきで）
(D) 接続詞（～を条件として）

正解	D	前置詞 vs. 接続詞	[正答率 85.6%]

空欄の後ろに their payments [S] are submitted [V] という節〈主語＋動詞〉が続くので、接続詞の働きをもつ (D) provided that（～を条件として）が正解。(A) in addition to と (B) regardless of は前置詞なので、名詞をつなぐ。(C) conditionally は副詞なので、節や語句をつなぐ機能がない。

Vocab.
□ **be entitled to**「～を得る権利がある、～を受けられる」
□ **submit**「～を提出する、送信する」
□ **on time**「時間どおりに」

🔊 **990点 講師の目**
〈条件・仮定〉を表す接続詞として、provided that のほかに as long as（～しさえすれば）、on condition that（～を条件として）、assuming that（～であると仮定して、～すれば）、in the event that（～の場合は）が Part 5 で出題されます。問題を解く際には、どれも if（～なら）で置き換えるとわかりやすいですよ。

130
Given the frequency of -------, the progress made during the negotiating session has been surprising.

(A) interruptions
(B) factors
(C) declines
(D) representatives

中断の頻度を考えると、交渉会議における進展は驚くべきものだった。

(A) 中断
(B) 要因
(C) 減少
(D) 代表者

正解	A	語彙	[正答率 72.6%]

カンマの後で「交渉会議での進展は驚くべきものだった」とあるので、(A) interruptions（中断）を入れて「（会議の）中断の頻度を考えると」とすれば文意が通る。主語 the progress に対して、made during the negotiating session という過去分詞句が後ろから修飾していることを確認しておこう。(B) factors（要因）と (D) representatives（代表者、担当者）は、the frequency of（～の頻度）と結びつかない。(C) declines（減少＝ decreases）を入れると、問題文では何が減少したのかがわからず不自然。

Vocab.
□ **given**「（状況）を考えると」
□ **frequency**「頻度」
□ **make progress**「進展する、前進する」
□ **surprising**「驚くべき」

Questions 131-134 refer to the following letter.

Martin Dale
14 Glenrock Blvd. #304
Reno, NV 89550

Dear Mr. Dale:

I am writing in ------- to your well-conceived idea for an ①article on recent advances in
131.
alternative energy technology. ②The article you envision is of broad enough scope to bring
together the many aspects of this fascinating topic into a single piece. -------, ③we must decline
132.
your proposal, as previous issues have already provided readers with an abundance of
information on the subject.

I strongly encourage you to continue submitting ideas for ④topics you may wish ------- about for
133.
our magazine. ⑤Should you come up with other interesting concepts, please send them directly
to me. -------.
134.

Sincerely,

Keith Freeman, Editor

131-134 番は次の手紙に関するものです。

マーティン・デイル様
グレンロック大通り 14 番地 304 号室
リノ　ネバダ州　89550

デイル様

代替エネルギー技術の最近の進歩に関する、非常によく練られた記事のアイデアについてお返事を書いています。構想されている記事は視野が幅広く、この魅力的なトピックの多くの側面を一つにまとめるものです。しかし残念ながら、あなたのご提案をお断りしなければなりません。というのも、これまでの号でこの題材に関する多くの情報を読者にすでに提供しているからです。

私たちの雑誌にお書きになりたいテーマについて、ぜひ、引き続きアイデアをご提供ください。ほかに興味深いコンセプトが思い浮かんだ際は、私に直接お送りください。私が個人的に検討することをお約束します。

よろしくお願いいたします。

キース・フリーマン　編集者

Vocab. |本文| □ **well-conceived**「(考えなどが) よく練られた」 □ **article**「記事」 □ **advance**「進歩、前進」
□ **alternative**「代替的な、代わりの」 □ **envision**「~を思い描く、構想する」
□ **scope**「範囲」(of broad scope で「幅広い範囲の」という意味)
□ 〈形容詞〉+ **enough** + 〈名詞〉 **to** *do*「~するほど十分〈形容詞〉な〈名詞〉」 □ **bring together**「~を集める、まとめる」
□ **aspect**「側面」 □ **fascinating**「魅力的な、興味深い」 □ **piece**「(個々の) 記事、作品」 □ **decline**「~を丁重に断る」
□ **proposal**「提案、企画」 □ **previous**「以前の」 □ **issue**「(定期刊行物の) 号」 □ **provide**〈人〉**with ...**「〈人〉に…を提供する」
□ **an abundance of**「豊富な、たくさんの」 □ **encourage**〈人〉**to** *do*「人に~するようすすめる、促す」
□ **Should you** *do*「もし~すれば」(if you should *do* の if を省略して〈主語 + should〉を倒置させた慣用構文)
□ **come up with**「~を考え出す、思いつく」 □ **concept**「考え、構想」 □ **editor**「編集者」

131
(A) responsive
(B) **response**
(C) respond
(D) respondent

正解 **B** 品詞 ［正答率 **81.9%**］

空欄が in と to という２つの前置詞ではさまれているので、前置詞 in と結びつく名詞が入る。選択肢のうち、(B) response と (D) respondent が名詞だが、in response to（〜に対応して、〜の返事として）という慣用表現を完成させる (B) が正解。respondent は「（アンケートなどの）回答者」という意味なので文意が通らず、また可算名詞なので単数形には a/the respondent のように冠詞が必要。(A) responsive（反応の速い）は形容詞、(C) respond（反応する、返答する）は動詞。

132
(A) **Regrettably**
(B) Specifically
(C) Consequently
(D) Normally

正解 **A** 語彙／文脈 ［正答率 **78.2%**］

文頭に〈空欄＋カンマ〉がある場合は、前後の文脈に合う副詞を選ぶ。手紙の読み手から送られた記事のアイデアについて、空欄前の一文②で The article you envision is of broad enough scope to bring together the many aspects of this fascinating topic into a single piece.（構想されている記事は視野が幅広く、この魅力的なトピックの多くの側面を一つにまとめるものです）と称賛する一方、空欄の後ろ③では we must decline your proposal と採用を断っている。よって、(A) Regrettably（残念ながら）が適切。regrettably の同義語として、unfortunately も押さえておこう。(B) Specifically は「とくに、具体的に言うと」、(C) Consequently は「その結果、したがって」（= As a result; Therefore）、(D) Normally は「通常」という意味。

133
(A) writing
(B) **to write**
(C) will write
(D) write

正解 **B** 準動詞／語法 ［正答率 **78.2%**］

空欄直前にある動詞 wish は、wish to do（〜したいと望む）の形で後ろに不定詞をとる。よって、(B) to write が正解。④ topics (that) you may wish to write about で「あなたが書きたいと思うかもしれないトピック」という意味になり、名詞 topics を you 以下が後ろから修飾している。

> 🎧 **990点 講師の目**
>
> 不定詞（to do）を目的語にとる動詞には、意識を〈未来〉に向けたものが多く、これから実行に移していくイメージがあります。wish to do のほか、plan to do（〜することを計画する）、decide to do（〜することに決める）、agree to do（〜することに同意する）、offer to do（〜することを申し出る）、attempt to do（〜することを試みる）、strive to do（〜するよう努める）を覚えておきましょう（→不定詞をとるその他の表現は巻末付録のリストを参照）。

134
(A) Trial subscriptions are available on our Web site.
(B) The article is attached for your reference.
(C) **Be assured they will receive my personal consideration.**
(D) Let me know if you have problems with the proposed deadline.

(A) 弊誌ウェブサイトでお試し購読にお申し込みいただけます。
(B) 参考までにその記事を添付いたします。
(C) 私が個人的に検討することをお約束します。
(D) 提示された締切に問題がありましたらお知らせください。

正解 **C** 一文選択／文脈 ［正答率 **55.8%**］

直前の一文⑤で Should you come up with other interesting concepts, please send them directly to me.（ほかに興味深いコンセプトが思い浮かんだ際は、私に直接お送りください）と述べている。よって、送られたアイデアを自ら検討することを伝える (C) を入れれば自然な流れになる。Be assured (that) ... は「…ですのでご安心ください、…をお約束します」と相手の心配を取り除く表現。第１段落①にある article は読み手が構想している記事のことなので、(B) は不適切。(D) が入る場合は、特定の締切について本文で触れている必要がある。

Vocab. 〉 選択肢＼ □ **subscription**「定期購読、加入契約」 □ **for your reference**「参照用に、参考のため」 □ **personal**「自ら行う、直接の」 □ **consideration**「考慮、検討」 □ **proposed**「提案された、提示された」

Questions 135-138 refer to the following e-mail.

From: Human Resources Department
To: Ernest Clark
Subject: Final paycheck
Date: July 10

Dear Mr. Clark:

①Your final paycheck is ready to be issued by the payroll department. --------, in keeping with **135.** company policy, ②it will be withheld until all company-owned property has been returned.

Based on our records, ③you have a company-issued mobile phone and laptop computer in your possession. --------. ④Regardless, you must still return the device to the company. Also, ⑤please **136.** arrange to return the laptop ------ the carrying case, cables, and any other accessories at **137.** your earliest convenience. The payroll department can issue your final paycheck ⑥only after this -------- has been received. **138.**

Best regards,

Stella Newman
Manager, Human Resources

135-138 番は次のメールに関するものです。

送信者：人事部
あて先：アーネスト・クラーク
件名：最後の給与支払い
日付：7 月 10 日

クラーク様

あなたの最後の給与は、給与課よりお支払いする準備が整っています。しかし会社の方針により、会社所有の物品がすべて返却されるまでは保留となります。

こちらの記録によれば、あなたは会社支給の携帯電話とノートパソコンを所持されています。**電話のサービスはすでに停止されています。**とはいえ、機器を会社に返却いただく必要があります。また、ノートパソコンはキャリーケース、ケーブル、その他の付属品とともに、ご都合がつき次第返却いただくよう、手配をお願いいたします。給与課は、この機器の受け取りが完了した後でのみ、最後の給与支払いを行うことが可能となります。

よろしくお願いいたします。

ステラ・ニューマン
人事部長

Vocab.> |本文 ＼ □ **human resources department**「人事部」 □ **paycheck**「給与支払小切手、給与」
□ **be ready to** *do*「～する準備ができている」 □ **issue**「～を発行する、支給する」 □ **payroll department**「給与課」
□ **in keeping with**「～に沿って、～に従って」 □ **withhold**「～を与えないでおく、保留にする」 □ **company-owned**「会社所有の」
□ **property**「所有物」 □ **based on**「～に基づいて」 □ **have ... in** *one's* **possession**「…を所有している」
□ **company-issued**「会社支給の」 □ **mobile phone**「携帯電話」 □ **laptop computer**「ラップトップ、ノートパソコン」
□ **regardless**「それに関係なく、それでも」 □ **device**「機器、装置」 □ **arrange to** *do*「～するよう手配する」
□ **accessory**「付属品」 □ **at your earliest convenience**「ご都合がつき次第」

135

(A) Otherwise
(B) However
(C) Accordingly
(D) Moreover

| 正解 | B | 文脈 | 正答率 59.6% |

空欄前の文①に Your final paycheck is ready to be issued（あなたの最後の給与をお支払いする準備が整っています）とあるのに対し、後ろの②では it will be withheld until all company-owned property has been returned（会社所有の物品がすべて返却されるまでは保留となります）と給与の支払いができない理由を説明している。よって、〈逆接〉を表す (B) However（しかしながら）が適切。withheld は withhold（～を与えないでおく、保留にする）の過去分詞で、主語の it は Your final paycheck を指している。(A) Otherwise は「そうでなければ」（= If not）、(C) Accordingly は「したがって」、(D) Moreover は「さらに、その上」（= In addition）の意味。

> 🎙 990点 講師の目
> 接続副詞（つなぎ言葉）を選ぶ問題では、「支払いの準備ができている」（でも）「保留になる」のように、前後の内容を簡単に要約して考えるのが解答のコツです。まずは、〈結果・結論（だから）〉を表す Accordingly / Consequently / As a result と、〈逆接（でも）〉を表す However / Nevertheless / Even so を当てはめ、文脈が通るかどうかを見極めましょう。

136

(A) The computer model you requested is currently unavailable.
(B) We offer a three-year product warranty.
(C) Report any technical problems to the IT department.
(D) Service to the phone has already been discontinued.

(A) あなたが希望されたパソコンのモデルは現在、入手できません。
(B) 私たちは 3 年間の製品保証を提供しています。
(C) どんな技術的問題でも、IT 部にご報告ください。
(D) 電話のサービスはすでに停止されています。

| 正解 | D | 一文選択／文脈 | 正答率 65.1% |

まず、第 1 段落冒頭の Your final paycheck から、メールの読み手である Mr. Clark が退職することを押さえる。空欄直前③に you have a company-issued mobile phone and laptop computer in your possession（あなたは会社支給の携帯電話とノートパソコンを所持されています）とあるので、携帯電話がもう使用できないことを示す (D) を入れれば自然な流れになり、空欄後④の Regardless, you must still return the device to the company.（とはいえ、機器を会社に返却いただく必要があります）とも結びつく。regardless は「それに関係なく、それでも」という意味の副詞。the device（機器）は the phone を指している。

137

(A) along with
(B) prior to
(C) in place of
(D) such as

| 正解 | A | 前置詞／慣用表現 | 正答率 83.8% |

選択肢には前置詞の働きをもつフレーズが並ぶ。空欄前⑤に please arrange to return the laptop（ノートパソコンを返却いただくよう、手配をお願いします）とあり、後ろに the carrying case, cables, and any other accessories というパソコンの付属品が続くので、(A) along with（～とともに＝ together with）を入れれば文意が通る。(B) prior to は「～の前に」（= before）、(C) in place of は「～の代わりに」（= instead of）という意味。(D) such as（～のような）は、devices such as laptops and mobile phones（ノートパソコンや携帯電話のような機器）のように〈具体例〉を示す。なお、文末の at your earliest convenience（ご都合がつき次第）は相手に迅速な対応を促す表現で、as soon as possible（できるだけ早く）よりも丁寧な言い方になる。

138

(A) order
(B) information
(C) equipment
(D) approval

| 正解 | C | 語彙／文脈 | 正答率 74.4% |

空欄前後⑥で only after this ------- has been received（この～の受け取りが完了した後でのみ）と述べている。よって、第 2 段落の中で返却を求めている mobile phone と laptop computer を一語で言い表した (C) equipment（機器類）が正解。only after は「～した後でのみ、～して初めて」という意味。(A) order は「注文」、(B) information は「情報」、(D) approval は「承認」。

Vocab. ▷ |選択肢\ □ **unavailable**「手に入らない、利用できない」 □ **warranty**「保証」 □ **report A to B**「A を B に報告する」
□ **discontinued**「（サービスなどが）停止された、（製造・販売が）中止された」

Questions 139-142 refer to the following article.

CASPER (May 18)—Textile producer Fabu Fabric ------- ①plans to open a sales office in
139.

Boston this summer. ②At a press conference yesterday, a spokesperson indicated that the new

------- would allow the company to better serve customers in New England and to improve
140.

coordination with Fabu's Canadian sales office in Montreal.

③Key details about the plan have yet to be finalized. -------. According to spokesperson Catalina
141.

Menendez, the company is ------- to lease space ④in or near the downtown area and hopes to
142.

open in July.

139-142 番は次の記事に関するものです。

キャスバー（5月18日）──繊維製造業者のファブ・ファブリックは、今年の夏ボストンに営業所を開設する計画を発表した。広報担当者は昨日の記者会見で、同社はこの新しい施設により、ニューイングランド地方の顧客によりよいサービスを提供するとともに、モントリオールにあるファブのカナダ営業所との連携を強化することが可能になるだろうと述べた。

この計画の主な詳細はまだ決定されていない。**これらには、正確な場所と開設日が含まれる。**広報担当者のカタリーナ・メネンデス氏によると、同社は都心部かその付近の事務所を借りる予定で、7月の開設を見込んでいるという。

Vocab.>　|本文 ＼|　□ **textile**「布地、繊維製品」　□ **sales office**「営業所」　□ **press conference**「記者会見」
　　　　□ **spokesperson**「広報担当者」　□ **indicate that ...**「…であると示す、述べる」
　　　　□ **allow 〈人〉 to** *do*「〈人〉が〜することを許す、可能にする」　□ **better**「よりよく」　□ **serve**「〜に仕える、サービスを提供する」
　　　　□ **improve**「〜を改善する」　□ **coordination**「連携」　□ **key**「主要な」　□ **have yet to** *do*「まだ〜していない」
　　　　□ **finalize**「〜を最終決定する」　□ **according to**「（情報源）によれば」　□ **lease**「（契約して）〜を借りる」
　　　　|選択肢＼|　□ **application**「応募」　□ **opening**「職の空き、欠員」　□ **reveal**「〜を明らかにする、発表する」
　　　　□ **nevertheless**「それにもかかわらず」　□ **several**「いくつかの」　□ **regional**「地域の」　□ **fabric**「布地、織物」（= textile）
　　　　□ **supplier**「納入業者、販売業者」　□ **submit a bid**「入札する」　□ **exact**「正確な」　□ **launch**「開始、開業」

139
(A) will announce
(B) was announced
(C) has announced
(D) announcement

| 正解 | **C** | 態／時制／文脈 | [正答率 54.0%] |

主語 Textile producer Fabu Fabric に対する動詞が空欄になっており、選択肢には動詞 announce（〜を発表する）が形を変えて並んでいる。空欄後に目的語 plans があるので、Fabu Fabric 社が計画を発表する側であることを押さえ、能動態の (A) will announce と (C) has announced を候補に残す。続く②の At a press conference yesterday（昨日の記者会見で）から、同社はすでに発表を行ったことがわかるので、〈現時点で完了している行為〉を示す現在完了形の (C) has announced が正解。(B) was announced は受動態の過去形、(D) announcement（発表）は名詞。

🔘 **990点 講師の目**

同じ文の中に〈過去の1点〉を示す語がある場合は、Fabu Fabric announced plans at a press conference yesterday. のように、現在完了形ではなく過去形を使うことに注意しましょう。この問題文では、どちらの時制を使うこともできます。

140
(A) position
(B) facility
(C) research
(D) law

| 正解 | **B** | 語彙／文脈 | [正答率 76.3%] |

第1段落冒頭の①で、plans to open a sales office in Boston this summer（今年の夏ボストンに営業所を開設する計画）について触れている。よって、a sales office の言い換えとなる (B) facility（施設）を入れて the new facility（この新しい施設）とすれば前後の文脈がつながる。(A) position は「地位、役職」、(C) research は「研究、調査」、(D) law は「法律」という意味。

141
(A) Applications are still being accepted for the opening.
(B) The new textile design will soon be revealed on Fabu's Web site.
(C) Nevertheless, several regional fabric suppliers have submitted bids.
(D) These include the exact location as well as the launch date.

(A) 求人への応募は、まだ受け付けている。
(B) 新しい生地のデザインがファブのウェブサイトでまもなく発表される。
(C) それにもかかわらず、地域のいくつかの生地販売業者が入札を行った。
(D) これらには、正確な場所と開設日が含まれる。

| 正解 | **D** | 一文選択／文脈 | [正答率 63.3%] |

営業所の開設計画について、空欄の前③で Key details about the plan have yet to be finalized.（この計画の主な詳細はまだ決定されていない）と述べている。この Key details about the plan を代名詞 these で受け、決定していない事柄を具体的に挙げる (D) が正解。空欄後の文④の in or near the downtown area（都心部かその付近）や hopes to open in July（7月の開設を見込んでいる）も解答のヒントになる。launch date は「開設日、開始日」（＝ opening date）のこと。

142
(A) renovating
(B) marketing
(C) concerning
(D) looking

| 正解 | **D** | 語彙 | [正答率 59.6%] |

空欄を含む文に the company is ------- to lease space in or near the downtown area（同社は都心部かその付近の事務所を借りることを〜している）とあるので、be looking to *do* で「〜することを目指している、〜するつもりだ」（＝ be planning to *do*）という意味になる (D) looking を入れれば文意が通る。この space は office space（事務所スペース）のこと。(A) renovating は「改装している」、(B) marketing は「売り込んでいる」、(C) concerning は be concerning to〈人〉で「〈人〉にとって気がかりな、心配させるような」という意味。「〜について心配している」という場合は be concerned about〈名詞〉の形で用いることも押さえておこう。

Questions 143-146 refer to the following memo.

From: Human Resources Department
To: Supervisors and Managers
Date: July 25
Re: New Program

Beginning September 1, Pinkerton Engineering will recognize one employee every month for outstanding job performance or other exceptional ------- to the company. Only supervisors or **143.** departmental managers are eligible to nominate an employee. ①Do so by sending an e-mail to emp_otm@benefits.pinkertonengineering.com.

②Please describe the reasons for your nomination with a few brief statements. -------. ③The **144.** deadline for the ------- round of nominations has been set for August 15. Following that, **145.** supervisors or managers may submit their ------- for future months at any time. **146.**

143-146 番は次の社内連絡に関するものです。

送信者：人事部
あて先：管理者および部長
日付：7月25日
件名：新制度

9月1日から、ピンカートン・エンジニアリングは毎月1人の従業員について、優れた業績や会社に対するその他の特別な貢献に関し、表彰を行う予定です。管理者ならびに部長のみが、従業員を推薦する資格を有します。emp_otm@benefits.pinkertonengineering.com にメールを送り、推薦をお願いします。

2、3の簡潔なコメントを付けて、推薦の理由をご説明ください。**ご提出いただいた内容はその後、特別委員会によって審査されます。**初回の推薦の締切は8月15日です。それ以降は、管理者と部長の皆さまはいつでも今後のために推薦文をお送りいただけます。

Vocab. ▷ |本文＼| □ **supervisor**「監督者、上司」　□ **beginning ＋〈日付〉**「〈日付〉から」　□ **recognize**「～の功績を認める、～を表彰する」
□ **outstanding**「傑出した、優れた」　□ **job performance**「働きぶり、業績」　□ **exceptional**「並外れた、優れた」
□ **departmental manager**「部門管理者、部長」　□ **be eligible to** *do*「～する資格がある」
□ **nominate**「(候補者として) ～を推薦する、ノミネートする」　□ **describe**「～を説明する」　□ **nomination**「推薦、ノミネート」
□ **brief**「手短な、簡潔な」(＝ short)　□ **statement**「(事実や意見を示す) 発言、記述」　□ **round**「(連続する出来事の) 1回、1巡」
□ **following**「～の後で」(＝ after)　□ **at any time**「いつでも」
|選択肢＼| □ **congratulations are in order**「お祝いの言葉がふさわしい、おめでとうございます」(in order は「ふさわしい、適切な」という意味)　□ **accomplishment**「達成、功績」　□ **obtain A from B**「AをBから入手する」　□ **prize-giving ceremony**「授賞式」
□ **submission**「(書類・作品などの) 提出物」　□ **review**「～を検討する、審査する」　□ **committee**「委員会」

143

(A) contribute
(B) **contributions**
(C) contributed
(D) contributing

| 正解 | B | 品詞 | [正答率 87.5%] |

空欄前に other（ほかの）と exceptional（並外れた）という２つの形容詞があるので、これらが修飾する名詞が入ると判断し、(B) contributions（貢献）を選ぶ。本文にある outstanding（傑出した、優れた）と exceptional は、ともに excellent の同義語。(A) contribute（貢献する）は動詞の原形、(C) contributed は過去形・過去分詞、(D) contributing は -ing 形。

> 🕐 **990点 講師の目**
>
> 名詞 contribution は「貢献」のほか、チャリティーの話では「寄付」（= donation）、雑誌の話では「寄稿記事」（= article）の意味で TOEIC に頻出します。「貢献者、寄付者、寄稿者」を表す contributor とセットで押さえておきましょう。

144

(A) Congratulations are in order for your accomplishments.
(B) You can obtain one from the human resources office.
(C) The event ends with a prize-giving ceremony.
(D) **Your submissions will then be reviewed by a special committee.**

(A) あなたの功績にお祝い申し上げます。
(B) 人事部のオフィスで１つ入手することができます。
(C) その行事は授賞式で締めくくられます。
(D) ご提出いただいた内容はその後、特別委員会によって審査されます。

| 正解 | D | 一文選択／文脈 | [正答率 83.8%] |

従業員の推薦について、第１段落最終文①で Do so by sending an e-mail とメールで送るよう促した後、空欄前の一文②で Please describe the reasons for your nomination with a few brief statements.（2、3の簡潔なコメントを付けて、推薦の理由をご説明ください）と伝えている。この推薦文を submissions（提出物）と言い表し、提出後の流れを説明する (D) が適切。(B) は代名詞 one が指すべきものが空欄の前にない。本文では従業員を毎月表彰すると述べているだけで、行事の開催については言及していないため、(C) も不適切。

145

(A) **initial**
(B) recent
(C) final
(D) subsequent

| 正解 | A | 語彙／文脈 | [正答率 54.0%] |

選択肢には〈タイミング〉を表す形容詞が並んでいる。空欄を含む一文③で August 15 という推薦の締切を示したうえで、次の文では「それ以降は今後のためにいつでもお送りいただけます」と伝えている。よって、(A) initial（最初の）を入れて the initial round of nominations（初回の推薦）とすれば自然な流れになる。(B) recent（最近の）は〈少し前の過去〉を表す。(C) final は「最後の」、(D) subsequent は「その後の」（= next; following）という意味。

146

(A) resignations
(B) applications
(C) **recommendations**
(D) donations

| 正解 | C | 語彙／文脈 | [正答率 70.7%] |

動詞 submit（～を提出する、送る）の目的語が空欄になっている。直前の文③で nominations の締切について説明しているので、nominations を言い換えた (C) recommendations（推薦）が正解。(A) resignations は「辞職、辞表」、(B) applications は「応募（書類）」、(D) donations は「寄付」。

Questions 147-148 refer to the following text-message chain.

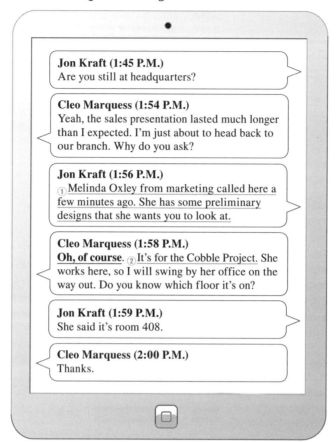

Jon Kraft (1:45 P.M.)
Are you still at headquarters?

Cleo Marquess (1:54 P.M.)
Yeah, the sales presentation lasted much longer than I expected. I'm just about to head back to our branch. Why do you ask?

Jon Kraft (1:56 P.M.)
① Melinda Oxley from marketing called here a few minutes ago. She has some preliminary designs that she wants you to look at.

Cleo Marquess (1:58 P.M.)
Oh, of course. ② It's for the Cobble Project. She works here, so I will swing by her office on the way out. Do you know which floor it's on?

Jon Kraft (1:59 P.M.)
She said it's room 408.

Cleo Marquess (2:00 P.M.)
Thanks.

147-148 番は次のテキストメッセージのやりとりに関するものです。

ジョン・クラフト（午後 1 時 45 分）
まだ本社ですか？

クレオ・マルケス（午後 1 時 54 分）
はい、販売のプレゼンテーションが予想よりもずっと長引いてしまって。ちょうど支社に戻るところです。どうしました？

ジョン・クラフト（午後 1 時 56 分）
マーケティング部のメリンダ・オクスリーさんから数分前に電話がありました。見てほしい仮のデザインがあるみたいです。

クレオ・マルケス（午後 1 時 58 分）
ああ、そうでした。 コブル・プロジェクトのものです。彼女はこのビルで勤務しているので、帰り際に彼女のオフィスに立ち寄ります。何階かご存じですか？

ジョン・クラフト（午後 1 時 59 分）
408 号室だと言っていました。

クレオ・マルケス（午後 2 時 00 分）
ありがとう。

Vocab.＞ |本文 ＼ □ **headquarters**「本社」 □ **last**「続く」 □ **be just about to** *do*「ちょうど~するところだ」
□ **head back to**「~に戻る」 □ **branch**「支社、支店」 □ **preliminary**「予備段階の、仮の」 □ **swing by**「~に立ち寄る」
□ **on the way out**「出る途中で」 |設問 ＼ □ **pass on**「（伝言など）を伝える」
□ **remind〈人〉of ...**「〈人〉に…について念を押す、忘れないように知らせる」 □ **directions**「道案内、行き方」
□ **be suitable for**「~にふさわしい、適した」 □ **agree with**「~に賛成する、~を支持する」 □ **correct**「正しい」
□ **be familiar with**「~をよく知っている、把握している」 □ **assignment**「（割り当てられた）仕事、任務」

147 Why most likely has Mr. Kraft contacted Ms. Marquess?
(A) To pass on a message
(B) To remind her of a meeting time
(C) To suggest a marketing budget
(D) To give her driving directions

クラフトさんはなぜマルケスさんに連絡したと思われますか?
(A) メッセージを伝えるため
(B) 会議の時間をあらためて伝えるため
(C) マーケティングの予算を提案するため
(D) 運転の道順を教えるため

[正答率 85.6%]

Kraft さんの 1 時 56 分の書き込み①に Melinda Oxley from marketing called here a few minutes ago. (マーケティング部のメリンダ・オクスリーさんから数分前に電話がありました) とあり、その後に She has some preliminary designs that she wants you to look at. (見てほしい仮のデザインがあるみたいです) と Oxley さんからのメッセージを伝えているので、(A) が正解。pass on は「(伝言など) を伝える」という意味。本文の preliminary は「予備段階の、仮の」という意味で、preliminary research (予備調査) や preliminary report (仮報告書) といったフレーズでよく用いられる。

148 At 1:58 P.M., what does Ms. Marquess mean when she writes, "**Oh, of course**"?
(A) She thinks a design is suitable for a client.
(B) She agrees with a coworker's decision.
(C) She knows that a schedule is correct.
(D) She is familiar with an assignment.

午後 1 時 58 分に、マルケスさんはどういう意味で「ああ、そうでした」と書いていますか?
(A) 顧客に適したデザインだと思っている。
(B) 同僚の決定に賛同している。
(C) スケジュールが正確だと知っている。
(D) ある業務についてよく理解している。

[正答率 57.7%]

Marquess さんは、引用文の直前にある「見てほしい仮のデザインがあるみたいです」というメッセージを受けて Oh, of course. と返している。また直後に② It's for the Cobble Project. (コブル・プロジェクトのものです) と続けているので、そのデザインがどの仕事で必要かをすでに知っているために Oh, of course. と書いていることがわかる。よって、(D) が正解。assignment は「(割り当てられた) 仕事、任務」という意味で、ここでは the Cobble Project を指している。Kraft さんや Oxley さんが何かを決定したわけではないので、(B) は誤り。

🗨 **990点 講師の目**

of course は、相手や自分の発言内容が当然であることを示す表現です。相手から許可を求められた場合や、何かを依頼された場合に Of course. と返すと、「もちろんいいですよ」と当たり前のように承諾する言い方になります。この問題文に出てきた Oh, of course. は、当然知っていることを「ああ、そうだった」と思い出すニュアンスがあります。

Questions 149-150 refer to the following notice.

National Railways
Notice to Passengers

①Maintenance work to replace sections of track along the Scoldfield Line will be conducted on March 14. On that day, ②from the start of service at 7:00 A.M. until 4:00 P.M., passengers are likely to experience the following alterations to our usual service schedule:

- Frequency of service between Kenner and Mont Carleton Stations will be decreased. Trains will operate every 20 minutes along the Scoldfield Line, and Stellar Heights Station will close completely between 10:00 A.M. and noon.

- ③Express trains will only run between Kenner and Garrison Stations. Passengers traveling to Mont Carleton Station will be required to transfer to a local train at Garrison Station on that day only.

④All work is expected to be completed by 4:00 P.M., in time for the evening rush hour.

149–150 番は次のお知らせに関するものです。

国有鉄道
乗客の皆さまへのお知らせ

3 月 14 日にスコールドフィールド線の線路の一部を交換する保守工事が行われます。当日は午前 7 時の始発から午後 4 時までの間、通常の運行スケジュールは以下のように変更となる見込みです。

- ケナー駅ーモント・カールトン駅間の運行本数が減ります。スコールドフィールド線の列車は 20 分間隔で運行され、ステラー・ハイツ駅は午前 10 時から正午まで完全に閉鎖されます。

- 急行列車は、ケナー駅ーギャリソン駅間のみ運行されます。モント・カールトン駅に行かれるお客様は、その日に限りギャリソン駅で各駅停車に乗り換える必要があります。

夕方のラッシュアワーに間に合うよう、すべての工事は午後 4 時までに終了する予定です。

Vocab.> |本文 ＼ □ **railway**「鉄道」 □ **passenger**「乗客」 □ **maintenance work**「保守作業」 □ **replace**「~を取り替える、交換する」
□ **track**「線路」 □ **be conducted**「行われる」 □ **service**「(電車・バスなどの) 運行」
□ **be likely to** *do*「~する可能性が高い、~しそうだ」 □ **following**「以下の、次の」 □ **alteration**「変更」 □ **frequency**「頻度」
□ **operate**「運行する」 □ **every ... minutes**「…分ごとに」 □ **express train**「急行列車」 □ **run**「運行する」(= operate)
□ **be required to** *do*「~することが求められる、~する必要がある」 □ **transfer to**「~に乗り換える」 □ **local train**「各駅停車」
□ **be expected to** *do*「~すると予想される、見込まれる」 □ **in time for**「~に間に合うように」 |設問 ＼ □ **fare**「運賃」
□ **train car**「電車の車両」 □ **be put into service**「利用開始される」 □ **temporarily**「一時的に、臨時に」
□ **inaccessible**「利用できない、到達できない」 □ **throughout**「~の間中」 □ **house**「~を収容する、~が中にある」
□ **dining establishment**「飲食施設」

According to the notice, what will happen on March 14?
(A) Daily service will end at 4:00 P.M.
(B) **Repairs will be made to parts of a railway.**
(C) Train fares will be increased.
(D) A new train car will be put into service.

このお知らせによると、3月14日に何が起こりますか？
(A) 運行は午後4時に終了する。
(B) 線路の一部の修繕工事が行われる。
(C) 電車の運賃が値上げされる。
(D) 新しい車両が導入される。

 正解 **B**
[正答率 **80.0%**]

March 14 について、第1段落の冒頭①で Maintenance work to replace sections of track along the Scoldfield Line will be conducted on March 14. （3月14日にスコールドフィールド線の線路の一部を交換する保守工事が行われます）と書かれている。これを Repairs（修繕工事）と言い表した (B) が正解。次の一文②の from the start of service at 7:00 A.M. until 4:00 P.M.（午前7時の始発から午後4時まで）は工事の影響を受ける時間帯であり、本文最下部④の All work is expected to be completed by 4:00 P.M., in time for the evening rush hour.（夕方のラッシュアワーに間に合うよう、すべての工事は午後4時までに終了する予定です）から、午後4時以降は通常どおり電車が運行することがわかるので、(A) は誤り。

 What is indicated about Mont Carleton Station?
(A) **It will temporarily be inaccessible by express train.**
(B) It will be closed throughout March.
(C) It houses a dining establishment.
(D) It is the busiest station in the area.

モント・カールトン駅について何が述べられていますか？
(A) 一時的に急行列車が停車しなくなる。
(B) 3月いっぱい閉鎖される。
(C) 食事施設が備わっている。
(D) 地域で最も利用者数の多い駅である。

正解 **A**
[正答率 **78.2%**]

第3段落の③ Express trains will only run between Kenner and Garrison Stations.（急行列車は、ケナー駅ーギャリソン駅間のみ運行されます）と Passengers traveling to Mont Carleton Station will be required to transfer to a local train at Garrison Station on that day only.（モント・カールトン駅に行かれるお客様は、その日に限りギャリソン駅で各駅停車に乗り換える必要があります）から、工事が行われる日は急行列車が Mont Carleton Station に止まらないことがわかる。よって、(A) が正解。on that day only が temporarily（一時的に）で言い換えられている。

🔊 **990点 講師の目**

第2段落2行目にある every 20 minutes の every は、「〜ごとに」という〈頻度〉や〈間隔〉を表します。every three hours は「3時間ごとに」、every few miles は「数マイルごとに」という意味です。また、every には「あらゆる、どの〜も」という意味もあり、その場合は every train のように〈every＋可算名詞の単数形〉の形で用いることを押さえておきましょう。

Questions 151-153 refer to the following article.

London (3 April)—Already known for its huge selection of soft drinks, ①FlavaWave announced today that it will be adding five more fun flavours to its existing lineup of beverages on 1 June. — [1] —. ②Consumers will be able to choose raspberry, pineapple-peach, persimmon, watermelon, and blackberry from a total of 38 flavours. "Everyone's already tried orange and apple, and most people want to try something new," said Maurice Simon, FlavaWave's director of product innovation. "— [2] —. They want to be refreshed by a taste they may have never experienced before, and ③they want to drink something special that doesn't contain much sugar. — [3] —. We're very proud of our five new drinks, and we're sure people will love them!"

④FlavaWave products can be purchased at most convenience stores and supermarkets nationwide. — [4] —. The new soft drinks will be a permanent addition to the FlavaWave drink lineup.

151–153 番は次の記事に関するものです。

ロンドン（4月3日）──すでにソフトドリンクの豊富な品ぞろえで知られているフレイヴァウェイヴ社は、現在販売中の飲料製品に6月1日よりさらに5つの楽しいフレーバーを追加することを本日発表した。— [1] —。消費者はラズベリー、パイナップルピーチ、柿、スイカ、ブラックベリーを加えた全38種類のフレーバーから選べるようになる。「オレンジやアップルはだれもが飲んだことがあるので、多くの人が新しい味を試したがっています」と、フレイヴァウェイヴ社の製品開発部長のモーリス・サイモン氏は語った。「— [2] —。皆さん、これまで経験したことのない味で気分を変えたいのです。また、糖分の少ない特別な飲み物を求めています。— [3] —。弊社は5つの新しいフレーバーに自信がありますし、皆さんがきっと気に入ってくださると確認しています！」

フレイヴァウェイヴ社の飲料は全国のほとんどのコンビニとスーパーで購入できる。— [4] —。新製品のソフトドリンクはフレイヴァウェイヴ社の定番に加わる予定だ。

---

151 According to the article, what will happen in June?
(A) New soft drinks will be discounted for a limited time.
(B) A consumer survey will be conducted.
(C) A new advertising campaign will begin.
(D) **FlavaWave will increase its product range to 38 flavors.**

記事によると、6月に何が起こりますか?
(A) 新しいソフトドリンクが期間限定で割引販売される。
(B) 消費者アンケートが実施される。
(C) 新しい広告キャンペーンが始まる。
(D) フレイヴァウェイヴ社が取扱製品のフレーバーを38種類に増やす。

[正答率 87.5%]

第1段落冒頭文に① FlavaWave announced today that it will be adding five more fun flavours to its existing lineup of beverages on 1 June (フレイヴァウェイヴ社は、現在販売中の飲料製品に6月1日よりさらに5つの楽しいフレーバーを追加することを本日発表した) とあり、続く一文②で「消費者は全38種類のフレーバーから選べるようになる」と書かれているので、(D)が正解。lineup (製品ラインナップ) がproduct range (取扱製品) と言い換えられている。(A) の新商品の割引については触れられていない。

152 What does Mr. Simon say people want to do?
(A) Sample a beverage before they buy it
(B) See a list of ingredients for a drink
(C) **Avoid products with a high sugar content**
(D) Purchase freshly made items

サイモンさんは人々が何をしたいと言っていますか?
(A) 購入する前に試飲する
(B) 飲み物の原材料の一覧を見る
(C) 糖分の多い製品を避ける
(D) 作りたての品物を買う

正解　C
[正答率 76.3%]

第1段落中盤から後半にかけて引用されている Maurice Simon の発言内容に着目。消費者の要望について、③に they want to drink something special that doesn't contain much sugar (糖分の少ない特別な飲み物を求めています) とあるので、(C) が正解。動詞 contain は「(成分など) を含む、~が中にある」という意味で、選択肢では content (中身、含有量) と名詞形になっている。同じ文に They want to be refreshed (皆さん、気分を変えたいのです) とあるが、(D) の freshly made items (作りたての品物) については述べられていないことに注意。

153 In which of the positions marked [1], [2], [3], and [4] does the following sentence best belong?

"Alternatively, they are available from the firm's mail order service."

(A) [1]
(B) [2]
(C) [3]
(D) **[4]**

[1]、[2]、[3]、[4] のうち、次の文が入る最も適切な箇所はどこですか?
「それ以外にも、同社の通信販売で購入できる。」
(A) [1]
(B) [2]
(C) [3]
(D) [4]

正解　D
[正答率 81.9%]

挿入文の文頭にある Alternatively は「あるいは、代わりに」という意味で、〈ほかの選択肢〉を示す場合に用いる。[4] の直前④に FlavaWave 社の製品が購入できる場所について書かれているので、この位置に入れれば they が FlavaWave products を指し、全国のコンビニとスーパー、もしくは the firm's mail order service (同社の通信販売) でも手に入る、という自然な流れになる。よって、(D) が正解。

これがエッセンス

TOEIC の設問・選択肢には常にアメリカ式の表記が採用されますが、本文ではリアリティを出すため、地域によってイギリス式の表記も使われます。この記事の発信地はロンドンなので、本文の日付がアメリカ式の April 3 (= April third) や June 1 (= June first) ではなく、イギリス式の 3 April (= the third of April) や 1 June (= the first of June) となっていますね。そのほか、flavor/flavour、theater/theatre、finalize/finalise、catalog/catalogue など、アメリカ式とイギリス式でつづりの異なる単語もあります。ほかにもぜひ見つけてみてください。

Questions 154-155 refer to the following advertisement.

> (1)Although now renowned for her photographs of cities and architecture, Cassandra Wilson began her career as a wildlife photographer. We at the Dudley Art Gallery are pleased to announce the first-ever exhibition of these seldom displayed early photographs. This two-week exhibition, entitled *Wild Snaps*, begins September 5. (2)Ms. Wilson will be on hand throughout the exhibition and will be available to answer your questions. Tickets are priced at $15 for adults and $10 for students and seniors. For more information, visit www.dudleyartgallery.org.

154-155 番は次の広告に関するものです。

カサンドラ・ウィルソンは現在では都市や建築の写真で有名ですが、野生生物の写真家としてキャリアを始めました。当ダドリー美術館では、めったに展示されないこれらの初期の写真を扱う初の写真展を開催いたします。2 週間にわたる写真展『野生のスナップショット』の初日は 9 月 5 日です。写真展の開催中、ウィルソンさんが会場で皆さまのご質問にお答えします。チケットは大人 15 ドル、学生およびシニアの方は 10 ドルです。詳細は www.dudleyartgallery.org をご覧ください。

Vocab.> |本文 ＼ □ **although**「～だが、～にもかかわらず」 □ **renowned for**「～で有名な」 □ **photograph**「写真」
□ **architecture**「建築様式、建築物」 □ **wildlife**「野生生物」 □ **be pleased to** *do*「喜んで～する」 □ **first-ever**「史上初の」
□ **exhibition**「展示会」 □ **seldom**「めったに～しない」 □ **displayed**「展示される」 □ **entitled**「～という題の付いた」
□ **be on hand**「その場にいる」 □ **be available to** *do*「･･する都合がつく」 □ **be priced at**「（価格が）～に設定されている」
|設問 ＼ □ **work**「作品」 □ **rarely**「めったに～しない」 □ **exhibited**「展示される」 □ **urban**「都会の」
□ **submit**「～を提出する、送る」

What is stated about the event?
(A) It will be held for a month.
(B) It will include works that are rarely publicly exhibited.
(C) It will be free for residents of Dudley.
(D) It will focus on photographs of urban architecture.

イベントについて何が述べられていますか?
(A) 1カ月間開催される。
(B) 一般にはめったに展示されない作品を含む。
(C) ダドリー市の住民は無料である。
(D) 都市の建築写真を扱う。

 正解　B
[正答率 72.6%]

本文冒頭①でAlthough now renowned for ..., Cassandra Wilson began her career as a wildlife photographer.（カサンドラ・ウィルソンさんは、現在では…で有名ですが、野生生物の写真家としてキャリアを始めました）とWilsonさんの経歴を紹介したうえで、We at the Dudley Art Gallery are pleased to announce the first-ever exhibition of these seldom displayed early photographs.（当ダドリー美術館では、めったに展示されないこれらの初期の写真を扱う初の写真展を開催いたします）とイベントの告知をしている。この seldom displayed early photographs を works that are rarely publicly exhibited（一般にはめったに展示されない作品）と言い換えた (B) が正解。early photographs（初期の写真）とは、キャリアを始めたころに撮影していた野生生物の写真を指すので、(D) は誤り。なお、冒頭文の Although now renowned は Although (she is) now renowned の she is を省略した形になっている。

According to the advertisement, what will Ms. Wilson do?
(A) She will talk to visitors about her work.
(B) She will open a new art gallery.
(C) She will submit a magazine article.
(D) She will sell her photographs.

広告によると、ウィルソンさんは何をしますか?
(A) 写真展の来場者に自作の話をする。
(B) 新しい画廊を開設する。
(C) 雑誌用の記事を送る。
(D) 彼女が撮影した写真を販売する。

正解　A
[正答率 85.6%]

6～7行目②に Ms. Wilson will be on hand throughout the exhibition and will be available to answer your questions.（写真展の開催中、ウィルソンさんが会場で皆さまのご質問にお答えします）とあるので、(A) が正解。on hand には、「（モノが）手元にあって、すぐ利用できて」（= available for use）と「（人が）その場にいて」（= present）という2つの意味がある。

Questions 156-157 refer to the following notice.

To: All Bard Technologies Sales Representatives

As explained in our last general meeting, ①our office layout is being changed to include desks for 46 representatives at any one time. This should be more than enough if the new procedures are implemented properly. As a reminder, beginning next week, no one will be entitled to "keep" a desk. When you visit a customer, attend an internal meeting, or go out for lunch, you must take all of your belongings with you. Therefore, ②if a desk is empty, it is available for you to use. In the unlikely event that all of the desks are occupied, please find a seat at a table in the break room. Do not occupy a meeting room.

Do not hesitate to get in touch with any questions or concerns.

156-157 番は次のお知らせに関するものです。

あて先：バード・テクノロジーズ社営業担当者各位

前回の総会で説明したとおり、当社オフィスの配置が46人分のデスクを常時確保できるよう変更されます。新しい手順が適切に実施されれば、これで十分な席数になるでしょう。再度お知らせしますが、来週より、どなたもデスクを「保持」することはできません。顧客を訪問するとき、社内会議に出席するとき、また昼食に出かけるときは、すべての持ち物を持っていく必要があります。したがって、デスクが空いているなら利用可能ということになります。万が一すべてのデスクが使用されている場合は、休憩室のテーブル席を探してください。会議室を利用することはできません。

質問や懸念がある方はお気軽にご連絡ください。

Vocab. |本文＼ □ **sales representative**「営業担当者」 □ **as explained**「説明されたとおり」 □ **general meeting**「総会」 □ **layout**「配置」 □ **more than enough**「十分すぎるほどの、あり余るほどの」 □ **procedure**「決まったやり方、手順」 □ **be implemented**「導入される、実施される」 □ **properly**「適切に、正しく」 □ **as a reminder**「念のためお知らせすると」 □ **be entitled to** *do*「～する権利がある」 □ **attend**「～に出席する」 □ **internal**「内部の、社内の」 □ **belongings**「持ち物、所持品」 □ **empty**「空いている」 □ **in the unlikely event that ...**「万一…である場合は」 □ **occupy**「(席・部屋など) を使用する、占有する」 □ **break room**「休憩室」 □ **do not hesitate to** *do*「ためらわずに～する」 □ **get in touch with**「～に連絡をとる」 □ **concern**「心配事、懸念」 |設問 ＼ □ **relocation**「移転」 □ **updated**「最新の」 □ **adjustment**「調整」 □ **regulations**「規則、規定」 □ **usage**「使用」 □ **vacant**「空いている」 □ **undergo**「(試練など) を受ける、経験する」

156

What is the notice about?

(A) An office relocation
(B) Updated project assignments
(C) An adjustment to bonuses
(D) New regulations for office usage

このお知らせは何について書かれていますか?

(A) オフィスの移転
(B) 最新のプロジェクト配属状況
(C) ボーナスの調整
(D) オフィスの使用に関する新しい規則

正解　D
[正答率 80.0%]

第1段落冒頭文①に our office layout is being changed to include desks for 46 representatives at any one time (オフィスの配置が46人分のデスクを常時確保できるよう変更されます) とあり、さらに This should be more than enough if the new procedures are implemented properly. (新しい手順が適切に実施されれば、これで十分な席数になるでしょう) と伝えている。その後、デスクを使用する際の新しいルールについて具体的に説明しているので、(D) が正解。オフィスの配置は変更されるが、移転するとは書かれていないので、(A) は誤り。

🌐 990点 講師の目

本文4行目に出てくる entitled は、「~の権利がある」と「~という題が付けられる」という2つの意味で TOEIC に頻出します。前者の意味では、Members are entitled to (receive) discounts. (会員は割引を得る権利があります) のように、〈be entitled to do〉や〈be entitled to +名詞〉の形で用います。後者の意味では、a book entitled *Grandfather* (『グランドファーザー』と題された本) のように〈名詞+ entitled +表題〉の形で押さえておきましょう。

157

What is indicated about Bard Technologies sales representatives?

(A) They may not have lunch in the office.
(B) They sometimes hold meetings in the break room.
(C) They may work at any vacant desk.
(D) They will undergo some training next week.

バード・テクノロジーズ社の営業担当者について何が述べられていますか?

(A) 社内で昼食をとってはいけない。
(B) 時々、休憩室で会議を開く。
(C) どの空席で仕事をしてもよい。
(D) 来週、研修を受ける予定だ。

正解　C
[正答率 76.3%]

まず、本文上部のあて先から、Bard Technologies の営業担当者が読み手であることをチェックする。第1段落6~7行目②に if a desk is empty, it is available for your to use (デスクが空いているなら利用可能ということになります) とあるので、(C) が正解。empty が vacant (空いている) で言い換えられている。なお、次の文にある In the unlikely event that ... は「万一…である場合は」という意味で、unlikely は〈起こりそうにないこと〉を表す。

Questions 158-160 refer to the following letter.

Royal Stationers
182 Carrington Street
Sydney NSW 2000

24 January

Dear Valued Customer:

Royal Stationers is committed to providing excellent products and services to its customers. ①So that we may continue to offer the high quality our customers have come to expect, fees for delivery of office supplies from our store will be increased by two percent, starting from 1 February. This will allow us to cover our running costs for this service, which have risen in tandem with fuel costs.

We would like to take this opportunity to also inform you that we now provide a printing service. Capable of handling everything from a single copy of a full-colour poster to large-run projects such as multiple discount coupons, we guarantee that Royal Stationers will satisfy all your print requirements. In addition to having affordable prices, ②we offer fast turnaround on orders and timely delivery. Royal Stationers is your reliable partner for top quality printing. ③To find out more about what we can do for you, please see the enclosed leaflet.

Yours sincerely,

Mimi Weinstein

Mimi Weinstein
General Manager
Royal Stationers

Enclosure

158-160 番は次の手紙に関するものです。

ロイヤル文具
カリントン通り 182 番地
シドニー　ニューサウスウェールズ州　2000

1 月 24 日

大切なお客様へ

ロイヤル文具は優れた製品とサービスをお客様に提供することに尽力しています。今後もお客様が期待なさる質の高さを引き続き提供できるよう、2 月 1 日からオフィス用品の配達料金を 2% 値上げいたします。この値上げは、ガソリン代とともに上昇した配送コストをまかなうためのものです。

この場をお借りして、もう一つ、印刷サービスの提供を始めたことをお知らせいたします。ロイヤル文具はフルカラーのポスター 1 枚から多数の割引クーポン券といった大型案件まで対応可能ですので、印刷に関し、お客様のあらゆるご要望に確実にお応えいたします。お手ごろな価格設定に加え、ご注文品の迅速な仕上げと配達をいたします。最高品質の印刷は当店にお任せください。サービスの詳細につきましては、同封のパンフレットをご覧ください。

よろしくお願い申し上げます。

Mimi Weinstein
ミミ・ワインスタイン
ゼネラル・マネジャー
ロイヤル文具

同封物

158

What is one purpose of the letter?
(A) To publicize a store event
(B) To apologize for a late delivery
(C) To announce new operating hours
(D) To outline a change to a pricing policy

この手紙の目的の一つは何ですか?
(A) 店のイベントを宣伝すること
(B) 発送の遅れを謝ること
(C) 新しい営業時間を発表すること
(D) 価格規定の変更を説明すること

正解	D

[正答率 85.6%]

第1段落2〜4行目①に So that we may continue to offer the high quality our customers have come to expect, fees for delivery of office supplies from our store will be increased by two percent (今後もお客様が期待なさる質の高さを引き続き提供できるよう、オフィス用品の配達料金を2%値上げいたします) とあるので、(D) が目的の一つであるとわかる。outline は「〜の概要を説明する」という意味。第1段落冒頭文にある be committed to *doing* は「〜することに尽力している」(= be dedicated to *doing*; be devoted to *doing*) という意味の頻出表現なので、あわせて確認しておこう。

159

What is a stated advantage of using Royal Stationers?
(A) It is cheaper than any of its competitors.
(B) It can fill orders quickly.
(C) It provides an extended warranty.
(D) It has multiple locations.

ロイヤル文具を利用する利点として述べられていることは何ですか?
(A) どの競合他社よりも安い。
(B) 迅速に注文に応じられる。
(C) 保証の延長を提供している。
(D) 複数の店舗がある。

正解	B

[正答率 72.6%]

手紙の書き手である Royal Stationers のサービスについて、第2段落5行目②に we offer fast turnaround on orders and timely delivery (ご注文品の迅速な仕上げと配達をいたします) と書かれている。よって、(B) が正解。turnaround は「注文から納品までにかかる時間」、fill orders は「注文に応じる、注文品を提供する」という意味。同じ文に affordable prices (手ごろな料金) とあるが、どの会社よりも安いとは述べていないので、(A) は誤り。なお、turnaround には「(考え・方針などの) 転換、(状況の) 好転」という意味もある。

160

What has been sent with the letter?
(A) A promotional pamphlet
(B) A discount coupon
(C) A full-color poster
(D) A map of the area

何が手紙に同封されていますか?
(A) 宣伝用パンフレット
(B) 割引クーポン
(C) フルカラーのポスター
(D) 地域の地図

正解	A

[正答率 85.6%]

手紙の同封物を問う問題では、本文中の enclosed がキーワードになる。第2段落最終文③に To find out more about what we can do for you, please see the enclosed leaflet. (サービスの詳細につきましては、同封のパンフレットをご覧ください) とあるので、leaflet を promotional pamphlet と言い換えた (A) が正解。(B) と (C) は、第2段落2〜3行目で印刷サービスの例として挙げているだけで、同封物ではない。

🌏 **990点 講師の目**

「チラシ・パンフレット」関連の重要語として、flyer (チラシ)、leaflet (1枚の紙を折りたたんだパンフレット)、pamphlet (薄めのパンフレット)、brochure (フルカラーで厚めのパンフレット)、booklet (小冊子) をまとめて覚えておきましょう。

Vocab.

本文 □ **valued**「大切な」 □ **be committed to** *doing*「〜することに尽力している」 □ **so that S may** *do*「Sが〜できるように」
□ **come to expect**「期待するようになる」 □ **fee**「料金」 □ **office supplies**「オフィス用品」
□ **allow 〈人〉 to** *do*「〈人〉が〜するのを可能にする」 □ **cover**「(費用) をまかなう」 □ **running cost**「運営費用」
□ **in tandem with**「〜と並行して、〜と同時に」(tandem は「2人用自転車」のこと) □ **fuel cost**「燃料費」
□ **opportunity to** *do*「〜する機会」 □ **inform 〈人〉 that ...**「〈人〉に…を知らせる」
□ **capable of** *doing*「〜する能力がある、〜することができる」 □ **large-run**「(制作などが) 大規模な」
□ **such as**「(たとえば) 〜のような」 □ **multiple**「複数の」 □ **guarantee that ...**「…を保証する」
□ **satisfy requirements**「要求を満たす」 □ **in addition to** *doing*「〜することに加えて」
□ **affordable**「(価格が) 手の届く、手ごろな」 □ **timely**「タイミングのよい、時間どおりの」 □ **reliable**「信頼できる」
□ **find out**「〜を明らかにする、知る」 □ **enclosed**「同封された」 □ **enclosure**「同封物」
設問 □ **publicize**「〜を公表する、宣伝する」 □ **apologize for**「〜について謝罪する」 □ **operating hours**「営業時間」
□ **outline**「〜の概要を説明する」 □ **competitor**「競合他社」 □ **extended warranty**「延長保証」
□ **promotional**「宣伝用の、販促の」

Questions 161-163 refer to the following e-mail.

```
┌─────────────────────────────────────────────────────────────┐
│                        E-mail Message                         │
├──────────┬────────────────────────────────────────────────────┤
│ From:    │ mramasamy@efe.org                                  │
├──────────┼────────────────────────────────────────────────────┤
│ To:      │ k_coulson@wolfram.com                              │
├──────────┼────────────────────────────────────────────────────┤
│ Subject: │ Education for Everyone                             │
├──────────┼────────────────────────────────────────────────────┤
│ Date:    │ February 7                                         │
└──────────┴────────────────────────────────────────────────────┘
```

Dear Kathleen Coulson,

①I would like to express my gratitude to Wolfram Bank for your generous support of Education for Everyone last year. Our non-profit organization depends on donations from ②companies like yours, with ③whom we have a common interest in educating children in developing nations.

Thanks to the many contributions we received, we are proud to say ④we surpassed our program targets last year. Working in conjunction with local government departments, ⑤we were able to provide new textbooks and other learning materials to 7,300 students, build 10 new schools and upgrade 28 others with IT equipment, and increase graduation rates by 12 percent at schools involved in our programs.

If you require any further information, please do not hesitate to contact us at 309-555-0184. I hope that you will continue to support our mission in the future.

Sincerely,

Meena Ramasamy
Managing Director

161-163 番は次のメールに関するものです。

送信者: mramasamy@efe.org
あて先: k_coulson@wolfram.com
件名: エデュケーション・フォー・エブリワン
日付: 2月7日

キャスリーン・コールソン様

昨年、エデュケーション・フォー・エブリワンに寛大なるご支援を賜り、ウォルフラム銀行に感謝申し上げます。非営利団体である私たちは、貴行のように発展途上国の子どもたちへの教育という共通のご関心を持った企業からの寄付金をいただくことで活動することができます。

賜りました多くの寄付によって、当団体は昨年、計画目標を超える成果を挙げました。地元自治体と協力し、7,300人の生徒に新しい教科書やその他の教材を提供しました。さらに、新しい学校を10校建設し、また28校にはよりよいIT機器を提供し、そして私たちの活動と関わりのある学校で卒業率が12%上がりました。

さらに詳しい情報をお知りになりたい場合は、309-555-0184までお気軽にご連絡ください。今後も引き続き、当団体の理念にご支援を賜れば幸いです。

敬具

ミーナ・ラマサミー
事務局長

Vocab. |本文| □ express「(気持ち・意見など)を伝える」 □ gratitude「感謝」 □ generous「惜しみない、寛大な」 □ non-profit organization「非営利団体」 □ depend on「~に依存している、頼っている」 □ donation「寄付」 □ like「~のような」 □ educate「~を教育する」 □ developing nation「発展途上国」 □ thanks to「~のおかげで」 □ contribution「貢献、寄付」 □ be proud to do「誇りをもって~する」 □ surpass「~を上回る、超える」 □ in conjunction with「~と一緒に、提携して」 □ learning material「学習教材」 □ graduation rate「卒業率」 □ involved in「~に関わっている、参加している」 □ mission「使命、(組織の)目標」 |設問| □ administrator「管理者、運営者」 □ representative「担当者、代表者」 □ institution「(銀行・学校などの)機関、施設」 □ charitable organization「慈善団体」 □ raise「(資金)を集める」 □ record「記録的な、過去最高(最低)の」 □ construct「~を建設する」

161 Who most likely is Ms. Coulson?
(A) A local government official
(B) A school administrator
(C) A representative of a financial institution
(D) An employee of a charitable organization

コールソンさんはどんな人だと思われますか?
(A) 政府の役人
(B) 学校管理者
(C) 金融機関の担当者
(D) 慈善団体の職員

正解	C

[正答率 70.7%]

本文冒頭の Dear Kathleen Coulson から、Ms. Coulson がメールの読み手であることを押さえる。第1段落1～2行目①に I would like to express my gratitude to Wolfram Bank for your generous support of Education for Everyone last year. (昨年、エデュケーション・フォー・エブリワンに寛大なるご支援を賜り、ウォルフラム銀行に感謝申し上げます) とあるので、Ms. Coulson は Wolfram Bank の一員であるとわかる。よって、銀行のことを a financial institution (金融機関) と言い表した (C) が正解。representative は「代表者、担当者」という意味で、代表責任者に限らず、組織の一員として働く担当者を幅広く指す。(D) はメールの書き手であることに注意。

162 The word "common" in paragraph 1, line 3, is closest in meaning to
(A) shared
(B) simple
(C) public
(D) approximate

第1段落3行目の common に最も意味の近い語は
(A) 共通の
(B) 単純な
(C) 公共の
(D) おおよその

正解	A

[正答率 57.7%]

common は「共有の」「共通の」「普通の、よくある」「普及している」などの意味をもつ。本文では、common の前にある③ whom が② companies like yours を受けており、with whom we have a common interest (貴行のような企業と…の関心がある) と述べているので、common が「(他者と) 共通の」という意味で使われていることがわかる。よって、(A) の shared (共有の、共通の) が正解。(C) の public は「公共の、一般の人々の」という意味で、a public interest (世間一般の関心) という言い方はできるが、本文の common とは意味合いが異なる。

163 According to the e-mail, what did Education for Everyone do last year?
(A) It raised a record amount of money.
(B) It increased its number of volunteers.
(C) It constructed educational institutions in developing countries.
(D) It provided instructors for IT training programs.

メールによると、エデュケーション・フォー・エブリワンは昨年何をしましたか?
(A) 記録的な資金を集めた。
(B) ボランティアの人数を増やした。
(C) 発達途上国で教育機関を建設した。
(D) IT 研修プログラムの講師を派遣した。

正解	C

[正答率 59.6%]

第1段落の内容から、Education for Everyone は developing nations (発展途上国) を支援する非営利団体であるとわかる。昨年の実績については、第2段落冒頭文④に we surpassed our program targets last year (当団体は昨年、計画目標を超える成果を挙げました) とあり、その後で具体的な成果として⑤ we were able to ... build 10 new schools (新しい学校を10校建設しました) と述べているので、(C) が正解。build を construct (～を建設する)、school (学校) を educational institution (教育機関) と言い換えている。「昨年の目標を超えた」とはあるが、a record amount (記録的な額) かどうかはわからないため、(A) を選ばないように注意。

🎯 **990点 講師の目**
「機関・施設」関連の言い換えとして、ほかにも hospital / clinic (病院、診療所) = medical facility / medical institution (医療機関)、factory / plant (工場) = production facility / manufacturing facility (製造施設)、restaurant / eatery (レストラン) または café (カフェ) = eating facility / dining establishment (飲食施設) を押さえておくと Part 7 の解答に役立ちます。

Questions 164-167 refer to the following online chat discussion.

Paola Zabaleta (8:45 A.M.)   Hi everyone. Have we finished the packaging for that new board game yet?

Julia Dicks (8:47 A.M.)   I'm ready to create a prototype, but ①I have to double-check the dimensions with someone from the game design team. I'm not sure whether anything has changed.

Stan Potts (8:48 A.M.)   Hi, ②I don't think anything has since we spoke last. When folded, the board is 40 cm by 20 cm. It's 1.5 cm thick.

Paola Zabaleta (8:52 A.M.)   Will it take you long to put it together? ③I'd really like to show it to Ms. Johnson when I meet with her this afternoon.

Julia Dicks (8:53 A.M.)   If nothing has changed, ④I should be able to get it to you before lunch. I usually just 3D print the plastic parts for mock-ups. I've already made the outer box, so it won't take long. ⑤Stan, I need to know the size of the storage case for the game pieces.

Paola Zabaleta (8:54 A.M.)   Great. Before I forget, ⑥a group of us is going to Lyall's for lunch. Would either of you care to join us?

Julia Dicks (8:56 A.M.)   I'd love to.

Stan Potts (8:58 A.M.)   Actually, I think I'm going to have to eat at my desk. I'm very busy today. ⑦I don't really like seafood anyway. Julia, sorry. **Alynna Cresswell has what you need**. She won't be in until 9:30.

Julia Dicks (8:59 A.M.)   No problem. I can wait until then.

Stan Potts (9:00 A.M.)   I'll tell her what you need as soon as she arrives.

パオラ・ザバレタ (午前 8 時 45 分)

皆さん、おはようございます。あの新しいボードゲームのパッケージはもう完成しましたか?

ジュリア・ディックス (午前 8 時 47 分)

試作品を作る準備はできているのですが、ゲームのデザインチームのどなたかと一緒にサイズを再確認する必要があります。何か変更があったかどうか、よくわかっていません。

スタン・ポッツ (午前 8 時 48 分)

おはようございます。前回お話ししてから、何も変更はないと思います。たたまれた状態で、ボードは 40cm × 20cm です。厚さは 1.5cm です。

パオラ・ザバレタ (午前 8 時 52 分)

仕上げるのに長くかかりそうですか? ジョンソンさんに今日の午後にお会いするときにぜひお見せしたいのです。

ジュリア・ディックス (午前 8 時 53 分)

何も変更されていないのであれば、ランチの前にあなたのところに持っていけるはずです。通常、試作品はプラスチックの部品を 3D 印刷するだけです。外箱はもう作っているので、長くはかからないでしょう。スタンさん、ゲームの駒を入れるケースのサイズを知りたいのですが。

パオラ・ザバレタ (午前 8 時 54 分)

それはよかったです。忘れないうちにお伝えしますが、私たちのグループはランチでライオールズに行くつもりです。お 2 人も一緒にどうですか?

ジュリア・ディックス (午前 8 時 56 分)

ぜひ。

スタン・ポッツ (午前 8 時 58 分)

実は、私は自分のデスクで食べることになりそうです。今日はとても忙しくて。シーフードはあまり好きではありませんし。ジュリアさん、ごめんなさい。**必要なものはアリンナ・クレスウェルさんが持っています。**彼女は来るのは 9 時半以降でしょう。

ジュリア・ディックス (午前 8 時 59 分)

問題ありません。それまで待てますよ。

スタン・ポッツ (午前 9 時 00 分)

彼女が到着したらすぐに、あなたが必要としているものを伝えておきます。

Vocab. |本文 □ packaging「包装、パッケージ」 □ be ready to *do*「~する準備ができている」 □ prototype「試作品」 □ double-check「~を 2 重にチェックする」 □ dimensions「寸法」 □ I'm not sure whether ...「…かどうかわからない」 □ folded「折りたたまれる」 □ ... thick「厚さが…で」 □ put together「~を組み立てる、1 つにまとめる」 □ meet with「~と会って話す、会談する」 □ should be able to *do*「~できるはずだ」 □ get ... to〈人〉「…を〈人〉のところに持っていく、届ける」 □ 3D print「~を 3D 印刷する」 □ mock-up「実物大の模型」 □ storage case「収納ケース」 □ care to *do*「~したい (否定文・疑問文で用いる)」 □ anyway「どちらにしても」 □ be in「到着する、出社する」 □ as soon as ...「…したらすぐに」 |設問 □ approve「~を承認する」 □ design specifications「設計仕様」 □ in time for「~に間に合うように」 □ drop off「~を置いていく、届ける」 □ serve「(飲食物) を提供する」

164 In what department does Mr. Potts most likely work?
(A) Production
(B) Design
(C) Sales
(D) Marketing

ポッツさんはどの部署で働いていると思われますか？
(A) 製造部
(B) デザイン部
(C) 販売部
(D) マーケティング部

正解 **B**
[正答率 65.1%]

Dicks さんの 8 時 47 分の① I have to double-check the dimensions with someone from the game design team（ゲームのデザインチームのどなたかと一緒にサイズを再確認する必要があります）という書き込みを受けて、Potts さんが②で「前回お話ししてから、何も変更はないと思う」と答え、ボードの正確な寸法を伝えているので、彼は (B) のデザイン部の一員であると考えられる。I don't think anything has の has は、文脈上 has changed を表している。また、When folded は When (it is) folded の it is が省略された形。

165 What does Ms. Dicks say she is able to do?
(A) Approve some changes to design specifications
(B) Complete a task in time for a meeting
(C) Drop off a box of machine parts
(D) Join a discussion with Ms. Johnson

ディックスさんは何ができると言っていますか？
(A) 設計仕様に関するいくつかの変更を承認できる
(B) 打ち合わせに間に合うように作業を完了できる
(C) 1 箱分の機械の部品を持っていくことができる
(D) ジョンソンさんとの話し合いに参加できる

正解 **B**
[正答率 59.6%]

8 時 47 分の書き込みにある prototype（試作品）について、Zabaleta さんが 8 時 52 分に③ I'd really like to show it to Ms. Johnson when I meet with her this afternoon.（ジョンソンさんに今日の午後にお会いするときにぜひお見せしたいのです）と伝えている。これを受けて、Dicks さんは④ I should be able to get it to you before lunch（ランチの前にあなたのところに持っていけるはずです）と返しているので、Zabaleta と Johnson さんの打ち合わせの前に試作品を完成できることがわかる。よって、(B) が正解。本文の meet with は「～と会って話す、会談する」（= have a meeting with）、選択肢の in time for は「～に間に合うように」という意味。

166 What is implied about Lyall's ?
(A) It has a takeout service.
(B) It is newly opened.
(C) It serves seafood.
(D) It is in the same building as Ms. Dicks' office.

ライオールズに関して何が示唆されていますか？
(A) 持ち帰りのサービスがある。
(B) 新しく開店した。
(C) シーフード料理を提供している。
(D) ディックスさんのオフィスと同じ建物に入っている。

 正解 C
[正答率 78.2%]

Zabaleta さんが 8 時 54 分の⑥で a group of us is going to Lyall's for lunch（私たちのグループはランチでライオールズに行くつもりです）と述べ、Would either of you care to join us?（お 2 人も一緒にどうですか）と 2 人を誘っている。これに対し、Potts さんが 8 時 58 分の⑦で I don't really like seafood anyway.（シーフードはあまり好きではありませんし）と答えているので、Lyall's はシーフードレストランであると思われる。よって、(C) が正解。care to do は「〜したい」という意味で、Would you care to do?（〜しませんか [= Would you like to do?]）のように疑問文の形で相手を誘う表現になる。

 167 At 8:58 A.M., what does Mr. Potts mean when he writes, **"Alynna Cresswell has what you need"**?
(A) His team member will put together a report.
(B) A coworker has already made a prototype.
(C) A colleague knows the size of a case.
(D) Another employee has a printer.

午前 8 時 58 分に、ポッツさんはどういう意味で「必要なものはアリンナ・クレスウェルさんが持っています」と書いていますか？
(A) チームのメンバーがレポートをまとめる予定だ。
(B) 同僚がすでに試作品を作った。
(C) 同僚がケースのサイズを知っている。
(D) もう 1 人のスタッフがプリンタを持っている。

正解 C
[正答率 72.6%]

このメッセージの直前に Julia, sorry. とあることから、Dicks さんが 8 時 53 分に書いた⑤ Stan, I need to know the size of the storage case for the game pieces.（スタンさん、ゲームの駒を入れるケースのサイズを知りたいのですが）に対して Alynna Cresswell has what you need. と返事をしていることを押さえる。サイズを知っている社内の人物について伝えているので、(C) が正解。

🔁 これがエッセンス

設問が 4 つあるテキストメッセージやオンラインチャットの問題では、3 人以上の参加者が登場し、仕事の進捗状況などについて確認し合います。その際、質問の直後に返事が来るとは限らず、ほかの人のメッセージが間に割り込んでくることもあるので注意しましょう。呼びかけているファーストネームをヒントにし、だれのどの書き込みに返答しているのかを確認しながら読み進めることが大切です。

Questions 168-171 refer to the following article.

Vancouver Times Herald
A View to a Thrill

(July 12)—SlingShot, Inc., ①which was formerly Meisner Tech, is a Canadian corporation that designs, produces, and markets body-worn cameras that record users' experiences. The devices are highly popular with sports enthusiasts who want to record hands-free, high-definition video footage.

Vancouver resident Rudolph Meisner conceived a strap that could attach already-existing cameras to the bodies of cyclists. ②The idea was inspired by participation in an amateur bicycle race in which he wanted to capture still photographs of scenery and racing action. "My early attempts were unsuccessful because I couldn't afford equipment of sufficient quality," said Mr. Meisner. "After trying out a few makeshift models, I realized I'd have to manufacture the camera, housing, and strap myself."

③The initial money Mr. Meisner raised to found the company came from ④his sales of jewelry and craft items he made from seashells and driftwood. By the age of 27, he was working long hours to develop his product, which ⑤he was designing by hand due to his having no background in computer-assisted design. Meanwhile, he was getting by on the money earned from ⑥various part-time jobs, ranging from truck driver to short-order cook.

The company's first system featured a 35 mm analog camera, which has since evolved to digital. ⑦As new customers discovered the product, its use branched out from cycling to winter sports, skydiving and other activities.

168-171 番は次の記事に関するものです。

バンクーバー・タイムズ・ヘラルド
スリルを求めて

（7月12日）──スリングショット社は、マイズナー・テック社が前身のカナダの企業で、身体に装着してユーザーの体験を記録するカメラを設計、製造、販売している。この機器はハンズフリーで高解像度の映像を撮りたいスポーツファンに極めて人気がある。

バンクーバーに住むルドルフ・マイズナー氏は、既存のカメラをサイクリストの身体に装着できるストラップを思いついた。このアイデアはアマチュア自転車大会への参加をきっかけに生まれたもので、マイズナー氏はこの大会で景色とレースの動きの静止画像をとらえたかったという。「十分な品質の装置を手に入れる余裕がなかったため、初期の試みはうまくいきませんでした」とマイズナー氏は語る。「試作品モデルの検証を重ねるうちに、カメラと保護ケースとストラップを自ら製造する必要があると気づいたのです」。

マイズナー氏が会社設立の際に集めた最初の資金は、貝殻と流木で彼が作った宝飾品と工芸品の販売でまかなわれた。彼が27歳になるころには自身の製品開発に長時間取り組んでいた。コンピュータを使った設計の知識がまったくなかったため、手作業で設計していた。その間、トラックの運転手から即席料理の調理スタッフにいたるまで、さまざまなパートタイム勤務の仕事で稼いだお金でどうにかやっていた。

同社の最初のカメラシステムには35ミリのアナログカメラが搭載され、その後、デジタルカメラへと進化していった。新たな顧客がこの製品を見つけるにつれて、その用途はサイクリングからウィンタースポーツ、スカイダイビングなどの活動にも広がっていった。

Vocab. ▸ |**本文** ↘ □ **market**「~を市場に出す、売り込む」 □ **body-worn**「装着式の」 □ **highly**「非常に」 □ **enthusiast**「熱心な人、愛好家」 □ **hands-free**「手で持たずに操作できる」 □ **high-definition**「高解像度の」 □ **footage**「映像」 □ **resident**「居住者」 □ **conceive**「~を思いつく、考案する」 □ **attach A to B**「AをBに取り付ける」 □ **be inspired by**「~から着想を得た」 □ **capture**「~をとらえる、記録する」 □ **still photograph**「静止画」 □ **scenery**「景色」 □ **attempt**「試み」 □ **afford**「~を買う余裕がある」 □ **sufficient**「十分な」 □ **makeshift**「間に合わせの、その場しのぎの」 □ **manufacture**「~を製造する」 □ **housing**「(機器本体を覆う)保護ケース」 □ **initial**「最初の」 □ **found**「~を設立する」 □ **craft item**「工芸品」 □ **due to** *one's doing*「~が…することが原因で」 □ **meanwhile**「それまでの間、その一方で」 □ **get by on**「~でどうにかやりくりする」 □ **various**「さまざまな」 □ **ranging from A to B**「AからBにいたるまで」 □ **feature**「~を特徴とする」 □ **evolve to**「~に進化する」 |**設問** ↘ □ **upcoming**「今度の、近々行われる」 □ **launch**「発売」 □ **profile**「~を紹介する」 □ **founder**「創業者」 □ **relocate**「~を移転する」 □ **diverse**「多様な」 □ **over time**「時がたつにつれて、やがて」

168 What is the purpose of the article?
(A) To advertise hand-made jewelry and craft items
(B) To promote outdoor recreational opportunities in Canada
(C) To announce the upcoming launch of a new camera model
(D) **To profile a local business owner**

この記事の目的は何ですか？
(A) 手作りの宝飾品と工芸品を宣伝すること
(B) カナダでの屋外の娯楽の機会を宣伝すること
(C) カメラの新型モデルの近日発売を告知すること
(D) 地元企業のオーナーの経歴を紹介すること

正解	D
正答率 67.0%	

第1段落では SlingShot, Inc., というカナダのカメラメーカーを紹介し、第2段落ではバンクーバー在住の Meisner 氏がカメラを装着できるストラップを考案するまでの経緯について、第3段落では彼が会社を設立した当初の資金繰りについて説明している。また、記事上部の *Vancouver Times Herald* という雑誌名から、彼は地元の人物であるとわかる。よって、(D) が正解。Part 7 の記事問題は、「成功した地元企業や経営者の紹介」が目的であることが非常に多い。発売予定の製品については何も書かれていないので、(C) は誤り。

169 What is suggested about SlingShot, Inc.?
(A) **It was previously named after its founder.**
(B) It has recently relocated its headquarters.
(C) It is run by a former professional athlete.
(D) It has undergone a change in ownership.

スリングショット社について何が示唆されていますか？
(A) 以前、創業者にちなんだ名前が付けられていた。
(B) 最近、本社を移転した。
(C) 元プロスポーツ選手によって経営されている。
(D) 所有権の変更があった。

正解	A
正答率 65.1%	

第1段落の冒頭①に、SlingShot 社について「マイズナー・テック社が前身」と補足がある。また、第3段落冒頭文③の「マイズナー氏が会社設立の際に集めた最初の資金」から、Meisner 氏が創業者であるとわかる。前身の Meisner Tech に創業者の名前が入っているので、(A) が正解。formerly（以前は）が previously で言い換えられている。be named after は「～にちなんで名づけられる」という意味。(C) については、第2段落 4～6 行目②に「このアイデアはアマチュア自転車大会への参加をきっかけに生まれた」とあるので、プロのスポーツ選手だったわけではない。

170 According to the article, in which field did Mr. Meisner lack experience?
(A) Merchandise sales
(B) Food preparation
(C) Truck driving
(D) **Computer-aided design**

記事によると、マイズナー氏に経験が不足していた分野はどれですか？
(A) 商品販売
(B) 食品の調理
(C) トラックの運転
(D) コンピュータ支援設計

正解	D
正答率 74.4%	

第3段落の 6～8 行目⑤で、創業当時の製品開発について「コンピュータを使った設計の知識がまったくなかったため、手作業で設計していた」とあるので、(D) が正解。(A) は同段落 2～3 行目④の「宝飾品と工芸品の販売」、(B) と (C) は同段落最終文⑥「トラックの運転手から即席料理の調理スタッフにいたるまで、さまざまなパートタイム勤務の仕事」から、それぞれ経験があることがわかる。

171 What is indicated about the SlingShot, Inc., camera systems?
(A) They are covered by a lifetime warranty.
(B) **Their range of customers has become more diverse over time.**
(C) They now feature equipment made by different companies.
(D) They can be used safely underwater.

スリングショット社のカメラシステムについて何が示されていますか？
(A) 永年保証が付いている。
(B) 顧客層が時間の経過とともに多様化した。
(C) 今はほかの企業が製造した機器を搭載している。
(D) 水中でも安全に使うことができる。

正解	B
正答率 70.7%	

第4段落最終文⑦の「新たな顧客がこの製品を見つけるにつれて、その用途はサイクリングからウィンタースポーツ、スカイダイビングなどの活動にも広がっていった」から、顧客層が拡大していったことがわかるので、(B) が正解。branch out は「（新しい分野に）広がる、進出する」（= expand; diversify）という意味。水中スポーツでの使用については記載がないため、(D) は誤り。

🔄 これがエッセンス

Part 7 のパッセージの語数は、全体で 3,000 語程度です。すごく多いように感じるかもしれませんが、洋書でいうと 10 ページに満たないほどの長さです。精選模試シリーズや公式問題集を活用して力がついてきたら、少しずつ洋書や英文記事を読む習慣をつけることを強くおすすめします。長文を読むスタミナがつき、Part 7 の英文量にまったく圧倒されなくなりますよ。

Questions 172-175 refer to the following memo.

MEMO

From: Glenda Kawabata, CEO
To: All Drake Enterprises staff
Date: March 15

①Drake Enterprises spends around $180,000 every year on supplies for laser printers and photocopiers. — [1] —. We must work together to minimize expenditures in this area.

When it is necessary to produce many duplicates, create the original document using a laser printer and then use one of our more efficient high-speed photocopy machines for the rest. — [2] —. If you need to make thousands of duplicates, ②you should use one of the commercial printing companies contracted by the firm.

Paper costs should also be kept as low as possible. We have two grades of paper: recycled and premium. The recycled paper is less costly and should be used for most printed material. ③The premium-grade paper is only for material that will be used to promote our products and services.

④All communications between departments and branches should be conducted by e-mail. — [3] —. Whenever possible, use e-mail to contact clients too. Also, bear in mind that ⑤our telephone contracts provide us with all domestic calls at a fixed rate. A short phone call is often cheaper than sending a letter.

Failure to comply with the above guidelines may result in your department having its budget cut for the following year. — [4] —.

172-175 番は次の社内連絡に関するものです。

差出人：グレンダ・カワバタ　最高経営責任者
あて先：ドレーク・エンタープライジズ社従業員各位
日付：　3 月 15 日

当ドレーク・エンタープライジズ社は、レーザープリンタおよびコピー機関連用品に毎年およそ 18 万ドルを費やしています。 — [1] —。これらにかかる経費を最小限に抑えるため、私たちは全員で努力しなければなりません。

コピーを多く取る必要がある場合は、レーザープリンタで原本を作成し、残りは効率的な高速コピー機を使用してください。 — [2] —。何千枚ものコピーを取る必要がある場合は、会社が契約している業務用印刷会社に依頼してください。

紙にかかる経費もなるべく抑えてください。当社には品質が異なる 2 種類の紙（再生紙と高級紙）があります。再生紙のほうが安価なので、ほとんどの印刷物にこれを利用すべきです。高級紙は当社の製品やサービスの宣伝資料にのみ使用してください。

部署および支店間の連絡は、すべてメールで行ってください。 — [3] —。顧客に連絡するときも可能な限りメールを使用してください。また、当社の電話契約は、国内通話がすべて固定料金で利用できることを念頭に置いてください。短い通話のほうが手紙を送るよりも安く済むことがよくあります。

上記のガイドラインに従わない場合、所属部署の翌年の予算が削減される可能性があります。 — [4] —。

Vocab.〉　|**本文**　\|□ **supplies**「必要品、消耗品」　□ **minimize**「~を最小限に抑える」　□ **expenditure**「支出、出費」
□ **duplicate**「複製、写し」（= copy）　□ **efficient**「効率のよい」　□ **commercial**「商業用の」
□ **contracted by**「~と契約が結ばれた」　□ **as ... as possible**「できるだけ…」　□ **grade**「（品質の）等級」　□ **costly**「高価な」
□ **material**「資料」　□ **promote**「~を宣伝する」　□ **whenever possible**「可能な限りいつでも」
□ **bear in mind that ...**「…を心にとどめておく」　□ **domestic call**「国内電話」　□ **failure to do**「~し損ねること」
□ **comply with**「（規則など）を順守する」　□ **result in**「（結果）につながる」　□ **have ... cut**「…が削減される」
|**設問**　\|□ **significant**「大幅な、かなりの」　□ **one's own**「~自身の」　□ **considerable**「かなりの」　□ **portion**「一部分、割合」
□ **overall**「全体の」

172

What is the purpose of the memo?
(A) To report a significant increase in supply expenses
(B) To describe policies for printing materials
(C) To provide instructions for operating new equipment
(D) To outline the advantages of buying a new printer

この社内連絡の目的は何ですか?
(A) 事務用品費の著しい増加を報告すること
(B) 資料の印刷に関する方針を説明すること
(C) 新しい機器の操作方法を伝えること
(D) 新しいプリンタを購入するメリットを説明すること

正解	B
正答率 61.4%	

第 1 段落 ① で Drake Enterprises spends around $180,000 every year on supplies for laser printers and photocopiers. (当ドレーク・エンタープライジズ社は、レーザープリンタおよびコピー機関連用品に毎年およそ 18 万ドルを費やしています) と述べた後、第 2 段落でプリンタとコピー機、印刷会社の利用について会社の方針を伝えている。よって、(B) が正解。毎年多額の出費はあるが、費用が大幅に増加したとは書かれていないため、(A) は誤り。

173

What is NOT indicated about Drake Enterprises?
(A) It has multiple branch locations.
(B) It has contracts with printing companies.
(C) It has recently upgraded its computers.
(D) It prints some of its own marketing materials.

ドレーク・エンタープライジズ社について述べられていないことは何ですか?
(A) 複数の支店がある。
(B) 印刷会社と契約している。
(C) 最近コンピュータをアップグレードした。
(D) マーケティング用資料を自社で印刷している。

正解	C
正答率 68.9%	

(A) は第 4 段落冒頭④の「部署および支店間の連絡」、(B) は第 2 段落最終文②の「会社が契約している業務用印刷会社に依頼してください」、(D) は第 3 段落最終文③の「高級紙は当社の製品やサービスの宣伝資料にのみ使用してください」の内容とそれぞれ一致している。コンピュータのアップグレードについては本文で触れられていないので、(C) が正解。

174

What is available at a fixed price?
(A) Recycled paper
(B) National phone calls
(C) Ink cartridges
(D) Internet service

固定料金で利用できるのは何ですか?
(A) 再生紙
(B) 国内通話
(C) インクカートリッジ
(D) インターネットサービス

正解	B
正答率 65.1%	

設問の a fixed price (固定料金) をキーワードに、本文から情報を探す。第 4 段落 3 〜 4 行目⑤に our telephone contracts provide us with all domestic calls at a fixed rate (当社の電話契約は、国内通話がすべて固定料金で利用できる) とあるので、(B) が正解。domestic (国内の) が national で言い換えられている。なお、同じ文にある bear in mind that ... は「…であることにご留意ください」(= keep in mind that …) と注意を喚起する表現。

175

In which of the positions marked [1], [2], [3], and [4] does the following sentence best belong?

"This represents a considerable portion of the overall supply budget for the firm."

(A) [1]
(B) [2]
(C) [3]
(D) [4]

[1]、[2]、[3]、[4] のうち、次の文が入る最も適切な箇所はどこですか?
「これは会社の事務用品全体の予算の中でかなりの割合を占めています。」
(A) [1]
(B) [2]
(C) [3]
(D) [4]

正解	A
正答率 72.6%	

挿入文の内容を踏まえ、予算の大部分を占めるものについて説明している箇所を特定する。[1] の直前①に「当ドレーク・エンタープライジズ社は、レーザープリンタおよびコピー機関連用品に毎年およそ 18 万ドルを費やしています」とあるので、この位置に入れれば This が around $180,000 を指し、費用の大きさを強調する自然な流れになる。よって、(A) が正解。represent は、ここでは「〜に相当する、〜となる」という意味で使われている。

> 🔄 これがエッセンス
> Part 7 では、172 (A) のように、本文にある情報から受験者が勝手に類推しそうな内容が不正解の選択肢に入っていることがあります。こうした問題でひっかからないようにするには、本文全体にしっかり目を通すことと、選択肢をすべてチェックすることが大事です。ただ、これは上級者向けの戦略です。初級〜中級者は間違えても構わないので、(A) を見て正解だと思ったらほかの選択肢には深入りせず、先に進むことを優先しましょう。

Questions 176-180 refer to the following advertisement and e-mail.

Gosford, Inc., is seeking ①a motivated, dynamic individual to head its new East Asian sales department. With branches in over a dozen countries, we are a manufacturer of steel components for heavy-duty construction machinery and vehicles. ②The department manager will be working out of our Chicago head office but will be responsible for sales throughout East Asia. ③We are looking to have someone in place from the start of March. The successful applicant must have:

- A degree in engineering
- At least five years' experience in sales
- Previous experience in management
- Fluency in at least one of the following languages: Chinese, Japanese, or Korean

④Applications should include copies of any relevant certification. All applications must be received by January 25 at the latest. Interviews will be conducted during the week of February 1 to 7 at our head office.

To:	recruit@gosford.com
From:	petra@rapidmail.com
Subject:	Application
Date:	January 1
Attachment:	📎 PB Application

Dear Mr. Dennison,

I am writing to apply for the position of sales department manager. You will see from my résumé that the combination of my education and work history makes me an ideal candidate for this job. ⑤I have attached the documentation that you require.

⑥After gaining a degree in engineering from Holt College, ⑦I accepted a position with the Helsing Institute. I was employed as an administrative assistant, and my duties included fielding inquiries from Japanese speaking customers. ⑧After five years of service, I left the company and took a position with Charington Machinery. I worked as a sales representative, selling equipment to manufacturers of electronic components. During my 10 years there, I was named ⑨as salesperson of the year twice. Six years ago, I became a regional sales supervisor. In this position, I oversaw sales throughout the north of the country.

If you need any further information from me, please feel free to contact me by e-mail or by phone. ⑩References can be provided upon request.

Best regards,

Petra Bryant

ゴスフォード社は、新たに設置される東アジアの営業部門を率いる、意欲的で精力的な人材を募集しています。当社は、十数カ国以上に支社を有し、耐久性を要する建設機械や車両に使用されるスチール製の部品を製造しています。営業部長はシカゴ本社を拠点としますが、東アジアの営業責任者を務めることになります。3月初めから勤務を開始していただける方を探しています。この仕事の必要条件は、下記のとおりです。

- 工学の学位
- 5 年以上の営業経験
- 管理職の経験
- 次の言語のうち、少なくとも 1 つに堪能であること：中国語、日本語、韓国語

関連する資格証明書のコピーを応募書類に含めてください。すべての応募書類は 1 月 25 日必着です。面接は 2 月 1 日から 7 日の週に本社で行われます。

あて先： recruit@gosford.com
送信者： petra@rapidmail.com
件名： 応募
日付： 1 月 1 日
添付： PB Application

デニソン様

御社の営業部長職に応募いたしたく、ご連絡差し上げています。私の履歴書をご覧いただければ、学歴および職歴により、私がこの仕事の応募者として理想的であるとおわかりいただけると思います。必要な証明書類を添付いたしましたのでご確認ください。

私はホルト大学で工学の学位を取得した後、ヘルシング・インスティテュートに就職しました。私は管理アシスタントとして雇われ、職務には、日本語を話す顧客からの問い合わせへの対応が含まれていました。5 年間の勤務を経て退職し、チャリントン機械社に転職しました。私は営業担当者として従事し、電子部品のメーカーに機材を販売していました。そこでの 10 年間で 2 回、年間最優秀販売員に選ばれました。6 年前、私は地域販売監督者に就任いたしました。この職では北部全域の営業を監督しました。

もしさらなる情報が必要な場合は、ご遠慮なくメールまたはお電話でご連絡ください。ご要望であれば推薦状を提出いたします。

よろしくお願い申し上げます。

ペトラ・ブライアント

Vocab.

本文：広告 □ **seek**「〜を探し求める、募集する」 □ **motivated**「やる気に満ちた」 □ **individual**「個人」
□ **head**「(組織など) を率いる」 □ **dozen**「12 の」 □ **manufacturer**「製造会社、メーカー」 □ **component**「構成要素、部品」
□ **heavy-duty**「激しい使用に耐える、頑丈な」 □ **construction machinery**「建設機械」 □ **head office**「本社」
□ **be responsible for**「〜に責任がある」 □ **throughout**「〜全域の」 □ **successful applicant**「合格する応募者」
□ **degree**「学位」 □ **at least**「少なくとも」 □ **previous**「以前の」 □ **fluency**「(言語の) 流ちょうさ」
□ **application**「応募、応募書類」 □ **relevant**「関連した」 □ **certification**「資格証明書」
□ **by ... at the latest**「遅くとも…までに」
本文：メール □ **apply for**「〜に応募する」 □ **résumé**「履歴書」 □ **combination of A and B**「A と B を合わせ持つこと」
□ **work history**「職歴」 **ideal**「理想的な」 □ **candidate**「候補者」 □ **documentation**「証明書類」
□ **gain**「(努力の結果) 〜を得る」 □ **be employed as**「〜として雇われる」 □ **administrative assistant**「管理補佐、事務員」
□ **duties**「職務」 □ **field**「(質問など) をさばく、〜に対応する」 □ **inquiry**「問い合わせ」 □ **... years of service**「…年間の勤務」
□ **regional**「地域の」 □ **supervisor**「監督者」 □ **oversee**「〜を監督する」(過去形 oversaw)
□ **reference**「(経歴の) 照会先、推薦状」 □ **upon request**「要望に応じて、要望があれば」
設問 □ **proficiency**「熟達」 □ **be based in**「〜を拠点とする」 □ **managerial experience**「管理職の経験」
□ **currently**「現在」 □ **employer**「雇用主、勤め先」

176

What is mentioned about the advertised position?
(A) It requires proficiency in three languages.
(B) It is based in the company's headquarters.
(C) It requires experience working in Asia.
(D) It involves some duties in the production department.

この求人について何が述べられていますか?
(A) 3つの言語の運用能力が必要だ。
(B) 本社を拠点とする。
(C) アジアでの勤務経験が必要だ。
(D) 製造部の業務も行う。

| 正解 | B |
| [正答率 52.1%] |

広告の第1段落冒頭文にある① a motivated, dynamic individual to head its new East Asian sales department (新たに設置される東アジアの営業部門を率いる、意欲的で精力的な人材) から、営業部門の責任者を募集していることを押さえる。その後の4〜5行目②に、勤務地について The department manager will be working out of our Chicago head office (営業部長はシカゴ本社を拠点とします) と書かれているので、(B) が正解。work out of は「〜を拠点に働く」という意味で、be based in (〜を拠点とする) で言い換えられている。

🕐 990点 講師の目

「本社」を表す語として、headquarters / head office / main office / home office をまとめて覚えておきましょう。headquarters には必ずsが付きますが、Our headquarters is/are in Chicago. のように、単数・複数どちらの扱いもできます。

177

When will a successful candidate likely begin working at Gosford, Inc.?
(A) January 25
(B) February 1
(C) February 7
(D) March 1

採用された人は、いつからゴスフォード社で勤務を開始すると思われますか?
(A) 1月25日
(B) 2月1日
(C) 2月7日
(D) 3月1日

| 正解 | D |
| [正答率 81.9%] |

勤務開始日について、広告の第1段落6行目③に We are looking to have someone in place from the start of March. (3月初めから勤務を開始していただける方を探しています) とあるので、(D) が正解。be looking to do は「〜することを目指している、〜するつもりだ」(= be planning to do)、have 〈人〉 in place は「〈人〉を配置につかせる、就任させる」という意味。

178

What is indicated about Ms. Bryant?
(A) She has worked for more than one company.
(B) She has 10 years of managerial experience.
(C) She has met Mr. Dennison before.
(D) She currently lives in Chicago.

ブライアントさんについて何が述べられていますか?
(A) 2社以上で勤務した。
(B) 10年の管理職経験がある。
(C) 以前デニソン氏に会ったことがある。
(D) 現在はシカゴに住んでいる。

| 正解 | A |
| [正答率 74.4%] |

Bryant さんが書いたメールの第2段落1〜2行目⑦に I accepted a position with the Helsing Institute (ヘルシング・インスティテュートに就職しました)、3〜4行目⑧に After five years of service, I left the company and took a position with Charington Machinery. (5年間の勤務を経て退職し、チャーリントン機械社に転職しました) とあるので、少なくても2社で働いてきたことがわかる。よって、(A) が正解。more than one は「1つより多くの、複数の」(= multiple) という意味。10年の経験があるのは sales representative (営業担当者) の仕事なので、(B) は誤り。

In the e-mail, the word "named" in paragraph 2, line 6, is closest in meaning to
(A) called
(B) defined
(C) accomplished
(D) selected

メールの第2段落6行目の named に最も意味の近い語は
(A) 呼ばれた
(B) 定義された
(C) 達成された
(D) 選ばれた

正解 D
[正答率 70.7%]

named の後ろに⑨ as salesperson of the year（年間最優秀販売員として）と続いているので、「指名された、選ばれた」という意味で使われているとわかる。よって、(D) が正解。a man named Brad（Brad という名の男性）のように後ろに名前が続く場合は、(A) の called（〜という名で呼ばれている）の意味に近くなる。

What was most likely sent with the e-mail?
(A) A copy of a document from Holt College
(B) References from previous employers
(C) Samples of Ms. Bryant's engineering designs
(D) Photographs of Ms. Bryant

メールには何が添付されていたと思われますか?
(A) ホルト大学が発行した書類のコピー
(B) 以前の雇用者からの推薦状
(C) ブライアントさんの工学デザインのサンプル
(D) ブライアントさんの写真

正解 A
[正答率 65.1%]

クロスレファレンス問題。応募条件を記載している求人広告の箇条書きの1つ目に A degree in engineering（工学の学位）とあり、第3段落冒頭④で Applications should include copies of any relevant certification.（関連する資格証明書のコピーを応募書類に含めてください）と書かれている。一方、メールの第1段落3行目⑤に I have attached the documentation that you require.（必要な証明書類を添付いたしました）、第2段落1行目⑥に After gaining a degree in engineering from Holt College（ホルト大学で工学の学位を取得した後）とあることから、Holt College の卒業証明書のコピーを添付していると考えられる。よって、(A) が正解。メールの最終段落⑩に References can be provided upon request.（ご要望であれば推薦状を提出いたします）とあるので、(B) の推薦状はこのメールには添付されていないことに注意。

Questions 181-185 refer to the following excerpt from a newsletter and notice.

Hull City Auditorium November Schedule

Dear Member,

Here are all the events that we have scheduled for November. I think you'll agree that it looks like a really exciting month.

November 1, 2
The Stupendous Stylianou, from TV's *Slick Tricks*, will present an evening of magic and mystery. Mr. Stylianou is one of the country's leading stage magicians and is sure to entertain and delight ①in this return visit to our venue.

November 15, 16
②The Luton City Orchestra, led by Sharon Furtwangler, will play an unusual program of compositions by Croatian composers. ③Their performances here are always a hit with our members. Not to be missed.

November 22, 23
The Demaereans are ④one of the loudest bands to have ever played at our venue, but for one weekend only they will perform using only acoustic instruments. Catch this unique show in the intimate surroundings of our auditorium.

November 29, 30
Local poet Bjorn Williams is reading from his new collection *Bjorn Ready*. Mr. Williams has won numerous awards ⑤since he made his debut stage appearance in this very building.

⑥All events will run from 8:00 P.M. until 9:30 P.M. As always, tickets are available from our Web site or by calling 303-555-0157. ⑦Remember to have your membership card on hand so that you can take advantage of the usual great discounts.

Thank you for your continued support.

Warmest regards,

Rina Yoshida, Hull City Auditorium Director

Important Notice:

We regret to inform our patrons that due to the approaching storm, ⑧tonight's poetry reading has been canceled. All those with tickets are invited to attend tomorrow evening's performance by the same artist. Your tickets will be accepted at the door, but ⑨your seating assignments may need to be changed. If you are unable to attend tomorrow's performance, we will be happy to provide you with a full refund. ⑩If you wish to arrange this or have any questions about any of the above, please call the ticket office at the usual number.

181-185 番は次のニュースレターの抜粋とお知らせに関するものです。

ハル市公会堂　11月のスケジュール

会員の皆さまへ

こちらは、私たちが11月に予定しているすべてのイベントです。とてもわくわくする月になりそうなことに同意していただけることでしょう。

11月1、2日
テレビ番組『スリック・トリックス』のザ・ステュペンダス・スティリアーノが、マジックとミステリーの夜をお届けします。スティリアーノ氏は、この国の一流のステージマジシャンの一人であり、当公会堂への再登場で楽しませ、喜ばせてくれるでしょう。

11月15、16日
シャロン・フルトヴェングラー率いるルートン・シティ・オーケストラが、クロアチアの作曲家たちによる作品を扱った珍しいプログラムを演奏いたします。彼らの公演は毎回、会員に大人気です。お聞き逃しなく。

11月22、23日
ザ・ドゥメリアンズは、当会場で演奏した中で最もラウドなバンドの一つですが、この週末に限り、アコースティック楽器だけで演奏します。当公会堂のくつろいだ雰囲気の中でこのユニークなショーをご覧ください。

11月29、30日
地元の詩人、ビヨン・ウィリアムズ氏が、彼の新しい詩集『ビヨン・レディ』から朗読します。ウィリアムズ氏は、まさにこの建物でステージに初登場して以来、数多くの賞を受賞しています。

すべてのイベントは午後8時から9時半まで開催されます。通例どおり、チケットは当館ウェブサイトまたはお電話 (303-555-0157) にてお買い求めいただけます。会員証を忘れずにお手元にご用意ください。通常どおり大幅な会員割引を受けられます。

いつもご支援いただき、ありがとうございます。

今後ともよろしくお願いいたします。

リナ・ヨシダ　ハル市公会堂 ディレクター

重要なお知らせ：

嵐が接近中のため、残念ながら今夜の詩の朗読が中止となったことをお客様にお知らせします。チケットをお持ちの皆さまは、同じアーティストによる明日の夜の公演にご参加いただけます。お客様のチケットは入り口で受け付けいたしますが、座席は変更される可能性があります。明日の公演にご参加いただけない場合、全額払い戻しをいたします。この手配を希望される場合、あるいは、上記の内容に関してご質問がありましたら、チケット窓口に、いつもの番号までお電話ください。

Vocab.
本文：ニュースレターの抜粋　□ auditorium「公会堂、ホール」 □ agree that ...「…であることに同意する」
□ it looks like ...「…のように見える」 □ present「～を上演する」 □ leading「主要な、一流の」 □ be sure to do「必ず～する」
□ entertain「楽しませる」 □ delight「大いに喜ばせる」 □ venue「会場」 □ composition「(曲や詩などの) 作品、曲」
□ composer「作曲家」 □ loud「大音量の、うるさい」 □ instrument「楽器、道具」 □ catch「(演奏・映画など) を見にいく」
□ intimate「親密な」 □ surroundings「周囲の環境」 □ poet「詩人」 □ win an award「受賞する」 □ numerous「数多くの」
□ make an appearance「登場する、出演する」 □ run「(特定の期間) 続く、実施される」 □ as always「いつもどおり」
□ remember to do「忘れずに～する」 □ have ... on hand「…を手元に用意する」
□ take advantage of「(特典・割引など) を利用する」
本文：お知らせ　□ We regret to inform〈人〉that ...「残念ながら〈人〉に…をお知らせします」 □ patron「(ホテル・劇場などの) 客」
□ due to「～が原因で」 □ approaching「近づいてくる、迫り来る」 □ poetry「詩」
□ be invited to do「～するよう招待される、すすめられる」 □ at the door「入り口で」 □ assignment「割り当て」
□ be happy to do「喜んで～する」 □ full refund「全額返金」
設問　□ conductor「指揮者」 □ renowned「有名な」 □ internationally「世界的に」 □ appear「登場する、出演する」
□ exclusive「独占的な」 □ admission price「入場料金」 □ issue「～を発行する、出す」 □ renew「(契約など) を更新する」
□ inquire about「～について問い合わせる」

181
Who most likely is Ms. Furtwangler?
(A) An orchestra conductor
(B) An employee of Hull City Auditorium
(C) A composer of classical music
(D) A TV show host

フルトヴェングラーさんはどういう人物だと思われますか？
(A) オーケストラの指揮者
(B) ハル市公会堂の従業員
(C) クラシック音楽の作曲家
(D) テレビ番組の司会者

正解　A
[正答率 81.9%]
ニュースレターから Ms. Furtwangler の名前を探すと、November 15, 16 の欄②に The Luton City Orchestra, led by Sharon Furtwangler（シャロン・フルトヴェングラー率いるルートン・シティ・オーケストラ）とあるので、(A) が正解。同じ文に「クロアチアの作曲家たちによる作品を扱った珍しいプログラムを演奏する」とあるが、自身が作曲家であるとは書かれていないので、(C) は誤り。composition は「(曲や詩などの) 作品」、composer は「作曲家」のこと。動詞 compose（[曲・詩など] を書く、作曲する）と結びつけて押さえておこう。

182
What is indicated about the performers in November?
(A) They are all renowned internationally.
(B) They have all appeared at the auditorium before.
(C) They will meet patrons after their performances.
(D) They will each perform for an hour.

11 月の出演者に関して何が示されていますか？
(A) 全員、世界的に有名だ。
(B) 全員、この会場に姿を現したことがある。
(C) 公演後に観客に会う予定だ。
(D) 1 時間の公演を行う予定だ。

正解　B
[正答率 61.4%]
ニュースレターのタイトルと第 1 段落の内容から、Hull City Auditorium で 11 月に開催予定のイベントが本文で告知されていることを押さえる。出演者 4 組の紹介文に、それぞれ① in this return visit to our venue（当公会堂への再登場で）、③ Their performances here are always a hit with our members.（彼らの公演は毎回、会員に大人気です）、④ one of the loudest bands to have ever played at our venue（当会場で演奏した中で最もラウドなバンドの一つ）、⑤ since he made his debut stage appearance in this very building（まさにこの建物でステージに初登場して以来）と記載されているので、全員に Hull City Auditorium での出演経験があるとわかる。よって、(B) が正解。The Stupendous Stylianou については「この国の一流のステージマジシャンの一人」、Bjorn Williams については「数多くの賞を受賞」とあるが、世界的に有名であることを示す情報はないため、(A) は誤り。(D) の上演時間は、第 6 段落⑥に All events will run from 8:00 P.M. until 9:30 P.M. とあるので、1 時間ではなく 1 時間半。

183
What is a benefit of Hull City Auditorium membership?
(A) Coupons for a gift shop
(B) Exclusive access to certain events
(C) Video recordings of performances
(D) Lower admission prices

ハル市公会堂の会員の利点は何ですか？
(A) ギフトショップの割引券
(B) 特定のイベントへの限定申し込み
(C) 公演のビデオ録画
(D) 安い入場料

正解　D
[正答率 81.9%]
ニュースレターの第 6 段落にチケットの購入方法についての説明があり、2 ～ 3 行目⑦に Remember to have your membership card on hand so that you can take advantage of the usual great discounts.（会員証を忘れずにお手元にご用意ください。通常どおり大幅な会員割引を受けられます）と書かれているので、会員は入場料金が割引になることがわかる。よって、(D) が正解。take advantage of は「(特典・割引など) を利用する」という意味の頻出フレーズ。

184 When was the notice most likely issued?
(A) November 1
(B) November 15
(C) November 22
(D) November 29

お知らせはいつ出されたと思われますか?
(A) 11月1日
(B) 11月15日
(C) 11月22日
(D) 11月29日

 正解 D
[正答率 74.4%]

クロスレファレンス問題。お知らせの冒頭文⑧に tonight's poetry reading has been canceled (今夜の詩の朗読会が中止となった) とあり、さらに All those with tickets are invited to attend tomorrow evening's performance by the same artist. (チケットをお持ちの皆さまは、同じアーティストによる明日の夜の公演にご参加いただけます) と続いている。ニュースレターを見ると、詩の朗読会は November 29, 30 のイベントに当たるので、お知らせが出たのは1日目の(D)であると判断できる。this morning / this afternoon / this evening (今朝／今日の午後／今晩)、tonight (今夜)、yesterday (昨日)、tomorrow (明日)、last month / this month / next month (先月／今月／来月) といった時を示すキーワードがいつを指すのかを問う問題は Part 7 の定番。

185 According to the notice, why should patrons call the ticket office?
(A) To receive an update on a storm
(B) To renew their membership cards
(C) To inquire about seating arrangements
(D) To request information about next year's events

お知らせによると、会員がチケット窓口に電話する必要があるのはなぜですか?
(A) 嵐に関する最新情報を得るため
(B) 会員証を更新するため
(C) 座席について問い合わせるため
(D) 翌年のイベントについて情報を求めるため

正解 C
[正答率 80.0%]

お知らせの⑧で、キャンセル分のチケットは翌日に振り替えられることを伝えたうえで、4行目⑨に your seating assignments may need to be changed (座席は変更される可能性があります) と書かれていることを押さえる。最終文⑩に If you ... have any questions about any of the above, please call the ticket office at the usual number. (上記の内容に関してご質問がありましたら、チケット窓口に、いつもの番号までお電話ください) とあるので、(C) が正解。inquire about は「〜について問い合わせる」(= ask about) という意味。

TEST 1

TEST 2

Questions 186-190 refer to the following e-mails and invitation.

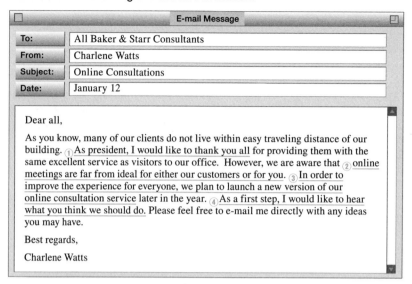

E-mail Message

To: All Baker & Starr Consultants
From: Charlene Watts
Subject: Online Consultations
Date: January 12

Dear all,

As you know, many of our clients do not live within easy traveling distance of our building. ①As president, I would like to thank you all for providing them with the same excellent service as visitors to our office. However, we are aware that ②online meetings are far from ideal for either our customers or for you. ③In order to improve the experience for everyone, we plan to launch a new version of our online consultation service later in the year. ④As a first step, I would like to hear what you think we should do. Please feel free to e-mail me directly with any ideas you may have.

Best regards,

Charlene Watts

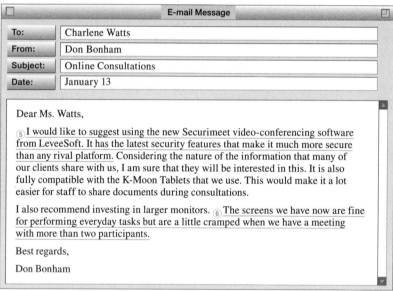

E-mail Message

To: Charlene Watts
From: Don Bonham
Subject: Online Consultations
Date: January 13

Dear Ms. Watts,

⑤I would like to suggest using the new Securimeet video-conferencing software from LeveeSoft. It has the latest security features that make it much more secure than any rival platform. Considering the nature of the information that many of our clients share with us, I am sure that they will be interested in this. It is also fully compatible with the K-Moon Tablets that we use. This would make it a lot easier for staff to share documents during consultations.

I also recommend investing in larger monitors. ⑥The screens we have now are fine for performing everyday tasks but are a little cramped when we have a meeting with more than two participants.

Best regards,

Don Bonham

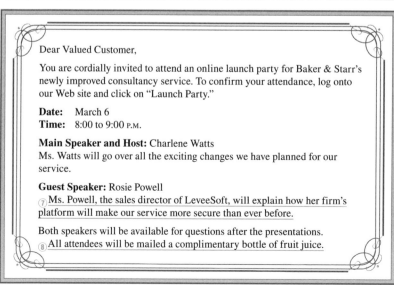

Dear Valued Customer,

You are cordially invited to attend an online launch party for Baker & Starr's newly improved consultancy service. To confirm your attendance, log onto our Web site and click on "Launch Party."

Date: March 6
Time: 8:00 to 9:00 P.M.

Main Speaker and Host: Charlene Watts
Ms. Watts will go over all the exciting changes we have planned for our service.

Guest Speaker: Rosie Powell
⑦Ms. Powell, the sales director of LeveeSoft, will explain how her firm's platform will make our service more secure than ever before.

Both speakers will be available for questions after the presentations. ⑧All attendees will be mailed a complimentary bottle of fruit juice.

186-190 番は次の 2 通のメールと招待状に関するものです。

あて先： ベイカー＆スターのコンサルタント各位
送信者： シャーリーン・ワッツ
件名： オンライン相談
日付： 1月12日

皆さま

ご存じのとおり、当社の顧客の多くは、弊社まで簡単に移動できる距離にいらっしゃいません。そういった方々に向けて、来社する顧客と同様の優れたサービスを提供してくださっていることに、社長として皆さまに感謝いたします。しかしオンライン会議は、顧客と皆さんのどちらにとっても理想にはほど遠い状況です。全員の体験を改善するため、今年中にオンラインでの新しい相談サービスの開始を計画しています。最初の段階として、私たちが何をすべきか皆さんの考えをお聞きしたいのです。お持ちのアイデアを私に直接、気軽にメールしてください。

よろしくお願いいたします。

シャーリーン・ワッツ

あて先： シャーリーン・ワッツ
送信者： ドン・ボーナム
件名： オンライン相談
日付： 1月13日

ワッツ様

レヴィーソフトの「セキュリミート」という新しいビデオ会議ソフトの使用をご提案したいと思います。最新のセキュリティ機能があるので、競合のどのプラットフォームよりもはるかに安全です。多くの顧客が私たちと共有してくれる情報の性質を考慮すると、顧客はこの点に興味を持つはずです。それに、私たちが使っているKムーン・タブレットとも完全に互換性があります。これにより、スタッフが相談中に書類を共有するのがはるかに簡単になるでしょう。

また、もっと大きなモニターを購入することを提言いたします。今のスクリーンは毎日の業務を遂行するには問題ありませんが、3人以上の参加者と会議をする際には少し小さいのです。

よろしくお願いいたします。

ドン・ボーナム

大切なお客様へ

ベイカー＆スターの新たに改良されたコンサルティングサービスの開始記念オンラインパーティに謹んでご招待いたします。ご出席を確定するには、弊社ウェブサイトにログインし、「開始記念パーティ」をクリックしてください。

日付：3月6日
時間：午後8時～9時

メインスピーカーと司会：シャーリーン・ワッツ
当社のサービスに関して計画してきた、わくわくするような変更を余すところなくワッツ氏が説明いたします。

ゲストスピーカー：ロージー・パウエル
レヴィーソフトの販売部長であるパウエル氏が、彼女の会社のプラットフォームによって、当社のサービスがこれまで以上に、いかに安全なものになるかを説明します。

どちらの講演者も、プレゼンテーション後にご質問を受け付けます。
すべてのご出席者さまには、無料のボトル入りフルーツジュースが届けられます。

186

Why was the first e-mail written?
(A) To outline solutions to some technical problems
(B) To ask for input on how to improve customer service
(C) To provide information on online training
(D) To request that employees work overtime

1通目のメールが書かれたのはなぜですか？
(A) いくつかの技術的な問題の解決策について概要を述べるため
(B) 顧客サービスの改善方法について意見を求めるため
(C) オンライントレーニングについての情報を知らせるため
(D) 従業員に残業を求めるため

正解　B
[正答率 68.9%]

1通目のメールの3～4行目②で online meetings are far from ideal for either our customers or for you（オンライン会議は、顧客と皆さんのどちらにとっても理想にはほど遠い）と問題点を挙げ、4～6行目③で In order to improve the experience for everyone, we plan to launch a new version of our online consultation service（全員の体験を改善するため、オンラインでの新しい相談サービスの開始を計画しています）と伝えている。この内容を踏まえ、続く一文④で As a first step, I would like to hear what you think we should do.（最初の段階として、私たちが何をすべきか皆さんの考えをお聞きしたいのです）とサービスの改善方法について意見を求めているので、(B) が正解。具体的な解決策については触れていないので、(A) は誤り。

187

What does Mr. Bonham say about the company's computer monitors?
(A) They are not compatible with Securimeet.
(B) They use outdated technology.
(C) They are produced by the same firm that manufactures K-Moon Tablets.
(D) They are not suitable for certain video conferences.

ボーナム氏は彼の会社のコンピュータモニターについて何と言っていますか？
(A) セキュリミートとの互換性がない。
(B) 時代遅れの技術を使っている。
(C) Kムーン・タブレットと同じ会社によって製造されている。
(D) ある種のビデオ会議に適していない。

正解　D
[正答率 76.3%]

2通目のメールの書き手である Bonham さんは、第1段落で新しいビデオ会議ソフトの使用を、第2段落で今よりも大きいモニターの購入を提案している。その後、最終文⑥で The screens we have now ... are a little cramped when we have a meeting with more than two participants.（今のスクリーンは3人以上の参加者と会議をする際には少し小さいのです）と述べ、現在使用中のモニターが3人以上のビデオ会議には適さないことを伝えている。よって、(D) が正解。cramped は「窮屈な、狭い」という意味で、スペースに余裕がないことを表す。more than two は「2人より多い」、つまり「3人以上の」のこと。

188

What is indicated about the event on March 6?
(A) It will be several hours in duration.
(B) It will be attended by a company president.
(C) It is exclusively for overseas clients.
(D) It is the first in a series of similar events.

3月6日のイベントに関して何が示されていますか？
(A) 開催時間は数時間に及ぶ。
(B) 社長が出席する。
(C) 海外の顧客だけを対象としている。
(D) 同様のイベントシリーズの1回目である。

正解　B
[正答率 46.5%]

クロスレファレンス問題。招待状の Date 欄に March 6 とあり、その下の Main Speaker and Host 欄に Charlene Watts の名前が記載されている。この人物は1通目のメールの書き手であり、Baker & Starr のコンサルタントに向けて第1段落2行目①で As president, I would like to thank you all（社長として皆さまに感謝いたします）と伝えているので、Baker & Starr の社長であることがわかる。よって、(B) が正解。イベントが複数回開催されることを示す情報はないため、(D) は誤り。

189 What is suggested about Baker & Starr?

(A) It adopted a proposal made by Mr. Bonham.
(B) It developed a new kind of software.
(C) It hired Ms. Powell to oversee a project.
(D) It replaced its computers with newer models.

ベイカー&スターについて何が示唆されていますか？

(A) ボーナム氏の提案を採用した。
(B) 新しい種類のソフトウェアを開発した。
(C) プロジェクトを監督するためにパウエル氏を雇用した。
(D) コンピュータを新しいモデルに入れ替えた。

正解　A
[正答率 63.3%]

クロスレファレンス問題。2 通目のメールの第 1 段落冒頭⑤で、Bonham さんは LeveeSoft の新しいビデオ会議ソフトを提案し、2 文目で It has the latest security features that make it much more secure than any rival platform. (最新のセキュリティ機能があるので、競合のどのプラットフォームよりもはるかに安全です) と述べている。一方、Baker & Starr のサービス開始記念オンラインパーティの招待状を見ると、Guest Speaker について⑦ Ms. Powell, the sales director of LeveeSoft, will explain how her firm's platform will make our service more secure than ever before. (レヴィーソフトの販売部長であるパウエル氏が、彼女の会社のプラットフォームによって、当社のサービスがこれまで以上に、いかに安全なものになるかを説明します) と書かれている。このことから、Baker & Starr は Bonham さんが提案したソフトを採用したことがわかるので、(A) が正解。(B) は LeveeSoft のこと。

190 What will attendees receive?

(A) A product manual
(B) A copy of some software
(C) A free beverage
(D) A name badge

出席者らは何がもらえますか？

(A) 製品の取扱説明書
(B) あるソフトウェアのコピー
(C) 無料の飲み物
(D) 名札

正解　C
[正答率 80.0%]

招待状の最下部⑧に、All attendees will be mailed a complimentary bottle of fruit juice. (すべてのご出席者さまには、無料のボトル入りフルーツジュースが届けられます) と書かれている。よって、(C) が正解。complimentary (無料の) が free に、bottle of fruit juice (ボトル入りフルーツジュース) が beverage (飲み物) に言い換えられている。

> 🎁 これがエッセンス
>
> ダブルパッセージの最後までたどり着けば 700 点、トリプルパッセージの 1 つ目までたどり着ければ 800 点、2 つ目までたどり着けば 900 点を超えられます。無理に最後まで解こうとするのではなく、解いた問題の正答率を上げることを学習の重点に置いてください。

Vocab.
|本文：メール 1| □ consultation「相談」　□ as you know「ご存じのとおり」
□ within easy traveling distance of「~から行きやすい距離にある」　□ be aware that ...「…であると認識している、知っている」
□ far from ideal「理想とはほど遠い」　□ either A or B「A と B のどちらか、(否定的な内容を受けて)A と B のどちらも~でない」
□ launch「(サービスなど) を開始する」
|本文：メール 2| □ suggest *doing*「~することを提案する」　□ video-conferencing「ビデオ会議の」　□ latest「最新の」
□ feature「特徴、機能」　□ secure「(情報などが) 保護された、安全な」　□ platform「(通信サービスの基盤となる) システム」
□ considering「~を考慮すると」　□ nature「性質」　□ be compatible with「(システム・機器などが) ~と互換性がある、適合する」
□ make it easier for ... to *do*「…がより~しやすくなる」　□ recommend *doing*「~することをすすめる」
□ invest in「~に投資する、~を購入する」　□ perform a task「業務を行う」　□ cramped「窮屈な、狭い」　□ participant「参加者」
|本文：招待状| □ You are cordially invited to attend ...「…に謹んでご招待いたします」　□ consultancy「コンサルティング業務」
□ confirm *one's* attendance「出席の意思を伝える」　□ go over「~を確認する、説明する」
□〈比較級〉+ than ever before「今までにないほど」　□ attendee「出席者」
|設問| □ input「意見、助言」　□ work overtime「残業する」　□ outdated「旧式の、古くなった」
□ ... in duration「継続期間が…で」　□ company president「社長」　□ exclusively「独占的に、~だけ」　□ overseas「海外の」
□ adopt「(案など) を採用する、取り入れる」　□ replace A with B「A を B と取り替える、交換する」

Questions 191-195 refer to the following customer reviews, announcement, and Web page.

http://www.foodadvisor.com/reviews

Sovrano Bites: Customer Reviews

★★★☆☆
Dave Weston
Sovrano Bites is not like other food delivery services. According to its Web site, ①its policy is to not take orders for any of the national fast-food chains like Big Burger or Votre Poulet. It concentrates solely on small, family-run restaurants. ②The delivery is fast, but the problem is that they don't charge the restaurants commission on their orders. Instead, the customer pays more.

★★★★★
Ilene Painter
I don't understand some of the criticism this firm gets. It's a great way to support smaller eateries. I don't mind paying a little extra for something special. Everyone is so friendly and ③the service is speedy.

★★☆☆☆
Chadwick Beye
It's way too expensive! The customer pays a delivery charge and this is 20 percent of the total. Other food delivery services don't charge anywhere near as much. ④I guess the delivery time is pretty short, but I can't even order food from Votre Poulet!

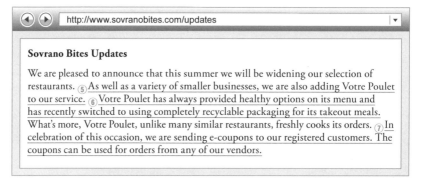

http://www.sovranobites.com/updates

Sovrano Bites Updates

We are pleased to announce that this summer we will be widening our selection of restaurants. ⑤As well as a variety of smaller businesses, we are also adding Votre Poulet to our service. ⑥Votre Poulet has always provided healthy options on its menu and has recently switched to using completely recyclable packaging for its takeout meals. What's more, Votre Poulet, unlike many similar restaurants, freshly cooks its orders. ⑦In celebration of this occasion, we are sending e-coupons to our registered customers. The coupons can be used for orders from any of our vendors.

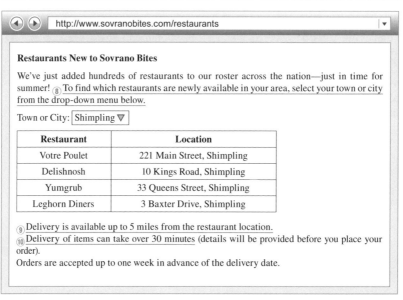

http://www.sovranobites.com/restaurants

Restaurants New to Sovrano Bites

We've just added hundreds of restaurants to our roster across the nation—just in time for summer! ⑧To find which restaurants are newly available in your area, select your town or city from the drop-down menu below.

Town or City: [Shimpling ▽]

Restaurant	Location
Votre Poulet	221 Main Street, Shimpling
Delishnosh	10 Kings Road, Shimpling
Yumgrub	33 Queens Street, Shimpling
Leghorn Diners	3 Baxter Drive, Shimpling

⑨Delivery is available up to 5 miles from the restaurant location.
⑩Delivery of items can take over 30 minutes (details will be provided before you place your order).
Orders are accepted up to one week in advance of the delivery date.

http://www.foodadvisor.com/reviews

ソヴラーノ・バイツ：顧客レビュー

★★★☆☆
デイブ・ウェストン
ソヴラーノ・バイツはほかの料理配達サービスとは違っています。ウェブサイトによると、ここの方針でビッグ・バーガーやヴォートル・プーレのような全国規模のファストフードチェーン店への注文は受け付けていません。小規模な家族経営のレストランのみを扱っています。配達は速いですが、問題は注文についてレストラン側に手数料を請求していないことです。代わりに、顧客が余分に支払います。

★★★★★
アイリーン・ペインター
この会社が受けている批判の中には理解できないものがあります。小規模な飲食店を支援するには素晴らしい方法です。特別なものに対して少し余分に支払っても私は構いません。皆さんとてもフレンドリーで、サービスも迅速です。

★★☆☆☆
チャドウィック・ベイエ
高すぎます！顧客が配達料を支払い、これは総額の 20%です。ほかの料理配達サービスでは、ここまで高く請求しているところはありません。配達にかかる時間はかなり短いと思いますが、ヴォートル・プーレの注文すらできないのですよ！

---

http://www.sovranobites.com/updates

ソヴラーノ・バイツ最新情報

この夏、ソヴラーノ・バイツの取り扱いレストランが増えることを謹んで発表いたします。さまざまな小規模の店舗に加え、ヴォートル・プーレがサービスに加わります。ヴォートル・プーレは常々、メニューに健康的な選択肢を提供し、最近はテイクアウト用の容器を完全にリサイクル可能なものに切り替えました。さらに、ヴォートル・プーレは同様の多くのレストランとは異なり、注文をその場で調理しています。この機会を記念し、会員のお客様に電子クーポンをお送りいたします。クーポンはすべての提携店のご注文でお使いいただけます。

---

http://www.sovranobites.com/restaurants

ソヴラーノ・バイツの新規提携レストラン

全国の提携店舗リストに何百ものレストランが加わりました——夏が到来するタイミングで！ お客様の地域で新たにご利用可能なレストランをご確認いただくには、この下のドロップダウンメニューからお住まいの町あるいは市をお選びください。

町・市： シンブリング

レストラン	住所
ヴォートル・プーレ	メイン通り 221 番地、シンブリング
デリッシュノッシュ	キングス通り 10 番地、シンブリング
ヤムグラブ	クイーンズ通り 33 番地、シンブリング
レッグホーン・ダイナーズ	バクスター通り 3 番地、シンブリング

配達はレストランの住所から 5 マイル以内で承ります。
商品の配達には 30 分以上かかる場合もございます（詳細はご注文確定前に提示されます）。
ご注文は配達日の 1 週間前から受け付けいたします。

191　What do all the reviewers highlight as an advantage of
Sovrano Bites?
(A) Its friendly staff
(B) Its prompt delivery
(C) Its competitive prices
(D) Its wide range of vendors

すべてのレビュアーはソヴラーノ・バイツの利点について何
を強調していますか?
(A) フレンドリーなスタッフ
(B) 迅速な配達
(C) 競争力のある価格
(D) 幅広い提携店

正解　B
[正答率 70.7%]
まず、顧客レビューの第1段落冒頭文から、Sovrano Bites が料理配達サービスであることを押さえる。Dave Weston は同じ段落の3～4行目②で The delivery is fast (配達は速い)、Ilene Painter は第2段落3行目③で the service is speedy (サービスが迅速)、Chadwick Beye は第3段落2～3行目④で I guess the delivery time is pretty short. (配達にかかる時間はかなり短いと思います) と述べている。3人とも配達の速さを評価しているので、(B) が正解。fast と speedy が prompt (迅速な) と言い換えられている。(A) については Ilene Painter しか触れていない。(C) の competitive prices は「競争力のある価格、他社より安い価格」という意味。

192　According to the announcement, what change has Votre
Poulet made to its operations?
(A) It has expanded its staff.
(B) It has started to use more environmentally friendly materials.
(C) It has added healthier dishes to its menu.
(D) It has opened additional branches.

告知によると、ヴォートル・プーレは事業をどのように変更
しましたか?
(A) 従業員を増やした。
(B) より環境に優しい素材を使い始めた。
(C) メニューにより健康的な料理を付け加えた。
(D) さらに支店をオープンした。

正解　B
[正答率 67.0%]
Sovrano Bites の取扱店に新たに加わる Votre Poulet について、告知の3～4行目⑥に Votre Poulet ... has recently switched to using completely recyclable packaging for its takeout meals. (ヴォートル・プーレは、最近はテイクアウト用の容器を完全にリサイクル可能なものに切り替えました) と書かれている。この completely recyclable packaging (完全にリサイクル可能な容器) を environmentally friendly materials (環境に優しい素材) と言い換えた (B) が正解。同じ文に has always provided healthy options on its menu (常々、メニューに健康的な選択肢を提供し) とあるので、(C) は誤り。

193　What has Sovrano Bites most likely done?
(A) Made a policy exception
(B) Updated its fleet of vehicles
(C) Purchased a chain of restaurants
(D) Changed its hours of operation

ソヴラーノ・バイツは何を行ったと思われますか?
(A) 方針の例外を設けた
(B) 営業車両を刷新した
(C) レストラン・チェーンを買収した
(D) 営業時間を変更した

正解　A
[正答率 49.1%]
クロスレファレンス問題。レビューの第1段落1～3行目①に、Sovrano Bites について its policy is to not take orders for any of the national fast-food chains like Big Burger or Votre Poulet. It concentrates solely on small, family-run restaurants. (ここの方針でビッグ・バーガーやヴォートル・プーレのような全国規模のファストフードチェーン店への注文は受け付けていません。小規模な家族経営のレストランのみを扱っています) と書かれている。これに対し、告知の2～3行目⑤に As well as a variety of smaller businesses, we are also adding Votre Poulet to our service. (さまざまな小規模の店舗に加え、ヴォートル・プーレがサービスに加わります) とあることから、Sovrano Bites が今までの方針を変更したか、例外を認めたと考えられる。よって、(A) が正解。取扱店の数が増えただけで、買収したとは書かれていないので、(C) は誤り。

What is indicated about Leghorn Diners?

(A) Its dishes are freshly made.

(B) It promises to deliver its food in under half an hour.

(C) It is part of a promotional offer.

(D) It was founded recently.

レッグホーン・ダイナーズについて何が示されていますか？

(A) 料理はできたてである。

(B) 料理を 30 分以内で届けると確約している。

(C) 販売促進キャンペーンに含まれている。

(D) 最近、オープンした。

正解	C

[正答率 31.6%]

クロスレファレンス問題。ウェブページの表の４つ目に Leghorn Diners の記載があり、上部のタイトルと第１段落の内容から、Sovrano Bites の配達サービスに新たに加わったレストランであるとわかる。一方、告知の５～７行目⑦に In celebration of this occasion, we are sending e-coupons to our registered customers. (この機会を記念し、会員のお客様に電子クーポンをお送りいたします) とあり、さらに The coupons can be used for orders from any of our vendors. (クーポンはすべての提携店のご注文でお使いいただけます) と続いていることから、Leghorn Diners への注文にも e-coupons が使えると判断できる。このことを a promotional offer (販売促進キャンペーン) と言い表した (C) が正解。(B) については、表の下部⑩に Delivery of items can take over 30 minutes (商品の配達には 30 分以上かかる場合もあります) とあるので、30 分以内の配達を約束してはいない。また、新たに提携しただけで、オープンしたばかりとは書かれていないので、(D) も誤り。

195

What is stated on the Web Page?

(A) Sovrano Bites only has four vendors in the city of Shimpling.

(B) Orders must be placed on the day of delivery.

(C) Certain menu items may be unavailable through the delivery service.

(D) Orders are accepted within a limited area only.

ウェブページに何が述べられていますか？

(A) ソヴラーノ・バイツの提携店はシンプリング市に 4 店のみである。

(B) 注文は配達日に行わなければならない。

(C) 配達サービスを利用する際、特定のメニューは注文できない。

(D) 注文は限られた地域でのみ受け付けられる。

正解	D

[正答率 61.4%]

ウェブページの下部⑨で、Delivery is available up to 5 miles from the restaurant location. (配達はレストランの住所から 5 マイル以内で承ります) と範囲を限定しているので、(D) が正解。第１段落 2 ～ 3 行目⑧の To find which restaurants are newly available in your area, select your town or city from the drop-down menu below. (お客様の地域で新たにご利用可能なレストランをご確認いただくには、この下のドロップダウンメニューからお住まいの町あるいは市をお選びください) から、表に記載されている 4 店舗は新たにサービスの対象となったことを示しているだけなので、(A) は誤り。なお、drop-down menu とは、▽印などをクリックすると下に表示される選択項目の一覧のこと。

> 🔑 これがエッセンス
>
> Part 7 で解答に迷う場合は、Select the best answer という基本ルールを思い出しましょう。the correct answer (＝唯一の正しい選択肢) ではなく、the best answer (＝最も本文の内容に合う選択肢) を選ぶのが TOEIC なのです。

Vocab.

本文：顧客レビュー □ like「～のような」 □ according to「～によれば」 □ take orders「注文を受ける」
□ concentrate on「～に焦点を絞る、集中する」 □ solely「唯一、～だけ」(= only) □ family-run「家族経営の」
□ charge A B「A に B を請求する」 □ commission「(販売・委託などの) 手数料」 □ criticism「批判」 □ eatery「飲食店」
□ I don't mind doing「～しても構わない」 □ way too ...「あまりに…すぎる」 □ delivery charge「配送料」
□ not anywhere near「～というにはほど遠い、まったく～ではない」 □ pretty「かなり」
本文：告知 □ We are pleased to announce that ...「喜んで…を発表します」 □ widen「～を広げる」
□ as well as「～に加えて、～だけではなくて」 □ a variety of「さまざまな」 □ switch to「～に切り替える」
□ recyclable「リサイクル可能な」 □ packaging「(商品を入れる) 容器、包装」 □ what's more「さらに、その上」
□ unlike「～とは違って」 □ in celebration of「～を祝って、記念して」 □ occasion「(特別な) 機会、行事」
□ registered「登録された」 □ vendor「販売業者、加盟店」
本文：ウェブページ □ roster「(組織・チームなどの) 名簿」 □ across「～の全土で」 □ newly available「新たに利用できる」
□ up to「最大～まで」 □ place an order「注文する」 □ in advance of「～の前に」
設問 □ highlight「～を強調する」 □ prompt「迅速な」 □ competitive price「他社より安い価格」
□ a wide range of「豊富な種類の」 □ expand「～を拡大する、増やす」 □ environmentally friendly「環境に優しい」
□ dish「料理」 □ make an exception「例外を認める、特例を設ける」 □ fleet「(保有車両の) 一式」
□ hours of operation「営業時間」 □ freshly made「作りたての」 □ promotional offer「販促キャンペーン」
□ be founded「設立される」 □ limited「限られた」

Questions 196-200 refer to the following e-mails and notice.

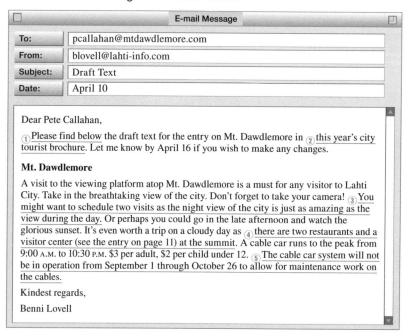

E-mail Message

To:	pcallahan@mtdawdlemore.com
From:	blovell@lahti-info.com
Subject:	Draft Text
Date:	April 10

Dear Pete Callahan,

①Please find below the draft text for the entry on Mt. Dawdlemore in ②this year's city tourist brochure. Let me know by April 16 if you wish to make any changes.

Mt. Dawdlemore

A visit to the viewing platform atop Mt. Dawdlemore is a must for any visitor to Lahti City. Take in the breathtaking view of the city. Don't forget to take your camera! ③You might want to schedule two visits as the night view of the city is just as amazing as the view during the day. Or perhaps you could go in the late afternoon and watch the glorious sunset. It's even worth a trip on a cloudy day as ④there are two restaurants and a visitor center (see the entry on page 11) at the summit. A cable car runs to the peak from 9:00 A.M. to 10:30 P.M. $3 per adult, $2 per child under 12. ⑤The cable car system will not be in operation from September 1 through October 26 to allow for maintenance work on the cables.

Kindest regards,

Benni Lovell

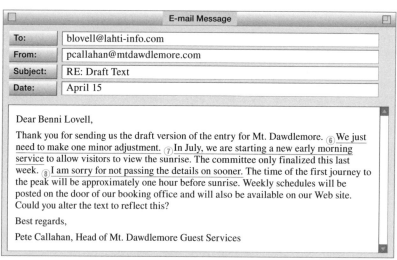

E-mail Message

To:	blovell@lahti-info.com
From:	pcallahan@mtdawdlemore.com
Subject:	RE: Draft Text
Date:	April 15

Dear Benni Lovell,

Thank you for sending us the draft version of the entry for Mt. Dawdlemore. ⑥We just need to make one minor adjustment. ⑦In July, we are starting a new early morning service to allow visitors to view the sunrise. The committee only finalized this last week. ⑧I am sorry for not passing the details on sooner. The time of the first journey to the peak will be approximately one hour before sunrise. Weekly schedules will be posted on the door of our booking office and will also be available on our Web site. Could you alter the text to reflect this?

Best regards,

Pete Callahan, Head of Mt. Dawdlemore Guest Services

Mt. Dawdlemore Cable Car Service

The information below was correct at the time of writing. However, Mt. Dawdlemore Guest Services reserves the right to make changes without notice.

Fares
$3 adults (one-way)
$2 children under 12 (one-way)
$20 One-week pass
$15 One-week pass (for children under 12)

Weekly Cable Car Schedule

October 26	October 27	October 28	October 29	October 30	October 31	November 1
Not in Service	Not in Service	Not in Service	5:30 A.M. to 10:30 P.M.	5:30 A.M. to 10:30 P.M.	5:30 A.M. to 10:30 P.M.	5:30 A.M. to 10:30 P.M.

Last journey to the top of Mt. Dawdlemore is at 9:30 P.M. ⑨Please note that the cars on our early morning service are usually full, so purchasing tickets in advance is recommended.

あて先： pcallahan@mtdawdlemore.com
送信者： blovell@lahti-info.com
件名： 草稿
日付： 4 月 10 日

ピート・カラハン様

今年の市観光パンフレットに載せる、ドードゥルモア山の項目についての以下の草稿をご覧ください。変更したい点がありましたら 4 月 16 日までにお知らせください。

ドードゥルモア山

ドードゥルモア山頂の展望台を訪れることは、ラハティ市にお越しの方全員におすすめです。この街の息をのむような景色を見にいきましょう。カメラを持っていくのをお忘れなく！ 市内の夜景は日中の景色と同じくらい素晴らしいので、2 度訪れる予定を立てたほうがいいかもしれません。もしくは、午後遅くに行き、壮大な夕焼けを見るのもありでしょう。山頂には 2 軒のレストランと案内所 (11 ページの項目をご参照ください) があるので、曇りの日ですら訪れる価値があります。山頂へのケーブルカーは朝 9 時半から夜 10 時半まで運行しています。大人は 3 ドル、11 歳以下の子どもは 2 ドルです。ケーブルカーは、ケーブルのメンテナンス作業のため、9 月 1 日から 10 月 26 日まで運休いたします。

よろしくお願いいたします。

ベニ・ラベル

あて先： blovell@lahti-info.com
送信者： pcallahan@mtdawdlemore.com
件名： RE: 草稿
日付： 4 月 15 日

ベニ・ラベル様

ドードゥルモア山の項目について草稿をお送りいただき、ありがとうございました。1 箇所だけ、ちょっとした修正が必要です。7 月に、訪れた方が日の出を楽しめる新たな早朝便を始める予定です。委員会はこの件を先週ようやく最終決定しました。詳細をもっと早くお伝えせず、申し訳ありません。山頂への第 1 便の時間は日の出の 1 時間ぐらい前を予定しています。1 週間の予定が予約受付所のドアに貼り出されるほか、ウェブサイトにも載ります。この件を反映した文に変えていただけますか？

よろしくお願いいたします。

ピート・カラハン ドードゥルモア山ゲストサービス責任者

ドードゥルモア山 ケーブルカー

下記の情報は、記載時点で正確な内容です。しかし、ドードゥルモア山ゲストサービスは予告なしに変更する権利を有します。

料金
大人 (片道) 3 ドル
11 歳以下の子ども (片道) 2 ドル
1 週間乗り放題パス 20 ドル
1 週間乗り放題パス (11 歳以下の子ども) 15 ドル

ケーブルカーの週間スケジュール

10 月 26 日	10 月 27 日	10 月 28 日	10 月 29 日	10 月 30 日	10 月 31 日	11 月 1 日
運休	運休	運休	午前 5:30 ～ 午後 10:30	午前 5:30 ～ 午後 10:30	午前 5:30 ～ 午後 10:30	午前 5:30 ～ 午後 10:30

ドードゥルモア山頂への最終便は午後 9 時半です。早朝便のケーブルカーはたいてい満員となりますので、事前のチケット購入をおすすめいたします。

196 What advice is given to tourists going to Mt. Dawdlemore?
(A) They should wear clothing suitable for cold weather.
(B) They should hire a professional tour guide.
(C) They should consider making multiple visits.
(D) They should stay overnight at the summit.

ドードゥルモア山に行く旅行者にどのような助言がされていますか?
(A) 寒い気候に適した衣服を着用すべきだ。
(B) プロのツアーガイドを雇うべきだ。
(C) 複数回訪れることを検討すべきだ。
(D) 山頂で1泊すべきだ。

正解	C

[正答率 70.7%]

1通目のメールの第2段落2〜4行目③に、Mt. Dawdlemore について You might want to schedule two visits as the night view of the city is just as amazing as the view during the day. (市内の夜景は日中の景色と同じくらい素晴らしいので、2度訪れる予定を立てたほうがいいかもしれません) とのアドバイスがあるので、(C) が正解。multiple は「複数の」(= more than one) という意味で、two も含まれることを押さえておこう。本文にある You might want to *do* (〜したほうがいいかもしれない) と perhaps you could *do* (〜することもできるかもしれない) は、相手に配慮を示しながら控えめに提案する表現。

197 What will most likely be included in the brochure?
(A) A variety of discount vouchers
(B) Advice on taking better photographs
(C) Information about a visitor center
(D) A map of local hiking trails

パンフレットには何が含まれると思われますか?
(A) さまざまな割引券
(B) よりよい写真を撮るためのアドバイス
(C) 案内所に関する情報
(D) 地元のハイキングコースの地図

正解	C

[正答率 61.4%]

1通目のメールの第1段落の内容から、② this year's city tourist brochure (今年の市観光パンフレット) に掲載予定の文章をメール本文に入れて送っていることを押さえる。第2段落5〜6行目④に there are two restaurants and a visitor center (see the entry on page 11) at the summit (山頂には2軒のレストランと案内所 [11ページの項目をご参照ください] がある) とあるので、パンフレットの11ページにレストランと案内所の情報が掲載されると考えられる。よって、(C) が正解。なお、メール冒頭①の Please find below ... は「以下にある…をご確認ください」という意味で、Please find ... below. の「...」の情報 (find の目的語) が長いため、below を前に出して読みやすくしている。

198 Why does Mr. Callahan apologize to Ms. Lovell?
(A) He was unable to invite her to a committee meeting.
(B) He did not notify her of a change earlier.
(C) His organization does not wish to appear in this year's brochure.
(D) His organization cannot accept visitors in September.

カラハンさんがラベルさんに謝罪しているのはなぜですか?
(A) 彼女を委員会に招くことができなかった。
(B) 彼女にもっと早く変更を知らせなかった。
(C) 彼の組織は今年のパンフレットに載ることを望んでいない。
(D) 彼の組織は9月に訪問者を受け入れることができない。

正解	B

[正答率 70.7%]

2通目のメールの1〜2行目⑥で、Callahan さんは Mt. Dawdlemore に関する記載について We just need to make one minor adjustment. (1箇所だけ、ちょっとした修正が必要です) と述べた後、⑦ In July, we are starting a new early morning service (7月に新たな早朝便を始める予定です) と変更内容を知らせている。このことについて⑧I am sorry for not passing the details on sooner. (詳細をもっと早くお伝えせず、申し訳ありません) と謝っているので、(B) が正解。pass on は「(情報や伝言) を伝える」という意味。

◯ 990点 講師の目

「変更」を表す TOEIC 頻出語として、change (変更)、alteration (一部の変更)、adjustment (わずかな修正、調整)、modification (目的に合わせた修正)、revision (見直しによる修正、改訂)、amendment (契約書や規則などの修正)、correction (ミスの訂正)、update (情報の更新) をまとめて覚えておくと Part 7 の解答に役立ちます。

199 What can be concluded about the work on the cable car system?
(A) It was conducted by a locally based firm.
(B) It has run over budget due to mechanical issues.
(C) It will take longer to complete than anticipated.
(D) It included the renovation of the booking office.

ケーブルカーの作業に関してどんな結論が出せますか？
(A) 地元に拠点を置く会社によって実施された。
(B) 機械的な問題のために予算を超過した。
(C) 完了するのに予定より時間がかかる見込みだ。
(D) 発券所の改修が含まれた。

正解　C
[正答率 68.9%]

クロスレファレンス問題。1通目のメールの第2段落7〜9行目⑤に、The cable car system will not be in operation from September 1 through October 26 to allow for maintenance work on the cables. (ケーブルカーは、ケーブルのメンテナンス作業のため、9月1日から10月26日まで運休いたします) とケーブルカーの休止期間が書かれている。一方、お知らせの Weekly Cable Car Schedule を見ると、October 28 までが Not in Service (運休) となっているので、メンテナンス作業の完了が当初の予定より延びていることがわかる。よって、(C) が正解。in operation と in service はともに「運転中の、運行中の」という意味。

200 What is implied about the new service offered at Mt. Dawdlemore?
(A) It has proven to be popular with visitors.
(B) It costs more than the regular cable car service.
(C) It was suggested by Ms. Lovell.
(D) It was announced at a press conference.

ドードゥルモア山で提供される新しいサービスについて何が示唆されていますか？
(A) 訪問者から人気があると判明した。
(B) 通常のケーブルカーの運行よりコストがかかる。
(C) ラベルさんが提案した。
(D) 記者会見で発表された。

正解　A
[正答率 54.0%]

クロスレファレンス問題。2通目のメールの2〜3行目⑦で、Mt. Dawdlemore のゲストサービス責任者である Callahan さんは In July, we are starting a new early morning service と7月開始の新しい早朝便について伝えている。一方、お知らせの最下部⑨に Please note that the cars on our early morning service are usually full, so purchasing tickets in advance is recommended. (早朝便のケーブルカーはたいてい満員となりますので、事前のチケット購入をおすすめいたします) と書かれている。このことから、7月に開始した早朝便が常に満席になるほど人気が出ていると思われるので、(A) が正解。prove to be は「結果〜になる、〜であるとわかる」(= turn out to be) という意味。

🔁 これがエッセンス
今、本書に取り組んでいる時点では、Part 7 を制限時間内に解き終わるのは至難の業に思えるかもしれません。それでも、日々トレーニングを続けていけば、解ける問題が少しずつ増えていくはずです。英文を一度読むだけで理解できるようになり、解答に迷わなくなれば、解くスピードは自然と速くなります。本書の特典音声を活用しながら、本文をすべて覚えてしまうくらいまで何度も読み返し、英語のまま理解する力を養ってください。英語に向き合うことをやめなければ、目標とするレベルに必ず到達できます。

Vocab.
本文：メール1　□ draft text「文章の下書き、草稿」　□ entry「記載情報」　□ brochure「パンフレット」
□ make changes「変更を加える」　□ viewing platform「展望台」　□ atop「〜の頂上にある」　□ a must「必須のもの」
□ take in「(景色など) に見入る」　□ breathtaking「息をのむほど美しい」　□ just as A as B「B とちょうど同じくらい A」
□ during the day「日中の」　□ glorious「見事な、美しい」　□ sunset「日の入り」　□ worth a trip「行く価値がある」
□ summit「山頂、頂上」(= peak)　□ run「運行する」　□ per「〜につき」　□ from A through B「A から B まで」
□ allow for「〜を可能にする」
本文：メール2　□ make an adjustment「調整を加える」　□ minor「ささいな、ちょっとした」
□ allow 〈人〉 to do「〈人〉が〜できるようにする」　□ view「〜を眺める」　□ committee「委員会」　□ finalize「〜を最終決定する」
□ pass ... on「…を伝える」　□ approximately「およそ」　□ booking office「予約受付所」　□ alter「〜を変更する」
□ reflect「〜を反映する」
本文：お知らせ　□ correct「正しい」　□ reserve「(権利など) を保有する」　□ without notice「予告なく」
□ fare「(乗り物の) 料金、運賃」　□ in advance「事前に、前もって」
設問　□ consider doing「〜することを検討する」
□ stay overnight「1泊する」　□ a variety of「さまざまな」　□ discount voucher「割引券」　□ hiking trail「ハイキングコース」
□ appear「載る、掲載される」　□ run over budget「予算を超える」　□ than anticipated「予想されたよりも」
□ press conference「記者会見」

TEST 2 正解一覧

Listening

Part 1

No.	Ans.
1	A
2	C
3	C
4	B
5	D
6	D

Part 2

No.	Ans.
7	B
8	C
9	A
10	A
11	C
12	B
13	B
14	A
15	C
16	C
17	A
18	C
19	C
20	B
21	B
22	B
23	A
24	B
25	A
26	C
27	A
28	B
29	A
30	C
31	B

Part 3

No.	Ans.
32	B
33	A
34	C
35	D
36	B
37	C
38	C
39	D
40	D
41	B
42	A
43	D
44	D
45	C
46	A
47	D
48	B
49	C
50	D
51	B
52	D
53	A
54	A
55	B
56	B
57	C
58	A
59	D
60	A
61	A
62	D
63	B
64	B
65	A
66	B
67	D
68	B
69	C
70	C

Part 4

No.	Ans.
71	D
72	A
73	A
74	B
75	D
76	B
77	D
78	B
79	C
80	D
81	D
82	A
83	A
84	C
85	C
86	B
87	C
88	D
89	C
90	D
91	A
92	B
93	D
94	B
95	D
96	A
97	C
98	C
99	D
100	D

Reading

Part 5

No.	Ans.
101	D
102	C
103	C
104	B
105	D
106	C
107	C
108	A
109	B
110	B
111	A
112	B
113	B
114	B
115	A
116	A
117	D
118	D
119	B
120	A
121	A
122	D
123	C
124	C
125	C
126	D
127	C
128	A
129	D
130	A

Part 6

No.	Ans.
131	B
132	A
133	B
134	C
135	B
136	D
137	A
138	C
139	C
140	B
141	D
142	D
143	B
144	D
145	A
146	C

Part 7

No.	Ans.
147	A
148	D
149	B
150	A
151	D
152	C
153	D
154	B
155	A
156	D
157	C
158	D
159	B
160	A
161	C
162	A
163	C
164	B
165	B
166	C
167	C
168	D
169	A
170	D
171	B
172	B
173	C
174	B
175	A
176	B
177	D
178	A
179	D
180	A
181	A
182	B
183	D
184	D
185	C
186	B
187	D
188	B
189	A
190	C
191	B
192	B
193	A
194	C
195	D
196	C
197	C
198	B
199	C
200	A

TEST 1 スコア換算表

模試の正解数から、実際の TOEIC のスコアが予測できます。学習記録をつけて、目標スコアの達成を目指しましょう。

Listening

正答数	スコア	正答数	スコア	正答数	スコア
100	495	66	350	32	180
99	495	65	345	31	170
98	495	64	340	30	160
97	495	63	335	29	140
96	495	62	330	28	130
95	495	61	325	27	115
94	490	60	320	26	100
93	485	59	315	25	予想不可
92	480	58	310	24	予想不可
91	475	57	305	23	予想不可
90	470	56	300	22	予想不可
89	465	55	295	21	予想不可
88	460	54	290	20	予想不可
87	455	53	285	19	予想不可
86	450	52	280	18	予想不可
85	445	51	275	17	予想不可
84	440	50	270	16	予想不可
83	435	49	265	15	予想不可
82	430	48	260	14	予想不可
81	425	47	255	13	予想不可
80	420	46	250	12	予想不可
79	415	45	245	11	予想不可
78	410	44	240	10	予想不可
77	405	43	235	9	予想不可
76	400	42	230	8	予想不可
75	395	41	225	7	予想不可
74	390	40	220	6	予想不可
73	385	39	215	5	予想不可
72	380	38	210	4	予想不可
71	375	37	205	3	予想不可
70	370	36	200	2	予想不可
69	365	35	195	1	予想不可
68	360	34	190	0	予想不可
67	355	33	185		

Reading

正答数	スコア	正答数	スコア	正答数	スコア
100	495	66	335	32	160
99	495	65	330	31	150
98	495	64	325	30	140
97	490	63	320	29	130
96	485	62	315	28	120
95	480	61	310	27	110
94	475	60	305	26	90
93	470	59	300	25	予想不可
92	465	58	295	24	予想不可
91	460	57	290	23	予想不可
90	455	56	285	22	予想不可
89	450	55	280	21	予想不可
88	445	54	275	20	予想不可
87	440	53	270	19	予想不可
86	435	52	265	18	予想不可
85	430	51	260	17	予想不可
84	425	50	255	16	予想不可
83	420	49	250	15	予想不可
82	415	48	245	14	予想不可
81	410	47	240	13	予想不可
80	405	46	235	12	予想不可
79	400	45	230	11	予想不可
78	395	44	225	10	予想不可
77	390	43	220	9	予想不可
76	385	42	215	8	予想不可
75	380	41	210	7	予想不可
74	375	40	205	6	予想不可
73	370	39	200	5	予想不可
72	365	38	195	4	予想不可
71	360	37	190	3	予想不可
70	355	36	185	2	予想不可
69	350	35	175	1	予想不可
68	345	34	170	0	予想不可
67	340	33	165		

■ 学習記録

1回目	年　　　月　　　日	点
2回目	年　　　月　　　日	点
3回目	年　　　月　　　日	点
4回目	年　　　月　　　日	点
5回目	年　　　月　　　日	点
6回目	年　　　月　　　日	点

TEST 2 スコア換算表

Listening

正答数	スコア	正答数	スコア	正答数	スコア
100	495	66	350	32	180
99	495	65	345	31	170
98	495	64	340	30	160
97	495	63	335	29	140
96	495	62	330	28	130
95	495	61	325	27	115
94	490	60	320	26	100
93	485	59	315	25	予想不可
92	480	58	310	24	予想不可
91	475	57	305	23	予想不可
90	470	56	300	22	予想不可
89	465	55	295	21	予想不可
88	460	54	290	20	予想不可
87	455	53	285	19	予想不可
86	450	52	280	18	予想不可
85	445	51	275	17	予想不可
84	440	50	270	16	予想不可
83	435	49	265	15	予想不可
82	430	48	260	14	予想不可
81	425	47	255	13	予想不可
80	420	46	250	12	予想不可
79	415	45	245	11	予想不可
78	410	44	240	10	予想不可
77	405	43	235	9	予想不可
76	400	42	230	8	予想不可
75	395	41	225	7	予想不可
74	390	40	220	6	予想不可
73	385	39	215	5	予想不可
72	380	38	210	4	予想不可
71	375	37	205	3	予想不可
70	370	36	200	2	予想不可
69	365	35	195	1	予想不可
68	360	34	190	0	予想不可
67	355	33	185		

Reading

正答数	スコア	正答数	スコア	正答数	スコア
100	495	66	335	32	160
99	495	65	330	31	150
98	495	64	325	30	140
97	490	63	320	29	130
96	485	62	315	28	120
95	480	61	310	27	110
94	475	60	305	26	90
93	470	59	300	25	予想不可
92	465	58	295	24	予想不可
91	460	57	290	23	予想不可
90	455	56	285	22	予想不可
89	450	55	280	21	予想不可
88	445	54	275	20	予想不可
87	440	53	270	19	予想不可
86	435	52	265	18	予想不可
85	430	51	260	17	予想不可
84	425	50	255	16	予想不可
83	420	49	250	15	予想不可
82	415	48	245	14	予想不可
81	410	47	240	13	予想不可
80	405	46	235	12	予想不可
79	400	45	230	11	予想不可
78	395	44	225	10	予想不可
77	390	43	220	9	予想不可
76	385	42	215	8	予想不可
75	380	41	210	7	予想不可
74	375	40	205	6	予想不可
73	370	39	200	5	予想不可
72	365	38	195	4	予想不可
71	360	37	190	3	予想不可
70	355	36	185	2	予想不可
69	350	35	175	1	予想不可
68	345	34	170	0	予想不可
67	340	33	165		

■ 学習記録

1回目	年　　月　　日	4回目	年　　月　　日
	点		点
2回目	年　　月　　日	5回目	年　　月　　日
	点		点
3回目	年　　月　　日	6回目	年　　月　　日
	点		点

■ 著者紹介

加藤優 (かとう・まさし)
青山学院大学英米文学科卒業。バンクーバー・コミュニティ・カレッジで国際 TESOL（英語教授法）ディプロマを取得。エッセンス イングリッシュ スクール主任講師。TOEIC990 点、TOEIC SW テスト各 200 点満点、英検 1 級。ネイティヴなみの発音を生かした音読など、多彩なティーチングメソッドを織り込んだ授業に定評がある。著書に『TOEIC® L&R TEST 900 点特急パート 5&6』『新 TOEIC® TEST 900 点特急Ⅱ 究めるパート 5』（朝日新聞出版）、『よくわかる TOEIC® テスト総合対策』（語研）、『TOEIC® テスト 新形式精選模試』シリーズ（ジャパンタイムズ出版）などがある。趣味は作詞・作曲とギターの弾き語り。

Bradley Towle （ブラッドリー・トール）
テキサス大学卒業。財政学専攻。TOEIC 990 点。エッセンス イングリッシュ スクール講師。宝石の卸売会社を経営した経験があり、豊富なビジネスバックグラウンドを生かした授業は受講生から高く評価されている。作成するオリジナル教材が『TOEIC® テスト 990 点新・全方位』シリーズなど多くの書籍で使用されている。共著書に『TOEIC® テスト 新形式精選模試リスニング／リスニング 2』『TOEIC® L&R テスト 精選模試リスニング 3 ／リーディング 3』（ジャパンタイムズ出版）などがある。

Paul McConnell （ポール・マッコーネル）
ロンドンのグリニッジ大学卒業。社会学専攻。TOEIC 990 点。コミュニティカレッジなどで社会学の講師などを経験したのち来日し、2000 年より大手の英会話学校で TOEIC、TOEFL、英検などの講師を務める。エッセンス イングリッシュ スクール講師。異文化教育に関心が深い。熱心なうえに人柄が明るく、受講生のハートをつかんでいる。共著書に『TOEIC® テスト新形式精選模試 リーディング／リーディング 2』（ジャパンタイムズ出版）がある。趣味は音楽と読書。

〈協力〉エッセンス イングリッシュ スクール

エッセンス イングリッシュ スクール（www.essence.co.jp）

TOEIC 指導の専門校。講師陣全員 990 点満点。ネイティヴ講師も日本人講師とともに常時 TOEIC を受験。最新傾向をオリジナル教材に生かした指導が好評で、多くの高得点者を輩出している。得点アップコース（対象：500 点前後～ 800 点）、900 点クラブ（対象：800 点前後～ 990 点）、音読道場、弱点補強クラス、短期集中講座などを開講。オンライン受講も可能で、全国どこからでも授業が受けられる。

TOEIC® L&R テスト 精選模試【総合】

2021 年 12 月 20 日　初版発行
2022 年 6 月 20 日　第 2 刷発行

著者	加藤優／ Bradley Towle ／ Paul McConnell
	© Masashi Kato, Bradley Towle, Paul McConnell,
	Essence English School, 2021
発行者	伊藤秀樹
発行所	株式会社 ジャパンタイムズ出版
	〒 102-0082 東京都千代田区一番町 2-2 一番町第二 TG ビル 2F
	電話　050-3646-9500（出版営業部）
	ウェブサイト　https://jtpublishing.co.jp/
印刷所	日経印刷株式会社

Printed in Japan　ISBN978-4-7890-1803-6

本書のご感想をお寄せください。
https://jtpublishing.co.jp/contact/comment/

TOEIC® L&Rテスト
精選模試【総合】
*L&R means Listening and Reading

特別付録　直前エッセンスリスト

the japan times 出版

Contents
目次

Part 1 に頻出する名詞

画像検索サイトを活用し、単語のイメージごと頭に焼き付けておこう。

▌ 屋内写真 ▶ オフィス・ビル内・店内など

filing cabinet	書類整理棚	staircase	階段
desk drawer	机の引き出し	microwave oven	電子レンジ
office equipment	オフィス機器	refrigerator	冷蔵庫
workstation	作業スペース	cupboard	食器棚、戸棚
bulletin board / notice board	掲示板	pots and pans	鍋類
		lid	ふた
microscope	顕微鏡	dish / plate	皿
garbage bin	ゴミ箱	tableware	食卓食器
window shade	ブラインド	silverware / cutlery	ナイフ、フォーク、スプーン類
windowpane	窓ガラス	cooking utensil	調理用具
windowsill	窓下枠、窓台	shopper	買い物客
stool	背もたれのない椅子、スツール	cashier	レジ係
potted plant	鉢植えの植物	diner	食事客
vase	花瓶	server	給仕係
easel	画架、イーゼル	produce	農産物
artwork	美術品	groceries	食料品
podium	演壇	merchandise	商品
instrument	楽器	garment	衣服
doorway	戸口、出入り口	container	入れ物、箱
hallway / corridor	（建物内の）通路、廊下	cardboard box	段ボール箱
pillar / column	柱、支柱	crate	運搬用のケース

square / plaza	広場
fountain	噴水
railing	柵、手すり
structure	建造物
brick wall	レンガの壁
archway	アーチ形の入り口、通路
courtyard	中庭
patio	テラス、中庭
canopy	屋根状のテント、日よけ
awning	（入り口などに取り付ける）日よけ
spectator	（スポーツなどの）観客
pedestrian	歩行者
motorist	車の運転者
bicyclist	自転車に乗っている人
passenger	乗客
vehicle	乗り物、車
automobile	自動車
intersection	交差点
traffic light / traffic signal / stoplight	交通信号機

walkway	歩道、通路
sidewalk / pavement	（車道に対して）歩道
crosswalk	横断歩道
curb	縁石
lamppost	街灯柱
path	小道
driveway	（車庫に通じる）私道
garage	車庫
parking lot	屋外駐車場
broom	ほうき
ladder	はしご
lawnmower	芝刈り機
wheelbarrow	手押し車、猫車
heavy machinery	重機
scaffolding	（工事現場の）足場
body of water	川・海・湖
ship / vessel	船
dock	船着き場、埠頭
pier	桟橋
lighthouse	灯台

Part 2 で正解になる頻出応答文

≪わからない≫

I'm not sure/certain about that.	それについてはよくわかりません。
I haven't heard anything.	何も聞いていません。
It hasn't been decided/announced yet.	まだ決まっていません／発表されていません。
I'm still waiting to hear.	まだ連絡待ちです。
I've only just arrived.	たった今出勤したばかりです（のでわかりません）。
I was at the meeting all day.	一日中会議に出ていました（のでわかりません）。
I just got back from vacation.	休暇から戻ってきたばかりです（のでわかりません）。
I just started working here.	ここで働き始めたばかりです（のでわかりません）。
I don't work here.	ここの従業員ではありません（のでわかりません）。
I'm new in this town.	この町に来たばかりです（のでわかりません）。

≪他人に聞くよう促す≫

Check with the manager.	マネジャーに確認してください。
You'd better ask Mr. Lee.	Lee さんに聞いたほうがいいですよ。
Ms. Patel should know.	パテルさんが知っているはずです。
Brenda is in charge of that.	Brenda が担当者です（ので彼女に聞いてください）。
Jeff made all the arrangements.	Jeff がすべて手配しました（ので彼に聞いてください）。

≪情報のありかを示す≫

It's posted on the Web site.	ウェブサイトに掲載されています。
Let me show you the schedule.	（予定を聞かれて）スケジュールをお見せします。
There's a map on the wall.	（場所を聞かれて）壁に地図が貼ってあります。
Here's the instruction manual.	（手順を聞かれて）こちらが取扱説明書です。
Didn't you read the memo/e-mail?	社内連絡／メールを読まなかったのですか？（そこに書かれています）

Part 2, 3, 4, 7 の解答に役立つキーフレーズ

《指示・念押し》	Be sure to *do*	必ず~してください
	I'd like to remind you to *do*	忘れずに~してください
	Remember to *do*	忘れずに~してください
	Don't forget to *do*	忘れずに~してください
《依頼》	Please *do*	~してください
	I want you to *do* / I'd like you to *do*	~していただきたいのですが
	Could/Would you *do*?	~していただけますか
	Do/Would you mind *doing*?	~していただいても構いませんか
	I was wondering if you could *do*	~していただけないでしょうか
	I was hoping that you could *do*	~していただけないでしょうか
	I'd appreciate it if you could *do*	~していただければ幸いです
	It would be helpful if you could *do*	~していただければ助かります
《提案・誘い》	I think you should *do*	~したほうがよいと思います
	It might be a good idea to *do*	~してもいいかもしれません
	You might want to *do*	~してもいいかもしれません
	You'd better *do*	~しないと大変なことになりますよ
	I'd suggest/recommend *doing*	~することをおすすめします
	I encourage you to *do*	~することをおすすめします
	Why don't you *do*?	~するのはどうですか
	How/What about *doing*?	~するのはどうですか
	Let's *do*	(一緒に) ~しましょう
	We could *do*	(一緒に) ~することもできると思います、~するのはどうですか
	Should/Shall we *do*?	(一緒に) ~したほうがよいでしょうか、~しませんか
	Why don't we *do*?	(一緒に) ~するのはどうですか
《申し出》	I'll *do* for you.	~しましょう
	Let me *do*	~させてください、~しましょう
	I can/could *do*	~することもできますよ
	I'd be happy to *do*	喜んで~しますよ
	Should/Shall I *do*?	~したほうがよいでしょうか、~しましょうか
	Why don't I *do*?	~しましょうか
	Do you want me to *do*? / Would you like me to *do*?	~してほしいですか、~しましょうか
《許可を求める》	Could/May I *do*?	~してもよろしいですか
	Is it OK if I *do*?	~してもよろしいですか
	Is it all right if I *do*?	~してもよろしいですか
	Do/Would you mind if I *do/did*?	~しても構いませんか

品詞の見分け方 (代表的な接尾辞)

名詞 ▶ 主語 S・目的語 O・補語 C、前置詞の目的語になる

-age:	coverage	補償	-sion / -tion:	construction	建設
*-al:	renewal	更新	-th:	growth	成長
-ance / -ence:	performance	業績	-ty / -ity:	certainty	確実性
*-ary / -ory:	commentary	解説	-ure:	departure	出発
-cy:	efficiency	効率	**■ 人を表す形**		
-gy:	apology	謝罪	*-ant / -ent:	applicant	応募者
-ism:	criticism	批判	-ee:	attendee	出席者
-ment:	improvement	改善	-er / -or:	employer	雇用主
-ness:	willingness	意欲	-ian:	technician	技術者
-sis:	emphasis	強調	-ist:	specialist	専門家

形容詞 ▶ 補語 C になる、名詞を修飾する

-able / -ible:	reliable	信頼できる	-ful:	successful	成功した
*-al:	optional	任意の	-ic:	specific	特定の
*-ant / -ent:	important	重要な	-ile:	fragile	壊れやすい
-ar:	popular	人気のある	-ive:	active	活動的な
*-ary / -ory:	necessary	必要な	-less:	careless	不注意な
-esque:	picturesque	絵のように美しい	-ous:	famous	有名な

副詞 ▶ 名詞以外を修飾する

形容詞 + -ly:	regularly	定期的に

動詞

-ate:	hesitate	ためらう	-fy:	satisfy	満足させる
-en:	widen	広げる	-ize:	organize	まとめる

※ -al、-ary / ory、-ant / -ent で終わる語 (*) は、名詞と形容詞どちらの場合もある。

※ -ive で終わるが名詞の用法が問われるもの
representative「担当者・代表者」、executive「重役」、relative「身内」、objective「目標」、initiative「計画」、perspective「見方」

※ -ly で終わるが形容詞として用いるもの (名詞に -ly がついた語が多い)
friendly「親しみやすい」、timely「適時の」、costly「高価な」、lively「活気ある」、orderly「整った」
そのほか、頻度を表す daily / weekly / monthly / yearly は形容詞・副詞どちらの用法もある。

意味の違いが問われる頻出名詞

人（または会社）		物事	
applicant	応募者	application	応募
assistant	アシスタント	assistance	援助
attendant / attendee	案内係／出席者	attendance	出席、出席者数
participant	参加者	participation	参加
occupant	入居者	occupation / occupancy	職業／稼働率
resident	住人	residence	住居
respondent	回答者	response	反応、回答
correspondent	通信員	correspondence	通信文
publisher	出版社	publication	出版、出版物
subscriber	購読契約者	subscription	購読契約
producer	生産者、制作者	production	生産、制作
presenter	発表者、贈呈者	presentation	プレゼン、贈呈
lecturer	講演者、講師	lecture	講演・講義
diner	食事客	dining	食事
trainer / trainee	研修担当者／研修生	training	研修
interviewer / interviewee	面接員／面接を受ける人	interview	面接
employer / employee	雇用者／従業員	employment	雇用、仕事
recruiter / recruit	採用担当者／新入社員	recruitment	採用
manager	管理者	management	管理
director	管理者、取締役	direction / directory	方向、指示／名簿
supervisor	監督者	supervision	監督
instructor	指導員、講師	instruction	指示
inspector	検査員	inspection	検査
distributor	流通業者	distribution	流通、配布
representative	代表者	representation	代表、表現
expert	専門家	expertise	専門知識
professional	プロ	profession / professionalism	専門職／プロらしさ

名詞を組み合わせた頻出フレーズ（複合名詞）

art exhibition	美術展	performance evaluation	業績評価
customer satisfaction	顧客満足	photo identification	写真付き身分証明書
consumer preference	消費者の好み	insurance coverage	保険の補償範囲
survey response	アンケートの回答	cost estimate	費用見積
price reduction	値下げ	construction site	建設現場
admission fee	入場料	completion date	完了日
payment option	支払いの選択肢	renovation project	改装プロジェクト
lease agreement	リース契約	sales representative	営業担当者
investment plan	投資計画	marketing strategy	マーケティング戦略
business expansion	事業拡大	product innovation	製品の革新
job opening	職の空き	production facility	生産施設
application form	応募用紙	distribution center	物流センター
qualification requirement	資格条件	safety inspection	安全検査
employment contract	雇用契約	instruction manual	取扱説明書
hiring policy	雇用規定	apartment complex	集合住宅
career advancement	キャリアアップ	parking permit	駐車許可証

不定詞と動名詞の使い分け

■ 不定詞 (to do) を目的語にとる動詞 =「未来」に意識を向けたものが多い
… これからしようとすること、実行に移さないことなど

■ 動名詞 (doing) を目的語にとる動詞 =「現実」「過去」に意識を向けたものが多い
… 今まで行ってきたこと、日常的・継続的な行為、現実に対応する行為など

不定詞を目的語にとる重要動詞		動名詞を目的語にとる重要動詞	
wish to *do*	～したいと望む	finish *doing*	～し終える
hope to *do*	～したいと望む	quit *doing*	～するのをやめる
desire to *do*	～したいと強く望む	stop *doing*	～するのをやめる
aspire to *do*	～することを志す	keep (on) *doing*	～し続ける
expect to *do*	～することを期待する	enjoy *doing*	～するのを楽しむ
plan to *do*	～する予定だ	imagine *doing*	～することを想像する
aim to *do*	～することを目指す	anticipate *doing*	～することを予期する
prepare to *do*	～する準備をする	consider *doing*	～することを検討する
arrange to *do*	～するよう手配する	recommend *doing*	～することをすすめる
promise to *do*	～すると約束する	suggest *doing*	～することを提案する
offer to *do*	～すると申し出る	appreciate *doing*	～することに感謝する
decide to *do*	～することに決める	involve *doing*	～することを伴う
choose to *do*	～することを選ぶ	entail *doing*	～することを伴う
opt to *do*	～することを選ぶ	delay *doing*	～することを遅らせる
agree to *do*	～することに同意する	postpone *doing*	～することを延期する
attempt to *do*	～しようと試みる	avoid *doing*	～することを避ける
strive to *do*	～しようと努める	mind *doing*	～するのを嫌がる
seek to *do*	～しようとする	prohibit *doing*	～することを禁止する
tend to *do*	～する傾向がある		
hesitate to *do*	～するのをためらう		
refuse to *do*	～するのを拒む		
decline to *do*	～するのを拒む		
fail to *do*	～し損ねる		

※ start / begin (～し始める) と continue (～し続ける) は、目的語に不定詞・動名詞のどちらもとる。

It **continued** to rain. / It **continued** raining. 「雨が降り続けた」

前置詞の働きをする頻出フレーズ

because of	～が原因で、～のため	except for	～を除いて
due to	～が原因で、～のため	apart from	～を別にして
owing to	～が原因で、～のため	aside from	～を別にして
on account of	～が原因で、～のため	other than	～のほかには
thanks to	～のおかげで	rather than	～よりむしろ、～ではなくて
as a result of	～の結果	instead of	～の代わりに
in light of	～を考慮して	in place of	～の代わりに
in spite of	～にもかかわらず	on behalf of	～を代表して、～に代わって
regardless of	～に関係なく	according to	～によれば、～に従って
in contrast to	～と対照的に	in accordance with	～に従って
as opposed to	～と反対に	in keeping with	～に従って
contrary to	（予測・信念）に反して	in regard to	～に関して
in addition to	～に加えて	in terms of	～の点で、～に関して
as well as	～だけではなく	in case of	～の場合は
along with	～と一緒に	in the event of	～の場合は
together with	～と一緒に	prior to	～より前に
such as	～のような	subsequent to	～の後に続いて
as with	～と同様に	as of	～の時点で、～から

Part 5 & 6 で問われる「前置詞 vs. 接続詞」

機能	前置詞（名詞をつなぐ）		接続詞（節 S ＋ V をつなぐ）	
原因・理由	because of / due to / owing to / on account of	～が原因で	because / since / as	～なので
	thanks to	～のおかげで	now that	今や～なので
目的	for the purpose of	～の目的で	so that / in order that	～できるように
逆接・対比	despite / in spite of / regardless of / notwithstanding	～にもかかわらず	although / though / even though	～だが
			while / whereas	～の一方で
時間関係	during / throughout	～の間	while	～の間
			when	～するとき
	prior to	～の前に	whenever	～はいつでも
	following	～の後で	once / as soon as	～したらすぐに
	upon	～したらすぐに		
条件・仮定	in case of / in the event of	～の場合	only if / as long as	～しさえすれば
			provided that / on condition that	～を条件として
			assuming that	～と仮定すれば
			in case	～の場合に備えて
			in the event that	～の場合
			whether	～だろうと…だろうと
	without	～がなければ	unless	～でない限り

※ 前置詞と接続詞どちらの用法もあるもの

before「～の前に」、after「～の後で」、until「～までずっと」、since「～以来」

Part 6 攻略に役立つ接続副詞リスト

結果・結論	therefore / accordingly / for this reason / thus / hence	そのため、したがって
	consequently / as a result / as a consequence	その結果
逆接・対比	however	しかしながら
	nevertheless / nonetheless / regardless / still / even so / despite that	それにもかかわらず
	having said that / that being said	とはいっても
	conversely / in contrast	反対に、対照的に
	on the contrary	それどころか
	on the other hand	一方では
追加	also / in addition / additionally / furthermore / moreover / what's more / besides	その上、さらに
具体例	for example / for instance	たとえば
	specifically	とくに、具体的に
	in fact / indeed	実のところ
選択	alternatively	あるいは
	instead	その代わりに、そうせずに
	rather	むしろ、そうではなく
仮定	in that case / if so	その場合は
	otherwise	そうでない場合は、さもないと
類似	similarly / likewise	同様に
時間関係	meanwhile / in the meantime	その間、それまでの間
	at the same time	同時に
	afterward / after that / subsequently / then	その後で、それから

※ 接続副詞と同じ働きをする副詞句や分詞句などもリストに含めています。

accommodate	動詞	～を収容する ＝ provide space for; hold; seat （要望など）に応じる ＝ meet; satisfy; fulfill; serve
address	動詞	（手紙など）を～に宛てる （質問など）を～に向ける ＝ direct; refer ～に向けて演説する ＝ speak to （問題など）に対処する ＝ deal with; attend to; resolve （質問など）に対応する、答える ＝ answer; respond to
	名詞	住所 （メール・サイトの）アドレス 演説 ＝ speech
asset	名詞	資産、財産 ＝ property 有益なもの（人）＝ benefit; advantage; plus
assume	動詞	（責任・役職など）を引き受ける ＝ take on ～を当然のことと思う、～だと思い込む ＝ believe; suppose
attract	動詞	（関心・注目など）を引きつける ＝ draw （人）を魅了する ＝ appeal to
bear	動詞	（重さなど）を支える ＝ support; hold ～に耐える ＝ tolerate; endure （費用・責任など）を負う ＝ take responsibility for; assume （bear ... in mind で）…を心にとどめておく ＝ keep ... in mind
capacity	名詞	能力 ＝ ability 収容能力、定員 （工場などの）生産能力 ＝ output （仕事上の）役割、立場 ＝ role; position; function
carry	動詞	～を運ぶ ＝ transport （商品）を扱う、店頭に置く ＝ stock
certain	形容詞	確信している ＝ sure; confident 確実に起こる ＝ sure; definite ある特定の ＝ particular; specific
claim	動詞	～だと主張する ＝ insist; maintain （当然の権利として）～を要求する ＝ request; demand
complete	動詞	～を完了する ＝ finish; conclude （記入項目）を埋める ＝ fill out
	形容詞	全部そろった、完全な ＝ full; whole 完了した ＝ finished
contribute	動詞	貢献する 寄付する ＝ donate 寄稿する ＝ write articles （contribute to で）～の一因になる ＝ cause; lead to; result in

convey	動詞	〜を運ぶ = transport; carry (メッセージなど) を伝える = communicate
copy	名詞	複写、コピー = duplicate (本などの) 1部、1冊 (広告などの) 文章 = text
cover	動詞	(題材など) を扱う、含む = deal with; include (規則などが) を対象とする、〜に適用される = apply to 〜について報道する = report on (費用など) をまかなう = pay for (cover for で) 〜の代わりを務める = work for; substitute for; fill in for
critical	形容詞	批判的な 重要な、欠かせない = extremely important; crucial; essential; vital 批評家による
decline	動詞	〜を断る = turn down; refuse; reject 減少する = decrease
	名詞	減少 = decrease
due	形容詞	(支払いなどが) 行われるべき、期限の (be due to *do* で) 〜することになっている = be scheduled to *do*; be expected to *do*; be set to *do*; be slated to *do*
	前置詞	(due to で) 〜が原因で = because of
employ	動詞	〜を雇用する (方法など) を用いる = use; apply
extend	動詞	〜を拡張する、広げる = expand; widen (期間など) を延ばす = prolong 〜を差し出す、与える = offer (特定の期間・範囲に) 及ぶ = continue; stretch
function	名詞	機能 役割 = role 行事 = event
	動詞	機能する = operate
given	前置詞	〜を考慮すると = considering
	形容詞	特定の、所定の = certain; particular; specific
grant	名詞	補助金 = financial support
	動詞	(許可など) を与える = give (要望など) を聞き入れる、かなえる = accommodate; fulfill; agree to
honor	動詞	〜を称える、表彰する = praise; recognize (約束など) を守る = keep; fulfill (クーポンなど) を受け付ける = accept

issue	名詞	問題、話題 = problem; matter; topic (雑誌などの) 号 = edition 発行 = publication
	動詞	(宣言など) を出す、発表する = announce (証明書など) を発行する、与える = give; provide
lead to	動詞	～に通じる (結果) につながる = result in
locate	動詞	～の場所を見つける = find (be located の形で) ～に位置している = be situated
make it	動詞	なんとか出席できる、都合がつく = be able to attend なんとかたどり着く、間に合う = arrive in time なんとかうまくいく = succeed
mark	動詞	～を記念する、祝う = celebrate; commemorate; observe (重要な節目) を示す、～となる = represent; signify
matter	名詞	(対処すべき) 問題、状況 = problem; situation 物、物質 = material; substance
	動詞	重要だ = be important
meet	動詞	(人) に会う (問題など) に出くわす = experience; encounter (要望など) を満たす = satisfy; fulfill (目標など) を達成する = reach; achieve; accomplish
observe	動詞	～をじっと見る、監視する = watch (規則など) を守る = follow; obey; comply with; adhere to (祝日など) を祝う = celebrate
occupied	形容詞	(部屋・席などが) 使用中の = in use 手がふさがった、忙しい = busy
occupy	動詞	(場所・時間など) を占める、取る = take up; fill; use ～に居住している = live in (役職) に就いている = hold
outstanding	形容詞	傑出した、優れた = excellent; exceptional; distinguished 未処理の、未払いの = not yet resolved; unpaid
present	動詞	～を贈呈する = give (身分証など) を見せる、提示する = show (結果など) を示す、説明する = show; describe (問題など) をもたらす = cause; pose
	形容詞	出席している = in attendance 現在の = current; existing
project	動詞	(印象など) を与える、示す = show; present ～を予測する、見積もる = expect; forecast; estimate

rate	名詞	割合、率 = percentage 速さ = speed 料金 = price; fee; charge
	動詞	～を評価する = evaluate; assess
reception	名詞	レセプション、歓迎会 = party 反応 = reaction 受付 = front desk 受信状態
recognize	動詞	(経験から) ～であると気づく、わかる = identify ～であると認める = accept; acknowledge; admit (功績) を評価する、称える = acknowledge; appreciate; honor
represent	動詞	～を代表する、～の代理を務める = act for; speak for (象徴・一例として) ～を示す = show; signify ～を描く、表現する = describe; depict; portray ～に相当する、～となる
reservation	名詞	予約 = booking 懸念 = concern
run	動詞	～を運営する、経営する = operate; manage; organize (調査など) を行う = conduct; carry out (雑誌などに) ～を載せる = print; publish (機械などが) 作動する = operate; function (イベントなどが) 続く = continue (ある状態) になる = become
settle	動詞	～を解決する = resolve ～を決定する = decide (勘定) を支払う = pay (settle in で) 環境に慣れる、落ち着く = become comfortable
sustain	動詞	～を維持する = maintain (損害など) を被る = suffer (重さなど) を支える = support; bear
term	名詞	(terms で) 条件 = conditions 期間 = duration; period 用語 = word; expression 他者との関係、間柄 = relationship

テストの前日にもう一度確認しておきたいこと

1 会場へ持っていくもの

☐ 受験票	写真（縦4cm ×横3cm）を貼り付けます。
☐ 写真つき身分証明書	運転免許証、個人番号カード、学生証など。
☐ 筆記用具	鉛筆数本またはシャーペン、消しゴム。
☐ 腕時計	試験会場に時計がない場合があります。
☐ 軽食・飲み物	試験中に眠くならない程度のもの。
	もちろんテスト中の飲食は禁止です。
☐ 「がんばろう!」という気持ち	今までの学習の成果を信じましょう!

2 テストの流れ

午前実施 / 午後実施

9:25 ～ 9:55 / 14:05 ～ 14:35

受付（受験票と身分証明書の提示）
- ☐ 9:55 または14:35 以降は休憩がありません。
- ☐ 受付後、必要事項の記入をあらかじめ済ませておいてください。

9:55 ～ 10:20 / 14:35 ～ 15:00

試験の説明、会場の音量チェック、受験票 B の回収、テストブック配布
- ☐ 会場によって音響設備はまちまちです。聞こえにくいと感じたら、思い切って試験監督に伝えましょう。
- ☐ 携帯電話の電源を切るよう指示があります。電源の切り方を確認しておきましょう。
- ☐ 試験開始までの5分程度、沈黙の時間があります。緊張しているのは周りの受験者も皆同じです。目を閉じて深呼吸をし、リラックスしてテストの開始を待ちましょう。

10:20 / 15:00

テストブックの開封
- ☐ シールを両手で無理に開けようとすると、表紙まで破れてしまう場合があります。冊子の間に片手（または鉛筆）を入れれば、一気にスパッと切れます。

10:20 ～ 11:06 / 15:00 ～ 15:46

リスニング －約46分間－（45 分または47 分の場合もあり*）

＊教室正面に書かれた試験終了時刻が「12:20」「17:00」なら45分、「12:22」「17:02」なら47分。

11:06 ～ 12:21 / 15:46 ～ 17:01

リーディング －75 分間－
- ☐ 時間配分は Part 5 を10 分、Part 6 を8 分、Part 7 を57 分を目安に。

※新型コロナウイルス感染状況に伴い、変更の可能性があります。最新情報は公式サイト（https://www.iibc-global.org/toeic.html）をご確認ください。

3 試験中の禁止行為

- ☐ テストブックへの書き込み（○や✓、下線を含む）
- ☐ リスニングテスト中にリーディングセクションを見ること、またはリーディングテスト中にリスニングセクションを見ること

■ リーディングの時間配分 （リスニング 46 分間の場合）

パート	最後まで解く際の時間配分	当日の時刻	あなたの解答ペース	当日の時刻
Part 5 (30 問)	10 分 (20 秒／問)	～ 11:16 ～ 15:56	分	～
Part 6 (16 問)	8 分 (2 分／セット)	～ 11:24 ～ 16:04	分	～
Part 7 シングル (29 問)	27 分 (1 分弱／問)	～ 11:51 ～ 16:31	分	～
ダブル (10 問)	12 分 (6 分／セット)	～ 12:03 ～ 16:43	分	～
トリプル (15 問)	18 分 (6 分／セット)	～ 12:21 ～ 17:01	分	～

※ 満点目標でない限り、無理に最後まで解き終える必要はありません。

日ごろの問題演習を通じて解答ペースを把握し、自分にとってベストな時間配分を設定しましょう。

TOEIC® L&Rテスト
精選模試
【総合】

別冊TEST
1・2

the japan times 出版

TEST 1

▶ 正解一覧は本冊の 112 ページ、解答・解説は 2 ～ 111 ページに掲載されています。

LISTENING TEST

In the Listening test, you will be asked to demonstrate how well you understand spoken English. The entire Listening test will last approximately 45 minutes. There are four parts, and directions are given for each part. You must mark your answers on the separate answer sheet. Do not write your answers in your test book.

PART 1

Directions: For each question in this part, you will hear four statements about a picture in your test book. When you hear the statements, you must select the one statement that best describes what you see in the picture. Then find the number of the question on your answer sheet and mark your answer. The statements will not be printed in your test book and will be spoken only one time.

Statement (C), "They're sitting at a table," is the best description of the picture, so you should select answer (C) and mark it on your answer sheet.

1.

2.

GO ON TO THE NEXT PAGE

3.

4.

5.

6.

GO ON TO THE NEXT PAGE ▶

PART 2

Directions: You will hear a question or statement and three responses spoken in English. They will not be printed in your test book and will be spoken only one time. Select the best response to the question or statement and mark the letter (A), (B), or (C) on your answer sheet.

7. Mark your answer on your answer sheet.

8. Mark your answer on your answer sheet.

9. Mark your answer on your answer sheet.

10. Mark your answer on your answer sheet.

11. Mark your answer on your answer sheet.

12. Mark your answer on your answer sheet.

13. Mark your answer on your answer sheet.

14. Mark your answer on your answer sheet.

15. Mark your answer on your answer sheet.

16. Mark your answer on your answer sheet.

17. Mark your answer on your answer sheet.

18. Mark your answer on your answer sheet.

19. Mark your answer on your answer sheet.

20. Mark your answer on your answer sheet.

21. Mark your answer on your answer sheet.

22. Mark your answer on your answer sheet.

23. Mark your answer on your answer sheet.

24. Mark your answer on your answer sheet.

25. Mark your answer on your answer sheet.

26. Mark your answer on your answer sheet.

27. Mark your answer on your answer sheet.

28. Mark your answer on your answer sheet.

29. Mark your answer on your answer sheet.

30. Mark your answer on your answer sheet.

31. Mark your answer on your answer sheet.

PART 3

Directions: You will hear some conversations between two or more people. You will be asked to answer three questions about what the speakers say in each conversation. Select the best response to each question and mark the letter (A), (B), (C), or (D) on your answer sheet. The conversations will not be printed in your test book and will be spoken only one time.

32. What type of business does the man work for?
    (A) A car dealership
    (B) A shipping company
    (C) A rental car agency
    (D) A towing service

33. What does the man ask about?
    (A) The type of a vehicle
    (B) A confirmation code
    (C) A pickup location
    (D) The name of a manufacturer

34. What does the man say he will do?
    (A) Send out a driver
    (B) Check a schedule
    (C) Provide some instructions
    (D) Waive a fee

35. What did the woman do for the man?
    (A) She sent him a link to a Web site.
    (B) She prepared some food.
    (C) She gave him a book.
    (D) She recommended an instructor.

36. What does the man say he did yesterday?
    (A) Attended a class
    (B) Searched online
    (C) Shopped at a grocery store
    (D) Tried out a recipe

37. What does the woman recommend purchasing?
    (A) An organic food item
    (B) A cleaning product
    (C) A kitchen timer
    (D) A piece of cookware

38. Where do the men work?
    (A) At a retail store
    (B) At an employment agency
    (C) At a manufacturing firm
    (D) At an educational institution

39. What is the purpose of the telephone call?
    (A) To postpone an appointment
    (B) To confirm a delivery time
    (C) To report a problem
    (D) To discuss an orientation

40. What is the woman asked to do?
    (A) Choose a time option
    (B) Pick up a package
    (C) Update contact information
    (D) Submit a document

41. What type of work is the man doing today?
    (A) Promoting a new facility
    (B) Conducting an opinion survey
    (C) Publicizing a government initiative
    (D) Recruiting volunteers

42. What problem does the woman mention?
    (A) The date of a meeting is inconvenient.
    (B) Public transportation is limited.
    (C) There are too many options to choose from.
    (D) The recycling service is unreliable.

43. What does the man say about the online form?
    (A) It was sent as an e-mail attachment.
    (B) It is several pages long.
    (C) It has a space for comments.
    (D) It must be completed today.

GO ON TO THE NEXT PAGE ➤

44. What item are the speakers discussing?
    (A) A desk
    (B) A computer
    (C) A bookshelf
    (D) A file cabinet

45. Why does the man say, "Just look at the condition"?
    (A) To warn about a problem
    (B) To correct a misunderstanding
    (C) To emphasize a bargain
    (D) To compliment an office

46. What does the woman say she will do?
    (A) Read online reviews
    (B) Keep using her original item
    (C) Register for membership
    (D) Offer to make a purchase

47. Why did the man arrive late?
    (A) He misunderstood a message.
    (B) He drove to the wrong location.
    (C) He spoke too long on the telephone.
    (D) He encountered heavy traffic.

48. What will the speakers most likely do on Thursday?
    (A) Landscape an area
    (B) Renovate a building
    (C) Install a fence
    (D) Repair a vehicle

49. Who is Luanna Dunn?
    (A) A store owner
    (B) A government official
    (C) An apartment manager
    (D) An auto mechanic

50. What does the man imply when he says, "That's the fourth driver this month"?
    (A) Deliveries have been arriving late.
    (B) Several employees have resigned recently.
    (C) Orders have not been processed properly.
    (D) Some vehicles need to be repaired.

51. What does the woman say she has already done?
    (A) Written a letter of complaint
    (B) Contacted customer service
    (C) Discussed an issue with a supervisor
    (D) Posted information on Web sites

52. Why does the woman mention Spain?
    (A) She will attend a conference there.
    (B) She will take a vacation there.
    (C) Her company will conduct research there.
    (D) Her coworker has family there.

53. What does the man plan to do today?
    (A) Pick up his car
    (B) Meet clients at their office
    (C) Reserve an event venue
    (D) Join a group for a meal

54. What does the man say about his assignment?
    (A) It will take a long time to accomplish.
    (B) It requires a trip across town.
    (C) It has already been completed.
    (D) It will result in a pay increase.

55. What does Charlene offer to do for the man?
    (A) Pay for an expense
    (B) Drive him to a location
    (C) Assist him with a project
    (D) Bring an item from home

56. In what department does the woman probably work?

(A) Product Development
(B) Technical Support
(C) Market Research
(D) Sales

57. What does the woman say about her job?

(A) It is well paid.
(B) It offers flexible work hours.
(C) It involves frequent travel.
(D) It requires a lot of training.

58. What does the woman say is her company's highest priority?

(A) Competitive pricing
(B) Product quality
(C) Customer satisfaction
(D) Employee benefits

---

59. What is the woman's problem?

(A) Some records have been misplaced.
(B) A project is behind schedule.
(C) Some windows need to be washed.
(D) A working space is too small.

60. What does the man suggest?

(A) Checking a vacant room
(B) Purchasing additional supplies
(C) Trying a different product
(D) Contacting a coworker

61. What does the man say happened last night?

(A) A lock was changed.
(B) A work crew visited.
(C) A cabinet was reorganized.
(D) A storm passed through the area.

Morison Accounting
Section Managers

Accounts Receivable	Su Li Kim
Accounts Payable	Carlton Wells
Tax & Legal Compliance	Stanley Oliver
Financial Statements	Raquel Menendez

62. How long has the woman's company been doing business with Morison Accounting?

(A) For a few days
(B) For a few weeks
(C) For a few months
(D) For a few years

63. What does the man ask the woman to provide?

(A) A date of issue
(B) A customer identification number
(C) A mailing address
(D) A telephone number

64. Look at the graphic. Who will the woman probably speak with next?

(A) Su Li Kim
(B) Carlton Wells
(C) Stanley Oliver
(D) Raquel Menendez

GO ON TO THE NEXT PAGE

Sweatshirts by Ace Sportswear

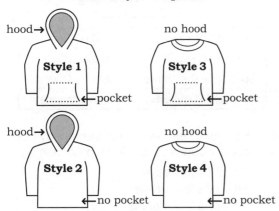

65. Where did the man see Ace Sportswear's merchandise advertised?
    (A) In a print catalog
    (B) On a Web site
    (C) In a window display
    (D) On a television commercial

66. Look at the graphic. Which style of sweatshirt does the man decide to order?
    (A) Style 1
    (B) Style 2
    (C) Style 3
    (D) Style 4

67. What does the woman say about the sweatshirts by Ace Sportswear?
    (A) Their cost varies according to size.
    (B) They come in several colors.
    (C) They are made of natural fabric.
    (D) Their prices are subject to change.

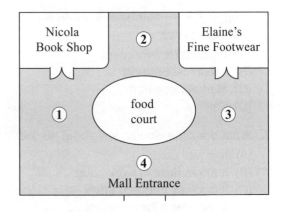

68. Who most likely is the man?
    (A) A business consultant
    (B) A restaurant operator
    (C) A leasing agent
    (D) A security guard

69. What does the woman intend to sell?
    (A) A line of sandals
    (B) A selection of eyewear
    (C) A line of greeting cards
    (D) A variety of periodicals

70. Look at the graphic. According to the man, where is a kiosk space available?
    (A) Location 1
    (B) Location 2
    (C) Location 3
    (D) Location 4

PART 4

Directions: You will hear some talks given by a single speaker. You will be asked to answer three questions about what the speaker says in each talk. Select the best response to each question and mark the letter (A), (B), (C), or (D) on your answer sheet. The talks will not be printed in your test book and will be spoken only one time.

71. Who most likely is Allison Tate?

(A) A financial analyst
(B) A book author
(C) A company president
(D) A talk show host

72. What is the purpose of the talk?

(A) To present research findings
(B) To introduce a guest
(C) To publicize a new company
(D) To report an economic trend

73. What does the speaker say about lectures at the local university?

(A) They will be free to attend.
(B) They will feature video presentations.
(C) They will be open to the public.
(D) They will begin next year.

---

74. Where does the caller most likely work?

(A) At a moving company
(B) At a rental car agency
(C) At a hair salon
(D) At a real estate agency

75. What is the problem?

(A) A door is locked.
(B) A client is late for an appointment.
(C) There is heavy traffic.
(D) A bill is incorrect.

76. What does the caller ask the listener to do?

(A) Write down a number
(B) Contact a supplier
(C) Give her advice
(D) Check a telephone

---

77. What type of event is taking place?

(A) A dance contest
(B) A film festival
(C) A trade show
(D) An industry conference

78. Why does the speaker say, "none of this would be possible without our sponsors"?

(A) To decline a proposal
(B) To ask for donations
(C) To publicize local companies
(D) To introduce a speaker

79. What do Ms. McLowsky and Mr. Webber have in common?

(A) They have participated in the event before.
(B) They are renowned internationally.
(C) They attended the same college.
(D) They are business operators.

---

80. Where most likely is the speaker?

(A) At a manufacturing plant
(B) At a research facility
(C) At a fitness center
(D) At a construction site

81. According to the speaker, what do people believe will result from recent discoveries?

(A) Advances in medical treatments
(B) Increases in the speed of a process
(C) Changes in individuals' lifestyles
(D) Improvements to the design of machinery

82. What will most likely happen in a few minutes?

(A) An interview will be conducted.
(B) Some equipment will be demonstrated.
(C) A speech will be given.
(D) A tour will begin.

83. Who most likely is the speaker?

(A) A film director
(B) A city official
(C) An activity coordinator
(D) A professor

84. What does the speaker say about the nature reserve?

(A) It is funded by private donations.
(B) It has recently added a new facility.
(C) It was established last year.
(D) It plans to expand its staff.

85. What does the speaker mean when she says, "I don't see any empty seats at all"?

(A) Some instructions were not followed.
(B) Attendance is higher than expected.
(C) A different room must be used.
(D) Some people need to wait for a while.

86. What is the speaker mainly discussing?

(A) Changes to a computer program
(B) Evaluation of worker performance
(C) Results of a companywide survey
(D) A shortage of qualified personnel

87. Who most likely are the listeners?

(A) Sales representatives
(B) Call center operators
(C) Company recruiters
(D) Department managers

88. What does the speaker recommend?

(A) Examining a present system
(B) Eliminating specific requirements
(C) Reviewing the minutes of a meeting
(D) Hiring a consulting firm

89. What does the speaker mean when he says, "No experience is necessary for success"?

(A) All applicants will be considered for openings.
(B) Professional assistance will be available.
(C) Beginners can do tasks effectively.
(D) A training session will be provided.

90. According to the advertisement, what has the company done?

(A) Expanded into a new market
(B) Served the community for a long time
(C) Received high satisfaction ratings
(D) Developed a powerful battery

91. According to the advertisement, why should listeners visit the Web site?

(A) To view an instructional video
(B) To pursue an employment opportunity
(C) To learn about a temporary discount
(D) To sign up for an upcoming seminar

92. What did the listeners most likely do two weeks ago?

(A) Met with company directors
(B) Took part in a training session
(C) Welcomed a new employee
(D) Generated a number of ideas

93. What has Ms. Chou proposed?

(A) Changing the purpose of a room
(B) Raising compensation levels for staff
(C) Rescheduling a conference
(D) Launching a loyalty program

94. Who does the marketing team intend to target?

(A) People who vacation in groups
(B) People who have limited budgets
(C) People who often travel on business
(D) People who plan to visit from abroad

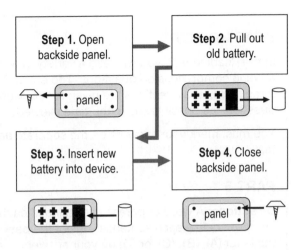

95. What most likely is the purpose of the trip in October?

(A) To visit potential customers
(B) To attend a business exposition
(C) To search for a suitable branch location
(D) To participate in team-building sessions

96. Look at the graphic. What airline's flight did the speaker book?

(A) Sun Wing
(B) Jet Stream
(C) Gamma Air
(D) Skyways

97. What does the speaker say about the tickets?

(A) They were purchased at a group rate.
(B) They are fully refundable.
(C) They can be upgraded for an additional fee.
(D) They were relatively expensive.

98. What does the speaker apologize for?

(A) An inaccurate estimate
(B) A computer error
(C) A fee increase
(D) A faulty product

99. Look at the graphic. What part of the process will the speaker most likely perform next?

(A) Step 1
(B) Step 2
(C) Step 3
(D) Step 4

100. What will happen on Wednesday morning?

(A) A new model will be introduced.
(B) A refund will be issued.
(C) A product warranty will expire.
(D) An item will become available for pickup.

This is the end of the Listening test. Turn to Part 5 in your test book.

GO ON TO THE NEXT PAGE

READING TEST

In the Reading test, you will read a variety of texts and answer several different types of reading comprehension questions. The entire Reading test will last 75 minutes. There are three parts, and directions are given for each part. You are encouraged to answer as many questions as possible within the time allowed.

You must mark your answers on the separate answer sheet. Do not write your answers in your test book.

PART 5

Directions: A word or phrase is missing in each of the sentences below. Four answer choices are given below each sentence. Select the best answer to complete the sentence. Then mark the letter (A), (B), (C), or (D) on your answer sheet.

101. Ms. Singh ------- closely with the editorial team throughout the translation project last year.
(A) works
(B) to work
(C) worked
(D) working

102. The new administrative assistant will complete ------- probationary period by the end of the month.
(A) he
(B) his
(C) him
(D) himself

103. We ask that patrons ------- leave the theater in the event of an urgent telephone call.
(A) quiet
(B) quietly
(C) quietness
(D) quietest

104. The beachfront amusement park is popular ------- local residents and tourists alike.
(A) in
(B) than
(C) by
(D) with

105. The ------- of the Kornelli Prize for Literature is scheduled to take place on Saturday, June 3.
(A) presently
(B) presenter
(C) presented
(D) presentation

106. Mr. Yang ------- his stay at the Riverside Inn very enjoyable.
(A) found
(B) paid
(C) visited
(D) requested

107. Tremark Avenue will be closed to traffic ------- Harper's Bridge is being widened.
(A) across
(B) while
(C) often
(D) somewhere

108. Multiple celebrity appearances are expected ------- attendance at the festival.
(A) increase
(B) to increase
(C) will increase
(D) increasing

109. The latest sales figures will ------- be announced by Ms. Ahmand, the senior accountant.
    (A) yet
    (B) either
    (C) recently
    (D) soon

110. Evans Contracting Company has submitted bids for ------- projects throughout the city's historic district.
    (A) restore
    (B) restores
    (C) restored
    (D) restoration

111. A ------- summary of the team's progress to date will be adequate for the informal meeting.
    (A) brief
    (B) missing
    (C) sudden
    (D) potential

112. The dining area at Oceanview Bistro was ------- remodeled last month to accommodate more diners.
    (A) complete
    (B) completely
    (C) completion
    (D) completed

113. Sun Harvest Solar's goal is to meet the increasing ------- for clean electrical power.
    (A) option
    (B) bill
    (C) demand
    (D) measure

114. Shoppers ------- make purchases of $80 or more will receive a complimentary tote bag.
    (A) who
    (B) they
    (C) when
    (D) those

115. The Hope Foundation ------- with local businesses to organize community fundraising activities.
    (A) specializes
    (B) accompanies
    (C) partners
    (D) contacts

116. The decline in sales ------- management to consider increasing the advertising budget.
    (A) was prompted
    (B) has prompted
    (C) to prompt
    (D) will be prompted

117. The company president is still uncertain ------- to proceed with the proposed business expansion.
    (A) of
    (B) even
    (C) whether
    (D) about

118. Feedback from the latest consumer trials was ------- with that of participants in previous sessions.
    (A) consistent
    (B) consist
    (C) consistently
    (D) consistency

119. Newly established Vestar Fashions is working its way ------- becoming the city's leading retailer of business apparel.
    (A) besides
    (B) against
    (C) toward
    (D) over

120. Coach Hammond gives her players ------- talks prior to every softball game.
    (A) encourage
    (B) encouraged
    (C) encouraging
    (D) to encourage

GO ON TO THE NEXT PAGE ➤

121. All survey responses will remain confidential and will be used purely for internal -------.
    (A) purposes
    (B) directions
    (C) belongings
    (D) exceptions

122. The Jobba.com employment Web site is a ------- tool for companies seeking to hire qualified professionals.
    (A) trusting
    (B) knowledgeable
    (C) crucial
    (D) skilled

123. At the Paris Medical Symposium, Dr. Hu will receive ------- for his breakthrough in pharmaceutical research.
    (A) recognizing
    (B) recognizes
    (C) recognized
    (D) recognition

124. ------- the company policy, all personnel at Premier Technologies must park in their designated parking spaces.
    (A) Along
    (B) Under
    (C) Among
    (D) Upon

125. ------- is to remind you that your Art Society membership will expire at the end of December.
    (A) This
    (B) So
    (C) Here
    (D) Just

126. Please note that the permit application ------- takes three to five weeks to process.
    (A) immediately
    (B) simultaneously
    (C) repeatedly
    (D) typically

127. The vacant position in the sales department will ------- traveling internationally to deal with clients.
    (A) involve
    (B) assign
    (C) recommend
    (D) supervise

128. ------- a slow first quarter, executives at TCY Holdings predict an increase in overall profitability this year.
    (A) According to
    (B) Even though
    (C) Nevertheless
    (D) In spite of

129. Employees who consistently complete their assignments on schedule are presented with ------- opportunities.
    (A) delegation
    (B) advancement
    (C) authorization
    (D) commitment

130. Eureka hiking bags ------- in form and function from traditional backpacks.
    (A) differ
    (B) different
    (C) difference
    (D) differently

PART 6

Directions: Read the texts that follow. A word, phrase, or sentence is missing in parts of each text. Four answer choices for each question are given below the text. Select the best answer to complete the text. Then mark the letter (A), (B), (C), or (D) on your answer sheet.

Questions 131-134 refer to the following advertisement.

Even the most ------- planned trips can be upended by sudden changes in the weather. With
131.
the new Smartplan Diary, you not only have the usual great scheduling tools you expect from
our apps, but also detailed weather reports about the places you -------. Whether you are
132.
traveling for business or pleasure, you will never be ------- again. For a small monthly fee, you
133.
can subscribe to our Pro Plan. As a Pro user, you will have access to long-range forecasts and
severe weather alerts for your destinations. -------. Get it today from wherever you download
134.
your Smartplan apps.

131. (A) careful
(B) carefulness
(C) carefully
(D) care

132. (A) have visited
(B) will be visited
(C) were visited
(D) are going to visit

133. (A) bored
(B) charged
(C) surprised
(D) excluded

134. (A) Umbrellas are available for short-term use by visitors.
(B) Other firms have released apps that have similar functions.
(C) Check our app for any restrictions on this discount offer.
(D) You will even get suggestions for what clothes to pack for trips.

GO ON TO THE NEXT PAGE

Questions 135-138 refer to the following letter.

Ms. Lisa Swanson
82 Dingle Road
Dayton, OH 44524

Dear Ms. Swanson:

Thank you for your telephone call, in which you inquired about employment opportunities at the Gemini Foundation. As we discussed, I ------- a complete list of currently available
135.
positions. Please note the differing application deadlines for the jobs. You may choose to apply for more than one opening. -------, make sure to send a separate cover letter and
136.
résumé for each.

I have also included a brochure containing basic information about our -------. Inside, you will
137.
find details on our pension plan and other benefits offered to full-time employees.

-------.
138.

Sincerely,

Grace Helms, Director

135. (A) am enclosing
    (B) will enclose
    (C) had enclosed
    (D) would have enclosed

136. (A) Instead
    (B) For instance
    (C) In addition
    (D) If so

137. (A) product
    (B) event
    (C) organization
    (D) industry

138. (A) I am very pleased you were able to stop by.
    (B) We wish you the best of luck with your job search.
    (C) Please bring all necessary paperwork on your first day of work.
    (D) Again, thank you for your involvement in this project.

Questions 139-142 refer to the following information.

Empire Suites Hotel has a ------- of rooms available for business functions. To make a
139.
booking, submit a request for the room you wish to use via the Event Venues page of our Web
site. Unless the venue has ------- been booked by another party, our computer program will
140.
automatically schedule your reservation. You will then be e-mailed a confirmation notifying you
of the acceptance of your request. Otherwise, the program will inform you that the venue is
------- during your desired time. -------. To increase the probability of a successful booking,
141. **142.**
please submit your request as far in advance of the event date as possible.

139. (A) vary
    (B) variously
    (C) various
    (D) variety

140. (A) never
    (B) already
    (C) occasionally
    (D) primarily

141. (A) suitable
    (B) open
    (C) expensive
    (D) unavailable

142. (A) Reservations are accepted on a first
       come, first served basis.
    (B) Our hotel is located within walking
       distance of the station.
    (C) We appreciate your patience as we
       try to resolve the issue.
    (D) Make every effort to share this
       information with our guests.

GO ON TO THE NEXT PAGE

Questions 143-146 refer to the following e-mail.

To: Tina Howe
From: Cameron Ling
Subject: Counseling session
Date: 12 September

Dear Ms. Howe,

Thank you for setting aside time last week to discuss my idea for a startup. Your feedback convinced me of the need to hire a professional business consultant prior to the -------. I will
                                                                                                    143.
seek out such an advisor using the methods ------- suggested.
                                            144.

Additionally, I will revise my business plan to include a larger budget and longer time period for market research. -------. I appreciate the information you provided on residential buildings and
                145.
neighborhoods in proximity to my intended business location.

Thank you again for your ------- support.
                         146.

Respectfully,

Cameron Ling

---

143. (A) arrival
(B) transfer
(C) acquisition
(D) launch

144. (A) it
(B) they
(C) you
(D) she

145. (A) I majored in international business in college.
(B) I plan on leasing a more spacious office.
(C) Familiarity with consumers living nearby will be essential.
(D) My business is growing rapidly.

146. (A) help
(B) helpful
(C) helpfully
(D) helpfulness

PART 7

Directions: In this part you will read a selection of texts, such as magazine and newspaper articles, e-mails, and instant messages. Each text or set of texts is followed by several questions. Select the best answer for each question and mark the letter (A), (B), (C), or (D) on your answer sheet.

Questions 147-148 refer to the following information.

- Be sure to turn off all of the lights when exiting a room. Keep lights switched off in any room that is not in use.

- Shut down any electrical equipment when you have finished with it. Do not use the standby function on machines, as they will still consume power.

- Be conservative with heating and air conditioning use on particularly hot or cold days. Otherwise, keep the system switched off. Always dress appropriately for the season when working on the premises.

147. Where would the information most likely be found?
- (A) On a government Web site
- (B) In an employee handbook
- (C) In an appliance instruction manual
- (D) In a hotel guest room

148. What does the information ask people to do?
- (A) Limit use of the heating system
- (B) Keep a room clean
- (C) Wear formal business attire
- (D) Buy more energy-efficient equipment

GO ON TO THE NEXT PAGE

From:	Randy McKinney <rmckinney@pacificoairways.com>
To:	Lydia Woodward <l.woodward@speedymail.com>
Subject:	Thank you
Date:	March 18
Attachment:	📎 PA Information

Dear Ms. Woodward,

Thank you for your application for the position of flight attendant with Pacifico Airways. All applications will be reviewed by April 1 at the latest. Only selected applicants will be contacted by our human resources department and asked to schedule an appointment for an interview at our headquarters.

Attached is a copy of our most recent annual report, as you requested. If there is anything else that you need, please feel free to contact me by e-mail.

Sincerely,

Randy McKinney
Hiring Manager, Pacifico Airways

149. What is the main purpose of the e-mail?
(A) To explain a recent change in procedures
(B) To acknowledge receipt of an application
(C) To provide directions to company headquarters
(D) To make a job offer to a candidate

150. What did Ms. Woodward request from Pacifico Airways?
(A) A schedule of available appointment times
(B) A full description of job responsibilities
(C) A document detailing the activities of a business
(D) A list of possible interview questions

DAVIDSON & KING

Serving the Layville community for over 30 years, Davidson & King is among the most respected firms in the region. We specialize in providing legal assistance to small organizations run by local entrepreneurs.

Our services include a telephone consultation service available 7 days per week, help with copyright and patent issues, assistance in applying for licenses and other official certification, accounting services including audit preparation, and the preparation of legal documents.

For further information call us today at 798-555-0146. Your call will be taken by one of our team of legal experts, all of whom are graduates of top law schools. Alternatively, visit us at www.davidsonking.com to see our competitive rates. For the lowest fees of any legal firm in Layville, we can provide you with a full suite of legal services tailored to meet your needs.

151. For whom is the advertisement most likely intended?

(A) University professors
(B) Corporate consultants
(C) Recent graduates
(D) Small-business owners

152. According to the advertisement, what can Davidson & King help its clients do?

(A) Obtain an official permit
(B) Write job advertisements
(C) Expand into new markets
(D) Produce marketing campaigns

153. What is mentioned about Davidson & King?

(A) It provides a 24-hour telephone helpline.
(B) It has branches in several cities.
(C) It customizes its services for individual clients.
(D) Its employees all have a background in business management.

GO ON TO THE NEXT PAGE

Questions 154-155 refer to the following text-message chain.

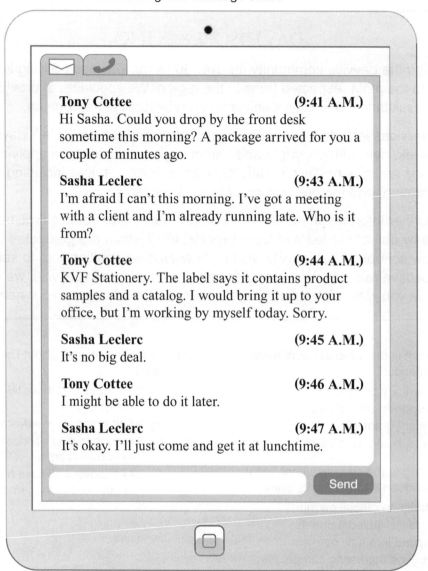

Tony Cottee (9:41 A.M.)
Hi Sasha. Could you drop by the front desk sometime this morning? A package arrived for you a couple of minutes ago.

Sasha Leclerc (9:43 A.M.)
I'm afraid I can't this morning. I've got a meeting with a client and I'm already running late. Who is it from?

Tony Cottee (9:44 A.M.)
KVF Stationery. The label says it contains product samples and a catalog. I would bring it up to your office, but I'm working by myself today. Sorry.

Sasha Leclerc (9:45 A.M.)
It's no big deal.

Tony Cottee (9:46 A.M.)
I might be able to do it later.

Sasha Leclerc (9:47 A.M.)
It's okay. I'll just come and get it at lunchtime.

[Send]

154. At 9:45 A.M., what does Ms. Leclerc mean when she writes, "It's no big deal"?

(A) A client is not important.
(B) A task is not urgent.
(C) A contract is not profitable.
(D) A requirement is easy to meet.

155. What will Ms. Leclerc most likely do during her lunch break?

(A) Visit a local post office
(B) Stop by the firm's reception
(C) Contact KVF Stationery
(D) Purchase some more labels

Tell Us How We Are Doing

Thank you for shopping at Plentimart. Please take a moment to fill out this short customer survey and give us your comments. In return, we will send you a voucher good for $10 off your next purchase.

Customer Name and Address: _Sheila Jarod   605 Main Street,_
Carlton Point, CA 90110

How did you learn of our stores?
☐ Internet   ☑ Magazine/Newspaper   ☐ Word of mouth   ☐ TV Commercial

What kind of Plentimart products do you buy?
☑ Furniture   ☐ Toys/Games   ☑ Food/Beverages

Comments:

I find your store to be lacking in terms of selection compared to similar outlets, but I am a regular customer as the layout makes it easy to locate the different items I want. The attitude of your staff is where you have the most room for improvement. I know that Plentimart is cheaper than other stores, but your customers still expect the best possible customer care.

---

156. What is implied about Sheila Jarod?
- (A) She usually buys games at Plentimart.
- (B) She will receive a discount voucher from Plentimart.
- (C) She heard of Plentimart from an acquaintance.
- (D) She registered on Plentimart's Web site.

157. What is stated about Plentimart?
- (A) It is conveniently located.
- (B) It is currently holding a storewide sale.
- (C) Its goods are competitively priced.
- (D) It guarantees customer satisfaction.

GO ON TO THE NEXT PAGE ➤

TEST 1

TEST 2

Questions 158-160 refer to the following Web page.

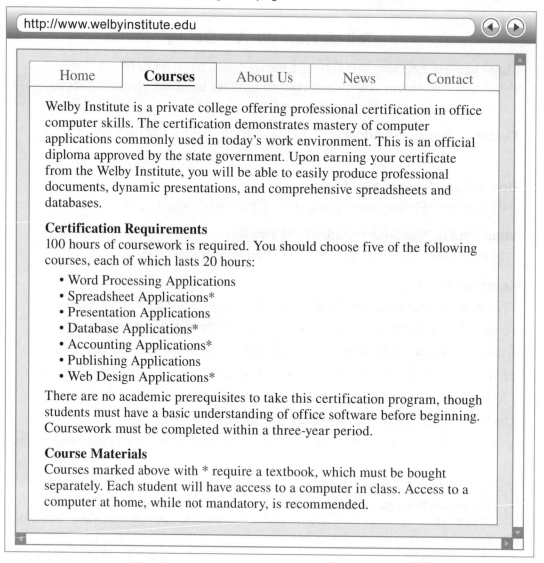

http://www.welbyinstitute.edu

| Home | **Courses** | About Us | News | Contact |

Welby Institute is a private college offering professional certification in office computer skills. The certification demonstrates mastery of computer applications commonly used in today's work environment. This is an official diploma approved by the state government. Upon earning your certificate from the Welby Institute, you will be able to easily produce professional documents, dynamic presentations, and comprehensive spreadsheets and databases.

Certification Requirements

100 hours of coursework is required. You should choose five of the following courses, each of which lasts 20 hours:

- Word Processing Applications
- Spreadsheet Applications*
- Presentation Applications
- Database Applications*
- Accounting Applications*
- Publishing Applications
- Web Design Applications*

There are no academic prerequisites to take this certification program, though students must have a basic understanding of office software before beginning. Coursework must be completed within a three-year period.

Course Materials

Courses marked above with * require a textbook, which must be bought separately. Each student will have access to a computer in class. Access to a computer at home, while not mandatory, is recommended.

158. What is implied about the certificates from the Welby Institute?

(A) They can be earned online.

(B) They must be renewed every three years.

(C) They qualify the holder for college teaching positions.

(D) They meet governmental criteria.

159. What is indicated about the Spreadsheet Applications course?

(A) It requires students to make an additional purchase.

(B) It is targeted at advanced students only.

(C) It needs no prior knowledge of computer software.

(D) It takes a total of 100 hours to complete.

160. According to the Web page, what is necessary in order to obtain a certificate?

(A) Owning a personal computer

(B) Finishing the coursework within a specified time

(C) Delivering an oral presentation

(D) Taking an exam at the end of the course

Dear Abbott Towers Residents,

Effective August 1, all tenants will be required to place a parking permit on their bicycles. This new policy is being introduced as part of our efforts to better manage the underground parking area. — [1] —. Permits will be available in the main office on the ground floor. Tenants will not be charged for their original permit. — [2] —. Visitors to Abbott Towers will not require a permit but must continue to park their bicycles in the racks provided for them near the back of the building.

Please attach the permit to a part of the bicycle that is readily visible, such as the handlebars. Starting in September, Abbott Towers staff members will regularly check the bicycle parking area. — [3] —. Any bike parked without a permit for more than three days will be removed.

As a reminder, bicycles are not allowed in the hallways. — [4] —. Please properly dispose of any unwanted bicycles before the permits are issued.

Thank you in advance for your cooperation.

Abbott Towers Management

161. What is indicated about the new policy?

(A) It does not affect people visiting Abbott Towers.
(B) It will make it easier for cyclists to find their bicycles.
(C) It will include rules for parking cars.
(D) It was suggested by tenants of Abbott Towers.

162. What are tenants advised to do?

(A) Check their locks regularly
(B) Report people who park bikes on balconies
(C) Get rid of certain bicycles by the start of August
(D) Provide feedback on a renovation plan

163. In which of the positions marked [1], [2], [3], and [4] does the following sentence best belong?

"However, there will be a nominal fee for a replacement."

(A) [1]
(B) [2]
(C) [3]
(D) [4]

GO ON TO THE NEXT PAGE

Questions 164-167 refer to the following e-mail.

E-mail Message	
From:	Bill Branson
To:	Charlene Trent
Subject:	Case study
Date:	March 23
Attachment:	📎 Case Study

Dear Ms. Trent,

Next Thursday, I am scheduled to speak at the Book Store Owners Convention in Kansas City. Over the last decade, our industry has been facing stiff competition from online retailers. Many of them are able to buy in bulk and then offer books to the public at reduced prices. Web-based organizations present a serious threat to traditional bookstores, and finding ways to protect our market share can be a challenge. These issues will be the primary theme of my speech at the convention.

To complement my presentation, I have written a case study, which I will distribute to convention attendees. In this document, I look at some problems here at Fullton Books and the measures we have taken to minimize them. I would appreciate it if you could take a look at the attached draft of the study and double-check the statistics I used in the charts and tables. Please e-mail any corrections to me by the end of the day so that I can make revisions and produce the final draft of the document tomorrow. If there is anything you feel we need to discuss, we can do so when we meet on Wednesday.

Best regards,

Bill Branson

164. The word "facing" in paragraph 1, line 2, is closest in meaning to

(A) accepting
(B) experiencing
(C) viewing
(D) covering

165. What will Mr. Branson cover at the convention?

(A) Strategies for dealing with rival firms
(B) Recent innovations in printing technology
(C) Ways to increase readership of a publication
(D) Effects of a new law on Kansas City

166. What is NOT indicated about the case study?

(A) It focuses on Fullton Books.
(B) It will be featured in a journal.
(C) It was written by Mr. Branson.
(D) It will be handed out next Thursday.

167. What assignment has Ms. Trent been given?

(A) Creating graphics for a presentation
(B) Printing copies of a document for attendees
(C) Providing an overview of some research
(D) Confirming the accuracy of some figures

The famous Bonaventura Mall originally opened in the middle of the 20th century, just months before the opening of the New York City Subway. — [1] —. The mall helped to transform Madison Avenue from a neighborhood of small factories to the upscale shopping, leisure, and business district it is today. — [2] —.

From the mid-1950s, the Bonaventura Mall passed through a number of owners until it was bought by the Heflin family 27 years ago. Intending to make the property the flagship of their shopping mall chain, the new owners built a new wing on the east side of the building. — [3] —.

The Heflin family announced at a press conference yesterday that they have brought in Howell, Inc., for a complete redesign of the mall. Howell, the renowned interior design and construction firm, will undertake a $30 million restoration, focusing on preserving the rich history of the property while upgrading the facilities to today's standards. — [4] —. The mall will be able to remain open throughout the work. Petra Lawson, Howell's director of operations, says that the company plans to restore several of the mall's original features, including the stained-glass skylight over the atrium.

168. What does the article discuss?
  (A) Upcoming improvements to public transportation
  (B) The closure of a shopping mall
  (C) A planned city redevelopment project
  (D) The refurbishment of a building

169. According to the article, what happened soon after the Bonaventura Mall was built?
  (A) A subway system began service.
  (B) New factories were opened.
  (C) The number of visitors to the area declined.
  (D) The mall won several awards.

170. What is indicated about the Heflin family?
  (A) They acquired a shipping company.
  (B) They are owners of multiple malls.
  (C) They relocated to New York 27 years ago.
  (D) They have borrowed $30 million from a bank.

171. In which of the positions marked [1], [2], [3], and [4] does the following sentence best belong?

  "The project is slated to take five years to complete and will be conducted in stages."

  (A) [1]
  (B) [2]
  (C) [3]
  (D) [4]

GO ON TO THE NEXT PAGE

Questions 172-175 refer to the following text-message chain.

Bob Jones [2:55 P.M.]
I'm at the store now. I can't find what I'm looking for. Can someone confirm the model number?

Martha Zimmerman [2:56 P.M.]
It's the Ascos XV1500. It's quite new, so it may not be listed on any of the packaging.

Tamika Reeves [2:58 P.M.]
The manufacturer's Web site says it takes the same cartridges as the XV1001.

Bob Jones [3:02 P.M.]
Okay, but there's still a lot of choice. They have some cartridges made by Ascos, but they also have some made by other companies. Those ones are a lot cheaper.

Martha Zimmerman [3:03 P.M.]
Go with the Ascos product. The ink in some of the cheaper brands isn't always as good. We need it to print a letter we're sending to our Platinum Club members.

Bob Jones [3:06 P.M.]
Okay, got it. Is there anything else you need?

Martha Zimmerman [3:07 P.M.]
I could do with some sticky notes. I placed an order for some stationery from Officepro yesterday, but I forgot to order any.

Bob Jones [3:08 P.M.]
They have some regular size yellow ones. There are packs of five in their clearance sale. Is that okay?

Tamika Reeves [3:08 P.M.]
I do need some correction tape.

Bob Jones [3:10 P.M.]
All right. I'll grab one now.

Martha Zimmerman [3:13 P.M.]
Sorry about that. I had to take a call. Those should be fine.

Bob Jones [3:14 P.M.]
Okay. I'll be back in about 10 minutes.

Send

172. What most likely is the Ascos XV1500?

(A) A printer

(B) A computer monitor

(C) A packaging machine

(D) A projector

173. At 3:06 P.M., what does Mr. Jones mean when he writes, "Okay, got it"?

(A) He has completed his purchase.

(B) He has already received a copy of a document.

(C) He understands why a cheaper product is not suitable.

(D) He knows that a letter needs to be sent immediately.

174. What is implied about sticky notes?

(A) They are made by Ascos.

(B) They have completely sold out.

(C) They are not stocked by Officepro.

(D) They are being offered at a reduced price.

175. Why does Ms. Zimmerman apologize?

(A) For ordering the wrong product from a supplier

(B) For forgetting to make a phone call

(C) For being late in responding to Mr. Jones

(D) For making a mistake in a report

GO ON TO THE NEXT PAGE

To:	All management
From:	David Hagar
Subject:	New products
Date:	March 2

Dear all,

I am pleased to inform you that we are nearly ready to roll out our two new record players. Ozzy Audio started out as a manufacturer of turntables, and we have decided that adding these products will be a good way to mark our fiftieth year in the industry. As we have not produced any record players for a number of years, this is new territory for our current engineers. Therefore, development of these units took longer than expected.

We are offering a deluxe model, set to be called the Vi-Fi, and a budget portable model, called the Go-Fi. These models will retail at $399 and $199 respectively. The details have been agreed upon by the board. However, we are still waiting on feedback from the focus groups we ran last week. If the participants are critical of any aspect of the devices, we could still make changes before launch.

Best regards,

David Hagar

Record Player Review
By Cordy Reeves

Last month, we awarded the Ozzy Audio Vi-Fi a Gold Recommendation. This month I am taking a look at the firm's smaller, portable model.

Priced at $199, the Porta-Fi is a suitcase-type record player and is firmly aimed at newcomers to vinyl. It is certainly an attractive unit, but how does it sound? Unlike the Vi-Fi, which has two detachable high-quality speakers, the Porta-Fi has a single mono speaker on the front of the casing. Despite this, the sound is clear with much stronger bass than I expected. So, which model should you buy? The Vi-Fi is a superb all-in-one system and comes in three different color options. It also has far better speakers than the Porta-Fi. However, the Porta-Fi can be connected to almost any stereo. If you already have a decent amplifier and speakers, the Porta-Fi could be the better product for you.

176. In the e-mail, the word "mark" in paragraph 1, line 3, is closest in meaning to
(A) evaluate
(B) check
(C) impress
(D) celebrate

177. What caused a delay in the development of the products?
(A) Difficulty obtaining components
(B) A lack of experienced personnel
(C) The large number of units required
(D) The size of the research budget

178. What is most likely true about the focus groups?
(A) They each had 50 participants.
(B) They worked together over a few days.
(C) They believed that the products were too expensive.
(D) They did not approve of the name of one of the products.

179. According to the product review, what is an advantage of the Vi-Fi?
(A) It comes with a radio.
(B) It is available in a range of colors.
(C) It is easy to use for people not used to playing records.
(D) It can be powered by rechargeable batteries.

180. What recommendation does the review make?
(A) The smaller model should be used with a decent speaker.
(B) Consumers should wait for a new model to be released.
(C) People should try the products in a showroom.
(D) A cover should be purchased to protect the products.

GO ON TO THE NEXT PAGE

New Government Initiative Could Really Help Trenchbridge
By Mary Barton

TRENCHBRIDGE (February 12) —The recently announced governmental measures to protect the country's traditional jobs are long overdue. Our town, of course, is renowned for its traditional carpentry. The techniques used are highly specialized and are not taught in vocational colleges. The only route into the field is to find a skilled artisan who is willing to teach you how to do the job.

Becoming an apprentice used to be much more common. Fifty years ago, there were 25 such trainee carpenters in our town alone; the number today has dwindled to three. The new government subsidies should make it much easier for craftspeople to start hiring apprentices again.

Walk into any of the workshops along Pine Street, and you will get the same positive reaction from all of the carpenters working there. I spoke to Nigel Hawthorne. He told me that the last time he had an apprentice was 30 years ago. Since then he has been working alone. "Demand for our services has dropped drastically. I'm the only person working at my firm. I simply don't make enough money to employ anyone. I know we need to pass our skills on to the next generation, but there was nothing I could do. Now that the government is offering to pay an apprentice's salary, I will definitely find one."

Let's hope that this new initiative can help revive an important part of Trenchbridge's economy.

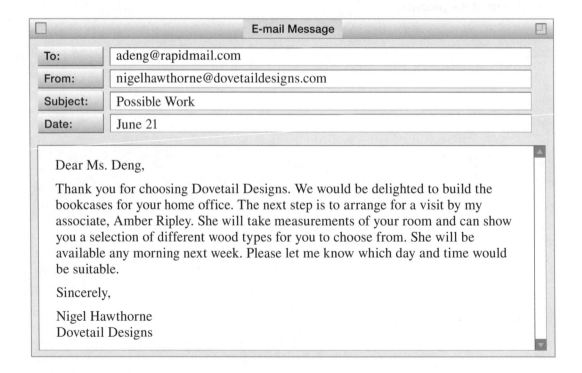

E-mail Message	
To:	adeng@rapidmail.com
From:	nigelhawthorne@dovetaildesigns.com
Subject:	Possible Work
Date:	June 21

Dear Ms. Deng,

Thank you for choosing Dovetail Designs. We would be delighted to build the bookcases for your home office. The next step is to arrange for a visit by my associate, Amber Ripley. She will take measurements of your room and can show you a selection of different wood types for you to choose from. She will be available any morning next week. Please let me know which day and time would be suitable.

Sincerely,

Nigel Hawthorne
Dovetail Designs

181. What does Ms. Barton indicate about traditional carpentry?

(A) It is the sole focus of a government measure.

(B) It attracts a lot of tourists to the local area.

(C) It cannot be learned in a classroom setting.

(D) It is increasing in popularity as a career choice.

182. What is implied about Mr. Hawthorne?

(A) He has won an award for his work.

(B) He plans to expand into a new field.

(C) He has worked as a carpenter for over 30 years.

(D) He advertises his work in a local newspaper.

183. What is suggested about Dovetail Designs?

(A) It is located on Pine Street.

(B) It offers reasonable prices.

(C) It has recently purchased new equipment.

(D) It specializes in painting homes.

184. Who most likely is Amber Ripley?

(A) A sales assistant at a furniture store

(B) A trainee under Mr. Hawthorne

(C) A manager at a carpentry firm

(D) An interior designer

185. What is Ms. Deng asked to do in the e-mail?

(A) Visit the Dovetail Designs workshop

(B) Send measurements of a room

(C) Look at some samples on a Web site

(D) Express a time preference

GO ON TO THE NEXT PAGE

From:	Carl Aalto <caalto@kalusto.com>
To:	Linda Torvalds <ltorvalds@kalusto.com>
Subject:	Thank you
Date:	December 11

Dear Linda,

I apologize for not writing sooner, but I just wanted to say how impressed I was by the beta version of our new Web site. Thank you for taking the time to show it to me in our meeting. I am convinced that once it is up and running, our customers are going to love it. Please do not hesitate to let me know if there is anything I can do to help expedite the project.

Best regards,

Carl

From:	Linda Torvalds <ltorvalds@kalusto.com>
To:	Carl Aalto <caalto@kalusto.com>
Subject:	Re: Thank you
Date:	December 11

Dear Carl,

Thank you for your e-mail. A lot of progress has been made with the site since we met at the end of last month. The design work is finished. The text for all of our products is complete, as are the product photographs. We are only waiting for the company profile from marketing and the answers to a couple of FAQs from customer service.

Unfortunately, there is a small glitch with the virtual decor planner. Customers will be able to input the size of their room, change wall colors and add any of our furniture into the 3D image. However, on the current version of the site, the flooring color is set to white and cannot be changed. Barry Westwood is looking into the issue and hopes to have it fixed by the launch date.

Why don't you drop by my office later in the week to see what we've done?

Best regards,

Linda

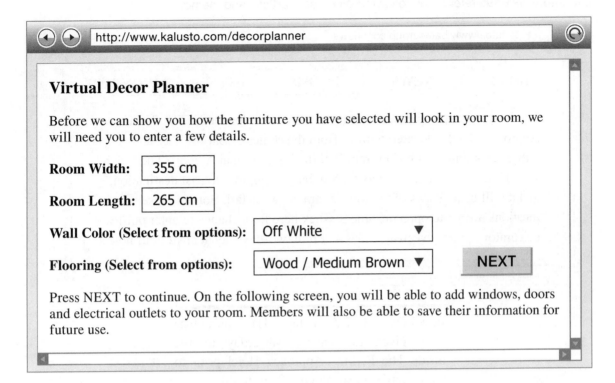

186. What does Mr. Aalto offer to do?

(A) Increase the budget for some work
(B) Obtain feedback from customers
(C) Replace some outdated equipment
(D) Assist in speeding up a project

187. What most likely happened in November?

(A) Mr. Aalto attended a demonstration by Ms. Torvalds.
(B) Mr. Aalto visited an IT industry trade show.
(C) A new Web designer was hired.
(D) An office underwent some renovations.

188. According to the second e-mail, what does Ms. Torvalds still need to complete the Web site?

(A) Photographs of some staff members
(B) Some background information about her company
(C) Text that describes how to assemble some furniture
(D) A list of job openings in a particular department

189. What has Mr. Westwood most likely done?

(A) He removed a feature from a Web site.
(B) He purchased some new office software.
(C) He resolved a problem with an online system.
(D) He handled complaints from a customer.

190. According to the online form, what will some visitors be able to do on the next page?

(A) Receive advice from a qualified professional
(B) Order discounted electronic goods
(C) Obtain a quote for design work
(D) Save the dimensions of their rooms

GO ON TO THE NEXT PAGE

Questions 191-195 refer to the following Web page, article, and memo.

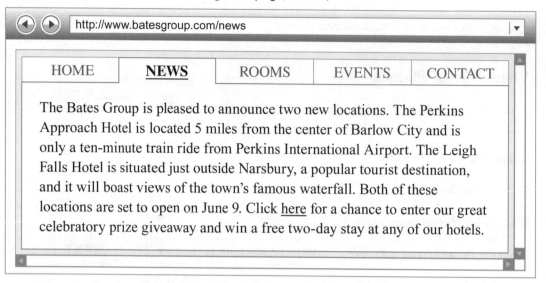

http://www.batesgroup.com/news

| HOME | **NEWS** | ROOMS | EVENTS | CONTACT |

The Bates Group is pleased to announce two new locations. The Perkins Approach Hotel is located 5 miles from the center of Barlow City and is only a ten-minute train ride from Perkins International Airport. The Leigh Falls Hotel is situated just outside Narsbury, a popular tourist destination, and it will boast views of the town's famous waterfall. Both of these locations are set to open on June 9. Click here for a chance to enter our great celebratory prize giveaway and win a free two-day stay at any of our hotels.

BARLOW CITY (May 11)—Journalists were given the chance yesterday to see inside The Perkins Approach Hotel prior to its opening next month. The building has already drawn plenty of attention; the all-glass exterior is certainly a noticeable addition to the city's skyline. The interior is equally impressive. There are 300 beautifully furnished guest rooms with stunning views of Barlow Docks and the pier, four top-class restaurants, a fully equipped gym, and a state-of-the-art business center.

However, Valubuild, the firm working on the construction project, has experienced a number of setbacks. "Glass can be difficult to work with, and we had to use some quite innovative techniques," said Vera Balsam, the construction manager. "Thankfully, I have an amazing team, and we were able to meet every challenge that came our way. We are now having problems with some of the building's electrical systems, but we expect everything to be fine by the time we open," she added.

> **To:** All Booking Agents
> **From:** John Gavin, Chief of Operations
> **Subject:** Update on New Hotels
> **Date:** May 20
>
> The following information will hopefully help you to better address inquiries from customers who have concerns about either of our two new properties.
>
> **The Perkins Approach Hotel**
> I can now confirm that the Perkins Approach will open for business on June 7. An opening ceremony with a complimentary buffet for guests will be held in the lobby. The electrical issues reported in the local press have been fully resolved.
>
> **The Leigh Falls Hotel**
> The hotel will open exactly on schedule. However, we will not be taking delivery of the hotel shuttle bus until June 12. This will mean that guests will have limited access to the beach front. Extra taxis will be available.
>
> Please feel free to contact me if you need any further information.

191. What can visitors do on The Bates Group's Web site?

(A) Review hotel stays
(B) Suggest new services
(C) Enter a contest
(D) Order merchandise

192. According to the article, what caused problems with the construction process?

(A) The material used for the exterior
(B) A lack of funds
(C) Unfavorable weather conditions
(D) The availability of some equipment

193. Why was the memo written?

(A) To help staff answer questions from potential guests
(B) To provide updated information on a merger
(C) To announce a change in booking procedures
(D) To encourage employees to attend an opening event

194. What is indicated about The Perkins Approach Hotel?

(A) It is within walking distance of a shopping center.
(B) It will open earlier than originally scheduled.
(C) It is the largest building owned by The Bates Group.
(D) It will be used mainly by business travelers.

195. What do the two hotels have in common?

(A) They both have a swimming pool.
(B) They are both located near the coast.
(C) They are both easily accessible by train.
(D) They both employ famous chefs.

GO ON TO THE NEXT PAGE ➤

Questions 196-200 refer to the following e-mail, product listing, and order confirmation.

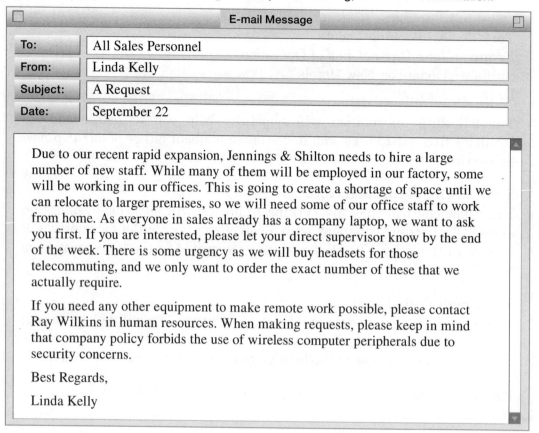

E-mail Message

To:	All Sales Personnel
From:	Linda Kelly
Subject:	A Request
Date:	September 22

Due to our recent rapid expansion, Jennings & Shilton needs to hire a large number of new staff. While many of them will be employed in our factory, some will be working in our offices. This is going to create a shortage of space until we can relocate to larger premises, so we will need some of our office staff to work from home. As everyone in sales already has a company laptop, we want to ask you first. If you are interested, please let your direct supervisor know by the end of the week. There is some urgency as we will buy headsets for those telecommuting, and we only want to order the exact number of these that we actually require.

If you need any other equipment to make remote work possible, please contact Ray Wilkins in human resources. When making requests, please keep in mind that company policy forbids the use of wireless computer peripherals due to security concerns.

Best Regards,

Linda Kelly

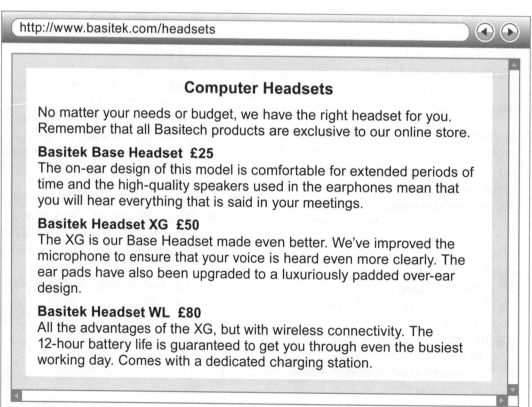

http://www.basitek.com/headsets

Computer Headsets

No matter your needs or budget, we have the right headset for you. Remember that all Basitech products are exclusive to our online store.

Basitek Base Headset £25
The on-ear design of this model is comfortable for extended periods of time and the high-quality speakers used in the earphones mean that you will hear everything that is said in your meetings.

Basitek Headset XG £50
The XG is our Base Headset made even better. We've improved the microphone to ensure that your voice is heard even more clearly. The ear pads have also been upgraded to a luxuriously padded over-ear design.

Basitek Headset WL £80
All the advantages of the XG, but with wireless connectivity. The 12-hour battery life is guaranteed to get you through even the busiest working day. Comes with a dedicated charging station.

Order confirmation

Customer:	Ray Wilkins
E-mail:	r.wilkins@jenningsandshilton.com
Company:	Jennings & Shilton
Delivery Address:	23 Kings Road,
	Bury St. Edmunds,
	Suffolk
	IP29 5HJ

Item	Quantity	Price per Unit	Total
Basitek Headset XG	20	£50	£1,000
Basitek 4 Port USB Hub	20	£30	£600
Basitek Ergo Mouse	20	£45	£900
		Total:	£2,500

Prices per unit include Gold Club membership discount if applicable. Shipping fees are waived on all purchases over £1,000.

196. What kind of organization most likely is Jennings & Shilton?

(A) A manufacturing firm
(B) An online retailer
(C) An advertising agency
(D) A moving company

197. What is mentioned about the headsets in the product listing?

(A) They are highly durable.
(B) They have recently been released.
(C) They are used in recording studios.
(D) They are only available for purchase online.

198. Why would the Basitek Headset WL be unsuitable for use by employees?

(A) Its ear pads are uncomfortable.
(B) Its battery life is not long enough for certain employees.
(C) It would violate a company rule.
(D) It is priced too high for a budget limit.

199. What is suggested about Jennings & Shilton?

(A) It has recently relocated to a larger building.
(B) It will allow 20 employees to telecommute.
(C) It plans to start offering a new service.
(D) It provides all of its staff with a laptop.

200. What is indicated about Jennings & Shilton's order?

(A) It will not include a shipping charge.
(B) It will be sent by express delivery.
(C) It includes an item that is currently out of stock.
(D) It will be paid for by a bank transfer.

Stop! This is the end of the test. If you finish before time is called, you may go back to Parts 5, 6, and 7 and check your work.

TEST 2

▶ 正解一覧は本冊の 222 ページ、解答・解説は 114 ～ 221 ページに掲載されています。

LISTENING TEST

In the Listening test, you will be asked to demonstrate how well you understand spoken English. The entire Listening test will last approximately 45 minutes. There are four parts, and directions are given for each part. You must mark your answers on the separate answer sheet. Do not write your answers in your test book.

PART 1

Directions: For each question in this part, you will hear four statements about a picture in your test book. When you hear the statements, you must select the one statement that best describes what you see in the picture. Then find the number of the question on your answer sheet and mark your answer. The statements will not be printed in your test book and will be spoken only one time.

Statement (C), "They're sitting at a table," is the best description of the picture, so you should select answer (C) and mark it on your answer sheet.

1.

2.

GO ON TO THE NEXT PAGE

3.

4.

5.

6.

GO ON TO THE NEXT PAGE

Directions: You will hear a question or statement and three responses spoken in English. They will not be printed in your test book and will be spoken only one time. Select the best response to the question or statement and mark the letter (A), (B), or (C) on your answer sheet.

7. Mark your answer on your answer sheet.

8. Mark your answer on your answer sheet.

9. Mark your answer on your answer sheet.

10. Mark your answer on your answer sheet.

11. Mark your answer on your answer sheet.

12. Mark your answer on your answer sheet.

13. Mark your answer on your answer sheet.

14. Mark your answer on your answer sheet.

15. Mark your answer on your answer sheet.

16. Mark your answer on your answer sheet.

17. Mark your answer on your answer sheet.

18. Mark your answer on your answer sheet.

19. Mark your answer on your answer sheet.

20. Mark your answer on your answer sheet.

21. Mark your answer on your answer sheet.

22. Mark your answer on your answer sheet.

23. Mark your answer on your answer sheet.

24. Mark your answer on your answer sheet.

25. Mark your answer on your answer sheet.

26. Mark your answer on your answer sheet.

27. Mark your answer on your answer sheet.

28. Mark your answer on your answer sheet.

29. Mark your answer on your answer sheet.

30. Mark your answer on your answer sheet.

31. Mark your answer on your answer sheet.

Directions: You will hear some conversations between two or more people. You will be asked to answer three questions about what the speakers say in each conversation. Select the best response to each question and mark the letter (A), (B), (C), or (D) on your answer sheet. The conversations will not be printed in your test book and will be spoken only one time.

32. Where most likely are the speakers?
(A) At a train station
(B) At a bus stop
(C) At an airport
(D) At a taxi stand

33. What does the man ask about?
(A) The order of arrival
(B) The location of a store
(C) The fare for a trip
(D) The distance to a park

34. What does the woman say the man must do?
(A) Change his schedule
(B) Speak to an attendant
(C) Wait for a while
(D) Purchase a ticket

35. What are the speakers mainly discussing?
(A) A meeting agenda
(B) Vacation plans
(C) A community project
(D) Weekend activities

36. What does the woman say about her family members?
(A) They live near a lake.
(B) They recently visited.
(C) They called her this morning.
(D) They purchased a new home.

37. What does the man ask the woman to do?
(A) Submit a document
(B) Organize an event
(C) Prioritize tasks
(D) Check her e-mail

38. Where does the woman work?
(A) At an electronics shop
(B) At a restaurant
(C) At a hotel
(D) At a printing service

39. How did the man learn about the woman's business?
(A) It was recommended by a colleague.
(B) It was advertised on television.
(C) It was featured in a guidebook.
(D) It was listed on a Web site.

40. What problem does the man mention?
(A) He has a busy work schedule.
(B) He cannot find an address.
(C) He has a limited budget.
(D) He damaged his laptop computer.

41. Where does the conversation probably take place?
(A) In a storage area
(B) In a break room
(C) In a reception area
(D) In a conference room

42. What is the man asked to do?
(A) Cover a work shift
(B) Order some food
(C) Put items on display
(D) Make a delivery

43. Who most likely is Ms. Daniels?
(A) A shipping clerk
(B) A customer
(C) An event organizer
(D) A store manager

GO ON TO THE NEXT PAGE

44. What is the problem?
    (A) A road has been blocked.
    (B) A construction project is noisy.
    (C) A machine is broken.
    (D) A tree is overgrown.

45. Why does the woman say, "I don't know who to call"?
    (A) To complain about a service
    (B) To admit that she has made a mistake
    (C) To ask for a recommendation
    (D) To indicate that there are too many options

46. What does the man offer to do?
    (A) Contact a friend
    (B) Browse the Internet
    (C) Review a manual
    (D) Consult with a manager

47. What will the woman discuss at the board meeting?
    (A) The effectiveness of advertising methods
    (B) The sales projections for next quarter
    (C) The planning of a fundraising event
    (D) The company's current financial state

48. What is the woman concerned about?
    (A) A lack of attendance
    (B) An unnecessary expense
    (C) A shortage of staff
    (D) A decrease in revenue

49. What does the man say about using color?
    (A) It will appeal to customers.
    (B) It will cost too much money.
    (C) It will improve comprehension.
    (D) It will be time-consuming.

50. What does the woman inquire about?
    (A) An instruction manual
    (B) A shipping date
    (C) An assembly process
    (D) A return policy

51. What does the man say about Langley brand appliances?
    (A) They have been discontinued.
    (B) They are guaranteed for a year.
    (C) They are durable.
    (D) They are popular among customers.

52. What does the man request the woman do?
    (A) Search through a package
    (B) Call a service center
    (C) Visit a Web site
    (D) Read a serial number

53. What are the speakers discussing?
    (A) An office relocation
    (B) A new company policy
    (C) Preparation for business travel
    (D) A delayed shipment

54. What do the women express concern about?
    (A) Completing a task quickly enough
    (B) Maintaining sufficient stock
    (C) Setting a convenient appointment time
    (D) Having access to important information

55. What will the man most likely do next?
    (A) Begin loading a truck
    (B) Acquire additional boxes
    (C) Inspect office equipment
    (D) E-mail a file

56. Why is the woman calling?

(A) To reschedule a meeting
(B) To request a document
(C) To confirm a location
(D) To report an expense

57. What does the woman imply when she says, "I'll be out all day tomorrow"?

(A) The man must specify a different date.
(B) She needs the man to do a task today.
(C) The man should not stop by her office.
(D) She might not meet her work deadline.

58. According to the woman, what will happen at company headquarters?

(A) A prospective client will be welcomed.
(B) A new department head will be appointed.
(C) A budget will be finalized.
(D) A policy change will be announced.

---

59. According to the man, what will take place this week?

(A) A job interview
(B) A management meeting
(C) A facility tour
(D) A training session

60. What does the woman offer to do?

(A) Rearrange her work schedule
(B) Consult a handbook
(C) Write a progress report
(D) Print out some documents

61. What does the woman say she is unable to do immediately?

(A) Confirm her availability
(B) Access a computer system
(C) Speak with a supervisor
(D) Leave her office

 Rico's Carwash
Service Options

	Wash	Wax	Carpet	Engine
Basic	✓			
Standard	✓	✓		
Deluxe	✓	✓	✓	
Premium	✓	✓	✓	✓

62. What does the woman say is being offered?

(A) A satisfaction guarantee
(B) A discounted oil change
(C) A customer rewards card
(D) A free service upgrade

63. Look at the graphic. What service option does the man select?

(A) Basic
(B) Standard
(C) Deluxe
(D) Premium

64. What does the woman request the man do?

(A) Make a payment in advance
(B) Move his vehicle to a designated area
(C) Wait a short time in the lobby
(D) Start filling out a form

GO ON TO THE NEXT PAGE ➡

**Premium Seating
Center Section**

Stage

☐ Available
☒ Not Available

Row 1 ☐ ☒ ☒ ☐ ☒ ☒ ☒ ☒ ☒ ☐
Row 2 ☒ ☒ ☐ ☒ ☒ ☒ ☐ ☐ ☒
Row 3 ☐ ☒ ☒ ☐ ☒ ☒ ☒ ☐
Row 4 ☒ ☒ ☒ ☐ ☐ ☒ ☒ ☐

65. What does the man say about the theater production?

(A) It has received an award nomination.
(B) It is based on a true story.
(C) It is performed only on weekends.
(D) It premiered within the past month.

66. Look at the graphic. Where will the woman's party probably sit?

(A) In the first row
(B) In the second row
(C) In the third row
(D) In the fourth row

67. What will the woman most likely do next?

(A) Print a ticket
(B) Contact an acquaintance
(C) Check a schedule
(D) Provide payment details

**Papa Cappelliano's Italian Cuisine
Lunch Menu**

Entrée Selection	Sauce Options	Vegetarian Option
Stuffed Shells	Red Only	Yes
Tortellini	Red & White	No
Ravioli	Red & White	Yes
Meatballs	Red Only	No

68. What does the man say about the restaurant?

(A) He has visited previously.
(B) His coworkers praised it.
(C) He knows its chef personally.
(D) His home is located nearby.

69. Look at the graphic. What does the woman imply is the most popular entrée?

(A) Stuffed Shells
(B) Tortellini
(C) Ravioli
(D) Meatballs

70. What does the man ask the woman to do?

(A) Provide nutritional information
(B) Bring a takeout menu
(C) Describe beverage options
(D) Make a recommendation

PART 4

Directions: You will hear some talks given by a single speaker. You will be asked to answer three questions about what the speaker says in each talk. Select the best response to each question and mark the letter (A), (B), (C), or (D) on your answer sheet. The talks will not be printed in your test book and will be spoken only one time.

71. Where most likely are the listeners?
- (A) At a conference venue
- (B) In a banquet hall
- (C) At an apartment complex
- (D) In an art gallery

72. What does the speaker say about the Solar Room?
- (A) Its contents are created locally.
- (B) It was renovated recently.
- (C) It is the largest room in the building.
- (D) It was featured in a publication.

73. According to the speaker, what does a red sticker mean?
- (A) An item may not be purchased.
- (B) A door should not be opened.
- (C) An item must not be touched.
- (D) A space may not be reserved.

74. What is the main theme of the festival?
- (A) Arts and crafts
- (B) International foods
- (C) Traditional dancing
- (D) Physical fitness

75. What does the speaker say about the festival?
- (A) It takes place in a public park.
- (B) It is broadcast on television.
- (C) It will be held for the first time this year.
- (D) It lasts over the weekend.

76. What does the speaker say about admission charges?
- (A) A discount voucher is available.
- (B) They are free for certain ages.
- (C) The money will be donated to charity.
- (D) They are posted on a Web site.

77. What does the speaker say caused a delay?
- (A) Weather conditions
- (B) A software error
- (C) An overbooked flight
- (D) A mechanical issue

78. What does the speaker suggest doing?
- (A) Using a different airline
- (B) Canceling a meeting
- (C) Issuing an apology
- (D) Creating a new policy

79. What does the speaker ask the listener to do?
- (A) Make a telephone call
- (B) Consult a manual
- (C) Distribute a memo
- (D) Pick up a passenger

80. Who most likely are the listeners?
- (A) Interior designers
- (B) Business managers
- (C) A construction crew
- (D) Web developers

81. What did Ms. Rowe say has increased recently?
- (A) The cost of materials
- (B) The size of a company
- (C) The frequency of projects
- (D) The number of visitors

82. Why does the speaker say, "The program is a great opportunity"?
- (A) To promote a company policy
- (B) To encourage enrollment in a workshop
- (C) To congratulate a colleague
- (D) To explain a career change

GO ON TO THE NEXT PAGE ➤

TEST 1

TEST 2

83. What is the purpose of the talk?
    (A) To review a procedure
    (B) To ask for approval
    (C) To change a deadline
    (D) To praise an accomplishment

84. According to the speaker, what will happen today?
    (A) A bonus will be distributed.
    (B) An estimate will be submitted.
    (C) An inspection will be conducted.
    (D) A contract will be extended.

85. What does the speaker express concern about?
    (A) The cost of necessary materials
    (B) The timeliness of a shipment
    (C) Competition from similar businesses
    (D) The number of available workers

86. What does the speaker mean when she says, "Affected residents now have some relief"?
    (A) Noise levels have been reduced.
    (B) Traffic problems have been resolved.
    (C) Access to public transportation has improved.
    (D) An apartment building has been renovated.

87. What does the speaker say about proposed projects?
    (A) They will be expensive.
    (B) They will reduce pollution.
    (C) They will probably not start until next year.
    (D) They will improve the local economy.

88. What will listeners most likely hear next?
    (A) A talk show
    (B) A new song
    (C) A weather forecast
    (D) An advertisement

89. What problem does the speaker mention?
    (A) A supplier is filling orders too slowly.
    (B) A location is inconvenient for customers.
    (C) A task is becoming more complicated.
    (D) A promotion is not meeting expectations.

90. What is emphasized about Rafael Gomez?
    (A) His educational background
    (B) His friendly personality
    (C) His reasonable rates
    (D) His relevant experience

91. According to the speaker, what will be discussed at the next meeting?
    (A) The results of a study
    (B) The production of an advertisement
    (C) The qualifications of job candidates
    (D) The opening of additional branches

92. What have the listeners probably been doing today?
    (A) Swimming at a beach
    (B) Viewing a local landmark
    (C) Visiting an art exhibition
    (D) Riding in a boat

93. What does the speaker say about Don Weisman?
    (A) He is unable to participate.
    (B) He is the curator of a museum.
    (C) He is waiting at a hotel.
    (D) He is knowledgeable about the region.

94. What does the speaker imply when she says, "the bus only holds 12 passengers"?
    (A) She believes there has been a mistake.
    (B) She wants interested people to act quickly.
    (C) She is dissatisfied by a service.
    (D) She thinks an additional vehicle is necessary.

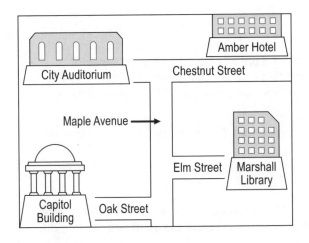

Yearly Sales Report

95. Why does the speaker thank Carol?
(A) For offering him a good assignment
(B) For arranging transportation
(C) For referring him to an expert
(D) For suggesting a place to stay

96. In what field does the speaker probably work?
(A) Journalism
(B) Architecture
(C) Tourism
(D) Real estate

97. Look at the graphic. Where most likely will the mayor make an announcement tomorrow?
(A) The Amber Hotel
(B) The City Auditorium
(C) The Marshall Library
(D) The Capitol Building

98. What type of product is the speaker discussing?
(A) A laundry machine
(B) A dishwasher
(C) A vacuum cleaner
(D) A water faucet

99. Who most likely are the listeners?
(A) Board members
(B) Factory workers
(C) Mechanical engineers
(D) Marketing personnel

100. Look at the graphic. Which quarter of last year will the listeners review?
(A) The first quarter
(B) The second quarter
(C) The third quarter
(D) The fourth quarter

This is the end of the Listening test. Turn to Part 5 in your test book.

GO ON TO THE NEXT PAGE ➤

READING TEST

In the Reading test, you will read a variety of texts and answer several different types of reading comprehension questions. The entire Reading test will last 75 minutes. There are three parts, and directions are given for each part. You are encouraged to answer as many questions as possible within the time allowed.

You must mark your answers on the separate answer sheet. Do not write your answers in your test book.

PART 5

Directions: A word or phrase is missing in each of the sentences below. Four answer choices are given below each sentence. Select the best answer to complete the sentence. Then mark the letter (A), (B), (C), or (D) on your answer sheet.

101. The staff ran the café without problems, even though the manager ------- was absent all day.

(A) her
(B) she
(C) hers
(D) herself

102. Kardish, Inc., is committed to supporting employees' professional -------.

(A) developer
(B) developed
(C) development
(D) developmental

103. Dr. Suzuki's lecture ------- the history of robotics will start promptly at 10 A.M.

(A) to
(B) by
(C) on
(D) as

104. The screen on the Taica smartphone is durable ------- to withstand a one-meter drop onto a hard surface.

(A) yet
(B) enough
(C) soon
(D) already

105. Mr. Patel ------- factory personnel to properly use the new machinery after it is installed.

(A) to train
(B) will be trained
(C) is trained
(D) will train

106. Days of careful preparation will be ------- to achieve the highest possible score on the inspection.

(A) qualified
(B) difficult
(C) necessary
(D) dependable

107. Patterson Press is among the ------- reputable publishers in the nation.

(A) much
(B) far
(C) most
(D) each

108. ------- the consumer survey is finished, the marketing department will analyze the final results.

(A) Once
(B) Although
(C) Unless
(D) Whether

109. Dubach Salon offers a ------- range of beauty services at affordable prices.
(A) detailed
(B) full
(C) spacious
(D) multiple

110. Ms. Zhou will need to make ------- revisions before the magazine article is ready for publication.
(A) extend
(B) extensive
(C) extensively
(D) extension

111. Sales associates at Skidmore & Pucci earn ------- $5,000 per month in salary and commissions.
(A) up to
(B) rather than
(C) together with
(D) at all

112. All conference rooms at the Maxwell Hotel ------- with a state-of-the-art audiovisual system.
(A) equipped
(B) are equipped
(C) will equip
(D) have equipped

113. Once completed, the new shopping complex will ------- over 500 jobs to the community.
(A) obtain
(B) bring
(C) construct
(D) hire

114. At the board meeting, Ms. Tan made a persuasive ------- for relocating the company's base of operations.
(A) argue
(B) argument
(C) arguable
(D) arguably

115. The mayor will answer any questions about the new initiative except ------- already addressed at the press conference.
(A) those
(B) himself
(C) someone
(D) that

116. The scenic gardens ------- the Clarksville Heritage Museum were designed by a renowned landscape architect.
(A) surrounding
(B) surround
(C) surrounded
(D) are surrounded

117. Apply oil evenly to the blades ------- using the XR400 paper shredder for the first time.
(A) always
(B) because
(C) in order to
(D) before

118. The demand for the furniture rental service was ------- higher than originally anticipated.
(A) closely
(B) exclusively
(C) approximately
(D) significantly

119. Those participating in the tour of the construction ------- are asked to wear protective gear as a precaution.
(A) crew
(B) site
(C) contract
(D) deadline

120. The ------- funds in the budget were used to replace obsolete computers in the office.
(A) remaining
(B) remained
(C) remain
(D) remainder

GO ON TO THE NEXT PAGE

121. The survey shows that the new product design ------- to a diverse range of age groups.
(A) appeals
(B) promotes
(C) reacts
(D) updates

122. Mr. Kane formed a strong relationship with his counterpart at Aurora Enterprises ------- the joint venture.
(A) beside
(B) into
(C) between
(D) through

123. Applying the techniques learned in this workshop will help owners run small businesses more -------.
(A) effects
(B) effective
(C) effectively
(D) effectiveness

124. Winxey Cosmetics' sales revenue is ------- to improve by five percent this quarter.
(A) convinced
(B) recovered
(C) projected
(D) exceeded

125. Mr. Cedar is responsible for conducting the product ------- for potential customers.
(A) demonstrates
(B) demonstrated
(C) demonstrations
(D) demonstrate

126. The company newsletter will ------- be released twice a month to provide updates on any significant developments.
(A) formerly
(B) almost
(C) immensely
(D) now

127. Ms. Reynolds relaxed the office dress code, ------- pleased most of the staff.
(A) very
(B) finally
(C) which
(D) therefore

128. Greentech, Inc., is widely known for developing ------- responsible products.
(A) environmentally
(B) environment
(C) environmental
(D) environments

129. Customers are entitled to discounts on future orders ------- their payments are submitted on time.
(A) in addition to
(B) regardless of
(C) conditionally
(D) provided that

130. Given the frequency of -------, the progress made during the negotiating session has been surprising.
(A) interruptions
(B) factors
(C) declines
(D) representatives

PART 6

Directions: Read the texts that follow. A word, phrase, or sentence is missing in parts of each text. Four answer choices for each question are given below the text. Select the best answer to complete the text. Then mark the letter (A), (B), (C), or (D) on your answer sheet.

Questions 131-134 refer to the following letter.

Martin Dale
14 Glenrock Blvd. #304
Reno, NV 89550

Dear Mr. Dale:

I am writing in ------- to your well-conceived idea for an article on recent advances in
      131.
alternative energy technology. The article you envision is of broad enough scope to bring

together the many aspects of this fascinating topic into a single piece. -------, we must decline
          132.
your proposal, as previous issues have already provided readers with an abundance of

information on the subject.

I strongly encourage you to continue submitting ideas for topics you may wish ------- about for
        133.
our magazine. Should you come up with other interesting concepts, please send them directly

to me. -------.
   134.

Sincerely,

Keith Freeman, Editor

---

131. (A) responsive
    (B) response
    (C) respond
    (D) respondent

132. (A) Regrettably
    (B) Specifically
    (C) Consequently
    (D) Normally

133. (A) writing
    (B) to write
    (C) will write
    (D) write

134. (A) Trial subscriptions are available on our Web site.
    (B) The article is attached for your reference.
    (C) Be assured they will receive my personal consideration.
    (D) Let me know if you have problems with the proposed deadline.

GO ON TO THE NEXT PAGE

Questions 135-138 refer to the following e-mail.

From: Human Resources Department
To: Ernest Clark
Subject: Final paycheck
Date: July 10

Dear Mr. Clark:

Your final paycheck is ready to be issued by the payroll department. -------, in keeping with
                                                                        135.
company policy, it will be withheld until all company-owned property has been returned.

Based on our records, you have a company-issued mobile phone and laptop computer in your

possession. -------. Regardless, you must still return the device to the company. Also, please
            136.
arrange to return the laptop ------- the carrying case, cables, and any other accessories at
                             137.
your earliest convenience. The payroll department can issue your final paycheck only after this

------- has been received.
138.

Best regards,

Stella Newman
Manager, Human Resources

---

135. (A) Otherwise
  (B) However
  (C) Accordingly
  (D) Moreover

136. (A) The computer model you requested
      is currently unavailable.
  (B) We offer a three-year product
      warranty.
  (C) Report any technical problems to the
      IT department.
  (D) Service to the phone has already
      been discontinued.

137. (A) along with
  (B) prior to
  (C) in place of
  (D) such as

138. (A) order
  (B) information
  (C) equipment
  (D) approval

Questions 139-142 refer to the following article.

CASPER (May 18)—Textile producer Fabu Fabric ------- plans to open a sales office in
139.
Boston this summer. At a press conference yesterday, a spokesperson indicated that the new
------- would allow the company to better serve customers in New England and to improve
140.
coordination with Fabu's Canadian sales office in Montreal.

Key details about the plan have yet to be finalized. -------. According to spokesperson Catalina
141.
Menendez, the company is ------- to lease space in or near the downtown area and hopes to
142.
open in July.

139. (A) will announce
(B) was announced
(C) has announced
(D) announcement

140. (A) position
(B) facility
(C) research
(D) law

141. (A) Applications are still being accepted
for the opening.
(B) The new textile design will soon be
revealed on Fabu's Web site.
(C) Nevertheless, several regional fabric
suppliers have submitted bids.
(D) These include the exact location as
well as the launch date.

142. (A) renovating
(B) marketing
(C) concerning
(D) looking

GO ON TO THE NEXT PAGE

Questions 143-146 refer to the following memo.

From: Human Resources Department
To: Supervisors and Managers
Date: July 25
Re: New Program

Beginning September 1, Pinkerton Engineering will recognize one employee every month for outstanding job performance or other exceptional ------- to the company. Only supervisors or
143.
departmental managers are eligible to nominate an employee. Do so by sending an e-mail to emp_otm@benefits.pinkertonengineering.com.

Please describe the reasons for your nomination with a few brief statements. -------. The
144.
deadline for the ------- round of nominations has been set for August 15. Following that,
145.
supervisors or managers may submit their ------- for future months at any time.
146.

143. (A) contribute
(B) contributions
(C) contributed
(D) contributing

144. (A) Congratulations are in order for your accomplishments.
(B) You can obtain one from the human resources office.
(C) The event ends with a prize-giving ceremony.
(D) Your submissions will then be reviewed by a special committee.

145. (A) initial
(B) recent
(C) final
(D) subsequent

146. (A) resignations
(B) applications
(C) recommendations
(D) donations

PART 7

Directions: In this part you will read a selection of texts, such as magazine and newspaper articles, e-mails, and instant messages. Each text or set of texts is followed by several questions. Select the best answer for each question and mark the letter (A), (B), (C), or (D) on your answer sheet.

Questions 147-148 refer to the following text-message chain.

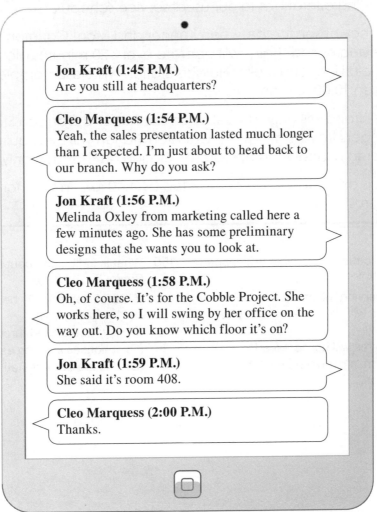

Jon Kraft (1:45 P.M.)
Are you still at headquarters?

Cleo Marquess (1:54 P.M.)
Yeah, the sales presentation lasted much longer than I expected. I'm just about to head back to our branch. Why do you ask?

Jon Kraft (1:56 P.M.)
Melinda Oxley from marketing called here a few minutes ago. She has some preliminary designs that she wants you to look at.

Cleo Marquess (1:58 P.M.)
Oh, of course. It's for the Cobble Project. She works here, so I will swing by her office on the way out. Do you know which floor it's on?

Jon Kraft (1:59 P.M.)
She said it's room 408.

Cleo Marquess (2:00 P.M.)
Thanks.

147. Why most likely has Mr. Kraft contacted Ms. Marquess?

(A) To pass on a message
(B) To remind her of a meeting time
(C) To suggest a marketing budget
(D) To give her driving directions

148. At 1:58 P.M., what does Ms. Marquess mean when she writes, "Oh, of course"?

(A) She thinks a design is suitable for a client.
(B) She agrees with a coworker's decision.
(C) She knows that a schedule is correct.
(D) She is familiar with an assignment.

GO ON TO THE NEXT PAGE

National Railways
Notice to Passengers

Maintenance work to replace sections of track along the Scoldfield Line will be conducted on March 14. On that day, from the start of service at 7:00 A.M. until 4:00 P.M., passengers are likely to experience the following alterations to our usual service schedule:

- Frequency of service between Kenner and Mont Carleton Stations will be decreased. Trains will operate every 20 minutes along the Scoldfield Line, and Stellar Heights Station will close completely between 10:00 A.M. and noon.

- Express trains will only run between Kenner and Garrison Stations. Passengers traveling to Mont Carleton Station will be required to transfer to a local train at Garrison Station on that day only.

All work is expected to be completed by 4:00 P.M., in time for the evening rush hour.

---

149. According to the notice, what will happen on March 14?

(A) Daily service will end at 4:00 P.M.
(B) Repairs will be made to parts of a railway.
(C) Train fares will be increased.
(D) A new train car will be put into service.

150. What is indicated about Mont Carleton Station?

(A) It will temporarily be inaccessible by express train.
(B) It will be closed throughout March.
(C) It houses a dining establishment.
(D) It is the busiest station in the area.

London (3 April)—Already known for its huge selection of soft drinks, FlavaWave announced today that it will be adding five more fun flavours to its existing lineup of beverages on 1 June. — [1] —. Consumers will be able to choose raspberry, pineapple-peach, persimmon, watermelon, and blackberry from a total of 38 flavours. "Everyone's already tried orange and apple, and most people want to try something new," said Maurice Simon, FlavaWave's director of product innovation. "— [2] —. They want to be refreshed by a taste they may have never experienced before, and they want to drink something special that doesn't contain much sugar. — [3] —. We're very proud of our five new drinks, and we're sure people will love them!"

FlavaWave products can be purchased at most convenience stores and supermarkets nationwide. — [4] —. The new soft drinks will be a permanent addition to the FlavaWave drink lineup.

151. According to the article, what will happen in June?
(A) New soft drinks will be discounted for a limited time.
(B) A consumer survey will be conducted.
(C) A new advertising campaign will begin.
(D) FlavaWave will increase its product range to 38 flavors.

152. What does Mr. Simon say people want to do?
(A) Sample a beverage before they buy it
(B) See a list of ingredients for a drink
(C) Avoid products with a high sugar content
(D) Purchase freshly made items

153. In which of the positions marked [1], [2], [3], and [4] does the following sentence best belong?

"Alternatively, they are available from the firm's mail order service."

(A) [1]
(B) [2]
(C) [3]
(D) [4]

GO ON TO THE NEXT PAGE

Questions 154-155 refer to the following advertisement.

Although now renowned for her photographs of cities and architecture, Cassandra Wilson began her career as a wildlife photographer. We at the Dudley Art Gallery are pleased to announce the first-ever exhibition of these seldom displayed early photographs. This two-week exhibition, entitled *Wild Snaps*, begins September 5. Ms. Wilson will be on hand throughout the exhibition and will be available to answer your questions. Tickets are priced at $15 for adults and $10 for students and seniors. For more information, visit www.dudleyartgallery.org.

154. What is stated about the event?
(A) It will be held for a month.
(B) It will include works that are rarely publicly exhibited.
(C) It will be free for residents of Dudley.
(D) It will focus on photographs of urban architecture.

155. According to the advertisement, what will Ms. Wilson do?
(A) She will talk to visitors about her work.
(B) She will open a new art gallery.
(C) She will submit a magazine article.
(D) She will sell her photographs.

To: All Bard Technologies Sales Representatives

As explained in our last general meeting, our office layout is being changed to include desks for 46 representatives at any one time. This should be more than enough if the new procedures are implemented properly. As a reminder, beginning next week, no one will be entitled to "keep" a desk. When you visit a customer, attend an internal meeting, or go out for lunch, you must take all of your belongings with you. Therefore, if a desk is empty, it is available for you to use. In the unlikely event that all of the desks are occupied, please find a seat at a table in the break room. Do not occupy a meeting room.

Do not hesitate to get in touch with any questions or concerns.

156. What is the notice about?

(A) An office relocation
(B) Updated project assignments
(C) An adjustment to bonuses
(D) New regulations for office usage

157. What is indicated about Bard Technologies sales representatives?

(A) They may not have lunch in the office.
(B) They sometimes hold meetings in the break room.
(C) They may work at any vacant desk.
(D) They will undergo some training next week.

GO ON TO THE NEXT PAGE

Royal Stationers
182 Carrington Street
Sydney NSW 2000

24 January

Dear Valued Customer:

Royal Stationers is committed to providing excellent products and services to its customers. So that we may continue to offer the high quality our customers have come to expect, fees for delivery of office supplies from our store will be increased by two percent, starting from 1 February. This will allow us to cover our running costs for this service, which have risen in tandem with fuel costs.

We would like to take this opportunity to also inform you that we now provide a printing service. Capable of handling everything from a single copy of a full-colour poster to large-run projects such as multiple discount coupons, we guarantee that Royal Stationers will satisfy all your print requirements. In addition to having affordable prices, we offer fast turnaround on orders and timely delivery. Royal Stationers is your reliable partner for top quality printing. To find out more about what we can do for you, please see the enclosed leaflet.

Yours sincerely,

Mimi Weinstein

Mimi Weinstein
General Manager
Royal Stationers

Enclosure

158. What is one purpose of the letter?
   (A) To publicize a store event
   (B) To apologize for a late delivery
   (C) To announce new operating hours
   (D) To outline a change to a pricing policy

159. What is a stated advantage of using Royal Stationers?
   (A) It is cheaper than any of its competitors.
   (B) It can fill orders quickly.
   (C) It provides an extended warranty.
   (D) It has multiple locations.

160. What has been sent with the letter?
   (A) A promotional pamphlet
   (B) A discount coupon
   (C) A full-color poster
   (D) A map of the area

Questions 161-163 refer to the following e-mail.

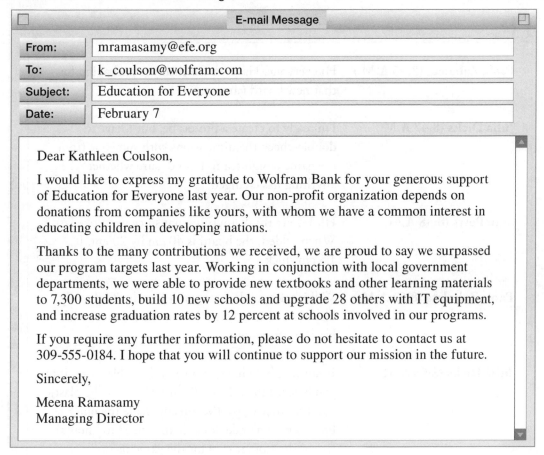

E-mail Message

From: mramasamy@efe.org

To: k_coulson@wolfram.com

Subject: Education for Everyone

Date: February 7

Dear Kathleen Coulson,

I would like to express my gratitude to Wolfram Bank for your generous support of Education for Everyone last year. Our non-profit organization depends on donations from companies like yours, with whom we have a common interest in educating children in developing nations.

Thanks to the many contributions we received, we are proud to say we surpassed our program targets last year. Working in conjunction with local government departments, we were able to provide new textbooks and other learning materials to 7,300 students, build 10 new schools and upgrade 28 others with IT equipment, and increase graduation rates by 12 percent at schools involved in our programs.

If you require any further information, please do not hesitate to contact us at 309-555-0184. I hope that you will continue to support our mission in the future.

Sincerely,

Meena Ramasamy
Managing Director

161. Who most likely is Ms. Coulson?

(A) A local government official

(B) A school administrator

(C) A representative of a financial institution

(D) An employee of a charitable organization

162. The word "common" in paragraph 1, line 3, is closest in meaning to

(A) shared

(B) simple

(C) public

(D) approximate

163. According to the e-mail, what did Education for Everyone do last year?

(A) It raised a record amount of money.

(B) It increased its number of volunteers.

(C) It constructed educational institutions in developing countries.

(D) It provided instructors for IT training programs.

GO ON TO THE NEXT PAGE

Paola Zabaleta (8:45 A.M.)	Hi everyone. Have we finished the packaging for that new board game yet?
Julia Dicks (8:47 A.M.)	I'm ready to create a prototype, but I have to double-check the dimensions with someone from the game design team. I'm not sure whether anything has changed.
Stan Potts (8:48 A.M.)	Hi, I don't think anything has since we spoke last. When folded, the board is 40 cm by 20 cm. It's 1.5 cm thick.
Paola Zabaleta (8:52 A.M.)	Will it take you long to put it together? I'd really like to show it to Ms. Johnson when I meet with her this afternoon.
Julia Dicks (8:53 A.M.)	If nothing has changed, I should be able to get it to you before lunch. I usually just 3D print the plastic parts for mock-ups. I've already made the outer box, so it won't take long. Stan, I need to know the size of the storage case for the game pieces.
Paola Zabaleta (8:54 A.M.)	Great. Before I forget, a group of us is going to Lyall's for lunch. Would either of you care to join us?
Julia Dicks (8:56 A.M.)	I'd love to.
Stan Potts (8:58 A.M.)	Actually, I think I'm going to have to eat at my desk. I'm very busy today. I don't really like seafood anyway. Julia, sorry. Alynna Cresswell has what you need. She won't be in until 9:30.
Julia Dicks (8:59 A.M.)	No problem. I can wait until then.
Stan Potts (9:00 A.M.)	I'll tell her what you need as soon as she arrives.

164. In what department does Mr. Potts most likely work?

(A) Production
(B) Design
(C) Sales
(D) Marketing

165. What does Ms. Dicks say she is able to do?

(A) Approve some changes to design specifications
(B) Complete a task in time for a meeting
(C) Drop off a box of machine parts
(D) Join a discussion with Ms. Johnson

166. What is implied about Lyall's?

(A) It has a takeout service.
(B) It is newly opened.
(C) It serves seafood.
(D) It is in the same building as Ms. Dicks' office.

167. At 8:58 A.M., what does Mr. Potts mean when he writes, "Alynna Cresswell has what you need"?

(A) His team member will put together a report.
(B) A coworker has already made a prototype.
(C) A colleague knows the size of a case.
(D) Another employee has a printer.

GO ON TO THE NEXT PAGE ▶

Questions 168-171 refer to the following article.

Vancouver Times Herald
A View to a Thrill

(July 12)—SlingShot, Inc., which was formerly Meisner Tech, is a Canadian corporation that designs, produces, and markets body-worn cameras that record users' experiences. The devices are highly popular with sports enthusiasts who want to record hands-free, high-definition video footage.

Vancouver resident Rudolph Meisner conceived a strap that could attach already-existing cameras to the bodies of cyclists. The idea was inspired by participation in an amateur bicycle race in which he wanted to capture still photographs of scenery and racing action. "My early attempts were unsuccessful because I couldn't afford equipment of sufficient quality," said Mr. Meisner. "After trying out a few makeshift models, I realized I'd have to manufacture the camera, housing, and strap myself."

The initial money Mr. Meisner raised to found the company came from his sales of jewelry and craft items he made from seashells and driftwood. By the age of 27, he was working long hours to develop his product, which he was designing by hand due to his having no background in computer-assisted design. Meanwhile, he was getting by on the money earned from various part-time jobs, ranging from truck driver to short-order cook.

The company's first system featured a 35 mm analog camera, which has since evolved to digital. As new customers discovered the product, its use branched out from cycling to winter sports, skydiving and other activities.

168. What is the purpose of the article?

(A) To advertise hand-made jewelry and craft items

(B) To promote outdoor recreational opportunities in Canada

(C) To announce the upcoming launch of a new camera model

(D) To profile a local business owner

169. What is suggested about SlingShot, Inc.?

(A) It was previously named after its founder.

(B) It has recently relocated its headquarters.

(C) It is run by a former professional athlete.

(D) It has undergone a change in ownership.

170. According to the article, in which field did Mr. Meisner lack experience?

(A) Merchandise sales

(B) Food preparation

(C) Truck driving

(D) Computer-aided design

171. What is indicated about the SlingShot, Inc., camera systems?

(A) They are covered by a lifetime warranty.

(B) Their range of customers has become more diverse over time.

(C) They now feature equipment made by different companies.

(D) They can be used safely underwater.

Questions 172-175 refer to the following memo.

MEMO

From: Glenda Kawabata, CEO
To: All Drake Enterprises staff
Date: March 15

Drake Enterprises spends around $180,000 every year on supplies for laser printers and photocopiers. — [1] —. We must work together to minimize expenditures in this area.

When it is necessary to produce many duplicates, create the original document using a laser printer and then use one of our more efficient high-speed photocopy machines for the rest. — [2] —. If you need to make thousands of duplicates, you should use one of the commercial printing companies contracted by the firm.

Paper costs should also be kept as low as possible. We have two grades of paper: recycled and premium. The recycled paper is less costly and should be used for most printed material. The premium-grade paper is only for material that will be used to promote our products and services.

All communications between departments and branches should be conducted by e-mail. — [3] —. Whenever possible, use e-mail to contact clients too. Also, bear in mind that our telephone contracts provide us with all domestic calls at a fixed rate. A short phone call is often cheaper than sending a letter.

Failure to comply with the above guidelines may result in your department having its budget cut for the following year. — [4] —.

---

172. What is the purpose of the memo?

(A) To report a significant increase in supply expenses
(B) To describe policies for printing materials
(C) To provide instructions for operating new equipment
(D) To outline the advantages of buying a new printer

173. What is NOT indicated about Drake Enterprises?

(A) It has multiple branch locations.
(B) It has contracts with printing companies.
(C) It has recently upgraded its computers.
(D) It prints some of its own marketing materials.

174. What is available at a fixed price?

(A) Recycled paper
(B) National phone calls
(C) Ink cartridges
(D) Internet service

175. In which of the positions marked [1], [2], [3], and [4] does the following sentence best belong?

"This represents a considerable portion of the overall supply budget for the firm."

(A) [1]
(B) [2]
(C) [3]
(D) [4]

Gosford, Inc., is seeking a motivated, dynamic individual to head its new East Asian sales department. With branches in over a dozen countries, we are a manufacturer of steel components for heavy-duty construction machinery and vehicles. The department manager will be working out of our Chicago head office but will be responsible for sales throughout East Asia. We are looking to have someone in place from the start of March. The successful applicant must have:

• A degree in engineering
• At least five years' experience in sales
• Previous experience in management
• Fluency in at least one of the following languages: Chinese, Japanese, or Korean

Applications should include copies of any relevant certification. All applications must be received by January 25 at the latest. Interviews will be conducted during the week of February 1 to 7 at our head office.

To:	recruit@gosford.com
From:	petra@rapidmail.com
Subject:	Application
Date:	January 1
Attachment:	📎 PB Application

Dear Mr. Dennison,

I am writing to apply for the position of sales department manager. You will see from my résumé that the combination of my education and work history make me an ideal candidate for this job. I have attached the documentation that you require.

After gaining a degree in engineering from Holt College, I accepted a position with the Helsing Institute. I was employed as an administrative assistant, and my duties included fielding inquiries from Japanese speaking customers. After five years of service, I left the company and took a position with Charington Machinery. I worked as a sales representative, selling equipment to manufacturers of electronic components. During my 10 years there, I was named as salesperson of the year twice. Six years ago, I became a regional sales supervisor. In this position, I oversaw sales throughout the north of the country.

If you need any further information from me, please feel free to contact me by e-mail or by phone. References can be provided upon request.

Best regards,

Petra Bryant

176. What is mentioned about the advertised position?

(A) It requires proficiency in three languages.
(B) It is based in the company's headquarters.
(C) It requires experience working in Asia.
(D) It involves some duties in the production department.

177. When will a successful candidate likely begin working at Gosford, Inc.?

(A) January 25
(B) February 1
(C) February 7
(D) March 1

178. What is indicated about Ms. Bryant?

(A) She has worked for more than one company.
(B) She has 10 years of managerial experience.
(C) She has met Mr. Dennison before.
(D) She currently lives in Chicago.

179. In the e-mail, the word "named" in paragraph 2, line 6, is closest in meaning to

(A) called
(B) defined
(C) accomplished
(D) selected

180. What was most likely sent with the e-mail?

(A) A copy of a document from Holt College
(B) References from previous employers
(C) Samples of Ms. Bryant's engineering designs
(D) Photographs of Ms. Bryant

GO ON TO THE NEXT PAGE

Hull City Auditorium November Schedule

Dear Member,

Here are all the events that we have scheduled for November. I think you'll agree that it looks like a really exciting month.

November 1, 2
The Stupendous Stylianou, from TV's *Slick Tricks*, will present an evening of magic and mystery. Mr. Stylianou is one of the country's leading stage magicians and is sure to entertain and delight in this return visit to our venue.

November 15, 16
The Luton City Orchestra, led by Sharon Furtwangler, will play an unusual program of compositions by Croatian composers. Their performances here are always a hit with our members. Not to be missed.

November 22, 23
The Demaereans are one of the loudest bands to have ever played at our venue, but for one weekend only they will perform using only acoustic instruments. Catch this unique show in the intimate surroundings of our auditorium.

November 29, 30
Local poet Bjorn Williams is reading from his new collection *Bjorn Ready*. Mr. Williams has won numerous awards since he made his debut stage appearance in this very building.

All events will run from 8:00 P.M. until 9:30 P.M. As always, tickets are available from our Web site or by calling 303-555-0157. Remember to have your membership card on hand so that you can take advantage of the usual great discounts.

Thank you for your continued support.

Warmest regards,

Rina Yoshida, Hull City Auditorium Director

Important Notice:

We regret to inform our patrons that due to the approaching storm, tonight's poetry reading has been canceled. All those with tickets are invited to attend tomorrow evening's performance by the same artist. Your tickets will be accepted at the door, but your seating assignments may need to be changed. If you are unable to attend tomorrow's performance, we will be happy to provide you with a full refund. If you wish to arrange this or have any questions about any of the above, please call the ticket office at the usual number.

181. Who most likely is Ms. Furtwangler?
    (A) An orchestra conductor
    (B) An employee of Hull City Auditorium
    (C) A composer of classical music
    (D) A TV show host

182. What is indicated about the performers in November?
    (A) They are all renowned internationally.
    (B) They have all appeared at the auditorium before.
    (C) They will meet patrons after their performances.
    (D) They will each perform for an hour.

183. What is a benefit of Hull City Auditorium membership?
    (A) Coupons for a gift shop
    (B) Exclusive access to certain events
    (C) Video recordings of performances
    (D) Lower admission prices

184. When was the notice most likely issued?
    (A) November 1
    (B) November 15
    (C) November 22
    (D) November 29

185. According to the notice, why should patrons call the ticket office?
    (A) To receive an update on a storm
    (B) To renew their membership cards
    (C) To inquire about seating arrangements
    (D) To request information about next year's events

GO ON TO THE NEXT PAGE

Questions 186-190 refer to the following e-mails and invitation.

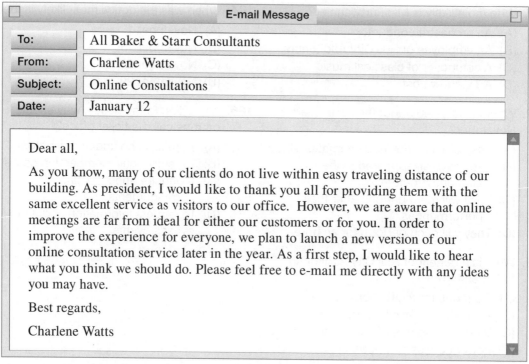

E-mail Message

To: All Baker & Starr Consultants
From: Charlene Watts
Subject: Online Consultations
Date: January 12

Dear all,

As you know, many of our clients do not live within easy traveling distance of our building. As president, I would like to thank you all for providing them with the same excellent service as visitors to our office. However, we are aware that online meetings are far from ideal for either our customers or for you. In order to improve the experience for everyone, we plan to launch a new version of our online consultation service later in the year. As a first step, I would like to hear what you think we should do. Please feel free to e-mail me directly with any ideas you may have.

Best regards,

Charlene Watts

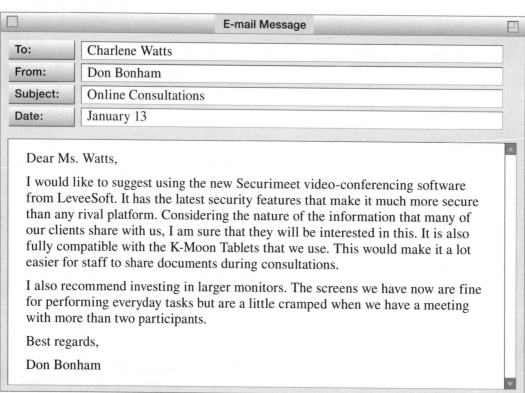

E-mail Message

To: Charlene Watts
From: Don Bonham
Subject: Online Consultations
Date: January 13

Dear Ms. Watts,

I would like to suggest using the new Securimeet video-conferencing software from LeveeSoft. It has the latest security features that make it much more secure than any rival platform. Considering the nature of the information that many of our clients share with us, I am sure that they will be interested in this. It is also fully compatible with the K-Moon Tablets that we use. This would make it a lot easier for staff to share documents during consultations.

I also recommend investing in larger monitors. The screens we have now are fine for performing everyday tasks but are a little cramped when we have a meeting with more than two participants.

Best regards,

Don Bonham

Dear Valued Customer,

You are cordially invited to attend an online launch party for Baker & Starr's newly improved consultancy service. To confirm your attendance, log onto our Web site and click on "Launch Party."

Date: March 6
Time: 8:00 to 9:00 P.M.

Main Speaker and Host: Charlene Watts
Ms. Watts will go over all the exciting changes we have planned for our service.

Guest Speaker: Rosie Powell
Ms. Powell, the sales director of LeveeSoft, will explain how her firm's platform will make our service more secure than ever before.

Both speakers will be available for questions after the presentations.
All attendees will be mailed a complimentary bottle of fruit juice.

---

186. Why was the first e-mail written?

(A) To outline solutions to some technical problems
(B) To ask for input on how to improve customer service
(C) To provide information on online training
(D) To request that employees work overtime

187. What does Mr. Bonham say about the company's computer monitors?

(A) They are not compatible with Securimeet.
(B) They use outdated technology.
(C) They are produced by the same firm that manufactures K-Moon Tablets.
(D) They are not suitable for certain video conferences.

188. What is indicated about the event on March 6?

(A) It will be several hours in duration.
(B) It will be attended by a company president.
(C) It is exclusively for overseas clients.
(D) It is the first in a series of similar events.

189. What is suggested about Baker & Starr?

(A) It adopted a proposal made by Mr. Bonham.
(B) It developed a new kind of software.
(C) It hired Ms. Powell to oversee a project.
(D) It replaced its computers with newer models.

190. What will attendees receive?

(A) A product manual
(B) A copy of some software
(C) A free beverage
(D) A name badge

GO ON TO THE NEXT PAGE ➡

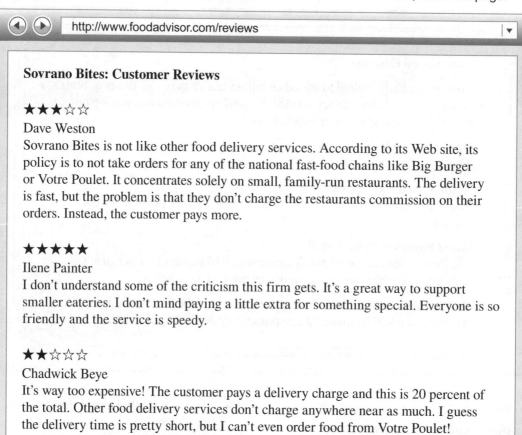

http://www.foodadvisor.com/reviews

Sovrano Bites: Customer Reviews

★★★☆☆

Dave Weston

Sovrano Bites is not like other food delivery services. According to its Web site, its policy is to not take orders for any of the national fast-food chains like Big Burger or Votre Poulet. It concentrates solely on small, family-run restaurants. The delivery is fast, but the problem is that they don't charge the restaurants commission on their orders. Instead, the customer pays more.

★★★★★

Ilene Painter

I don't understand some of the criticism this firm gets. It's a great way to support smaller eateries. I don't mind paying a little extra for something special. Everyone is so friendly and the service is speedy.

★★☆☆☆

Chadwick Beye

It's way too expensive! The customer pays a delivery charge and this is 20 percent of the total. Other food delivery services don't charge anywhere near as much. I guess the delivery time is pretty short, but I can't even order food from Votre Poulet!

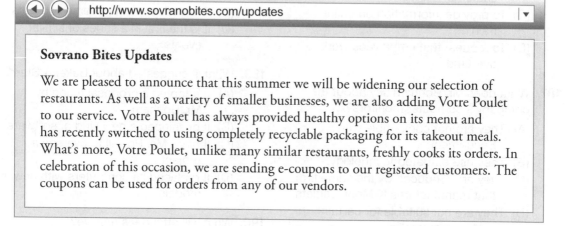

http://www.sovranobites.com/updates

Sovrano Bites Updates

We are pleased to announce that this summer we will be widening our selection of restaurants. As well as a variety of smaller businesses, we are also adding Votre Poulet to our service. Votre Poulet has always provided healthy options on its menu and has recently switched to using completely recyclable packaging for its takeout meals. What's more, Votre Poulet, unlike many similar restaurants, freshly cooks its orders. In celebration of this occasion, we are sending e-coupons to our registered customers. The coupons can be used for orders from any of our vendors.

http://www.sovranobites.com/restaurants

Restaurants New to Sovrano Bites

We've just added hundreds of restaurants to our roster across the nation—just in time for summer! To find which restaurants are newly available in your area, select your town or city from the drop-down menu below.

Town or City: Shimpling ▼

Restaurant	Location
Votre Poulet	221 Main Street, Shimpling
Delishnosh	10 Kings Road, Shimpling
Yumgrub	33 Queens Street, Shimpling
Leghorn Diners	3 Baxter Drive, Shimpling

Delivery is available up to 5 miles from the restaurant location.
Delivery of items can take over 30 minutes (details will be provided before you place your order).
Orders are accepted up to one week in advance of the delivery date.

191. What do all the reviewers highlight as an advantage of Sovrano Bites?

(A) Its friendly staff
(B) Its prompt delivery
(C) Its competitive prices
(D) Its wide range of vendors

192. According to the announcement, what change has Votre Poulet made to its operations?

(A) It has expanded its staff.
(B) It has started to use more environmentally friendly materials.
(C) It has added healthier dishes to its menu.
(D) It has opened additional branches.

193. What has Sovrano Bites most likely done?

(A) Made a policy exception
(B) Updated its fleet of vehicles
(C) Purchased a chain of restaurants
(D) Changed its hours of operation

194. What is indicated about Leghorn Diners?

(A) Its dishes are freshly made.
(B) It promises to deliver its food in under half an hour.
(C) It is part of a promotional offer.
(D) It was founded recently.

195. What is stated on the Web page?

(A) Sovrano Bites only has four vendors in the city of Shimpling.
(B) Orders must be placed on the day of delivery.
(C) Certain menu items may be unavailable through the delivery service.
(D) Orders are accepted within a limited area only.

GO ON TO THE NEXT PAGE

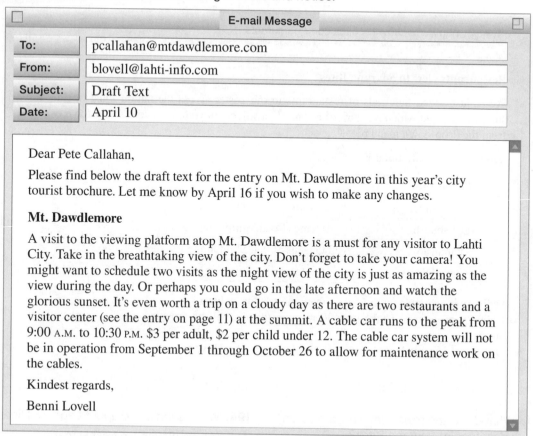

E-mail Message

To:	pcallahan@mtdawdlemore.com
From:	blovell@lahti-info.com
Subject:	Draft Text
Date:	April 10

Dear Pete Callahan,

Please find below the draft text for the entry on Mt. Dawdlemore in this year's city tourist brochure. Let me know by April 16 if you wish to make any changes.

Mt. Dawdlemore

A visit to the viewing platform atop Mt. Dawdlemore is a must for any visitor to Lahti City. Take in the breathtaking view of the city. Don't forget to take your camera! You might want to schedule two visits as the night view of the city is just as amazing as the view during the day. Or perhaps you could go in the late afternoon and watch the glorious sunset. It's even worth a trip on a cloudy day as there are two restaurants and a visitor center (see the entry on page 11) at the summit. A cable car runs to the peak from 9:00 A.M. to 10:30 P.M. $3 per adult, $2 per child under 12. The cable car system will not be in operation from September 1 through October 26 to allow for maintenance work on the cables.

Kindest regards,

Benni Lovell

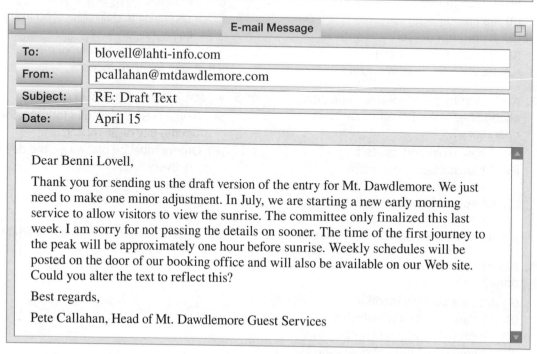

E-mail Message

To:	blovell@lahti-info.com
From:	pcallahan@mtdawdlemore.com
Subject:	RE: Draft Text
Date:	April 15

Dear Benni Lovell,

Thank you for sending us the draft version of the entry for Mt. Dawdlemore. We just need to make one minor adjustment. In July, we are starting a new early morning service to allow visitors to view the sunrise. The committee only finalized this last week. I am sorry for not passing the details on sooner. The time of the first journey to the peak will be approximately one hour before sunrise. Weekly schedules will be posted on the door of our booking office and will also be available on our Web site. Could you alter the text to reflect this?

Best regards,

Pete Callahan, Head of Mt. Dawdlemore Guest Services

Mt. Dawdlemore Cable Car Service

The information below was correct at the time of writing. However, Mt. Dawdlemore Guest Services reserves the right to make changes without notice.

<u>Fares</u>
$3 adults (one-way)
$2 children under 12 (one-way)
$20 One-week pass
$15 One-week pass (for children under 12)

<u>**Weekly Cable Car Schedule**</u>

October 26	October 27	October 28	October 29	October 30	October 31	November 1
Not in Service	Not in Service	Not in Service	5:30 A.M. to 10:30 P.M.	5:30 A.M. to 10:30 P.M.	5:30 A.M. to 10:30 P.M.	5:30 A.M. to 10:30 P.M.

Last journey to the top of Mt. Dawdlemore is at 9:30 P.M. Please note that the cars on our early morning service are usually full, so purchasing tickets in advance is recommended.

---

196. What advice is given to tourists going to Mt. Dawdlemore?

(A) They should wear clothing suitable for cold weather.
(B) They should hire a professional tour guide.
(C) They should consider making multiple visits.
(D) They should stay overnight at the summit.

197. What will most likely be included in the brochure?

(A) A variety of discount vouchers
(B) Advice on taking better photographs
(C) Information about a visitor center
(D) A map of local hiking trails

198. Why does Mr. Callahan apologize to Ms. Lovell?

(A) He was unable to invite her to a committee meeting.
(B) He did not notify her of a change earlier.
(C) His organization does not wish to appear in this year's brochure.
(D) His organization cannot accept visitors in September.

199. What can be concluded about the work on the cable car system?

(A) It was conducted by a locally based firm.
(B) It has run over budget due to mechanical issues.
(C) It will take longer to complete than anticipated.
(D) It included the renovation of the booking office.

200. What is implied about the new service offered at Mt. Dawdlemore?

(A) It has proven to be popular with visitors.
(B) It costs more than the regular cable car service.
(C) It was suggested by Ms. Lovell.
(D) It was announced at a press conference.

Stop! This is the end of the test. If you finish before time is called, you may go back to Parts 5, 6, and 7 and check your work.

TOEIC®L&R テスト 精選模試 [総合] TEST1

Answer Sheet

実施日　年　月　日

LISTENING SECTION

Part 1 — No. 1–10, ANSWER A B C D

Part 2 — No. 11–30, ANSWER A B C

Part 3 — No. 31–60, ANSWER A B C D

Part 4 — No. 61–100, ANSWER A B C D

READING SECTION

Part 5 — No. 101–130, ANSWER A B C D

Part 6 — No. 131–140, ANSWER A B C D

Part 7 — No. 141–200, ANSWER A B C D

TOEIC® L&R テスト 精選模試 [総合] TEST 2

Answer Sheet

実施日　　年　月　日

LISTENING SECTION

Part 1 / Part 2 / Part 3 / Part 4

No. 1–100 (ANSWER: A B C D)

READING SECTION

Part 5 / Part 6 / Part 7

No. 101–200 (ANSWER: A B C D)